新时代外国语言文学
新发展研究丛书

总主编 罗选民 庄智象

语音学与音系学新发展研究

陈 桦 史宝辉 / 编著

清华大学出版社
北 京

内 容 简 介

本书从语音学、音系学以及语音教学三个分支领域入手,系统梳理了其百年来的历史沿革,并重点回顾了新时代尤其是进入二十一世纪以来的新发展。对新时期语音学和音系学研究的回顾涵盖了传统理论的新拓展和对新理论的介绍、语音学领域常用的产出和感知研究方法以及突出的研究成果。对新时期语音教学研究的回顾涉及教学理论、教材及教学法的更新迭代。同时,本书也剖析了新时期语音研究领域所面临的挑战,并预测了未来的发展方向。

本书是对国内外语音研究的概述,由多位专家倾力撰写,内容力求全面、精准,适用于高校汉语及英语教师、相关领域研究人员、本科生和研究生。

版权所有,侵权必究。举报:010-62782989,beiqinquan@tup.tsinghua.edu.cn。

图书在版编目(CIP)数据

语音学与音系学新发展研究 / 陈桦,史宝辉编著. —北京:清华大学出版社,2021.9
(新时代外国语言文学新发展研究丛书)
ISBN 978-7-302-57316-6

Ⅰ. ①语… Ⅱ. ①陈… ②史… Ⅲ. ①英语—语音学—研究 ②英语—音系学—研究 Ⅳ. ① H311

中国版本图书馆 CIP 数据核字(2021)第 012330 号

策划编辑:郝建华
责任编辑:郝建华　刘　艳
封面设计:黄华斌
责任校对:王凤芝
责任印制:丛怀宇

出版发行:清华大学出版社
　　网　　址:http://www.tup.com.cn, http://www.wqbook.com
　　地　　址:北京清华大学学研大厦 A 座　　邮　编:100084
　　社 总 机:010-62770175　　　　　　　　邮　购:010-62786544
　　投稿与读者服务:010-62776969, c-service@tup.tsinghua.edu.cn
　　质量反馈:010-62772015, zhiliang@tup.tsinghua.edu.cn

印　刷　者:大厂回族自治县彩虹印刷有限公司
装　订　者:三河市启晨纸制品加工有限公司
经　　销:全国新华书店
开　　本:155mm×230mm　　印　张:27　　字　数:495 千字
版　　次:2021 年 11 月第 1 版　　　　　印　次:2021 年 11 月第 1 次印刷
定　　价:148.00 元

产品编号:088058-01

中国英汉语比较研究会
"新时代外国语言文学新发展研究丛书"
编委会名单

总主编

罗选民　庄智象

编　委

（按姓氏拼音排序）

蔡基刚	陈　桦	陈　琳	邓联健	董洪川
董燕萍	顾曰国	韩子满	何　伟	胡开宝
黄国文	黄忠廉	李清平	李正栓	梁茂成
林克难	刘建达	刘正光	卢卫中	穆　雷
牛保义	彭宣维	冉永平	尚　新	沈　园
束定芳	司显柱	孙有中	屠国元	王东风
王俊菊	王克非	王　蔷	王文斌	王　寅
文秋芳	文卫平	文　旭	辛　斌	严辰松
杨连瑞	杨文地	杨晓荣	俞理明	袁传有
查明建	张春柏	张　旭	张跃军	周领顺

总　　序

外国语言文学是我国人文社会科学的一个重要组成部分。自1862年同文馆始建，我国的外国语言文学学科已历经一百五十余年。一百多年来，外国语言文学学科一直伴随着国家的发展、社会的变迁而发展壮大，推动了社会的进步，促进了政治、经济、文化、教育、科技、外交等各项事业的发展，增强了与国际社会的交流、沟通与合作，每个发展阶段无不体现出时代的要求和特征。

20世纪之前，中国语言研究的关注点主要在语文学和训诂学层面，由于"字"研究是核心，缺乏区分词类的语法标准，语法分析经常是拿孤立词的意义作为基本标准。1898年诞生了中国第一部语法著作《马氏文通》，尽管"字"研究仍然占据主导地位，但该书宣告了语法作为独立学科的存在，预示着语言学这块待开垦的土地即将迎来生机盎然的新纪元。1919年，反帝反封建的"五四运动"掀起了中国新文化运动的浪潮，语言文学研究（包括外国语言文学研究）得到蓬勃发展。中华人民共和国成立后，尤其是改革开放以来，外国语言文学学科的发展势头持续迅猛。至20世纪末，学术体系日臻完善，研究理念、方法、手段等日趋科学、先进，几乎达到与国际研究领先水平同频共振的程度，取得了令人瞩目的成绩，有力地推动和促进了人文社会科学的建设，并支持和服务于改革开放和各项事业的发展。

无独有偶，在处于转型时期的"五四运动"前后，翻译成为显学，成为了解外国文化、思想、教育、科技、政治和社会的重要途径和窗口，成为改造旧中国的利器。在那个时期，翻译家由边缘走向中国的学术中心，一批著名思想家、翻译家，通过对外国语言文学的文献和作品的译介塑造了中国现代性，其学术贡献彪炳史册，为中国学术培育做出了重大贡献。许多西方学术理论、学科都是经过翻译才得以为中国高校所熟悉和接受，如王国维翻译教育学和农学的基础读本、吴宓翻译哈佛大学白璧德的新人文主义美学作品等。这些翻译文本从一个侧面促成了中国高等教育学科体系的发展和完善，社会学、人类学、民俗学、美学、教育学等，几乎都是在这一时期得以创建和发展的。翻译服务对于文化交流交融和促进文明互鉴,功不可没,而翻译学也在经历了语文学、语言学、文化学等转向之后,日趋成熟,如今在让中国了解世界、让世界了解中国,尤其是"一带一路"建设、人类命运共同体构建,讲好中国故事、传递好中国声音等方面承担着重要使命与责任,任重而道远。

20世纪初,外国文学深刻地影响了中国现代文学的形成,犹如鲁迅所言,要学普罗米修斯,为中国的旧文学窃来"天国之火",发出中国文学革命的呐喊,在直面人生、救治心灵、改造社会方面起到不可替代的作用。大量的外国先进文化也因此传入中国,为塑造中国现代性发挥了重大作用。从清末开始特别是"五四运动"以来,外国文学的引进和译介蔚然成风。经过几代翻译家和学者的持续努力,在翻译、评论、研究、教学等诸多方面成果累累。改革开放之后,外国文学研究更是进入繁荣时代,对外国作家及其作品的研究逐渐深化,在外国文学史的研究和著述方面越来越成熟,在文学理论与文学批评的译介和研究方面、在不断创新国外文学思想潮流中,基本上与欧美学术界同步进展。

外国文学翻译与研究的重大意义,在于展示了世界各国文学的优秀传统,在文学主题深化、表现形式多样化、题材类型丰富化、批评方法论的借鉴等方面显示出生机与活力,显著地启发了中国文学界不断形成新的文学观,使中国现当代文学创作获得了丰富的艺术资源,同时也有力地推动了高校相关领域学术研究的开展。

进入21世纪,中国的外国语言学研究得到了空前的发展,不仅及时引进了西方语言学研究的最新成果,还将这些理论运用到汉语研究的实践;不仅有介绍、评价,也有批评,更有审辨性的借鉴和吸收。英语、汉语比较研究得到空前重视,成绩卓著,"两张皮"现象得到很大改善。此外,在心理语言学、神经语言学和认知语言学等与当代科学技术联系紧密的学科领域,外国语言学学者充当了排头兵,与世界分享语言学研究的新成果和新发现。一些外语教学的先进理念和语言政策的研究成果为国家制定外语教育政策和发展战略也做出了积极的贡献。

习近平总书记指出:"要着力推进国际传播能力的建设,创新对外宣传方式,加强话语体系建设,着力打造融通中外的新概念新范畴新表述,讲好中国故事,传播好中国声音,增强在国际上的话语权。"为贯彻这一要求,教育部近期提出要全面推进新工科、新医科、新农科、新文科等建设。新文科概念正式得到国家教育部门的认可,并被赋予新的内涵和定位,即以全球新技术革命、新经济发展、中国特色社会主义新时代为背景,突破传统的文科思维模式与文科建构体系,创建与新时代、新思想、新科技、新文化相呼应的新文科理论框架和研究范式。新文科具备传统文科和跨学科的特点,注重科学技术、战略创新和融合发展,立足中国,面向世界。

新文科建设理念对外国语言文学学科建设提出了新目标、新任务、新要求、新格局。具体而言,新文科旗帜下的外国语言文学学科的发展目标是:服务国家教育发展战略的知识体系框架,兼备迎接新科技革命的挑战能力,彰显人文学科与交叉学科的深度交融特点,夯实中外政治、文化、社会、历史等通识课程的建设,打通跨专业、跨领域的学习机制,确立多维立体互动教学模式。这些新文科要素将助推新文科精神、内涵、理念得以彻底贯彻落实到教育实践中,为国家培养出更多具有融合创新的专业能力,具有国际化视野,理解和通晓对象国人文、历史、地理、语言的人文社科领域外语人才。

进入新时代,我国外国语言文学的教育、教学和研究发生了巨大变化,无论是理论的探索和创新,方法的探讨和应用,还是具体的实验和实践,都成绩斐然。回顾、总结、梳理和提炼一个年代的学术发展,尤其是从理论、方法和实践等几个层面展开研究,更有其学科和学术价值及现实和深远意义。

鉴于上述理念和思考,我们策划、组织、编写了这套"新时代外国语言文学新发展研究丛书",旨在分析和归纳近十年来我国外国语言文学学科重大理论的构建、研究领域的探索、核心议题的研讨、研究方法的探讨,以及各领域成果在我国的应用与实践,发现目前研究中存在的主要不足,为外国语言文学学科发展提出可资借鉴的建议。我们希望本丛书的出版,能够帮助该领域的研究者、学习者和爱好者了解和掌握学科前沿的最新发展成果,熟悉并了解现状,知晓存在的问题,探索发展趋势和路径,从而助力中国学者构建融通中外的话语体系,用学术成果来阐述中国故事,最终产生能屹立于世界学术之林的中国学派!

本丛书由中国英汉语比较研究会联合上海时代教育出版研究中心组织研发,由研究会下属29个二级分支机构协同创新、共同打造而成。罗选民和庄智象审阅了全部书稿提纲;研究会秘书处聘请了二十余位专家对书稿提纲逐一复审和批改;黄国文终审并批改了大部分书稿提纲。本

语音学与音系学 新发展研究

丛书的作者大都是知名学者或中青年骨干,接受过严格的学术训练,有很好的学术造诣,并在各自的研究领域有丰硕的科研成果,他们所承担的著作也分别都是迄今该领域动员资源最多的科研项目之一。本丛书主要包括"外国语言学""外国文学""翻译学""比较文学与跨文化研究"和"国别和区域研究"五个领域,集中反映和展示各自领域的最新理论、方法和实践的研究成果,每部著作内容涵盖理论界定、研究范畴、研究视角、研究方法、研究范式,同时也提出存在的问题,指明发展的前景。总之,本丛书基于外国语言文学学科的五个主要方向,借助基础研究与应用研究的有机契合、共时研究与历时研究的相辅相成、定量研究与定性研究的有效融合,科学系统地概括、总结、梳理、提炼近十年外国语言文学学科的发展历程、研究现状以及未来的发展趋势,为我国外国语言文学学科高质量建设与发展呈现可视性极强的研究成果,以期在提升国家软实力、构建人类命运共同体过程中承担起更重要的使命和责任。

感谢清华大学出版社和上海时代教育出版研究中心的大力支持。我们希望在研究会与出版社及研究中心的共同努力下,打造一套外国语言文学研究学术精品,向伟大的中国共产党建党一百周年献上一份诚挚的厚礼!

罗选民 庄智象

2021 年 6 月

前　言

　　本书是对语音学（phonetics）、音系学（phonology），以及二者研究成果应用于语音教学的百年回顾，并着重于21世纪该领域新发展的一部著作。广义的语音学是语言学的重要分支，也是言语产生的基础，因此，对其历史及发展的百年沿革进行梳理十分重要。

　　语音学与音系学都是语言科学的分支，共同关注和研究人类语言的语音，研究对象虽有所不同，但相互关联、相互依存，只是关注点和角度有差异。

　　语音学关注言语是怎样形成、传播和被接受的，即语音的生理机制、物理属性和心理感知。也就是说，语音学研究的是人类所有语言语音的自然属性。音系学则把语音现象抽象为符号，研究某种特定语言系统中语音的结构和功能，并形成规则以预测该语言的语音特点。因此，音系学研究的是声音的社会属性。

　　语音学需要对所有的语音特征进行精确描述和测量，而音系学则只关注引起意义差异的语音间的细微差别。例如，英文单词 let 和 tell 中的 [l] 有清晰音（clear）和模糊音（dark）的不同，但音的差别与意义无甚关联。因此，对于语音学家来说，这就是两个不同的音；而音系学家则认为，这是同一个音素（phoneme）的不同变体（allophone）。

　　除去两个学科之间的不同分工外，语音学和音系学也存在相互依存的密切关系。只有对语言中频繁出现（使用）的语音特征有所了解，才能知道语音的哪些方面值得深入研究。因此，一方面，语音学要依靠音系学来确认相关的、重要的语言学研究点；另一方面，音系学更加依赖语音学，因为语音学数据为音系学提供了灵感，可以快速锚定特定的语音特征，以及与这些特征相关的描述和分类的术语。同时，语音学也可提供确凿的证据以便证实或证伪音系学理论假设。

　　综上所述，借用 Böe（2006）的说法，语音学和音系学的关系就是"现象"与"实质"的关系。

　　从研究目的上看，语音学大致可分为两种：分类研究（taxonomic）

和科学研究（scientific）（Ohala，2004）。分类研究性质的语音学主要专注于对人类语音的统一命名、分类和转写，由此催生了"国际语音学会"（International Phonetic Association），和广泛使用的"国际音标"（International Phonetic Alphabet），后者作为重要的语音描写工具也随着学界对人类语言的认知而不断更新和完善。科学研究性质的语音学则致力于探知言语从发音到感知的全过程，研究言语链不同层面的工作机制，由此衍生出语音学的三大分支："发音语音学"（Articulatory Phonetics）、"声学语音学"（Acoustic Phonetics）和"听觉语音学"（Auditory Phonetics）。20世纪中后期，因为新型便利的仪器成为语音研究的主要手段，语音学也曾被称为"仪器语音学"（Instrumental Phonetics）。

　　一百多年来，语音学理论和研究手段的发展历程与科学技术的进步及对人类自身认知的深入探究紧密相关。语音学的研究手段和研究设备越来越先进、便捷，也越来越精细。例如，由笨重、昂贵的语音记录仪到免费且开源的计算机软件；由半侵入性的静态腭位仪到可以记录自由动态舌位的磁共振仪，研究手段经历了质的飞跃。传统的语音学理论和假说也得益于更先进和更精准的研究手段而收获实证理据。进入21世纪以来，学界对人类语言和社会的了解更加全面和深入，语音学经典理论也进一步发展、优化，同时新理论和模型百花齐放、推陈出新。语音学在更新换代中成长壮大，并且加强和扩大了跨学科的交叉性：从声学、心理学、神经科学、解剖学等不同视角汲取灵感和营养；理论原则、分析方法、模型构建等也从适用于单一语言的个性特征扩展到人类语言的普遍性特征；研究对象也从一语扩大到二语，甚至三语。简言之，语音学研究的视角更为广阔，也更为精细。

　　音系学在进入21世纪以来表现出了更大的多元性，这一阶段最突出的成就是"优选论"（Optimality Theory）的诞生和发展。该理论系统展示了以"制约"代替传统音系"规则"的可行性，为音系学研究提供了全新的思路。借助当时刚刚兴起的互联网，优选论迅速流传，引起了广泛关注，很快成长为一种主流的音系学理论。之后，虽然生成音系学家对优选论提出过各种质疑，优选论也在不断调整自己的分析框架，但从目前音系学界的主要刊物所发表的前沿研究中可以看到，优选论已成为最常用的理论框架。21世纪音系学的一个主要发展趋势就是与实验相结合，出现了"实验音系学协会"（The Association for Laboratory Phonology），会刊《实验音系学》（*Laboratory Phonology*，Ohala和Jaeger曾称为 *Experimental Phonology*），以及众多的相关著作。与经典"生成音系学"（Generative Phonology）时期关注抽象理论的倾向相比，目前的音系学研究虽然也很重视理论，但是对于发音、声学和感知实验的证据更为关注，甚至依赖得更多。不仅实验音系学、发音音系学等流派重视实验数据，像优选论等理论框架的最新调整，也体现出了对于频率等统计数据的高度重视。

语音学与音系学的研究结果可以应用于语音习得，由此产生了早期的语音教学方法，如"直觉模仿法"（Intuitive-imitative Approach）、"语言学分析法"（Analytic-Linguistic Approach）、"听说教学法"（Audio-Lingualism）等。进入21世纪，随着国际交流的日益频繁，教学理念发生了巨大转变。语音教学领域从音段和超音段孰轻孰重的争论中走出来，逐步向追求语音的"可理解性"（intelligibility）发展，在承认世界英语的前提下更加重视交流的有效性。同时，教学方法也从教师的亲身示范，扩大到利用视频、网络等现代教育技术的辅助，使传统的语音教学变得更为灵动，形式更加多样化、更具趣味性。

本书分五个部分共十章内容，是集体智慧的结晶。

第一部分为基础篇，包含两章，聚焦于21世纪之前语音学和音系学的发展历程。第一章（香港城市大学李彬博士执笔）以编年史的方式对20世纪语音学的历史进行了梳理，分为海外、中国（包括大陆和港台地区）两个板块。第二章（大连外国语大学曲长亮教授执笔）对音系学的缘起、20世纪的主流结构主义音系学、SPE音系学理论进行了回顾和评价。

第二部分为理论篇，分三章详细介绍了进入21世纪以来语音学和音系学的理论新发展。第三章（湖南大学陈晓湘教授、天津大学冯卉博士、澳大利亚西悉尼大学陈居强博士共同执笔）聚焦语音产出和语音感知相关理论的新观点。第四章（上海外国语大学朱磊博士执笔）从音系的过程、表征、本质归纳了21世纪的音系学理论。第五章（大连外国语大学常俊跃教授、上海师范大学卜友红教授共同执笔）重点介绍语音学和音系学的研究结果在语音教学中的理论应用与教学方法变迁。

第三部分为方法篇，以一章的篇幅浓缩了21世纪的语音学研究方法。第六章（南京理工大学陈莹教授、澳大利亚西悉尼大学陈居强博士、江苏科技大学龚箭博士共同执笔）聚焦语音产出和语音感知的主流研究方法。

第四部分为成果篇，分三章概括了 21 世纪语音学、音系学和语音教学的研究成就。第七章（西安外国语大学张琰龙博士、南京理工大学汤平博士、天津理工大学陈彧博士共同执笔）对语音学领域重要的期刊论文、著作及代表性研究团队进行了详细介绍和归纳。第八章（上海外国语大学朱磊博士执笔）对音系学领域重要的期刊论文和著作进行了回顾。第九章（中国海洋大学李景娜博士、上海师范大学卜友红教授共同执笔）重点概括了语音教学领域的主要研究论文和语音教材。

第五部分为结语篇。第十章（北京林业大学史宝辉教授、南京大学陈桦教授共同执笔）高度概括了全书内容，分析了语音学和音系学研究以及语音教学在新时期所面临的挑战，也大胆预测了这一领域的未来发展趋势。

全书编写框架、任务统筹及统稿工作由陈桦教授承担。

本书是对语音学、音系学、语音教学三方面历史的回顾，内容十分庞杂，前辈的成就数不胜数。在这么短的时间内完成一百多年学术史的综述，是一件非常不容易的事情。虽然我们每一位成员都依靠自身的学术素养、知识积累并通过广泛深入地查阅资料、归纳总结完成了此书，但由于编写时间和篇幅所限，我们仅对各个部分的重要或主流的理论、方法、成就进行梳理和简介，难免挂一漏万，疏漏之处敬希谅解。我国自主编写的语言学研究指南是极少的，我们希望这是一个良好的开端，是一部相对完整的记录和整理，如能对读者有一定的参考价值，即是我们最大的慰藉。书中如有遗漏和不当，欢迎读者批评指正，以便留待后续及后人继续补充完善。

陈　桦　史宝辉

2020 年 12 月

目 录

第一部分 20 世纪语音学与音系学研究百年概述 ………… 1

第 1 章 20 世纪的语音学 …………………………… 3
    1.1 20 世纪国外的语音学 …………………………… 4
        1.1.1 19 世纪末到 20 世纪 20 年代 …………… 4
        1.1.2 20 世纪 30—50 年代 ………………………… 9
        1.1.3 20 世纪中叶 ………………………………… 12
        1.1.4 20 世纪 60—70 年代 ……………………… 18
        1.1.5 20 世纪 80—90 年代 ……………………… 21
    1.2 20 世纪中国的语音学 …………………………… 27
        1.2.1 中国语音学的科学发展历程 ……………… 27
        1.2.2 20 世纪中国港台地区语音学的发展及成就 …………………………………… 35

第 2 章 20 世纪的音系学 …………………………… 39
    2.1 音系学的源起与发展 …………………………… 39
        2.1.1 "语音学"与"音系学" ……………………… 39
        2.1.2 音系学之名与音系学之实 ………………… 40
        2.1.3 音系学的发展 ……………………………… 43
    2.2 结构主义音系学 ………………………………… 45
        2.2.1 欧洲结构主义音系学 ……………………… 45
        2.2.2 美国结构主义音系学 ……………………… 47
        2.2.3 区别特征理论的发展完善 ………………… 49

2.3 SPE 与后 SPE 时期的音系学理论 51
2.3.1 生成音系学 51
2.3.2 非线性音系学 53

第二部分　21 世纪的语音学、音系学与语音教学理论 ... 57

第 3 章　21 世纪的语音学理论 59
3.1 语音产出理论 59
3.1.1 语音生成理论 60
3.1.2 语音产出理论 62
3.1.3 二语语音产出理论 68
3.1.4 汉语语音产出理论 72
3.2 语音感知理论 74
3.2.1 经典语音感知理论的发展 75
3.2.2 语音感知新理论的提出 79
3.2.3 二语语音感知理论 81

第 4 章　21 世纪的音系学理论 91
4.1 音系过程 92
4.1.1 基于规则的音系学 92
4.1.2 优选论 95
4.2 音系表征 103
4.2.1 依存音系学 104
4.2.2 管辖音系学 107
4.2.3 依存音系学与管辖音系学的异同 111
4.3 音系的本质与证据 112
4.3.1 本质主义与经验主义 113

  4.3.2　偏向本质主义的音系学理论 114
  4.3.3　偏向经验主义的音系学理论 117
  4.3.4　其他音系学理论 121

第 5 章　二语语音教学的理论与方法 129
5.1　21 世纪的语言教学理论 129
  5.1.1　宏观教育理念 129
  5.1.2　外语教学法 131
  5.1.3　语音教学理论 136
5.2　21 世纪的语音教学方法 138
  5.2.1　英语语音教学历史回顾 138
  5.2.2　21 世纪的语音教学方法 145
  5.2.3　慕课与混合式语音教学 149

第三部分　21 世纪的语音学研究方法 157

第 6 章　主流的语音学研究方法 159
6.1　语音产出的研究方法 159
  6.1.1　语音产出的原理 159
  6.1.2　语音产出实验设计 163
  6.1.3　语音产出研究方法的应用 171
6.2　语音感知的研究方法 175
  6.2.1　语音感知实验设计 176
  6.2.2　语音感知的研究方法应用 181
6.3　其他研究方法及其应用 190
  6.3.1　濒危及少数族群语言的语音记录 191
  6.3.2　说话人识别研究 192

第四部分　21世纪语音学、音系学与语音教学的主要成果 ······ 195

第 7 章　21 世纪语音学领域重要成果 ············ 197

7.1　语音学领域重要期刊论文 ················ 197
- 7.1.1　汉语普通话相关研究 ················ 197
- 7.1.2　汉语母语者的二语产出与感知研究 ······ 201
- 7.1.3　言语工程研究 ···················· 203

7.2　语音学领域重要著作 ·················· 206
- 7.2.1　实验语音学著作 ·················· 206
- 7.2.2　语音学应用的著作 ················ 212

7.3　语音学领域重要团体及其贡献 ············ 214
- 7.3.1　发音生理研究 ···················· 215
- 7.3.2　语音声学研究 ···················· 222
- 7.3.3　语音生成与感知的神经机制研究 ······· 230

第 8 章　21 世纪音系学领域重要成果 ············ 237

8.1　音系学领域重要期刊论文 ················ 237
- 8.1.1　研究概况和研究热点 ··············· 238
- 8.1.2　音节性研究 ······················ 239
- 8.1.3　和谐关系研究 ···················· 242
- 8.1.4　韵律标注研究 ···················· 245
- 8.1.5　重音与节律研究 ·················· 246
- 8.1.6　声调研究 ························ 247
- 8.1.7　焦点后压缩研究 ·················· 249
- 8.1.8　句子音系学研究 ·················· 250

8.2 音系学领域重要著作 ············· 250
8.2.1 国际音系学著作 ············ 250
8.2.2 国内音系学著作 ············ 264

第9章 21世纪语音教学领域重要成果 ·········· 267
9.1 语音教学领域重要论文 ············ 267
9.1.1 语音习得研究 ············ 267
9.1.2 语音教学研究 ············ 280
9.2 国内外重要的语音教材 ············ 284
9.2.1 国外英语语音教材 ············ 284
9.2.2 国内英语语音教材 ············ 297

第五部分 结语 ············· 301

第10章 语音学与音系学研究的综合评价与预测 ··· 303
10.1 结论 ············· 303
10.1.1 语音学研究的历史沿革 ············ 303
10.1.2 音系学研究的历史沿革 ············ 305
10.1.3 语音学与音系学的关系 ············ 306
10.2 挑战 ············· 307
10.2.1 理论层面 ············ 307
10.2.2 人才培养 ············ 307
10.2.3 研究手段 ············ 308
10.2.4 研究视角 ············ 309
10.3 预测 ············· 310

参考文献 ············· 313

图 目 录

图 1-1　20 世纪语音学研究发展历程的国外及国内时间轴 ·················· 5
图 1-2　Oakley Coles 的腭位图 ·················· 6
图 1-3　X 光照射线图：自左上顺时针分别为 heed、who'd、hod 和 had ······ 6
图 1-4　用于记录口腔气流和声门振动的浪纹计 ·················· 7
图 1-5　Czermák 在使用间接喉镜 ·················· 7
图 1-6　光谱图 ·················· 10
图 1-7　X 光（a）、IPA 元音舌位图（b）和声学元音图（c）·················· 11
图 1-8　基于 76 位美国英语发音人的元音图 ·················· 13
图 1-9　浊塞音 /b/、/d/、/g/ 第二共振峰变化示意图 ·················· 14
图 1-10　浊塞音 /b/、/d/、/g/ 第一共振峰变化示意图 ·················· 15
图 1-11　不同合成条件下的塞音刺激听辨情况 ·················· 16
图 1-12　浊塞音 /b/、/d/、/g/ 连续统的第一、二共振峰示意图 ·················· 17
图 1-13　世界不同语言元音分布图 ·················· 19
图 1-14　Praat 语音分析软件界面 ·················· 22
图 3-1　Pierrehumbert 语调模型 ·················· 64
图 3-2　NoSlump 语调模型 ·················· 65
图 3-3　扩展的 NoSlump 语调模型 ·················· 65
图 3-4　平行编码及目标实现模型 ·················· 67
图 3-5　重音类型模型 ·················· 70
图 3-6　语音切分层级模型 ·················· 79
图 4-1　"激进的 cv 音系学"的基本音系单位及其组织结构 ·················· 106
图 4-2　"激进的 cv 音系学"对元音音段的表征 ·················· 107
图 4-3　多层网络中的信息处理 ·················· 118
图 4-4　英语 [mæd] 的耦合关系和音姿值 ·················· 124

图 4-5　多种单、复辅音做首音时其首音的平均中心与尾音的距离 …… 124
图 4-6　英国手语中"男人从 x 处走到 y 处"的表达 ……………… 127
图 4-7　英国手语中"男人把纸从 x 处移动到 y 处"的表达 ……… 127
图 5-1　互动协同模型 …………………………………………… 133
图 5-2　二语习得中的协同作用 ………………………………… 134
图 6-1　交际时语音产出和感知的过程 ………………………… 160
图 6-2　语音产出的语言相关层面 ……………………………… 161
图 6-3　语音产出的途径 ………………………………………… 162
图 6-4　口语感知理解模型 ……………………………………… 176
图 6-5　范畴感知辨认实验（左）与区分实验（右）数据模拟图 …… 180
图 8-1　汉语普通话音节中首辅音、元音和声调间的 c- 中心效应 …… 248
图 8-2　依存音系学对响音性等级中不同音段的表征 ………… 254
图 8-3　管辖音系学对辅音弱化现象的解释 …………………… 255
图 8-4　严格 CV 理论对首辅音丛制约条件的解释 …………… 256

表 目 录

表 2–1　雅各布森 – 哈勒特征系统 ·· 50
表 3–1　汉语语调的双要素模型 ·· 73
表 3–2　"二语感知模型"的理论框架 ·· 86
表 3–3　"二语感知模型"的学习任务 ·· 87
表 4–1　拉丁语重音规则中的阻滞现象 ·· 93
表 4–2　芬兰语咝音化规则中的阻滞现象 ·· 94
表 4–3　对制约条件的范畴性违反与渐变性违反 ································ 98
表 4–4　对同界制约条件的渐变违反造成的中点症 ···························· 98
表 4–5　"关系特定同界"理论对同界制约条件渐变违反情况的分析 ········ 99
表 4–6　对音步与韵律词间同界制约条件渐变违反造成的中点症 ············ 99
表 4–7　"关系特定同界"理论对音步与韵律词间同界制约条件
　　　　渐变违反情况的分析 ·· 100
表 4–8　"和谐优选论"对候选项违反情况的分析 ···························· 101
表 4–9　"和谐优选论"对元音和谐的分析 ·· 101
表 4–10　"噪声和谐语法"对不同频率的词项中辅音连缀的分析 ········· 102
表 4–11　Cyran 对不同语言中初浊对立的管辖音系学表征 ··············· 109
表 5–1　元音移位和重音移位练习 ·· 144
表 5–2　全国精品慕课"英语语音"的教学课程示例 ······················ 151
表 5–3　混合式语音教学中考评占比 ·· 154
表 8–1　日语音节对产出影响的假词实验结果 ·································· 240

第一部分
20 世纪语音学与音系学研究百年概述

第 1 章
20 世纪的语音学

语言研究历史久远,最早可以追溯到我国先秦的训诂著作、古印度和古希腊的语法修辞文献等。受先驱性论著(如 Saussure,1916;Sapir,1921;Bloomfield,1933)启发,直到 20 世纪上半叶,现代语言学才真正赢得了学科地位(Crystal,2015)。另外,19 世纪末,发明创造和科学研究取得了飞跃式进步。语言学和科技发展,促使语音研究从辅助外语教学和音系学论证,逐步扩展研究范畴,吸收更多领域的知识,最终成为语言学的新兴分支学科。

语音研究与音系学息息相关,根据两者的相互关系和作用,语音学大致可分为两种形式:分类研究和科学研究(Ohala,2004)[1],前者提供诸如统一命名、分类、转写语音信号等基本工具;后者则在言语链的各个层面探寻语音原理。Boë(2006)在语言学系列丛书中总结了语音学在发展过程中与音系学的关联,也就是"现象"与"实质"的联系;他的论述中也涉及了针对人类及动物的语音学相关研究。本章依据 Ohala 和 Boë 的框架和方法,结合现代语音学分支,从国外和国内两个方面概述语音研究的发展历程。

---

1 Ohala(2004:133)原文如下:"...two forms of phonetics, taxonomic and scientific, and historically their place in phonology has been different. Taxonomic phonetics provides two basic tools for the dealing with speech sounds: first, uniformity in naming and classifying speech sounds, and, second, transcribing them... The other form of phonetics, which I call 'scientific phonetics', seeks to understand how speech works at all levels from the brain of the speaker to the brain of the hearer."。

1.1　20世纪国外的语音学

本节按照编年顺序归纳了20世纪语音学的主要研究方向和成果。在这个框架下,我们将百年语音学研究分为5个阶段(略过两次世界大战)(见图1–1)。

1.1.1　19世纪末到20世纪20年代

19世纪末语音学的地基已经初步打下,到20世纪初语音研究开始蓬勃发展,贯通了人文学、物理学、生理学、工程学等众多领域,理论探索和应用成就逐渐得到学术界和大众的正视。这一时期的重要发展在于借助仪器等科学手段来测量和记录发音,极大地丰富了语音研究方法和实证依据,实验语音研究(experimental phonetic research)由此诞生。同时,19世纪末成立的国际语音学会(International Phonetic Association,简称IPA)[1]在20世纪初迅速壮大,引领了语音研究和语音学的发展。

1. 主要的仪器与应用

借助仪器做实验是这个时期语音研究的进步,这些仪器包括静态腭位仪、X光照相、浪纹计和间接喉镜。

静态腭位仪(palatography)是牙医Kingsley在1880年依据Darwin的著述制作的。Darwin在 *Temple of Nature*(1804)一书中描述了将锡箔制成的圆柱体插入发音人嘴中来观测元音的发音位置。几十年后,Kingsley利用涂抹在上腭的物质来记录发音位置(见图1–2)。如今,这一技术已经被成像更加清晰准确的动态电子腭位仪(electropalatography,简称EPG)所取代,但静态腭位仪毋庸置疑是20世纪语音研究中最重要、最受欢迎的技术之一。

---

[1] 学会于1888年制定国际音标,旨在提供统一、科学的语音记录工具,以方便外语教学。

第 1 章 20 世纪的语音学

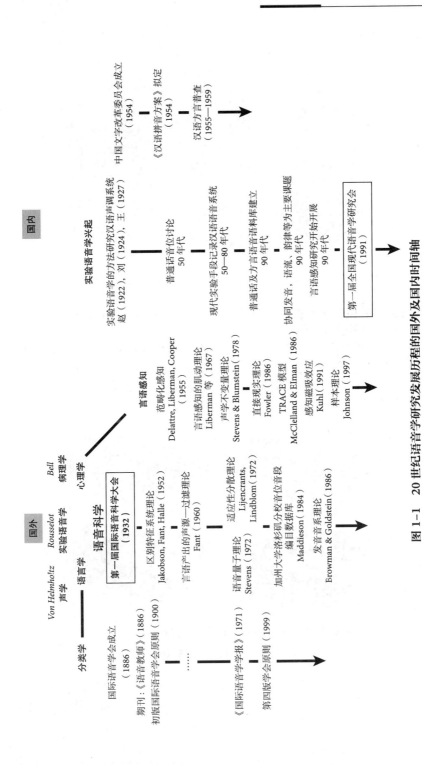

图 1-1 20 世纪语音学研究发展历程的国外及国内时间轴

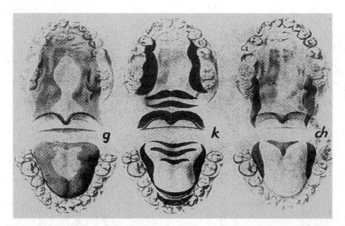

图 1-2 Oakley Coles 的腭位图（Panconcelli-Calzia，1940：55）

1895 年 Röntgen 发现了 X 射线（X-ray；roentgen ray），这一技术在 20 世纪初也被广泛应用在语音学研究上。1917 年，Jones 吞了一条铁链，手持铁链的一端把它铺在舌头上，利用 X 光照相首次捕捉到发音时舌头的形状和位置（见图 1-3）。Jones 由此提出的定点元音系统（cardinal vowel system，也有称"基础元音"）非常重要，它可以协助音系学家描述其他元音。

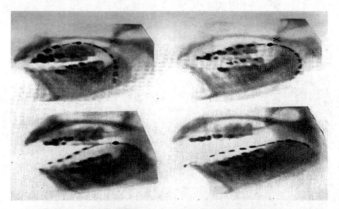

图 1-3 X 光照射线图：自左上顺时针分别为 *heed*、
who'd、*hod* 和 *had*（Jones，1960：封二页）

19 世纪中叶，德国物理学及生理学家 Ludwig 发明了浪纹计（kymograph）来记录呼吸模式（见图 1-4）。1908 年，实验语音学之父

Rousselot 使用这一技术记录了发音过程中口腔和鼻腔的气流变化，以测定语音的长短、高低和强弱。刘复在法国求学期间使用浪纹计绘制了"北京""南京""武昌"等 12 个方言单字的声调曲线（1924），测试出汉语声调的高低，强弱，长短等，是汉语声调定量和定性研究的历史性突破。

间接喉镜（indirect laryngoscope）是西班牙声乐教师 García 利用牙科口腔镜观察自己的声门（glottis）后于 1855 年发明的。1860 年，德国生理学家 Czermák 通过凹面透镜聚光的原理成功地观察到声门的具体活动，完善了这项技术（见图 1-5）。这对声门活动状态（phonation，也称为"发声态"）的探索具有里程碑意义。

图 1-4　用于记录口腔气流和声门振动的浪纹计（Jones，1922：169）

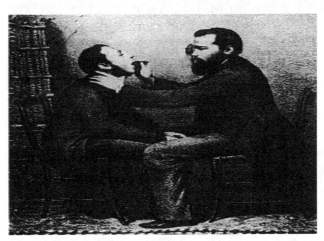

图 1-5　Czermák 在使用间接喉镜（Czermák，1860：封面）

这些早期研制的仪器设备和实验手段使用便利、测量准确，为语音描写提供了数据，也拓宽了研究的广度和深度，奠定了语音科学的基础。但在当时，语音学家们对此有不同意见。例如，Sweet 一方面承认仪器试验有价值，另一方面指出个中环节太多可能出错，必须谨慎对待试验结果。他坚持认为使用仪器的研究不是语音学，而是语音学研究的辅助手段，所以真正起作用的还是脚踏实地的语音学家训练有素的耳朵。Rousselot（1897：1）针对此质疑，回应道："……实验科学的过程对于语言学家们来说是陌生的。即使是最简单的机制都让他们感到恐惧。所以，有必要向他们展示实验难度其实比他们想象的要小，并让他们看到实验的巨大前景。"

20 世纪后半叶，现代技术发明带来了新的发音采集设备和方法，如超声波成像（ultrasound）、电磁发音仪（electromagnetic articulography）、胃电描记法（electrogastrography）和核磁共振成像（nuclear magnetic resonance imaging）。

2. 国际语音学会

1886 年一批法国教师在巴黎成立了国际语音学会，创会主席是 Passy。到 20 世纪初，学会成员不断增加，其中很多是语音学研究的先驱和领军人物，如 Viëtor、Jones、Sweet 等。Sweet 是伦敦学派的代表人物，他提高了语音描述的标准，并与 Passy、Viëtor 等人一起制订了国际音标表。Jones 在 1906—1914 年间凭借出色的组织经营能力广募成员，使得学会和学会早期期刊 *Le Maître Phonétique*[1] 蓬勃发展。

学会创会之初的目标是语音分析、语音训练和语音转写，旨在帮助外语学习者学好发音；同时协助开展如母语正音、言语治疗、语言比较等研究（Jones, 1938）。1888 年，学会发布国际音标表，目的在于使用统一的符号系统记录世界语言的语音特征；1900 年和 1912 年，学会出版并修订了英文版的 *The Principles of the International Phonetic Association*（《国际语音学会原则》，简称《原则》）。《原则》介绍了国际语音学会的历史、国际音标的符号、宽式音标和严式音标的定义，并提供了包括 30 多种语言和方言的音标转写，为记录人类声音提供了统一的依据。1925 年哥本哈根会议上，Jerspersen 提出了不同转写系统应规范化，

---

[1] 国际语音学会期刊第 1 版出版于 1886 年，名为 *Dhi Fonètik Tîtcer*（*The Phonetic Teacher*，《语音教师》；1889 年更名为法语同名的 *Le Maître Phonétique*；1971 年，再次更名，现为 *Journal of the International Phonetic Association*（《国际语音学会学报》），涵盖了语音学和实验语音学的主题。

应兼顾不同领域（如方言学、非洲语言研究、语言教学等）的科研目标。部分建议被学会采纳，为日后修订国际音标奠定了基础（Kohler，2000）。

1932年国际语音学会召开了"第一届国际语音科学大会"（International Congress of Phonetic Sciences，简称ICPhS），从此每四年举办一届，这进一步促进了语音学科的发展和影响力的提升。

3. 面对外语教学的韵律研究

早期语音研究主要的关注点是音位，但也有学者留意到了韵律（prosody）的重要性，如Palmer（1922）编著的《英语语调：系统练习》（English Intonation: With Systematic Exercises）。该书针对英语作为外语的口语教学，建立了语调与语义之间关系的规则和系统的语调标记；将英语的语调分为调头（head）、调核（nucleus）和调尾（tail）三部分，这一分解适用于训练不同语言背景的英语学习者。该书还指出外语口语学习的重点是系统模仿母语者语调，开创了语音语调教学的先河。

1.1.2　20世纪30—50年代

这一阶段语言学和科学技术进一步发展，推动了语音研究仪器的进步及广泛应用。

1. 声波可视化

20世纪40年代，光谱仪（spectrograph）诞生（Koenig et al.，1946）（见图1-6）。几乎同时，Potter（1945）撰文推介了他与贝尔实验室（Bell Telephone Laboratories）的同事共同研发的声谱仪（acoustic spectrograph; sound spectrograph），"它可以为连续的动态语音测量音色、音强、音高和音长"（鲍怀翘、林茂灿，2014：4）。为了帮助听障人士了解语音，Potter、Kopp和Green（1947，1966）使用声谱仪测绘英语语音声学特征（acoustic signature）。这一技术很快被广泛运用到声学分析中，以解决更多样的语音学问题。

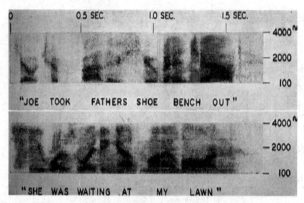

图 1-6　光谱图（Koenig et al., 1946: 4）

2. 探索发音机制

早在 19 世纪就出现了有关发音的重要概念——发音基础（basis of articulation; articulatory base）或称发音设置（articulatory setting），这一概念源自德国语言学家 Sievers（1876）调查德语方言时提出的 Operationsbasis（basis of articulation，发音基础）。他认为德语方言中元音音质的差异不仅体现在发音方式上，还体现在语音系统上。Viëtor（1887）、Sweet（1890）和 Jespersen（1912）继承扩展了这个理论。他们强调发音差异的动态性，认为在说每种语言时，舌头从静止状态到主动发音的轨迹也是不同的。俄国语音学家 van Ginneken（1933）和 Ščerba（1937）（参见 Kedrova & Borissoff, 2013）沿用此思路研究了法语。这些都是有关发音机制较早的理论学派，由于时代局限，没有进行实验，故而缺乏实证支撑，更多依赖语音学家的听辨和观察进行描述。

而后，一些学者开始从医学或生理角度研究人工喉结构以期寻找发音的生理证据（如 Riesz, 1930; Wegel, 1930; Firestone, 1940），这无意中促进了发声语音学（Articulatory Phonetics）的进步。一些早期重要论述得以发表，如"发音机制在语言合成中的关键作用"（Dudley, 1940），明确了喉部音调与音节发音之间的关系，以及基频的控制调解机制就是控制声门处的空气振动。Dudley 还提出了发音三要素：声音的载体（voice carrier）、言语信息（speech message）和声音调节器（voice modulator）。再后来，Joos（1948）首次利用 X 光照相技术绘制出 IPA 元音舌位图（见图 1-7b），并利用第一、二共振峰与舌位高低前

第 1 章　20 世纪的语音学

后的关系（见图 1-7a）绘制了声学元音图（见图 1-7c），最早提出了声学空间（phonetic space）的概念。

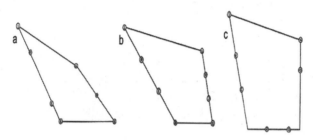

图 1-7　X 光（a）、IPA 元音舌位图（b）和声学元音图（c）（Joos，1948: 55）

这一时期的语音研究偏重记录和描述语言和方言的共性及特性。1902 到 1910 年期间，Gilliéron 与 Edmont 编纂出版《法语地图集》（Atlas Linguistique de la France）。1926 到 1930 年期间，Wenker 与 Wrede（Wenker 去世后 Wrede 继续）出版《德语地图集》（Deutscher Sprachatlas）。1928 年起，Jaberg 与 Jud 合作编纂《意大利及瑞士南部语言及民族地图集》（Sprach- und Sachatls Italiens und der Sünschweiz）。随后自 20 世纪 30 年代起，语言语音调查逐步拓展到北美洲及非洲等国家和地区，相关研究成果有 1930 年起 Kurath 的《美国及加拿大语言地图集》（The Linguistic Atlas of the United States and Canada）、1938 年 Swadesh 的《1936—1937 年美国印第安语言学参考书目》（Bibliography of American Indian Linguistics 1936—1937）、1952 年由 Voegelin 编写的《美国印第安语手册》（Handbook of American Indian Languages）、Westermann 与 Bryan 于 1952 出版的《西非的语言》（Languages of West Africa）、Jacquot 等和 Richardson 于 1956 及 1957 年相继出版的《班图北部边境语言调查》（Linguistic Survey of the Northern Bantu Borderland）。

这些调查让学者们接触到不同语音系统间相似却性质相异的音。为了体现语音多样性和准确描述语音本质，他们设计了新的记音符号，并就符号的应用达成共识。例如，超音段信息在记录中文、非洲和美洲的声调语言（tone language）时是关键；赵元任的五度值为扩充国际音标提供了思路。这一时期的重要议题之一就是国际音标的规范化，国际语音学会先后对国际音标进行了三轮修订。第三版《国际语音学会原则：国际音标的描述及使用方法》（The Principles of the International Phonetic Association: Being a Description of the International Phonetic Alphabet and the Manner of Using It）加入了声学判断标准（1949），增加了新的辅音，精简了元音表，修改了描述方法，对声调语言的符号进行了详细的定义。

但是，这一阶段的语音学缺少与音系学的讨论，音系学理论也很少能发表到国际语音学会会刊 *Le Maître Phonétique*。可能的原因是当时的领军人物 Passy 和 Jones 是偏向于描述发音的语音学家，比起语言的"形式"（form），他们更关心语言的"实质"（substance）（Macmahon，1986）。但韵律研究却打开了语音和语法间的通道，把发音和语义、句法密切关联起来。Firth（1948）指出韵律研究与以往的音位研究不同，应当更多地从语言的语法结构出发，用整体的视角关注语言的意义及其对应的韵律特征。

1.1.3　20 世纪中叶

第二次世界大战后，更精密的录音设备及声学分析仪器出现，仪器和实验与传统的观察听感结合，更快推动了发音和声学研究进程，极大地促进了语音学研究的发展。具体来说，磁带录音机提高了信号采集质量；声谱仪提供了更准确的可视声学数据；X 光照相技术对发音语音学也产生了重大影响。这一时期的语音学研究出现了一系列具有深远影响的成就，如对声学元音图的进一步拓展、Jakobson-Fant-Halle 的区别特征理论、语音范畴感知模型等，在音系学与语音学之间重新架起了桥梁。

1. 元音图

声学和医学设备的不断改进使语音学家可以更精确地测量语音参数、观察口腔形状及发音器官的状态，以此分析元音及辅音特性，探究发音过程。Peterson（1951）借助元音共振峰把传统的元音空间与声学空间联系起来，拓展了 Joos 的声学元音图。其后，Peterson & Barney（1952）绘制了 76 位美国英语发音人的声学元音图，发现不同发音人的同一元音在声学参数上有差别（见图 1-8），即语音变体（phonetic variation）。

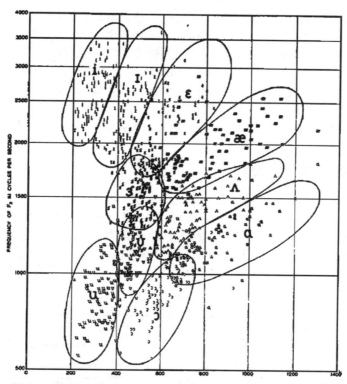

图 1-8　基于 76 位美国英语发音人的元音图（Peterson & Barney, 1952: 182）

2. 区别特征系统

基于在世界各地语音的调查和描写中认识到的人类语音系统的共性和差异，Jakobson、Fant & Halle（1952: 40）归纳出"世界语言中固有的区别特征（distinctive feature）"。他们从声学特征出发，遵循"一口原则"（one mouth principle），即用一个或多个区别特征同时区分描述元音音位和辅音音位，总结了 12 组二分对立的区别特征[1]。区

---

[1] 它们分别是"元音性/非元音性（vocalic/non-vocalic）、辅音性/非辅音性（consonantal/non-consonantal）、集聚性/分散性（compact/diffuse）、钝音性/锐音性（grave/acute）、降音性/平音性（flat/plain）、鼻音性/口音性（nasal/oral）、紧音性/松音性（tense/lax）、延续性/突发性（continuant/interrupted）、刺耳性/非刺耳性（圆润性）（strident/mellow）、抑音性/非抑音性（checked/unchecked）、浊音性/清音性（voiced/voiceless）、升音性/平音性（sharp/plain）"。

别特征系统为后来的语音学研究奠定了理论基础,也成为沟通语音和音系研究间的桥梁。Ohala(2004)在回顾语音学发展时强调,区别特征系统参考了发音和声学方式方法来描述音位,这说明诸如音位对立(contrastiveness)和音位配列(phonotactics)的音系行为可以通过其声学—听觉本质(acoustic-auditory nature)来解释。从声学、发音实验到语音系统理论的发展过程也印证了 Rousselot 早在 19 世纪末的预言:科学实验在语音研究中的重要性和远大前景(参见 1.1.1 节)。

3. 语音的范畴化感知

除发音机制外,听感也一直是语音学关心的议题,其中范畴化感知(categorical perception)在语音感知的位置举足轻重。Delattre、Liberman & Cooper(1955)着眼元音第二共振峰的过渡音征(F2-transition),合成了辅音 b-d-g 的连续统(continuum),获得了元音提示下的辅音感知规律(见图 1-9、图 1-10、图 1-11),他们也检测了第一共振峰的作用(见图 1-12)。

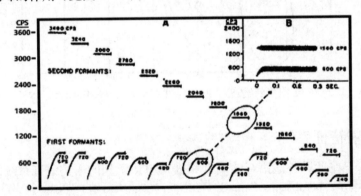

Schematic display of the stimuli used in finding the second-formant loci of *b, d, g*. (A) Frequency positions of the straight second formants and the various first formants with which each was paired. When first and second formants were less than 240 cps apart they were permitted to overlap. (B) A typical test pattern, made up of the first and second formants circled in (A).

图 1-9 浊塞音 /b/、/d/、/g/ 第二共振峰变化示意图(Delattre et al.,1955:771)[1]

---

1 图示译文:为了确认辅音 b、d 和 g 固定的第二共振峰位置而设计的刺激音示意图。(A)第二共振峰直线的频率位置,以及对应的不同第一共振峰。当第一共振峰和第二共振峰差别不到 240 cps(循环/秒,cycle per second)时,可以容许重叠。(B)其中一种组合。

第 1 章　20 世纪的语音学

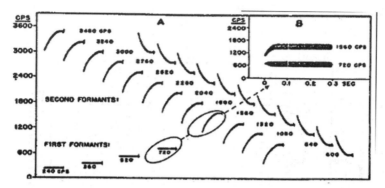

Schematic display of the stimuli in finding the first-formant locus of *b*, *d*, and *g*. (A) Frequency positions of the straight first formants and the various second formants with which they were paired. All combinations of first and second formants were used, except for eight cases in which the two formants were so close together as to overlap. The formant shown at 520 cps is composed, in slightly unequal parts, of the fourth harmonic at 480 cps and the fifth harmonic at 600 cps; 520 cps is an estimate of its equivalent frequency.

图 1–10　浊塞音 /b/、/d/、/g/ 第一共振峰变化示意图（Delattre et al., 1955: 773）[1]

其后，Liberman、Harris、Hoffman 和 Griffith（1957）同样利用合成 b-d-g 的连续统，首次记录被试利用过渡音征可以有效区分连续变化的语音刺激，判断音位范畴（phonemic category）。Liberman 据此提出范畴内的不变性（invariance），对后来的感知探索影响深远。

语音感知涉及一系列看似对立的语音事实，包括声学信号的连续性与感知判断的离散归类、发音的变化和听觉的稳定等。范畴化感知试图解答的是前者。针对后者，Halle 和 Stevens 提出了"合成分析理论"（Aanalysis-by-Synthesis Theory），认为语音感知是发音经验调解下的听觉对应过程。听话人会分析声音信号并在头脑中合成语音进行比较来判断感知是否正确。将发音经验投射到了声音信号上进行解析的结果。因为当时没有试验方法可以提供神经生理证据，这个理论饱受质疑，便停留在了假说阶段（陈忠敏，2015）。但是它的思路为之后的感知理论探

1　图示译文：为了确认辅音 b、d 和 g 固定的第二共振峰位置而设计的刺激示意图。（A）第一共振峰直线的频率位置，以及对应的不同第二共振峰。除两类共振峰因位置过于靠近而几近重叠的 8 种情况外，所有情况均考虑在内。当第一共振峰和第二共振峰差别不到 240 cps（循环 / 秒，cycle per second）时，可以容许重叠。

索指出了可行的方向。

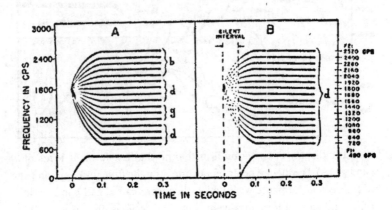

Stimulus patterns (shown schematically) and identifications with and without a silent interval between the second-formant locus and the onset of the transition. (A) Second-formant transitions that originate at the a' locus and go to various steady-state levels, together with the first formant with which each was paired. (B) The same patterns, except that a silent interval of 50 msec has been introduced between the locus and the start of the transition. Note that there is no silent interval in the first formant, but that it has been displaced along the time scale so that its onset is, as in (A), simultaneous with that of the second formant. Similar adjustments in time of onset were made for all the silent intervals tested in this experiment. The introduction of a silent interval into the first formant always weakened the consonant, but did not affect its identity.

图 1-11　不同合成条件下的塞音刺激听辨情况（Delattre et al., 1955: 771）[1]

---

[1] 图示译文：刺激示意图，以及在固定的第二共振峰位置和过渡段起始位置之间有空白及无空白情况下的辅音辨别情况。(A) 从辅音 d 的固定第二共振峰位置开始的过渡段起始频率，到不同的第二共振峰稳定频率水平，以及与其组合的第一共振峰。(B) 相同的组合方式，但是在固定第二共振峰位置和过渡段起始位置之间，插入了 50 毫秒的空白音段。注意：第一共振峰没有插入空白音段，但其起始位置有了相应的调整，保证和第二共振峰同步。

第 1 章　20 世纪的语音学

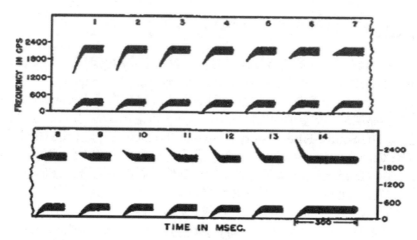

Illustrations of the spectrographic patterns from which the stimuli of the experiment were produced. Pattern 14, at the lower right is complete in all respects.

图 1-12　浊塞音 /b/、/d/、/g/ 连续统的第一、二共振峰示意图

（Liberman et al., 1957: 359）[1]

4. 韵律研究

　　除了对音位和最小对立音（minimal pair）的关注，韵律研究也在深入发展。例如，Robins（1957）提出韵律应包含音段（segmental）、次音段（sub-segmental）和超音段（supra-segmental）的音位特征。他将韵律特征分为扩展类（extensional）和切分类（demarcative）。扩展类韵律特征是指将不同的音素串联在一起黏合成词素，一个典型的例子是元音调和（vowel harmony）[2]。切分类韵律特征是指特定音素可以预示一个句段结束和新语段即将开始，比如德语中声门塞音（glottal stop）一般处于元音为首的词素中。这种切分类的韵律特征跟语言的意义表达有关。这一时期的韵律研究把语音学从单纯的言语链提升到了言语交际的层面，并且进入大语法的讨论范畴中。

1　图示译文：实验所用刺激的第一和第二共振峰的频谱图描述。右下角的第 14 种组合在各方面都是完整的。

2　如词汇中具有相同元音特征的不同元音的组合：单词中第一个音节若为前元音，第二个音节也应为前元音。

1.1.4 20世纪60—70年代

20世纪上半叶的语音学研究侧重于解释语音的物理输出（physical output），讨论的是言语（speech），而不是语言（language）。到了60—70年代，语音学研究继承了前期由实质到形式、从实证到理论的思想，涌现出一批重要的理论模型。例如，言语产出的"声源—过滤理论"（The Source-Filter Theory of Speech Production）、"语音量子理论"（The Quantal Theory of Speech）、"适应性分散理论"（The Theory of Adaptive Dispersion）等解构发音和声学的关联以预测语音分布并阐述言语过程。此外，对表层形式和底层结构的探究进一步拉近了音系学和语音学的距离。同时，感知研究也成长起来：范畴性实验更加深入；出现了非常重要的言语感知（speech perception）的"肌动理论"（Motor Theory）。另外，韵律和声调研究也逐渐获得理论和实证研究的关注。

1. 声音结构的出现

首先，在发音机制方面，Fant（1960）提出了"声源—过滤理论"，认为发音是声源和作为滤波的声道两个独立部分共同作用的过程，即声源产生后，声道的共鸣腔对声源进行过滤和修饰，两个部分构成一个线性的言语发音过程。虽然实际的发音过程并非线性的，而且声源—过滤理论只提供了发音机制的近似模型，但它提出了声源和声道的独立性，允许分别检测计算各个构成要素和参数，这也为后来的声学和语音合成实证研究提供了可验证的理论框架。后来的事实证明，声源—过滤理论是描述言语发音乃至歌唱发音的根本理论模型。

1967—1976年美国斯坦福大学建立了多语言音素表（phoneme inventory）的数据库[1]。面对数据库中多样的语音系统，Stevens（1972）发现，虽然声源和发声器官的组合可以发出很多不同的音，但人类语言似乎偏爱 /i/、/a/、/u/、/o/、/e/ 这些定点元音。他利用发音时共鸣腔内的共振峰频率测算出不同发音部位的移动对声学参数的影响有差异，因此提出声道性状和语音产出的关系是非线性的。Stevens把发音和声学之间的这种量子关系归纳为"语音量子理论"，揭示了只要有适当的发音付出就能在听觉上达到高区分度的事实。该理论的贡献在于突破了传统语音学家对感知区分性和最少付出等概念的认知，结合了发音、声学和

---

[1] 依托"语言普遍性项目"（Language Universal Project）中的斯坦福大学音系档案（Stanford Phonology Archive，简称SPA）而建。

听感来解释和预测区别性特征和语音系统。这一理论不仅解释了定位元音的普遍性,也为预测和验证世界语言的音位分布提供了一个参考依据。

Lindblom 等(Lindblom et al.,1986,1990;Liljencrants & Lindblom,1972)提出的"适应性分散理论"同样采纳发音和听感两条标准来解释世界语言的元音分布,指出不同语言的元音在声学参数上对比越明显,对听者辨识的影响就越积极,也就能最大程度降低元音的听感混淆。从图 1-13 可以看出,除了 /i/、/a/ 和 /u/ 外,其他元音之间的主要区别在于与元音舌位高低相关的第一共振峰,所以多元音的语音系统里元音的舌位高低变化要大于舌位前后的变化。人类听觉器官对频率的敏感度和分辨度会影响人类发音和语音的格局,这一理论建立的元音分布模型揭示了这一对应关系。

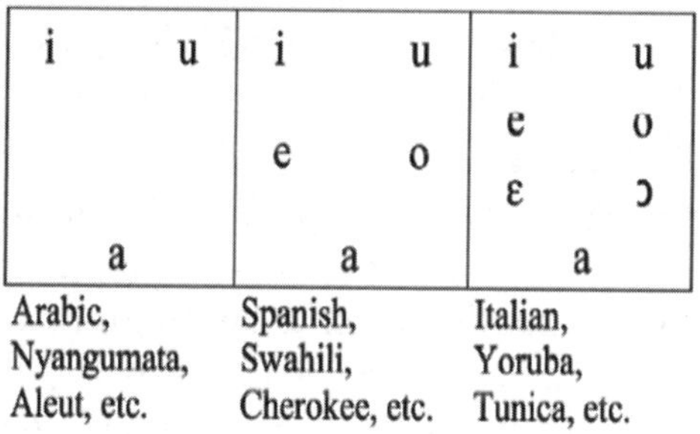

i	u	i	u	i	u
		e	o	e	o
				ɛ	ɔ
a		a		a	
Arabic, Nyangumata, Aleut, etc.		Spanish, Swahili, Cherokee, etc.		Italian, Yoruba, Tunica, etc.	

图 1-13 世界不同语言元音分布图(Liljencrants & Lindblom,1972:845-847)

2. 英语语音模式

同一时代的音系学领域也出现了影响深远的著作,Chomsky & Halle 的《英语语音模式》(*The Sound Pattern of English*)(1968)提出,深层的底层形式要通过一系列严谨的规则和推论才能最终获得表层的语音模式。他们认为音系研究的重中之重就是建立一系列音系规则,并通过若干中间序列化的推导形成语音的表层表达模式。Ladefoged(1971)随后指出,要想建立充分的音系理论体系,必须了解表层语音事件和决定语音模式的规则。

3. 言语感知:从范畴化到不变性

20 世纪 50 年代发现的语音范畴化感知(Liberman et al.,1957;Delattre et al.,1951)陆续在不同音位对立实验中获得实证支持

(Lisker & Abramson, 1964, 1967),并且在婴儿的语音感知(Eimas, 1971)和哺乳动物行为(Kuhl & Miller, 1975)中得到验证。

Lisker & Abramson (1964)发现,在 11 种语言中英语爆破音的 VOT(voice onset time)[1]是区分清浊对立的决定性因素,在不同语音环境下(如轻/重音节对立)存在范畴化感知(1967)。同时,研究发现成年人和婴儿(Eimas et al., 1971)都存在范畴化感知;学者们发现啮齿类哺乳动物也表现出了类似人的范畴化感知行为(Kuhl & Miller, 1975)。由此看来,人类感知语言学的对立似乎并不需要语言经验。

与发音理论的发展历程相似,语音感知研究也开始由实证走向规律探索。Liberman 等人结合发音和听感,提出了言语感知的"肌动理论"(见 Liberman et al., 1967; Liberman & Mattingly, 1985, 1988, 1989)。"肌动理论"假定声学信号和对应音位间存在不变性联系,描绘了语音与发音运动之间的映射关系。由于缺少具体阐述,更由于当时尚缺少对脑神经机制的认识和验证,"肌动理论"被视为假说而非真正的理论。但是其将感知与发音结合的理念和思路影响了众多当代感知理论模型。如今,相比语音领域,"肌动理论"更多地与认知科学相关联(如 Fadiga et al., 2002; Kerzel & Bekkering, 2000; Rizzolatti & Arbib, 1998; Viviani, 2002; Wilson et al., 2004),这也是"肌动理论"从假说走入真正理论的必由之路(Galantucci et al., 2009)。

语音感知过程中除了耳朵接收信号,其他感官的作用鲜有人留意,直到 20 世纪 70 年代 McGurk 提出多通道(multi-modal)的言语感知,用以解释视听刺激不匹配时产生的感知偏差(McGurk & MacDonald, 1976),被称为"麦格克效应"(McGurk Effect),多感官的言语感知才得到重视。

4. 韵律和声调研究

首先,这一时期的韵律研究进一步与语法相结合,出现了完善的理论体系。例如,Halliday 总结了过往的韵律研究,于 1967 年出版了《英式英语的语调和语法》(*Intonation and Grammar in British English*),强调了语调在口语中的重要作用,并指出语调是以语法为基础的,认为音系是语音表达和语言形式之间的桥梁。Palmer(1970)在《韵律分析》(*Prosodic Analysis*)中汇集了众多英语音系和韵律的研究成果,如句法、

---

[1] VOT,噪音起始时间,指从辅音除阻到声带开始振动的时间。

构词法可以和音系系统相互制约影响；一个语音符号可以在不同语境充当不同的音系成分；音节和单字在音系描述中是必要的组成部分，等等。这些观点对当代韵律研究影响深远。

其次，声调语言在这一时期作为探究超音段特征的语料来源引起了关注。较早并且有深远影响力的研究是王士元[1]的汉语声调感知实验（1976）和Abramson的泰语声调感知实验（1979）。王士元最早发现汉语普通话母语者感知阴平—阳平声调连续统的时候，其结果呈现范畴化模式。而Abramson发现同为声调语言的泰语，其三个平调（低平、中平和高平调）母语感知却未呈现范畴化而是呈现连续感知的趋势。从不同声调语言的不同感知结果来看，声调的感知模式跟声调的调形和语言有关。

5. 实验手段的发展

这一时期，科学技术飞速进步，语音生理和声学相结合的新式仪器在发音的研究方面获得应用。其中动态电子腭位仪可以在发音状态下测定舌腭的相对位置和接触状态。研究者利用动态电子腭位技术使舌腭接触状况在发音的过程中可视化（Hardcastle，1972），这种非侵入性的测量方式为发音训练和语音测定提供了技术支持，在之后的语音研究，尤其是发音障碍研究中得到更加广泛的应用。

1.1.5　20世纪80—90年代

这二十年间，语言感知领域继续解释语音信号如何得以成功辨识为语言形态，并涌现出许多理论；发音产出领域语音学和音系学的联系更加紧密；经历了近一百年的飞速发展，语音学的成果丰硕，很多传承至今的教科书也在这一时期出版。

1. 技术进步

这一阶段语音技术方面的重要成就是Klatt（1980）创建的语音合成器（Klatt Synthesizer），由生理合成器和共振峰合成器两部分组成。前者主要用于精确模拟发音器官和发音部位的运动，并展示由此在

1　王士元先生对汉语语音学的贡献和影响见本章1.2.1节。

肺部、声道、口鼻腔里产生的体积变化和声压分布状况。后一类合成器根据不同音素的声学特征参数，按照合成器的规则程序，合成不同的语音波形。这一技术为发音、声学、合成、感知等各类语音实验提供了牢固而准确的技术支持，也是后来语音软件的基础和依据。之后，Charpentier（1988）、Moulines & Charpentier（1990）提出PSOLA（Pitch Synchronous Overlap and Add）的音高同步波形叠加技术，基于时域波形拼接方法合成语音，使合成音的音色和自然度大大提高。

1992年，Boersma和Weenink研发的Praat是当代语音分析最重要、应用最广泛的技术工具之一。这一方面得益于Praat是开源的免费软件，另一方面是因为此软件涵盖语音分析、标注、修改、合成、实验、画图等常用功能。截至2001年，有来自99个国家的5 000个用户下载使用Praat（Boersma & Heuven，2001）。如图1-14所示（Li et al.，2020），Praat的界面由上至下展示出了一句粤语录音的波形图、语谱图、文字转写和时长信息（以秒为单位）。语谱图中包含了共振峰（图中显示为点线）、基频（图中显示为实线）、音强（图中右侧边栏内侧显示的数字）等重要声学参数信息，方便测算分析。

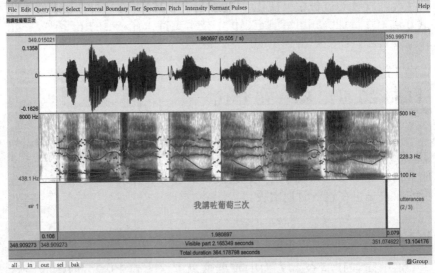

图1-14　Praat语音分析软件界面

2. 大型多语言语音库

在世界语音记录方面，Maddieson（1984）基于斯坦福大学音系档案对 317 种语言进行分类，创立了加州大学洛杉矶分校音位音段编目数据库（UCLA Phonological Segment Inventory Database，简称 UPSID）。Maddieson 归纳总结了所有语言的音素表，发现每个语言大概有 3—24 个元音；包含 5 个元音的语言占比最高，占 21.5%。世界语言中最常使用的元音是 /i/、/a/、/u/、/"o"/、/"e"/[1]，占比分别为 91.5%、88%、83.9%、43.8%、37.2%（详见 Maddieson，1984）。UPSID 数据库涵盖面广，记录清晰，且不断加入更多语言，是现代研究人类语言音系和语音极为丰富的资源宝库。

3. 语音感知机制：听觉、发音、声学的关系

20 世纪 50—60 年代的"合成分析理论"和"肌动理论"指出听感与发音和声学密不可分，认为感知要么基于听觉，要么基于发音。虽然两个理论均因缺乏神经生理实证支持而备受质疑，但为解释语音感知的本质迈出了坚实的第一步。20 世纪 70—80 年代，两个理论的提出者调整最初的思路，提出了新的或者修改后的理论。

首先，Stevens & Blumstein（1978）发表了"声学不变量理论"（Acoustic Invariance Theory）。该理论假定每个音位都有对应的声学特征；无论何时产出，其核心声学特征都一定出现，不受协同发音和语境的影响；无论感知过程还是听觉过程，对应的都是从声音信号中抽取到的、不变的区别性特征。因此，该理论也被归纳为"听觉理论"（Auditory Theory）。持类似观点的还有 Diehl & Kluender（1989）的"听觉加强理论"（Auditory Enhancement Theory）。

随后，Liberman & Mattingly（1985）对他们之前的"肌动理论"做了重大修改，提出感知基础是人类与生俱来的有关"音姿"（gesture）的知识。音姿像一个动作的集合，它包含所有能达到同一个发音目的的动作；它也是言语发音的基本单位和神经肌动的指令，是人类所特有的；它是语音的又具有不变性，只能在大脑特定的语音模块里获取。所以，言语感知就是要弥补协同发音效应，从多变的声学信号中检索出底层音位预定的动姿。

再后来，心理学家把心理过程融入模型阐释，主要有"直接现

---

[1] "e"和"o"代表中间位置范围的元音（Maddieson，1984）。

实论"(Direct Realism Theory)、"感知磁吸效应"(Perceptual Magnet Effect)、"TRACE 模型"等。

"直接现实论"由 Fowler(1986)提出。与听觉理论和肌动理论不同,她对言语的特定性和人类的独有性不做预设。她认为言语感知和其他感知一样,都是直接感知物体和事件,听者可以直接感知实际的音姿(actual gesture)[1]。这一理论与肌动理论都是假设听者可以通过发音线索(如音姿)来解析声学信号的理论,因此二者被合称为"音姿理论"(Gesture Theory)。

"感知磁吸效应"由 Kuhl 创立(Kuhl,1991,1992;Iverson & Kuhl,1996)。初生儿能够分辨陌生语言的语音,但到一岁左右这种能力便会消失,她认为是由于早期的母语语音作为原型(prototype),像磁铁(magnet)一样把近似的声学语音信号吸引过来,压缩了语音范畴空间,使边界更加明显。这一理论把心理声学与感知联系起来,又强调了感知与发音的关系,其影响力不仅限于母语语音感知,也拓展到了跨语言语音感知领域。

"TRACE 模型"(McClelland & Elman,1986)认为,当区别性特征被激活时,将会激活相关音位,进而激发词汇层;同一层级单元通过竞争相互抑制。此模型的优势在于解释和预测言语感知中自下而上和自上而下的不同过程,如范畴化感知、心理词典对音位识别的影响等。同样涉及词汇层面感知的还有"样本理论"(Exemplar Theory)(Johnson,1997;Pierrehumbert,2001)。这一类假设认为言语感知不涉及特征提取等分析性步骤,而是依赖存储在记忆里的各种样本,既包含完整的声学,也包含环境背景、说话方式等信息。

4. 跨语言语音感知:母语作用和语言普遍性

20 世纪后半叶,越来越多的成年留学生赴英美求学。他们的语言需求推动了现代外语教学法的发展,同时也提供了丰富的跨语言发音和听感样本,无形中促进了语音感知的理论和实验发展。对日本留学生[2]的英语感知实验发现(Goto,1971;Miyawaki et al.,1975;Mochizuki,1981),听感训练和系统学习可以有效地提高非母语者的发音和感知准确率(Logan et al.,1991;Lively et al.,1993;Pisoni et al.,1982;MacKain et al.,1981;Strange & Dittman,1984;

---

1 这一理念源于 Gibson(1966)的感知理论:人类从周围世界获取直接信息。
2 日语没有 /r/ 和 /l/ 对立音位。

Werker & Logan，1985；Werker & Tees，1984）。

以母语经验为参照提出的外语语音感知的理论框架主要有"语音学习模型"（Speech Learning Model，简称 SLM）（Flege et al.，1987，1995；Guion et al.，2000）、"感知磁吸效应""感知同化模型"（Perceptual Assimilation Model，简称 PAM）（Best，1995）。另一个影响因素是语言的普遍性（language universals），代表理论是"标记性差异假说"（Markedness Differential Hypothesis）（Eckman，1977）和"结构一致性假说"（Structural Conformity Hypothesis）（Eckman，1991）。

"语音学习模型"由 Flege 提出，该理论扎根于语音的相似性，将外语和母语语音进行对等分类；认为与母语差异越大的外来音越有可能被准确地感知和产出，也越容易建立和容纳外语的语音范畴。

"感知磁吸效应"则假设母语原型是语音范畴的中心；当声音信号在多维度上进行对比分析时，由于母语中原型与非原型音的区分是不对称的，同时学习者缺乏外语的声学经验，没有外语原型可用，所以他们区分外语语音便没有差异。

"感知同化模型"由 Best 提出。这个模型结合了发音音系学（Articulatory Phonology），从音姿的角度（包括检测发音器官的阻碍位置和程度等）假设母语对外来语音的同化（assimilation），以此预测对外来音可能出现的感知结果。这一模型较明确地预测了感知类别和表现，可操作性强且易于检验。"感知同化模型"最初仅讨论零起点外语学习者的语音感知，其后的更新版本 PAM-L2（Best & Tyler，2007）中增添了学习经验和任务等因素，扩充了预测范围，也提高了预测的准确性。

"标志性差异假说"和"结构一致性假说"由 Eckman 分别在 1977 年和 1991 提出，二者都强调语言普遍性在非母语语音感知中的重要作用。语言普遍性的一个重要推论是"标记性"（markedness）（语言偏爱的形式或者特征），它始于布拉格学派的语言学理论（如 Jakobson，1941；Trubetzkoy，1939）。在 Eckman 之前，Greenberg（1966）探索了声音在世界语言中的分布频率以及隐含层次结构，提出了"类型标记性"（typological markedness）。举例来说，一种语言如果在词尾有浊化音，那在这个位置一定也会有清化音；也就是说，如果一种语言有标记性高的音（more marked sound），那一定也隐含标记性低的音（less marked sound），即蕴含普遍性（implicational universals）。这一原理在 Greenberg、Ferguson & Moravcsik（1978）的书中已有更深入全面的阐述和验证。Greenberg 的研究直接影响了 Eckman 的理论思路，后者还进一步将蕴含普遍性理论应用于跨语言习得，他认为学习母语中不存在且标记性更高的外来音是困难的；但是，学习母语中不存在且标记性较低的外来音难度相对较低。1991 年，Eckman 又提出"结构一致性假说"，他概括了语言的普遍性，并且提出中介语（interlanguage）也是自然语言，同样受到普遍性的制约。所以学习者在发音中犯的错误可能是源于语言普遍性的趋势，而非由母语经验或者标记性引起。

5. 语音学教学

　　语音科学发展跨越世纪成长为新兴学科的时候，学科教育和培养后继力量日渐获得关注，经典的语音学教科书得以编纂出版，滋养了难以计数的语音工作爱好者。Ladefoged 的《语音学教程》（*A Course in Phonetics*）自 1975 年第 1 版到 2015 年已再版 7 次，后期还配备有声材料和网络版。该书文字简单易懂，内容涵盖了语音学的各个方面，从语音产生到实用的语音技巧，包括 IPA 转录，到声学理论和声学分析工具等。Roach 的《英语语音学与音系学实用教程》（*English Phonetics and Phonology: A Practical Course*）出版于 1983 年，到 2010 年已更新到第 4 版。该书的内容详尽，介绍了英语的元音、辅音、音位、音节、轻重音等发音机理，并附有练习。Raphael、Borden 和 Harris 合著的《言语科学入门：生理学、声学及言语感知》（*Speech Science Primer: Physiology, Acoustics, and Perception of Speech*）出版于 1980 年，到 2011 年已再版 6 次，涵盖了有关声学、生理语音学以及语音感知的基本知识点，是语音学入门教材之一。Johnson 的《声学与听觉语音学》（*Acoustics and Auditory Phonetics*）于 1997 年出版，后再版两次（2003，2012），是声学语音学教科书。Stevens 于 1998 年出版的《声学语音学》（*Acoustic Phonetics*）介绍了人类声音系统中语音生成的理论，成为语音学、语音病理学、心理学以及语音工程的经典参考著作。

　　世界语音科学发展历经百年，海外学者在近现代引领了语音学的研究方向，成果不胜枚举。语音学的三个分支，即发音、声学、听觉语音学，借助语言学和科技的发展，持续巩固和更新理论和实验方法，不仅逐步明确了语音产出的生理机制、听感的发音和声学基础、言语的心理过程，而且不断从音系、语义、句法、语用等多角度、跨界面地探寻语音的本质和在言语中的作用。但是这一小节只能呈现海外语音学百年历史的只鳞半爪，一个世纪的发展历程和丰富成果大概十本《康熙字典》那样的大部头也无法记录全貌。

1.2　20世纪中国的语音学

20世纪中国的语音学研究回顾以大陆地区的语音学研究为主。但因为历史原因港台地区的语音学研究极具自己的特点，因此本小节将分为大陆地区及港台地区两个部分。两部分相辅相成，共同构成了完整的中国语音学研究版图。

1.2.1　中国语音学的科学发展历程

我国语音学研究相比西方起步较晚，20世纪前鲜有记载。20世纪初是语音学辉煌的开始，但从30年代末起，国内外战争和历史原因导致科学发展几次停顿。语音学在经历同样的曲折历程后再次起步，一方面借鉴海外理论技术，一方面继承传统研究思路，逐渐成长为涉及多学科知识的学术领域。

1. 20世纪初至20世纪30年代：实验语音学起步

20世纪初，汉语语音学实现划时代的起步，语言学大师赵元任、刘复、王力等将实验语音学从欧美带回中国，为传统上依赖主观描述和推论的中国学者打开了通往科学实验和语音实证研究的大门。

1922年，赵元任使用管弦乐器的渐变音高管模拟声调来测量语音声调，并且用中文发表了《中国言语字调底实验研究法》。这是中国人发表的第一篇实验语音学论文，创造了研究汉语声调的实验方法；更重要的是提出了关于汉语声调的论点：声调是音高和时间的函数；字调是一种相对的音高曲线；不同调类的音高关系是相对而非绝对的；求字调的音高曲线时只能取平均的形状。1924年，上海群益书社印行了刘复的博士论文《四声实验录》。在研究中，他使用浪纹计（kymograph），用精密的方法对中国数十种方言中的声调进行调查描写。1927年，王力赴法国专攻实验语音学，并于1932年完成了博士论文《博白方音实验录》(*Une Prononciation Chinoise de Po-Pei*)。他采用严格的自然科学方法，对博白方言进行分析研究，例如，他使用假腭研究博白方言中的元音，用浪纹计记录该方言中的辅音和声调。1928年，赵元任出版《现代吴语的研究》，使用国际音标记录了方言音。1930年，赵元任在国际语音学会会刊 *Le Maître Phonétique* 上发表了《一套标调的字母》(A System of

"Tone-letters"），提出五度标调符号（Chao，1930），填补了国际音标对声调语言的记音空白。他还以英语语调为样本，对比性地提出了数十种汉语的语调，以及关于汉语声调和语调关系的基本理论[1]，填补了汉语语调研究的空白。1930 年，刘复研制出声调推断尺计算声音的绝对音高，弥补了使用浪纹针只能记录语音间相对差别的缺憾，其实验结果十分准确。随后，他又创制成"乙一声调推断尺"和"乙二声调推断尺"两种体积小，便于田野方言调查的音高测量仪器。此时的汉语实验语音学正迎头赶上世界语音学的潮流。

这一时期语音实验室在各地相继建立。1925 年，留学归来的刘复在北京大学建立了语音乐律实验室，以调查全国方音、制成各种声调曲线及图表为工作重心。1928 年，前中央研究院历史语言研究所在南京成立，赵元任担任语言组主任，以调查汉语方言和建立语音实验室为工作重点，把语音学的发展放在重要位置。1935 年，赵元任建立了语音实验室，第二年春即进行了一次湖北方言调查，参与者有赵元任、丁声树、杨时逢、吴宗济、董同和。不久，抗日战争爆发，致使实验室工作陷入停顿，此次调查材料经过整理，终于 1948 年完成《湖北方言调查报告》，由商务印书馆出版。该书不仅是湖北方言的珍贵资料，也是当代方言调查与研究的参考依据，对方言学、音系学、语音学都具有一定的指导意义。遗憾的是，国内语音学的蓬勃发展刚刚开始就遭遇重创。1934 年，刘复和他的学生相继因病去世，北方的语音学研究陷入停滞；三年后，抗日战争全面爆发，中国的实验语音学被迫全面中断，直到中华人民共和国成立后才慢慢恢复。

2. 20 世纪 50—60 年代：中华人民共和国成立之初语音学恢复发展

中华人民共和国成立翌年，中国科学院语言研究所成立。1954 年又建立了方言组，由丁声树任组长。同年组建了中国文字改革委员会，负责制定和推行以文字改革、推广普通话和汉语规范为主题的三大政策。文字改革是核心，以简化汉字为短期任务，以推广拼音为长期目标。对普通话逐步规范化和把普通话推广到全国方言各异的城乡地区需要结合方言调查，这成为这一时期汉语语音工作的主题。

1955 年 10 月，中国文字改革委员会和教育部联合召开了全国文字

---

1 语流中的音高变化是声调与语流语调的叠加；连续变调是介于声调和语调间的自然现象（Chao，1932）。

第 1 章 20 世纪的语音学

改革会议，紧接着中国科学院语言研究所召开了现代汉语规范化会议。方言组组长丁声树作了题为《汉语方言调查》的报告，提出有关方言调查的内容和方法的建议。会后拟定了《汉语拼音方案》。这两个会议很大程度上促进了中国语音学的发展。1956 年，教育部下达了进行方言普查的通知，开始广泛深入地进行方言普查工作。为此，教育部和语言研究所举办"普通话语音研究班"，培养了一批基本功扎实的方言调查和语音研究队伍。《汉语拼音方案》草拟过程也引发了对普通话音位的讨论（林焘，2010）。普通话是以北京话语音为标准，制定方案的前提是明确北京话的音位。因此，20 世纪 50 年代中期的语音研究大多聚焦北京话的音位，如何处理音位系统与声调的关系也是音位研究的一个议题。1956 年傅懋勣提出北京话辅音有 19 个辅音音位（舌面音与舌根音归并为一套音位），元音包括 6 个不卷舌元音音位配合 4 个声调和 7 个卷舌元音音位配合 4 个声调，共 52 个元音音位。该研究提出了一个关键问题，即声调在音位系统中的地位。早在 20 世纪 30 年代，赵元任提出的汉语调类应该理解为"声调的集合模式"，应该叫作"调位"。这一概念经讨论得到普遍认可，因而被采纳，以区别由元音和辅音组成的音素音位（王理嘉，1998）。

全国范围内的汉语方言普查在 1959 年基本完成，带来的方言研究成果极其丰富，报告达一千多份。其中许多涵盖汉语语音的著作，如《汉语方言调查手册》（李荣，1957）、《古今字音对照手册》（丁声树，1958）等，都是指导方言调查的重要工具书和参考依据。再如《汉语方言概要》（袁家骅等，1960）分章介绍了汉语的各个方言，兼及共时和历时研究，系统地展示了方言研究的成果，是一部全面反映汉语方言概况的著作。方言普查完成后，方言分区也在传统基础上进行了修改。1963 年，方言分区确定为七大类：官话、吴、湘、赣、客、粤和闽。这一分区结论为广大方言工作者所接受（王福堂，1998）。

在研究仪器上，我国一方面积极从海外引进，一方面自己开发研制实验设备。当时我国的语音研究主要由语言研究所承担，它的前身是原北京大学文科研究所的语音乐律实验室。研究所配备各式浪纹计、乙一和乙二声调推断尺、海尔姆荷兹共鸣器、音叉、渐变音高管及钢丝录音机，以及自行研制的切音机和腭位照相装置、音高显示器（用于研究声调）。

这一时期的研究成果颇为丰富，为汉语语音学和音系学研究提供了重要的实证依据和指导，特别是为汉语声调研究填补了空白，为实验语音学的现代发展奠定了坚实基础。例如《谈谈现代语音实验方法》（吴宗济，1961a，1961b）是吴先生从海外进修归来后对国际实验语音学的总结提炼和对汉语语音学发展的展望。《普通话发音图谱》(周殿福、吴宗济，1963)按照汉语拼音字母记录了普通话全部辅音、元音及复合元音的发音图谱，共 42 幅。《普通话发音图谱》是用腭位仪配合 X 光拍摄而成，是现代语音研究和普通话语音教学的珍贵参考资料。同时，汉语语音研究也采用了多角度探索的理论方法，把语音议题放置在句法语义框架下解析。例如，《现代汉语补语轻音现象反映的语法和语义问题》(林焘，1957)和《现代汉语轻音和句法结构的关系》(林焘，1962)聚焦汉语中的轻音在不同补语和句型中的表现，提出了轻音与语义和语法结构的重要关系，并据此把轻音分为语调轻音和结构轻音。林焘先生的研究把从构词角度研究轻音的传统方法提高到了句法层面，这一研究思路对现当代的广义语音研究很有启发意义（林焘，2010）。

这段时间出版了两本重要的语音学著作，介绍了语音和语音学的基本概念，总结了国内外语音学的研究成果，是汉语语音学的经典课本和工具书。其一是罗常培、王钧合著的《普通语音学纲要》(1957)。这部著作首次涵盖了普通话、方言和少数民族语言的语音分析；记述了海外文献中鲜见的苏联语音学研究成果；梳理了 20 世纪我国早期方言和民族语言调研成果；总结了赵元任等语言大师的研究成果。其二是李荣以董少文为笔名所著的《语音常识》(1955)。该书介绍了普通语音学常识；结合单字阐述了北京话音系的声、韵母和组合。它标志着汉语普通话发音学已经发展起来，现代汉语语音学业已成熟；在描述汉语现代语音体系中将元、辅音与声韵调相结合的方式也被之后的同类著作所借鉴，成为研究语音的重要参考书目（王理嘉，1998）。

中华人民共和国成立后的二十年里，语音学家们沿袭了传统方言研究和 20 世纪初汉语言大师开启的实验先河，立足本国语言环境传承创新，建立了现代汉语语音学，坚持语音与语法融合，广泛介绍实验语音学理论方法，应用于现代汉语的语音研究（林焘，2010）。

3. 20 世纪 70—80 年代：语音学再起步

我国的现代语音学正值蓬勃发展之际，于 20 世纪 60 年代后期再次被迫停顿，到 70 年代末才又一次起步。根据焦立为等（2004）对于现代语音学领域的分类，除了传统的生理语音学、声学语音学和感知语音学三个门类外，儿童语言的发展、语音教学、病理语音学以及言语工程和语音技术也在 20 世纪后期发展起来。这二十年是 20 世纪中国语音学发展最快的时期，林焘先生称之为"追赶时期"（焦立为，2001）。这一时期的特点就是沿着国外 20 世纪语音学的研究路线弥补研究断层，继

第 1 章 20 世纪的语音学

续探索我国语言的语音特性,追赶国际上的先进研究步伐。1980 年全国科学工作者大会之后,中国语音学也迎来了发展的契机。中国社会科学院语言研究所、民族研究所和中国科学院声学所相继建立了现代化的语音实验室。高等院校中,北京大学率先重建了现代化的语音实验室,北京师范大学、中国人民大学、北京语言大学、南开大学等紧随其后。国内各研究单位和高等院校纷纷开设语音学课程,培养实验语音学人才。

20 世纪 70 年代末至 80 年代这十年的研究重点是继承前人的研究成果,使用现代语音学的实验方法继续分析普通话元音、辅音、声调和轻重音等,更深入、全面、系统地认识汉语语音的特性,为言语工程提供可靠的实证依据和语音参数。首先,声学语音研究以声调研究为主,从侧重单纯分析单字声调,延伸到研究声调与语调的关系;通过声学实验证实了普通话语句的声调变化都是以单字调和二字调(包括轻声)为基础的,这些"基本单元"不会因为句法结构或语言环境变化而改变其原有模式,是有规律可循的(吴宗济,1981/2004)[1]。声调和语调的关系在语流层面也得到进一步分析,沈炯(林焘、王理嘉,1985:73—130)测算了北京话发音人的语料,提出"在声调语言中,声调和语调是用不同方法切分得到的"。声调是音高曲拱,而语调是由一连串声调音域组织起来的音高形式,对声调音域有调节作用,而且语调调节音域的上下限有不同含义:上限变化与语义加强相关,下限变化与节奏完整性相关。除了超音段研究,这一时期音段方面的研究,也深入到更加复杂的层面,如复合元音,也就是"有动态变化的元音"。北京话复合元音得到较详细的分析,从时长和强度上将假性二合元音[2] 分为前响二合元音和后响二合元音(曹剑芬、杨顺安,1984)。北京城区和近郊以及少数郊区县的口语也得到系统的文本记录和录音,尤其在北京话儿化韵上的成果仍是今天考察北京话历史的重要材料(林焘,1985)。其次,在生理语音研究方面,首次发布了汉语元音的连续舌位变化(鲍怀翘、杨力立,1982),首次拍摄了普通话动态 X 光胶片和录像带(鲍怀翘,1983),以及首次分析了语音肌电信号,开创现代汉语实验语音学的多个先河(鲍怀翘,1983)。最后,在传统语音学研究方面,记录了众多方言点的语音材料,包括声韵调系统、连读变调系统以及中古音与

---

[1] 此文原为吴宗济于 1981 年 10 月在中国语言学会第 1 届学术年会上宣读的论文,原题为《普通话语调的实验研究——兼论现代汉语语调规则问题》,2004 为修订版。

[2] 假性的二合元音是两个元音成分结合成一个音节而不一样紧张,只有一个成分比较紧张清晰。

现代北京话的比较。20世纪80年代初，连读变调是方言研究中的一个热点，主要围绕吴语苏州话、南昌话和天津话等连读变调。这一课题的相关文章占据了《方言》创刊两年总文章数的三分之一，可见研究热度和广度。

这一时期还出版了一系列具有标志意义的著作。《北京语音实验录》（林焘，1985）总结了20世纪80年代初北京话的实验研究，着重探讨轻音、儿化、声调和语调等议题。《汉语普通话单音节语图册》（吴宗济，1986），对普通话元音、辅音和声调声学特征进行了系统分析，是普通话语音分析与语音合成的重要参考资料。《实验语音学概要》（吴宗济、林茂灿，1989）全面总结了我国自20世纪60年代特别是80年代以来的实验研究成果，介绍了国外的最新发展，是我国语音研究史上具有里程碑意义的著作，是从事语音学研究的必读书籍之一。

除了汉语作为本体和本族语的语音研究，外语教学的兴起也激发了针对第二语言教学与习得的语音研究，主要集中在三个方面：对本国人的汉语语音教学、对外国人的汉语语音教学和对本国人的外语语音教学。三方面的研究都提出了教学中应该注意的一些问题，对于母语负迁移提出了针对性的教学策略。如《汉语的韵律特征和语音教学》（林焘，1989）描述了汉语韵律特征在语流中的复杂变化，主张语音教学应充分注意音节进入语句后韵律特征的变化。值得一提的是，对外汉语教学的学术刊物都在这二十年内创刊，《语言教学与研究》是我国第一份以对外汉语教学为特色的专业性学术期刊，创刊于1979年；《世界汉语教学》是汉语作为第二语言教学专业的中央级学术刊物，也是世界汉语教学学会会刊，创刊于1987年。近些年，随着第二语言教学与语音习得研究的兴起，这些学术期刊都成了重要的学术交流载体。

新的历史时期迎来了改革开放，也为科学发展打开了国际交流的大门。很多语音学家翻译介绍经典的和最新的发展成果。重要的译著有《方言》上连载的《声学语音学纲要》[1]（Ladefoged，1980a，1980b，1981）；《国外语言学》连载的《语音分析初探——区别特征及其相互关系》（Jakboson et al., 1981）；以及《言语链》（邓斯、平森，1983）等。这些译作不仅让研究语音的学者了解了西方语音学的研究现状，还开阔了他们的研究视野，为我国的语音学研究事业注入了新的生命力。

这一时期，许多国际知名的语音学家应邀来我国访问，进一步推动

---

1 赖福吉著，吴伯泽译：《声学语音学纲要》，载《方言》1980 第 3、4 期及 1981 第 1 期，*Elements of Acoustic Phonetics*, 10th Edition, The University of Chicago Press, 1974。

了汉语语音学的发展。1979年夏，王士元应邀到北京大学讲授实验语音学，分专题讲述语言的起源、语音、文字和语言学史，使国内学者第一次系统地了解了实验语音学和国际语音研究进展；为我国语音学教学和研究阐明了方向，对语音学乃至语言学的发展具有重大意义。1981年5月，赵元任应中国社会科学院邀请回国访问，并为国际音标录音，这一资料弥足珍贵。1983年4月，Ladefoged应邀来我国访问，分别在中国社会科学院语言所、北京大学和中科院声学所做系列报告，内容涉及发声类型、语音的声学参量和发音动作的相互关系、语音学与音系学的关系三个方面。1985年秋，Fant来访并举办讲座，主题包括语言研究技术与科学、语音学和区别特征理论、言语产生的声学原理、嗓音源的研究等。这些世界上享有盛名的语音学家带来了最先进的理论和方法，激发了国内语音学的学习探索热潮，协助培养了一批当代语音学的中坚科研力量。

与此同时，我国语音学家开始走出国门，积极参加国际语音学会议，把汉语语音学理论和研究成果介绍给全世界同行。1979年8月，我国语音学家第一次出席在丹麦哥本哈根举办的第九届国际语音科学会议（International Congress of Phonetic Sciences），吴宗济当选为国际语音科学会议常设理事会理事。这标志着我国语音学研究日渐跻身国际前沿，也标志着汉语语音学提升到了人类语言语音学的大格局之中。

4. 20世纪90年代：语音学研究更上一层楼

这一时期，研究对象和研究方法持续拓宽加深，汉语语音研究进入协同发音和语流音变等方面的实验分析，现代语音学手段也应用到了少数民族语言研究中。语音技术飞跃式发展，语音识别工作从特定人转向非特定人、从孤立音段转向连续语流；合成语音的清晰度和自然度也大幅度提高；研究团队也从中国社会科学院语言研究所、民族学与人类学研究所、北京大学等传统重点单位扩展到南开大学、复旦大学、南京师范大学等高校和科研机构。这一时期，语音学研究成果层出不穷。

首先，声学研究主要集中于语音在语流中的动态特性、汉语的韵律特征、协同发音等方面。吴宗济、沈炯在语调问题上进一步深入研究，石锋等团队也加入研究行列，不断总结并推陈出新。技术上，传统物理方法逐渐被数字化的语音处理程序取代，新的分析技术不断被开发出来，国内依靠自己的力量研制开发出了语音分析技术软件。例如，南开大学开发的MiniSpeech-Lab（朱思俞、石锋，1998—2000，石锋教授口述）是一款具有语音分析、数据测算和作图功能的软件。研究课题方面，中国社会科学院语言所语音研究室承担了国家"八五""九五"重点项目、国家"863"高科技项目以及国家自然科学基金项目等。此外，中国科学技术大学讯飞公司与中国科技大学、中国科学院声学所、中国社会科学院语言所共同建立了讯飞语音实验室，标志着我国语音研究向应用方向发展。

其次，科学技术和研究投入为大型语料库提供了保证，这段时期建成了大量的语音数据库。例如，中国社会科学院建成了 SCSC- 汉语普通话单音节语音语料库（1999—2001）、WCSC- 汉语普通话两音节语音语料库（1999—2001）、ASCCD- 汉语普通话朗读语篇语料库（1999—2001）等；中国科学院自动化研究所建成了 CASIA 天气预报广播语音库（1998—1999）和 CASIA98-99 语音测试库（1998—1999）等；侯精一收集了 40 种汉语方言并附有声资料（1994—1999），出版了《现代汉语方言音库》。少数民族语言的实验分析也日益增多，如蒙古语、藏语、哈萨克语、苗语、佤语、白语等都成为实验语音学的研究对象，特别是民族语言中的特殊语音现象，如辅音的浊送气、元音的松紧、擦音送气等都受到了关注。民族语言语音代表研究有：《蒙古语语音声学分析》（呼和、确精扎布，1999）；语音格局的研究范式对少数民族语音进行描写（石锋，1996，1997，1998）。还建立了藏语拉萨话（鲍怀翘等，1992）、蒙古语（呼和等，1988—1990）、维吾尔语（王昆仑等，1998）的大型声学参数数据库。

另外，心理语言学的概念和研究方法在 20 世纪 90 年代开始应用到语音实验中。这时专门从事心理语音学研究的学者较少，主要集中在中国社会科学院语言所和中国科学院声学所，开展与感知相关的实验。音调研究一直是国内外语音学家感兴趣的课题，其中最主要的问题便是：声调信息是由音节的哪一部分承载？国内语音学家利用合成刺激连续体从言语感知角度探索这个问题，确定了单音节不论是清浊声母，还是何种声调和调域，其声调知觉中心（P-CT）的位置都位于韵母段中部（杨顺安，1992）；但北京话的声调信息却由主要元音及其过渡段携带（林茂灿，1995）；除了承载音调的韵腹，声母、韵母在不同语音环境下的变体也会影响共振峰过渡段的听感知觉（李爱军等，1995）。这一时期，学者们逐渐注意到国内心理语音学研究的不足，提出借鉴国外言语感知理论分析汉语语音、并扩展到更广阔的领域（姜涛、彭聃龄，1996）。

汉语音系学研究也日渐繁荣，研究成果被应用于分析汉语语音。《音系学基础》（王理嘉，1991）是我国第一部系统介绍现代音系学基础知识的入门书，涵盖了语音学、声学、音系学的基本知识，并且详细介绍了北京话的元音音位、辅音音位和声调系统。《生成音系学理论及其应用》（包智明等，1997）深入介绍了生成音系学，如区别性特征、谐和现象、词库音系学模型等；并运用很多汉语方言材料分析一些重要语音现象，如福州方言辅音的变化、闽南方言的音节结构、各地方言的声调、节律系统等。《汉语非线性音系学》（王洪君，1999）是我国第一部非线性音系学的系统论著，以新的理论视角观察了汉语语音和音系系统，从音节、节律、声调等不同性质、不同层次的非线性语音单位（独立于音段这层线性结构）来分析一些语音现象，例如汉语或方言中的儿化音。20 世纪 90 年代，音系学也走出了国门，《汉语音系学研究》（Wang & Smith，1997）是我国学者担任主编在海外出版的第一部音系学论文集。总结来看，音系学的进展得益于语音学的发展，同时又为语音学提供了可以实验检验的范式和框架。

20 世纪 90 年代，我国社会更加开放和进步，科学领域更是欣欣向荣，学术交流活动丰富多彩。1991 年 9 月 9—11 日，第一届"全国现代语音学研讨会"在北京大学中文系召开，这次研讨会宣读论文 36 篇（焦立为等，2004），是我国语音学界最大的专业研讨会，是国内现代语音学研究的重要交流平台，标志着我国的语音科学研究步入全新的时期。

1.2.2　20 世纪中国港台地区语音学的发展及成就

20 世纪后半叶，越来越多的港台学者从欧美国家留学归来，也有来自海外的学者来到港台地区工作。这两个地区的现代语音学研究多见于 20 世纪 80 年代中期之后。总体来看，研究方向和成果主要分为三个方面：方言语音调查和标音规范建议、基于语料库的韵律研究和跨语言语音研究及神经语言学方向的研究。

1. 方言研究与标音规范建议

香港和台湾地区的方言语音研究可以分为三大类：语音调查与声学分析、方言音变研究和标音规范建议。从方言的研究对象来看，除了面向香港和台湾地区的本地方言（如粤语、台湾地区国语、闽南语）外，还涉及上海话、少数民族语言以及南岛语群（如瑶族话、嘉绒语、阿美语、泰雅语等）（Zee，1988，1990，1999a；江文瑜，1995，1997；

Tsay，1996；Chang，1998）。

从研究方法来看，这个时期采用实验语音方法进行多种层级研究。（1）对方言音段和超音段的声学参数进行描写与分析。例如，两种瑶族语的声调基频曲线对比（Zee，1988）；应用语图仪分析上海话中元音清化的语音环境及条件（徐云扬，1990）；对香港粤语双元音的声学分析（Zee，1999a）。（2）应用实验语音学方法为语流音变规律提供依据。例如，从声学角度解释嘉绒语元音调和现象（张月琴，1987）；台湾地区闽南话入声在边界位置的完全中化以及其他声调在语境位置的中化现象（Tsay，1996），后者为台湾地区闽南话词汇性变调提供证据。（3）依据声学参数进行韵律与句法接口的分析。例如，分析泰雅语和阿美语的语音并探讨句型结构以及焦点对语调的影响（江文瑜，1995，1997）；利用 ToBI 韵律标注体系（Tones and Break Indices，简称 ToBI）和语法分析软件自动标注台湾地区国语语料中的韵律信息（如语速、调高、调域边界停顿和强调等），提出边界停顿与句法信息有关联（Tseng & Chen，1999，2000）。（4）音变研究涵盖语言的共时音变、历时音变以及语言接触产生的音变现象。例如，以方言出发研究汉语鼻音韵尾的历时音变（Zee，1985）；香港粤语的共时音变（Bauer，1986）；粤语音节起始和末尾的辅音变化（Zee，1999b）；基于香港当时的双语现实，语音学家探讨了语言相互影响下的方言音变，如通过粤语中的英语借词考察港式粤语音节结构变化（Bauer，1985）。

这一时期，港台语音学家补充了国际音标手册中关于香港粤语音系音位的国际音标记音和解释（Zee，1991）。同时，香港语言学学会指出，香港粤语缺少像普通话拼音一样的统一拼写方案，因此召集了当地语言学家成立粤拼工作小组，张群显为工作小组召集人。学会于 1993 年制定《香港语言学学会粤语拼音方案》，后于 2018 年出版增订本。

2. 基于语料库的韵律研究

1995—2003 年，台北中研院语言学研究所建立了 7 个针对国语韵律研究的朗读语音数据库和 1 个自发性语音数据库（Tseng et al.，2003）。韵律研究利用语料库语音学的研究方法，从语料中标注超音段语音消息（包括音高、节奏、音质、响度、边界停延、边界停顿），以获得汉语口语韵律层级的参照依据（Chou et al.，1996），并提出韵律单位和层级理论的构想（Prosody Phrase Grouping）。

3. 跨语言的语音研究及神经语言学研究

20世纪末，跨语言研究和神经语言学研究在港台地区开始发展。有研究探讨了跨语言类别的声学特征，如英语、法语、中国台湾地区国语和闽南语塞音的VOT长度，发现英语的送气和不送气清塞音的VOT长度和台湾话、闽南语的相似，但和法语的不送气清塞音不同（张月琴，2001）。语音学家还展开了对言语病症的探讨，如郑秋豫（1994）以闽南语为母语的失语症患者为对象，调查VOT所引起的辅音起始音高与后接元音的音高及字调互动情况，她发现病患所产生的语音不同于正常语音，VOT与音节起始调高并无直接的关系，亦即VOT与调高可各自偏离；还有她（2000）对以国语与闽南话为母语的帕金森患者的语言现象的研究，包括VOT与声调受损情况等（郑秋豫，2000）。

除对汉语各方言的研究讨论，20世纪末的香港亦萌生了许多对港式英语的研究，其中有不少采用实验的手段对英语语音及音系进行描述，丰富了世界英语的多样性，也为21世纪初大量港式英语的研究奠定了基础。首次有研究利用港式英语语料库，尝试描述港式英语的音段及超音段特征（Bolton & Kwok，1990）。还有小样本的实验采集和有针对性的声学分析，提出辅音丛的简化等发音策略（Peng & Setter，2000）。也有学者利用语音频谱图全面细致地描述分析港式英语的元音和辅音（Hung，2000），其总结的语音特征被后来的相关研究广为引用。还有学者从母语角度出发，提出香港人在英语发音上受粤语影响，例如香港粤语缺失鼻音—边音对立会导致英语发音中二者难以区分，词尾辅音丛的简化等（Chan & Li，2000）。根据有规律性的语音特征，有学者认为港式英语不只是母语影响下的口音，而是把语音特征上升到音系的角度来解释。例如，Hung（2000）就提出，无论能否把港式英语看成是英语的一个"新变体"（a new variety of English），港式英语的口音都是非常容易辨识的，所以可以被看成是一个港式英语的音系系统。这些研究不仅为港式英语作为二语学习的研究奠定了基础，更丰富了后续对港式英语是否属于世界英语一分子的讨论（如Pang，2003；Poon，2006）。

与国外百余年全面稳步发展的历史脉络相比，中国的语音学研究历史呈现出起步晚、进步快的特点（参见图1-1）。整个研究史从学习国外开始，很快就立足本土、挖掘自己的特色（如普通话音位、汉语语音系统、方言语音研究等）。在以汉语为研究对象的基础上，理论与方法、产出与感知、音段与超音段等方面齐头并进，不仅对自己的民族语言及方言进行深入研究，同时也为世界语音学研究贡献了一份力量。

第 2 章
20 世纪的音系学

源自布拉格学派（The Prague School）语音学—音系学的二分法如今已成为语言学中的常识。人们对语音的思考与探究古已有之，但是用"音系学"来指基于语义的语音研究，以区别于基于生理或物理事实的语音研究，其历史并不久远。音系学的历史虽然仅追溯到 19 世纪末，却在人类语言研究史上留下了重要痕迹，且影响深远。

2.1 音系学的源起与发展

本小节聚焦于"音系学"术语和内涵的起源、独立与发展。

2.1.1 "语音学"与"音系学"

phonetics 的首条词源记录引自英国语文学家莱瑟姆（Robert Gordon Latham，1812—1888）为大学生编写的《英语语言手册》（*A Handbook of the English Language*，1841）；而 phonology 一词比 phonetics 出现得更早，1799 年已出现于英国铸字印刷业者弗莱（Edmund Fry，1754—1835）出版的《世界各国文字字模样本集》（*Pantographia*）一书的书名页上。该书副标题 *A Comprehensive Digest of Phonology* 意指其所收录的世界各国语言的文字样本可充当"对音系的全面概述"，但当时书中并未对 phonology 作任何具体定义。

《牛津英语词典》（NED 首版第 7 卷，1909）关于语音学和音系学的解释源自 1828 年版《韦氏美国英语词典》（*American Dictionary of the*

English Language，通常简称 *Webster's Dictionary*)[1]。具体来说，《牛津英语词典》将 phonetics 解释为"语言科学中研究语音的那部分""（某一语言或方言的）语音现象"；而对 phonology 一词的释义是："关于人声（vocal sound）的科学，特别是关于某一具体语言的音的科学；对发音的研究；引申指某一具体语言的语音系统。"[2] 从 phonetics 和 phonology 在权威工具书中互为释义可看出，二者在 19 世纪末 20 世纪初的英语文献中通常并无明确区分，即 phonetics 等同于 phonology（音系学）。

对语音学和音系学进行区分犹见于布拉格学派经典时期的特鲁别茨柯依（Nikolai Trubetzkoy，1890—1938）、雅各布森（Roman Jakobson，1896—1982）等人的著作中。不过，特鲁别茨柯依在其现代音系学里程碑式著作《音系学原理》（*Grundzüge der Phonologie*，1939）一书中也提醒过研究者，"音系学"（[德] Phonologie，[法] phonologie，[英] phonology）不是一个新造词，此前曾被不同学者使用过，其含义极不统一。例如，索绪尔（Ferdinand de Saussure，1857—1913）用它来指语音共时描写；瑞典语言学家诺伦（Adolf Noreen，1854—1925）用它来指研究"语言的物理材料"及其"所发出的音"的科学；英美学者用它来指"语音史研究"和"具体语言的语音研究"（Trubetzkoy，1939：12）。

2.1.2 音系学之名与音系学之实

在布拉格学派产生之前，博杜恩（Jan Baudouin de Courtenay，1845—1929）、叶斯柏森（Otto Jespersen，1860—1943）、索绪尔的著作中均出现过"音系学"这一名称，也出现过对音系学的形成发挥了重要作用的思想。

博杜恩早年在对斯拉夫语活方言的研究中，已经意识到语音的物理属性和语音的意义之间的区别（杨衍春，2014）。1870 年，博杜恩获得圣彼得堡大学印欧语比较语法教授职位，他在题为《对语言学和语言的一些基本看法》（Некоторые общие замечания о языковедении и языке）的就职讲座里，把对语音的研究称为"音系学（语音学）"，与

---

[1] 该词典把 phonology 释义为"对音的论述，或是关于人说话发出的基本声音的科学或学说，包括对声调的各种区别和划分"。

[2] 特鲁别茨柯依关于 phonology 一词在英语世界使用情况的印象，与这一定义基本吻合。

"构词"和"句法"共同构成语法研究的三个分支。"音系学"和"语音学"在他的论述中是同义词,可见他并未打算用二者分别指代不同视角下的语音研究;然而,他主张把语音研究分为纯生理视角的语音研究、与词法相关的语音研究、语音史研究(Baudouin,1963,1972)。此三分法中的前两者,在他后来的授课提纲(1875—1876)中被进一步明确为语音的"声学—生理层面"和"心理层面",后者对语言机制及某一特定语言共同体的"感觉"具有重要意义,故需研究"某些音对语义的影响"以及"语义对音质的影响"(Baudouin,1963:81,1972:85)。这一划分成为他用德语撰写的那部更广为人知的《试论语音交替理论》(Versuch einer Theorie phonetischer Alternationen,1895)的理论基础。简言之,从"名"的角度看,博杜恩对"语音学"和"音系学"这两个术语的使用固然与今天不同;但从"实"的角度看,他对不同视角下语音研究的看法已经接近我们今天所熟悉的语音学—音系学二分法。

叶斯柏森在普通语言学领域的研究,近年来得到了重新阐释。姚小平(2011)在论述20世纪语言学史时,把这位"独立研究者"置于与布拉格学派、哥本哈根学派、伦敦学派等并列的位置上。叶斯柏森早年对"音系学"采取的是旧时北欧文献及英语文献中的传统定义,即"音系学"就是"语音史"(Jespsersen,1899:7)。因此,他专门论述语音问题的几部最重要的著作,皆冠名"语音学"而非"音系学",如丹麦语版《语音学—语音学说之系统阐述》(Fonetik: En systematisk fremstilling af læren om sproglyd,1899)、德语版《语音学的基本问题》(Phonetische Grundfragen,1904)和《语音学教程》(Lehrbuch der Phonetik,1904)。这些著作虽以语音学为名,但实际探讨的却经常是如今的音系学之实,不仅阐述语音的生理—物理机制,而且系统地探究了语音现象对语义造成的区别。这里面既涉及音段差别,也涉及音长、重音、音高等超音段成分的差别。他虽未提出语音学—音系学二分法,却格外突出了语义在语音研究中的作用。叶斯柏森正确地指出,同一个音在不同的具体语言中可具有不同的地位,即"独立语音"([德] selbständiger Sprachlaut)和"次要变体"([德] untergeordnete Varietät)之别;他尤其指出这种地位差别"取决于每种语言在多大程度上利用语音差别来区别语义"(Jespersen,1904a:104)。他把这一原则贯彻于对德、法、英等具体语言语音系统的分析中,大量展示可体现语义差别的语音对立之实例。在对音长、重音等超音段成分进行分析时,他提出了"外部决定"([德] äusserlich bestimmt)的语音成分和"内部决定"([德] innerlich bestimmt)的语音成分之间的本质区别:后者可用于区别词义(Jespersen,1904b:177)。上述思想后来成为布拉格学派语音学—音系学二分法以及音位概念的重要依据。因此不难得出结论,"叶斯柏森的'语音学'比我们今天所说的'语音学'范围更广……用今天的术语来看,它既是语音学,也是音系学"(曲长亮,2019a:17)。

与叶斯柏森的语音专著相比,索绪尔的《普通语言学教程》(*Cours de linguistique générale*)(下称《教程》)的绪论部分有题为"音系学"(Phonologie)的一章,篇幅不大;书中还以附录的形式收录了三次普通语言学授课之外的"音系学原理"(Principes de phonologie)讲座稿。索绪尔认为,语音学是"历史科学,解释经历与变化,在时间中运动",而音系学"处于时间之外,因为发音机制总是保持不变"(Saussure,1916:57)。由此可见,索绪尔的语音学—音系学二分法的理论基础是共时—历时二分法,"语音学"是语音的历时研究,"音系学"是语音的共时研究。这不仅与叶斯柏森的定义相反,而且与今日通行的术语大不相同。所谓"发音机制"([法] mécanisme de l'articulation),主要指语音的生理层面,故哈里斯(Roy Harris,1931—2015)在此书的英译本中(1983)将phonologie转译为physiological phonetics(生理语音学),而不是像此前巴斯金(Wade Baskin,1924—1974)的英译本(1959)那样直译为phonology。因此,《教程》里才会有"必须重申,音系学只是个辅助学科,仅属于言语范畴"(Saussure,1916:57)这一让当今研究者诧异的结论。

在索绪尔的体系中,从共时角度看,语音机制的"音系学"研究属于言语(parole)范畴;从历时角度看,语音变化的"语音学"必然会聚焦于语言事实的演变,因而很大程度上也属于言语范畴。至于语言(langue)范畴的语音研究应如何进行,尤其是如何在共时层面上进行,《教程》中未做出明确说明,为后世留下了很大的解读空间。正如安德森(Stephen R. Anderson)在《二十世纪音系学》(*Phonology in the Twentieth Century*,1985)一书中所言:

> 虽然索绪尔的名字表达出某种几近终极权威的意义(至少对部分人来说如此),找寻出他对具体问题的真实想法却常常像是在解读远古神谕。零散而有限的文本中充满了暗示,却缺乏详情,使得每位解读者能够找到自己所需要的东西,从而使自己对该问题的刻画获得理据。

(安德森,2015:54)[1]

---

1 此处引用于该书的中译本。

上述"神谕"里最具影响力的概念当属"音位"（[法] phonème）。"音位"在索绪尔被誉为"历史语言学中杰出篇章"的成名作《论印欧语元音的原始系统》（*Mémoire sur le système primitif des voyelles dans les langues indo-européennes*，1878）里无疑是个十分重要的概念，但书中并无这一概念的准确定义。对于后世的"神谕解读者"来说，《教程》附录中所定义的"音位是声学印象和发音运动之总和"（Saussure，1916：66）揭示的未必是索绪尔音位观最重要的方面。因此，雅各布森在初创于20世纪40年代初的《音义六讲》（*Six lecons sur le son et le sens*）中强调，"音位之所以存在是因为有其功能"（雅各布森，2012：187）。对于雅各布森来说，索绪尔音位观中最重要的一句话是："音位首先是对立的、相对的和否定的实体。"（同上，192）这一点无论对于布拉格学派的音位观还是雅各布森的区别特征观，无疑都是至关重要的。约瑟夫（John E. Joseph）的总结恰到好处：

> 音位在《原始系统》一书中不应理解为某个什么样的音，而应理解为某一系统内部的单位。音位以语音的形式获取其物质形态，但这物质形态并不是其最重要的方面。真正重要的，是音位如何在同一系统中相互发挥作用。
>
> （Joseph，2012：236）

因此，音位虽然是声学印象和发音运动之总和，但其重要性不局限于声学层面或生理层面，更重要的是其系统性。研究语音共时层面的音系学，自然也不可能止步于语音生理学意义上的"语音机制"，因为机制和材料是"人类心智活动秩序的展现……，抽象的整体语言唯一、根本的特征，是声音及听觉印象与某个概念的结合，赋予它符号的价值。"（屠友祥，2007：97）

2.1.3 音系学的发展

现代音系学的诞生，常以布拉格学派核心成员之一特鲁别茨柯依的《音系学原理》（*Grundzüge der Phonologie*，1939）一书的出版为标志。这部书一定程度上可视为布拉格语言学小组经典时期（1926—1939）的总结之作，因为音系学恰是布拉格学派在经典时期"研究最广泛、贡献最卓著的领域"（钱军，1998：156），并且"布拉格学派在语音层次上尝试新的研究方法，以便为在更复杂的层次上应用这些方法积累经验，以后的发展也证明了这一点"（同上）。

语音研究应如何在语言范畴展开？索绪尔留下的这一问题，在《音系学原理》中得到了明确回应。特鲁别茨柯依把索绪尔的"言语"和"语言"分别阐释为言语行为（[德] Sprechakt）和语言系统（[德] Sprachgebilde），认为二者皆可从语音层面加以研究，因此：

> 应当设立两种不同的"语音研究"（而非仅一种），一种针对言语行为，另一种针对语言系统。这两种语音研究的对象各异，因而必须使用截然不同的研究方法：言语行为之语音研究（[德] Sprechaktlautlehre），与具体的物理现象打交道，必须使用自然科学方法；而语言系统之语音研究（[德] Sprachgebildelautlehre），只使用语言学的方法（即人文科学、社会科学的方法）。我们用"语音学"（[德] Phonetik）这一名称来称呼言语行为之语音研究，用"音系学"（[德] Phonologie）这一名称来称呼语言系统之语音研究。
> （Trubetzkoy, 1939: 7）

布拉格学派的音系学思想首次得到广泛关注，是在1928年4月海牙"第一届国际语言学家大会"（le premier congrès international de linguistes）上。特鲁别茨柯依、雅各布森（1896—1982）、卡尔采夫斯基在会上提出将语音系统阐释为二元对立系统的设想，试图推动语音研究的根本性变革。此后十余年，小组成员对音位、对立、音位组合规律、韵律、形态音位等问题展开深入探讨，除了上述三位学者之外，马泰修斯（Vilém Mathesius, 1882—1945）、特伦卡（Bohumil Trnka, 1895—1984）、瓦海克（Josef Vachek, 1909—1996）等也为布拉格学派音系学的形成与发展发挥了重要作用。

布拉格学派音系学的核心概念是音位，而音位是建立在功能对立的基础上。早在1911年，马泰修斯就已提出了"共时摆动"（[捷] statické kolísání，英译为static oscillation）这个概念，旨在表明语音在任何一个具体时期都存在稳定之中的不稳定，呈现为个体差异或风格差异，只要这样的差异不对语义造成影响，就可以忽略。20世纪30年代初，这一功能主义语音观得到了更为清晰的表述。由雅各布森执笔的布拉格语言学小组《音系学标准化术语方案》（Projet de terminologie phonologique standardisée, 1931）把能否区别语义视为界定音位与音位变体的根本原则。依据这一原则，若把一个音替换为另一个音无法造成语义的改变，那么，无论这两个音的物理—生理属性差别有多么明显，依然只能视为"同一个音位的两个变体"（Jakobson，2013：269）。"变量"和"不变量"之间的关系已得到很明确的处理。

2.2 结构主义音系学

结构主义语言学是语言学的重要流派之一，兴起于20世纪30年代。其基本理论源自索绪尔的语言观，反对孤立分析语音现象，主张系统研究。作为语言学分支的音系学，分为欧洲结构主义音系学和美国结构主义音系学（又称描写音系学）两派。

2.2.1 欧洲结构主义音系学

在布拉格学派经典时期，音位仍被视为"无法分解为更小、更简单单位的音系学单位"（同上，268）。不过，这一阶段的音系学探讨中却经常隐含亚音位结构之存在，如关于超音位、音位组合规律等话题的探讨皆表明音位其实是个复合结构。例如，瓦海克（1936）提出，bad 和 pad 这类词对之间的最小差异不是 /b/：/p/，而是"响度：0"；/b/ 由"超音位 + 对立标记"构成（Vachek，1976：17）。与之类似的是特伦卡（1936）关于音位组合规律的探索。他指出，某些音位自身的特征限制了它和其他音位实现线性组合的可能性，他认为这一制约具有普遍性，因而将其抽象为音位组合的"最小音系差法则"（the law of the minimum phonological contrast）（Trnka，1982：114），即"如果 p 存在，则同一语素中它的前后皆不可出现 p1"。法则中的 p 和 p1 是呈相关关系（correlation）的两个音位，二者之间仅因某一具体的相关标记而得以区分，其他性质则完全相同。例如，同一语素中通常不会出现 /ii/、/ttj/、/θt/ 之类的组合，而 /mp/、/nt/ 之类的组合虽然并不罕见，其分布位置却很局限，通常不能出现于词首、元音之前，而只出现于词末、元音之后。这再度暗示，每个音位中都存在某些属性，使之与同样具有这类属性的音位划为一类，并且与不具备这类属性的音位相区别。

特鲁别茨柯依（1936，1939）对音系对立做过十分系统的分类，其中一组存在"永久性对立"和"可中和对立"之别。前者发生于所有可行位置上；后者仅在部分位置上保持区别性，而在另一些位置上的区别力（区别词义之功能）随之消失[1]。例如，清浊塞音在英语中本为具有区别力的音位对立，但在词首 /s/ 后面却发生了中和，形成超音位 /P/、/T/、/K/（实现形式是不送气清塞音 [p]、[t]、[k]）。而超音位在其中充当了被中和的音位之间的联系纽带。这暗示着，某一超音位所覆盖的两个相关音位中，其中一个音位拥有另一个音位所不具备的"标记性"；二者拥有诸多共有音系特点，仅因这个"标记"而不同。因此，虽然超音位是个"音位之上"的囊括性单位，却支持了对"音位之下"的亚音位实体的探索，成为从音位到区别特征的发展过程中的重要一环。

除了音段层面之外，布拉格学派对超音段层面也作了类似的功能分析。例如，雅各布森在《重音及其在词音系学和组合音系学中的作用》（Die Betonung und ihre Rolle in der Wort- und Syntagmaphonologie）等文章中对重音的语义区别功能和其他功能做了区分，并结合重音、莫拉分析了不同语言的声调特征。特鲁别茨柯依在《长度作为一个音系问题》（Die Quantität als phonologisches Problem）中对音长也作了类似的分析（曲长亮，2015）。

20 世纪前半叶，欧洲重要的结构主义音系学流派还包括哥本哈根学派和伦敦学派。王嘉龄（2000：8）把哥本哈根学派、美国结构主义和布拉格学派并列视为"在索绪尔影响下形成的结构主义语言学"的三个派别。不过，与布拉格学派和美国结构主义相比，哥本哈根学派和伦敦学派的音系学思想影响并不广。哥本哈根学派的创始人是叶尔姆斯列夫（Louis Hjelmslev, 1899—1965），其语言学理论被称为"语符学"（Glossematics）。语符学与结构主义其他流派最明显的不同在于，语符学使用的是一套独特的术语系统，并尝试为语言学发展出一套代数系统。音系层面上，哥本哈根学派的部分思想其实与布拉格学派很接近，但是其抽象性和隐晦性很大程度上限制了其对后世的影响。在 20 世纪后半叶的音系学流派中，唯一直接继承哥本哈根学派音系学思想的只有兰姆（Sydney Lamb）的"层次音系学"（Stratificational Phonology），而层次音系学的影响力同样十分有限。伦敦学派的音系学理论被称为"韵律音系学"（Prosodic Phonology），由弗思（John Rupert Firth, 1890—1960）（1934）提出。弗思放弃了以斯威特（Henry Sweet, 1845—1912）、琼斯（Daniel Jones, 1881—1967）等学者为代表的英国语音学传统，也放弃了同时代其他音系学流派以音位为中心的研究思路，转而从音段中提取"韵律成分"（即特征）。例如，突厥语言中常见的元音和谐现象，被阐释为后一音节对前一音节韵律成分的复制。这一

---

1 特鲁别茨柯依称此位置上的音段为"超音位"（archiphoneme）。

思路虽未直接影响自主音段音系学等后 SPE 流派，但后者的许多想法却与韵律音系学不谋而合。

2.2.2　美国结构主义音系学

与欧洲结构主义音系学同步发展的，还有美国结构主义音系学。拥有人类学研究背景的美国语言学家，发展出了具有美国特色的描写主义语言学研究思路，语音研究是其中的组成部分之一。人类学家博厄斯（Franz Boas，1858—1942）通常被视为这一学派的开创者，引领美国语言学步入转折。博厄斯所阐述的语音问题，往往不是来自理论思辨，而是来自人类学描写实践中实际出现的问题。例如，他 1889 年发表的《论交替音》(On Alternating Sounds) 一文里所论述的"交替音"，不是历史比较语言学视角下语音—词法交替形式，而是从事田野调查的语言学家在记录原住民语言时遇到的一些被认为"飘摇不定"的音。这样的音常使不同的田野工作者把同一个词记录成截然不同的形式，具有极大的误导性。他所主编的《美洲印第安语言手册》(Handbook of American Indian Languages，1911) 中，那份 80 余页的序言里涵盖了其语音观。他指出，人们利用发音器官可发出的音是无限的，然而每种语言都是仅使用有限数量的音；限制音的数量，才能让快速交际得以实现。他敦促学者们放弃对"原始语言"的偏见，因为"原始语言"中并不缺乏语音区别机制。虽然说话者意识不到"语音单位"(phonetic element) 的存在，但是研究者却可以将其用于比较分析，从而区别不同的词。总体来说，博厄斯没有为语言的语音层面做太多术语构建。他没有创建"音系学"或"音位学"这样的新学科来处理语音—语义关系，也没有从"交替音"或"语音单位"中抽象出"音位"，因为他的语音研究的主要目的仍在于满足田野调查中的语言描写实践之需求。

萨丕尔（Edward Sapir，1884—1939）继承了博厄斯的人类学、语言学描写传统，为美、加两国诸多原住民族的语言及文化遗产做了出色的记录整理，对原住民语言的历史比较语言学分析亦有突破贡献。在语音领域，萨丕尔认为语音与语音过程不能单纯从机械角度来理解，还应当关注充当发音活动主体的人对语音是如何感知的，因此语音研究不应止步于客观精准的记录，而要以此为基础，认真揭示和探究使用该语言的人对语音关系的"直觉"。这就使他的音系学思想带上了强烈的心理语言学倾向，与同代学者布龙菲尔德（Leonard Bloomfield，1887—1949）差别显著。例如，他在《语言的语音模式》(Sound Patterns in

Language，1925）一文中举例：假定某语言中存在 /θ，s，ʃ/ 三个音，说话者 A 发音标准，而说话者 B 发的 /s/ 音介于 A 发的 /θ/ 和 /s/ 之间，发的 /ʃ/ 音几乎与 A 的 /s/ 完全相同。机械地看，两个人发的 /s/ 和 /ʃ/ 差别很大，但是从心理效应上看，A 和 B 之间仍能交流，B 的 /θ, sl, ʃl/ 与 A 的 /θ, s, ʃ/ 心理效果等同。同理，对比一种语言和另一种语言的语音系统时，不应只看两种语言中各有哪些具体的音，而更应关注具体的音和音之间的相互关系。语音不相似的语言，语音模式（sound pattern）未必不相似，反之亦然。

萨丕尔接受了"音位"这一概念，并且从心理角度出发，把音位阐释为"心理现实"。一个音是否具有音位地位，不仅和客观观察及分析的结果相关，还必须经过心理过滤；生理—物理特征差别很大的音很可能会被归入同一音位，差别不大的音也有可能被归入不同音位。他在《音位的心理现实》（The Psychological Reality of Phonemes，1933）一文里列举了他所研究的北美原住民语言中的若干实例，如美国西部的南派尤特语中，[β] 仅作为 [p] 的词法变体出现，因此二者虽有明显的生理—物理特征差别，却被母语者"感觉"为同一个音。因而他把"心理上""直觉上"相似与否视为确定音位时的重要依据。

与之相比，布龙菲尔德的音位概念是基于结构特征，而非心理特征。虽然布龙菲尔德（1914）早年受冯特（Wilhelm Wundt，1832—1920）的影响，提出过语言的"物理基础"（语音）和"心智基础"（语法）之区分，但是布龙菲尔德的深远影响力主要因《语言论》（Language，1933）而确立，美国结构主义描写语言学的这部标准教科书、经典代表作，在语音层面也和语言其他层面上一样，呈现出功能主义、行为主义、结构主义特色，而非心智主义特色。

布龙菲尔德（1933）把音系学定义为研究"有意义语音"（significant speech-sound）的实用语音学，与实验语音学相对，因此音系学必须对语义加以考量。他指出，话语中的语音实为"语音总特征"（gross acoustic feature），其中既含有与语义相关的区别特征（distinctive feature），也含有与语义无关的非区别特征（non-distinctive feature）。而哪些特征具有区别性，因具体语言而异，取决于具体语言的说话者在言语共同体中形成的社会规范（convention）。一种语言（或方言）中的区别特征在另一种语言（或方言）中很可能是非区别特征，此习惯是每位说话者在其语言发展过程逐渐形成的。这也解释了外语的某些语音特征为何一定要经过反复操练才能够掌握牢固：母语中的某些非区别特征很可能是外语中极其重要的区别特征。

音位被布龙菲尔德（1933：79）定义为"区别性语音特征的最小单位"，这一定义与他此前在《语言科学的一套公设》（A Set of Postulates *for the Science of Language*，1926）里对音位的定义大体相同，即"语音特征的最小同一体是音位，或称区别性语音"（Bloomfield，1926：157）。确定词里的一个音是否为音位，或者说是否具有区别性语音特征，需将此词和与之音近的词作语义对比，例如 /p/ 是音位，因为 pin 语义上不同于 fin、sin、tin。这一点与布拉格学派的思路相同，但布龙菲尔德的音位概念比布拉格学派更广，除了辅音、元音等"主音位"（primary phoneme）之外，他还列出了"次音位"（secondary phoneme），包括重音、音高、停顿等诸多超音段成分。

结构主义时期，美国语言学家对音系问题的研究探讨十分活跃。萨丕尔和布龙菲尔德的弟子们对这一领域的诸多话题展开了深度研究，我们今天所熟悉的许多音系学术语，如"音位变体"（allophone）、"自由变体"（free variation）、"互补分布"（complementary distribution）、"音渡"（juncture）等，都在这一时期得到了详述与巩固。例如，斯沃迪什（Morris Swadesh）（1934）对美国结构主义音系学的各个核心概念作了清晰的归纳整理，首次使用了"音位学"（phonemics）这一名称；特瓦德尔（William Freeman Twaddell）（1935）围绕音位的抽象性（布龙菲尔德不认可这样的抽象性）对音位做了新的定义尝试，提出了"大音位"（macro-phoneme）和"小音位"（micro-phoneme）之区别；布洛克（Bernard Bloch）（1941）专门论述了"音位重叠"（phonemic overlapping）等问题；霍凯特（Charles Hockett）（1942）对描写音系学的系统做了新的归纳总结，后来还编写了更为详细的《音系学手册》（*A Manual of Phonology*，1955）；派克（Kenneth L. Pike）为语言学实践工作者编写了《音位学——把语言变为文字的技法》（*Phonemics: A Technique for Reducing Languages to Writing*，1947）。语音研究在美国结构主义语言学中的地位，亦可从裘斯（Martin Joos）（1957）选编的美国结构主义语言学经典著作集《语言学选读——美国描写语言学 1925 年以来的发展》（*Readings in Linguistics: The Development of Descriptive Linguistics in America Since 1925*）里窥见一斑。该选集收录的 43 篇著作中，语音领域的著作多达 24 篇，超过半数。

2.2.3　区别特征理论的发展完善

布龙菲尔德在定义音位的过程中使用了"区别特征"一词，但是他仍将音位视为音系层面上的"最小单位"。对他来说，音位是个格式塔（Gestalt），虽然结构复杂，但是一旦拆开，音位就无法完整存在，无法保持其原有特性。不过，布龙菲尔德的这个术语却成为雅各布森英语著作中"区别特征"一词的来源。

雅各布森第一次提及"区别特征"，是在其用捷克语撰写的《论标准斯洛伐克语音系》（Z fonologie spisovné slovenštiny，1931）一文中，文中利用"明亮—暗淡""柔软—坚硬"两组区别特征对比了捷克语和斯洛伐克语的元音系统，但未提及这些特征是否可充当描写一切语言的普遍性亚音位特征（曲长亮，2016）。雅各布森在为捷克著作《奥托新时代百科全书》（Ottův slovník naučný nové doby，1932）撰写的"音位"词条里把音位定义为"声音特征集合"，继续坚持了音位的可分割性。不过总体来看，雅各布森关于区别特征的思想在这一时期尚不成熟，捷克语原文中的细节与后来收录在《雅各布森文集》（Selected Writings of Roman Jakobson，1962）里的英语译文有诸多不一致之处。例如区别特征的"共现性"（concurrency），在20世纪30年代初的捷克语原文中并未出现（曲长亮，2019b）。

20世纪40年代起，声学技术手段的新发展为区别特征理论提供了新支持，雅各布森先后尝试对塞尔维亚-克罗地亚语、法语的区别特征系统做了分析。至20世纪50年代初，他的区别特征理论已经成熟，他与方特（Gunnar Fant）和哈勒（Morris Halle）合著的《言语分析初探》（Preliminaries to Speech Analysis，1952）一书，全面论述了可用来解释一切语言的音系系统的二元对立区别特征体系，这12组特征被后人称为"雅各布森-哈勒特征系统"（见表2–1）。

表2–1 雅各布森-哈勒特征系统（Jakobson et al.，1952）

音段成分		韵律成分
固有特征类别	区别特征	
响度特征	元音性—非元音性	强度
	辅音性—非辅音性	
	鼻腔性—口腔性（鼻音性—非鼻音性）	
	集聚性—分散性	
	突发性—延续性	
	刺耳性—非刺耳性（圆润性）	
	急利性—非急利性	
	有声性—无声性	
延展度特征	紧音性—松音性	音长
声调性特征	钝音性—锐音性	声调
	降音性—非降音性	
	升音性—非升音性	

把音位化简为区别特征,使之成为更小的语义区别单位,最重要的意义在于使辅音和元音、音段成分和韵律成分完全实现了统一,音系分析得到了极大简化。例如,土耳其语有 8 个元音音位:/i/、/y/、/ɯ/、/u/、/e/、/œ/、/a/、/o/,可构成 28 组音位对立。区别特征可使 28 组对立简化为 3 组:"钝音性—锐音性""降音性—平音性(或非降音性)""集聚性—分散性",实现了音系描写的简洁。后来的生成音系学(Generative Phonology)从中获益十分明显。

区别特征具有普遍性,因此,利用数量有限的区别特征,可揭示一切语言音系系统中的语义区别机制。究竟多少组区别特征才足以承担语言的语义区别功能?理论上来说,这只是个简单的数学问题:既然利用 n 组二元对立可区别 2n 个对象,那么对于拥有 x 个音位的音系系统来说,区别 2n 个对象必然需要 $\log_2 x$ 组二元对立的区别特征(数值向上取整)。但是,雅各布森分析具体语言区别特征的文章中,使用的区别特征皆多于 $\log_2 x$,这个数量落差突出的是羡余特征(redundant feature)的作用。如他在和切利(Colin Cherry)、哈勒合著的《试论音位层面的语言逻辑描写》(*Toward the Logical Description of Languages in Their Phonemic Aspect*,1953)一书中指出,"'羡余'(redundancy)这个术语不应被理解为暗示'无用'(wastefulness)之意;羡余……尤其帮助听话人消除因信号变形或干扰噪音而造成的不确定。"(Jakobson,1971:455)语言交际中,羡余特征与区别特征相配合,降低了误解发生的风险,使意义的传达更为便利。至雅各布森和哈勒的《语言基础》(*Fundamentals of Language*,1956)出版时,语言的语音外形已被阐释为由区别特征、构型特征、表达特征、羡余特征、相貌特征共同构成的系统(曲长亮,2015)。

2.3 SPE 与后 SPE 时期的音系学理论

2.3.1 生成音系学

1957 年,乔姆斯基的《句法结构》(*Syntactic Structures*)为语言学带来了一场革命。这部篇幅不大的著作为理论语言学开启了由结构主义到转换生成主义的转向。句法并不是发生这一转向的唯一领域,乔姆斯基不赞同把音系置于语法结构之外,在《句法结构》一书出版前,他和哈勒、卢可夫(Fred Lukoff)合著的《英语的重音与音渡》(*On Accent and*

Juncture in English,1956）一文便已问世，被视为"生成音系学的第一篇论文"（王嘉龄，1998：88）以及"整个生成理论第一篇有影响的论文"（王洪君，2008：9）。12 年后，他和哈勒共同出版了转换生成视角下的音系学专著《英语语音模式》(*Sound Pattern of English*，1968），该书为音系学带来的理论突破正如安德森（2015：520）所言："像 1968 年那样十分清晰地标示为音系学史中分水岭的年份显然并不多。"

不过，"分水岭"并不意味着与往昔的彻底决裂。事实上，乔姆斯基和哈勒分别代表了对结构主义音系学北美、欧陆两大流派的继承。乔姆斯基的老师海里斯（Zellig Harris）是后布龙菲尔德时期美国结构主义的重要代表人物，赵世开（1989：90）把海里斯《结构语言学的方法》(*Methods in Structural Linguistics*，1951）出版至乔姆斯基《句法结构》出版前一年（1956）之间称为美国语言学史的"海里斯时期"。关于音系学的内容在《结构语言学的方法》中大约占据 1/3 的篇幅；而词法学部分也有相当一部分内容是在论述词法与音系之关系。哈勒的音系学思想则直接得益于雅各布森，因此他对布拉格学派的音系学理论十分熟悉，并且是雅各布森多部著作的共同撰写者，对区别特征理论的形成贡献尤其大。

乔姆斯基和哈勒（1968）虽以"英语语音模式"为题，但并不局限于对英语音系的描写以及对英语音系演化史的论述，这部著作更重要的意义在于对音系普遍规律的揭示，系统呈现了生成音系学理论最重要的原则。首先，生成音系学放弃了以音位为核心的阐述方式。乔姆斯基和哈勒认为，结构主义音系学过于重视"音位表达式"（phonemic representation），而生成音系学的重心在于揭示"音系规则"（phonological rule）。其次，语言的音系系统也和句法系统一样，除了拥有表层结构之外还拥有底层结构。底层音系表达式通过规则的作用，并且与词法、句法的转换规则相配合，最终生成表层的语音表达式，这使抽象性成为生成音系学的重要特点。

音位在海里斯的音系分析（以及词法分析）中仍居于重要地位，但生成音系学放弃了音位概念，改用区别特征来进行音系描写。乔姆斯基和哈勒（1968）所使用的二元对立的区别特征共有 20 余个，被后世称为"SPE 特征系统"（Trask，1996）。与从声学角度定义区别特征的雅各布森－哈勒体系不同，SPE 特征系统是个基于发音的系统。例如，英语短音 /i/ 被阐释为下列特征之集合：[+ 音段性]、[+ 元音性]、[- 辅音性]、[+ 高位性]、[- 低位性]、[- 后位性]、[- 圆唇性]、[- 紧音性]（Chomsky & Halle，1968），生成音系学把每个音段都视为这种由若干特征构成的集合，称"特征矩阵"（feature matrix）。这种矩阵与布龙菲尔德所提的"束"（bundle）不完全等同；因为生成音系学已放弃音位的概念，所以在音系分析中，并不需要表述每个音段的全部区别特征，仅需呈现与论述相关的特征即可。

以区别特征为基础，生成音系学以公式化方式呈现人脑中的语音系统。语音知识以底层形式存在于人脑词库中，经音系规则的作用生成表层的语音表达式，每种具体语言都具有自己的一套音系规则。这一过程可概括为公式 A → B / X_Y，即"在 XAY 条件下，A 变为 B"，A 为底层形式，B 为表层语音表达式，X_Y 是此规则发生作用的环境。例如，actual、gradual、sensual、visual 等词里 t、d、s、z 发生的腭化，其规则被描写为：

$$\begin{bmatrix} -响音性 \\ +舌前性 \end{bmatrix} \rightarrow \begin{bmatrix} -前部性 \\ +刺耳性 \end{bmatrix} / \underline{\quad} \begin{bmatrix} -后部性 \\ -元音性 \\ -辅音性 \end{bmatrix} \begin{bmatrix} -辅音性 \\ -重音性 \end{bmatrix}$$

（Chomsky & Halle，1968：230）

[+刺耳性]特征体现了由塞音至擦音或塞擦音的变化，而音系规则的环境中也是利用特征来突出滑音和非重读元音等必不可少的语音变化条件。语言中的每个语音过程，皆由若干这样的音系规则依次进行。

2.3.2 非线性音系学

《英语语音模式》开启了音系学领域的生成主义范式时代，20 世纪最后三十年的诸多音系学理论，很大程度上都是围绕生成音系学标准理论的批评与论争，因而被称为后 SPE 时代。赵忠德等（2011）收录了与之相关的 24 个音系学流派，将其划分为"理论构建"和"多维表征"两大类，前者如自然生成音系学（Natural Generative Phonology）、词汇音系学（Lexical Phonology）、依存音系学（Dependency Phonology）等，后者如自主音段音系学（Autosegmental Phonology）、节律音系学（Metrical Phonology），CV 音系学（CV Phonology）等。

徐烈炯（1988）曾用四点概括生成音系学的最根本特征：生成性、抽象性、普遍性、系统性。与同样强调普遍性和系统性的结构主义音系学相比，抽象性显然是生成音系学最显著的特征。《英语语音模式》问世后的数十年里，抽象性成为生成音系学理论的后继者们论争的焦点之一。

　　《英语语音模式》出版伊始，奇帕斯基（Paul Kiparsky）即在其未公开出版的小册子《音系学有多抽象》（*How Abstract Is Phonology?*，1968）里对抽象性问题提出异议。进入20世纪70年代，围绕SPE而产生的各类音系学流派开始密集出现。最先出现的是自然生成音系学，维尼曼（Theo Vennemann）在美国语言学学会1971年度年会上宣读了《自然生成音系学》（Natural Generative Phonology）一文，指出音系表达式应忠于表层形式，即符合"自然"之原则，以避免把leaf—leaves中的交替音的底层形式抽象为/ɸ/等表层中并不存在的形式。这一自然原则后被胡珀（Joan Bybee Hooper）（1976：116-117）表述为："非交替语素的底层形式和其语音表达式相同；而对于交替语素（有一个或多个语素变体的语素），语素变体之一以其语音表达式列于词库中，其他语素变体由其派生而来。"

　　自然生成音系学虽然对"抽象性"持异议，但基本属于对生成音系学理论的修正。与之相比，斯坦普（David Stampe）（1973）的自然音系学虽然与自然生成音系学名称相似，但二者的出发点完全不同。自然音系学更加偏离正统的生成音系学，转而尝试用基于语言习得的"音系过程"取代SPE模式中的"音系规则"。因此，安德森（2015：537，543）十分贴切地指出，自然生成音系学看重的是"对表达式的制约"，自然音系学看重的是"对规则的限制"。从自然音系学的视角来看，音系过程不是语言系统之规则，而是儿童固有能力之反映。例如，固有能力使儿童把临近鼻辅音的元音发成鼻化元音，是个自然过程。但是，如果鼻化元音在该语言中具有区别性（如法语），这个自然过程在语言习得过程中会逐渐受到限制，儿童会渐渐学会哪些时候不可依从这样的自然规则，从而能够把鼻化元音和非鼻化元音完全区分清楚；相反，如果鼻化元音在该语言中不具备区别性（如英语，尤其是美国英语），这个自然过程就会一直存在下去。

　　后SPE时期的音系学理论，常被冠以"非线性音系学"之总称。这一名称与戈尔德史密斯（John Goldsmith）（1976）的自主音段音系学理论密不可分。经典生成音系学把每个音段视为一个特征矩阵，矩阵中存在若干区别特征，没有次序，暗示这些特征的时间长度相同。但是，来自实验语音学的证据却经常显示，在音流中，每个特征的时间长度未必与整个音段的长度完全吻合。戈尔德史密斯（1976）基于这一事实，提出了"音层"（tier）这个概念。特征矩阵中的每个特征各有自己独立的线性结构，形成一条一条具有结构价值的音列，如元音列、辅音列、鼻音列、舌尖音列、重音列、声调列等，这些音列都是自主的，所以特征

第 2 章 20 世纪的音系学

被视为"自主音段"。因此,经典生成音系学把语音视为线性(单线性)结构,而自主音段音系学等后 SPE 模式把语音视为非线性(多线性)结构。王洪君(2008:19)形象地指出,将后 SPE 时期的"非线性音系学"称为"多线性音系学"更合理些。

SPE 之后,"生成音系学从此不再将底层音系形式与表层语音形式联结起来的规则系统作为音系研究的重点,而是转向以丰富音系表征结构为主的音系研究"(马秋武,2001:15-16)。因此,20 世纪 80 年代出现了林林总总的非线性音系学流派,其中最具影响力的如 CV 音系学、节律音系学、词汇音系学、依存音系学等。不过,20 世纪 80 年代也出现了与生成主义及非线性理论构建完全不同的音系学理论,这之中尤其值得注意的是实验音系学的产生。奥哈拉(John J. Ohala)(1990)认为,音系学理论的构建不应只局限于思辨本身,而应当把思辨背后的证据呈现出来,现代自然科学各领域正是在这样的实证过程中成熟起来的。因此,实验音系学实质上是音系学理论与实验语音学手段的结合,某种程度上是对生成主义产生之前的语音研究思路的回归。在实验音系学的影响下,20 世纪 90 年代我国学者已捕捉到了语音学与音系学的这一融合趋势:"音系学的独立,使它失去了一个有力的武器,一门有用的技术……我们没有必要非把它们 [语音学和音系学] 分开不可,在研究中应该互相吸收有益成分,提高我们的研究效率。"(史宝辉,1996:26)

不过,基于生成主义的理论构建并未完全停止。20 世纪 90 年代初,音系学领域的一场新的理论变革正在酝酿之中。1991 年 4 月,普林斯(Alan Prince)和斯摩棱斯基(Paul Smolensky)在亚利桑那音系学会议(Arizona Phonology Conference)上首次展示了优选论之构想。两年后,这一构想演变为一份长达 234 页题为《优选论——生成语法中的制约互动》(Optimality Theory: Constraint Interaction in Generative Grammar, 1993)的报告。该报告基于非线性音系学之思想,系统展示了以"制约"代替"规则"的可行性,为音系学研究提供了全新思路。该报告由科罗拉多大学计算机科学系印发(编号为 CU-CS-696-93),虽未正式出版,却已经形成了不小的影响。荷兰学者卡厄(René Kager)在剑桥大学出版社出版了详细解读这一理论的《优选论》(Optimality Theory, 1999)一书后,引发了语言学界对这一新理论的更大兴趣。2004 年,普林斯和斯摩棱斯基的原书终于正式出版。优选论成为"迄今为止主流音系学中对 SPE 取得的最大突破"(赵忠德,2006:288),之所以能够有这样的突破,李兵(1998:75)做了很好的总结:"自 70 年代中期至 90 年代初期,生成音系学的理论建设取得了许多重要的和突破性的进展,但是从根本上说,仍然未能脱离 SPE 模式以规则为基础的理论体系。虽然人们逐渐认识到制约条件对符合语法的语音表达有一定的作用,但制约条件的应用只不过是对音系规则推导出来的不符合语法的语音表达进行最后调整的手段。"否定音系规则、转而把制约作为根本基础的优选论,由此成为 21 世纪初最重要的音系学理论之一。

第二部分
21 世纪的语音学、音系学与语音教学理论

第 3 章
21 世纪的语音学理论

伴随着 21 世纪的到来，语音学研究也迈入了一个新纪元。本世纪的短短二十年间，人类对语言、思维的认知越发深入，对 20 世纪提出的语音学理论假说不断进行验证、修正或补充，或推陈出新；科学技术的进一步发展为语音学研究提供了原本无法实现的工具条件；研究领域越分越细，各学科之间的联系和交叉也越来越密切。这些都为语音学快速发展提供了坚实的理论、方法、视角等方面的重要支撑。

延续 20 世纪的研究，语音学研究在新世纪也进一步从产出和感知两方面开展。二十年间，虽然没有很多的新理论产生，但各经典理论大多在原有基础上应用、发展、优化和补充。本章将从产出和感知两方面综述过去二十年间经典理论的发展以及比较有影响力的新理论或者新模型。由于语音的产出和感知有较强的依存关系，部分理论会同时涉及这两个方面，本章也将对此进行简要介绍。

3.1 语音产出理论

语音产出（speech production）理论通常包括两个维度：一个是从发音机理上进行探究，另一个则探究人类语言交际系统在这些机理作用下可以产出的合适的声学信号或者这些发音机制会在何种程度上限制语音的产出（Tatham & Morton, 2006）。本节将从这两个维度分析语音生成和语音产出相关的理论发展；同时也会涉及语音产出理论在二语习得中的聚焦与发展。

3.1.1 语音生成理论

作为语音学的核心理论，语音生成理论（Production Theory of Articulatory Phonology）一直是热门研究话题。不同学者从不同视角对语音生成进行探究。以语言学为导向的语音生成理论（Browman & Goldstein, 1986）认为，音系规则是将连续的语音符号（cascade of strings）转化为音位表征，并进一步转化为对应的声学信号（Tatham & Morton, 2006）。音系学理论通常将一连串的语音（speech utterance）分解为不同的层级单位，如特征/音姿（feature/gesture）、音段（segment）、莫拉（mora）、音节等。但是，语音遵从这一层级结构的原因并未得到很好的解释。同时，现行的音系学理论和语音生成模型也未能解释跨语音变体中这些层级单位的运行机制。为此，Tilsen（2014）提出选择协调理论（Selection-Coordination Theory），对音系结构中跨语言和语音学习过程中的语音变体（developmental and cross-linguistic variation）作出了解释。

选择协调理论认为：两种运动控制机制（选择机制和协调机制（coordinative regime））的相互作用导致了两种典型的发音控制机制——竞争控制（competitive control）和协调控制（coordinative control）；各层级结构（hierarchical organization）是通过从竞争控制到协调控制的发展转变而出现的，这种转变由感觉反馈的内化引起（Tilsen, 2016）。语音发展过程中的周期性倾向（recurring trend）催生了层级结构的产生，儿童借此得以优先习得运动控制中的协调机制，之后学会前期通过竞争机制习得的发音姿态。在这一理论框架里，音段、莫拉、音节等均为大小不等的同一类运动规划单位（motor type unit）；跨语言的以及习得过程中的音系模式通过发音控制的竞争和协调来产生，运动控制、语音发展、语音及音系模式（phonological pattern）等均能作为这一理论的证据（Tilsen, 2014, 2016）。"选择协调理论"坚持认为这种层级结构是运动组织时语音变体的结果，而不是音系系统的先验（a priori）特征（Tilsen, 2016），因此对于我们理解语音层级结构的产生具有重要的意义。

除了从语言学角度对语音生成的理论进行探索，"语音生成声学模型"（Acoustic Model of Speech Production）（Fant, 1960）分析了语音中声学信号的发展变化，提出语音的声学特性取决于声源信号和特定形状声道的滤波特性，详细讨论了"声源—滤波理论"（Source-Filter

Theory of Speech Production）[1]。经典的语音生成模型还包括从生理学角度对发音器官进行建模的"声道截面积和传输线模型"（Sectional Area Function and Transmission Line Model）[2]；关注理解舌肌结构及其生理机制的"生物力学模型"（Explicit Biomechanical Model）[3]；将声道分解为不同的调音器官后分别研究其形状变化和运动规律的"几何发音器官模型"（Geometrical Articulatory Model）[4]；将语音的生理、声学和感知属性结合在一起探究语音生成的"语音量子理论"（Quantal Theory）（Stevens，1972，1989；Stevens & Keyser，2010）[5]。这些理论对后续的语音生成研究及理论的提出产生了深远的影响。

随着科学技术的发展，语音学界从神经心理学和神经解剖学的角度对大脑中涉及语音生成和理解区域的相关功能进行描述和仿真，DIVA（Directions into Velocities of Articulators）模型应运而生。它是到目前为止影响力最大的语音运动控制模型（Guenther & Hickok，2016），细致详尽地描写了语音运动控制底层的神经过程。DIVA 模型（Guenther，1994，1995；Guenther et al.，1998，2006）是自适应神经网络模型，通过反馈控制结构（feedback control architecture）检测和修正语音产出时明显的错误，其基本模式如下：

DIVA 模型中语音的产生始于激活神经元，这一神经元与模型中语音声音地图（speech sound map）对应的语音相关。这一地图中的每一个"语音声音"有自己独特的运动程序，语音可以是音素、音节，甚至是短音节序列，其中，音节是最为典型的单元。"声音地图"这一术语的使用是为了强调语音运动是按照听觉目标（auditory target），而非发音目标（articulatory target）来规划的。在计算机仿真时，这张地图里的每一个神经元代表一个不同的语音。遇到新的语音时，会有一个新的与之对应的神经元增加到语音声音地图中。语音地图对应的神经

---

1 对"声源—滤波理论"的详细讨论参见 Reetz 和 Jongman（2009）第九章的内容，中文译文参见亨宁·雷和阿拉德·琼曼（2018：167–185）。

2 该模型通过三维螺旋 CT 或 MRI 方法推导截面函数，并建立声道模型，以此描述发音过程（Heinz & Stevens，1964）。

3 该模型通过抽取舌、下腭、上腭和咽腔的生理形态数据，运用扩展有限元的方法对舌头建立生物力学模型，对下腭、上腭和咽腔建立刚体模型（Dang & Honda，2001，2004）。

4 该模型主要应用 PARAFAC（parallel factor analysis）分析发音舌型（Harshman，1977）。对脚注中 3-5 有关这三类模型的详细讨论参见鲍怀翘、林茂灿（2014：422–426）。

5 对"语音量子理论"的详细讨论参见鲍怀翘、林茂灿（2014：432–440）。

元的激活导致运动命令通过两个控制子系统到达主运动皮层。DIVA 模型中，神经元都假定对应于语音中的一小部分神经元皮层。前馈控制系统（feedforward control system）直接从语音声音地图投射到小脑和主要运动皮层的控制单元。反馈控制系统（feedback control system）包括听觉反馈控制子系统和体感反馈控制子系统，会通过大脑感觉区域进行间接投射。这一模型为极具前景的脑机交互系统的构建和优化提供了依据。

3.1.2 语音产出理论

近二十年间，语音产出的研究进展主要体现在对韵律的深入了解。由于缺乏像音段研究中明确的正则表征来划分韵律单位，对韵律[1]这一超音段特征的探索充满挑战。在韵律研究中，语调和声调[2]的研究一直被视为研究的焦点，而关于语调、声调构成成分的问题仍尚无定论。解决构成成分问题，进而判断各个成分所承担的功能，是当前语调研究亟需解决的问题之一。随着实验语音学的不断发展，人们对语调以及语调的构成方式有了更深的认识。一直以来，基频曲线作为语调与声调的声学表现在学界已达成共识。然而基频曲线究竟是语调成分的直接反映还是间接反映，韵律单位应从形式上还是功能上划分却一直存在争论。本节将分别从理论原则和分析方法、基频模型的构建研究、二语语音产出模型等三方面回顾这二十年间经典理论的发展以及影响力较大的、新提出的理论，最后简要回顾有关汉语语调研究的主要理论。

1. 语调理论

语调研究主要集中在两个方面，从理论原则和分析方法上探究更有解释力的语调音系学理论，从语音合成或言语工程的角度探究基频模型

---

1 韵律包括语调和节奏两个部分（参见 Hirst & Cristo, 1998）。从狭义上讲，韵律可以指语调（参见葛淳宇、李爱军，2018）。本文仅讨论语调研究的进展，"韵律"和"语调"在本文中含义相同，都指短语与句子层面的超音段特征。"声调"指词汇层面的超音段特征。

2 有的学者认为声调（lexical tones）属于和元音、辅音并列的第三类音段特征（Best, 2019）；研究感知特点的学者通常认为声调属于超音段特征（如 Liu et al., 2018）。

（祖漪清，2013，2020）。语调研究历史悠久[1]，影响力较大的经典理论主要有"语调三重系统"（Three Ts Theory）（Halliday，1967）和"自主音段—节律理论"（Pierrehumbert，1980，1988）；近二十年涌现的新理论框架主要是"NoSlump 语调模型"（Gussenhoven，2004）。

1）语调三重系统

在超音段研究中，语调的内部结构是韵律研究的重点内容。以调核音调为中心的语调理论起源于英国，至今仍被广泛使用。该理论最初的目的是满足外语学习者学习英语语调的需求，其对语调的描写直接将形式与意义联系起来，所采用的标记符号和理论概念都相对简单。在英国传统调核理论（Crystal，1969；Arnold & O'Connor，1973）基础上，Halliday（1967）提出的"语调三重系统"为英语语调的结构分析提供了系统化的分析方式。他以重读音节为基础，将语调分成若干单位；他认为英语语调结构分为调冠（pre-head）、调头（head）、调核（nucleus）及调尾（tail）几部分。"语调三重系统"将语调系统分解为调群、调核、调形三个子系统，其中调群系统表示语句中有区别性的音高或音高序列；调核系统表征调群中重读音节中最突显的音节；调形系统表征音调的音高走向，包括降调、高升、低升、降升、升降五个基本音调。一个调群通常对应一个小句或句子，也可对应任何一个句法单位。

2）自主音段—节律理论

Pierrehumbert（1980）以及 Pierrehumbert & Beckman（1988）提出了"自主音段—节律理论"（Autosegmental-Metrical Theory，简称 AM 理论），认为音调结构是离散的语调音系事件构成的线性序列，其中局部音系事件的音高曲线有语言学意义。音高重音是最常见的音系事件，也是一种语调特征，在具有音高重音的语言中，可作为强调或突显的具体感知线索，根据韵律结构组织的原则和特定音节的突显相关联。重读是一种声学特征，与发音强度、时长和频谱斜度相关联。在 AM 理论下，音高事件类型包括七个音高重音（pitch accent）[2]，即 H*、L*、H*+L-、H-+L*、L*+H-、L-+H*、H*+H-；两个短语重音（phrase accents），即 H-、L-；边界处的音高事件由两个边界调（boundary tones）组成，即 H%、L%（见图 3-1）。

---

1 有关英语语调百年来的研究，参见陈虎（2009）。

2 Pierrehumbert 用 L 和 H 表示音高重音。

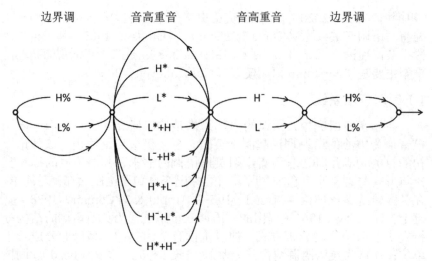

图 3-1　Pierrehumbert（1980：29）语调模型

  Ladd（1996，2008）对 AM 理论进行了修正，将重音分为两个级别，即核心重音（必须的）和核心前重音（选择性的），提出用"边沿调"（edge tone）的概念来包含 Pierrehumbert 体系中的短语重音和边界调，具体提出了语音实现与音系表征的对应方法。
  Pierrehumbert 的语调系统从突显出发研究语调（林茂灿，2005），主要关注的是如何解读连续的语音数据并将其对应到离散的音系范畴中。AM 理论被认为是语调音系学产生的标志，后续很多关于语调音系学的发展都是围绕 AM 理论进行的（马秋武、贾媛，2009）。该理论目前已经应用到多种不同类型语言的语调研究中，包括日语、法语、荷兰语等（陈虎，2008）。目前被广泛接受和使用的 ToBI 体系，即"音调及间断标记"（Tone and Break Indices），就是基于 AM 理论所开发的规范的标记系统。
  调群理论的重要特征是：一个调群必须要含有一个调核；可附带调冠、调头和调尾等成分；调核和焦点直接相关，而附带的调冠、调头和调尾的语言学意义则较为隐含。AM 理论则把语调曲拱分析为音高重音和边界调；音高重音来自突显（prominence），与焦点相关；边界调与语气关联，因此 AM 理论更接近语音直觉（林茂灿，2005），因而被广为应用。

3）NoSlump 语调模型

荷兰语言学家 Gussenhoven（2004）在调群理论及 AM 理论基础上，提出了"NoSlump 语调模型"，认为整体语调曲拱是核心调（nuclear contour）、核心前音高重音和调首（onset）三类音高事件的线性组合。其中核心调包括四类核心前重音（H*、H*L、L*、L*H）与三个边界调（Ht、Ll、Ø）的组合（见图 3–2）。

$$\begin{Bmatrix} H_t \\ L_l \end{Bmatrix} \begin{Bmatrix} H^*(L) \\ L^*(H) \end{Bmatrix}_0^n \begin{Bmatrix} H^*(L) \\ L^*(H) \end{Bmatrix} \begin{Bmatrix} H_t \\ L_l \\ \emptyset \end{Bmatrix}$$

NOSLUMP

图 3–2 NoSlump 语调模型（Gussenhoven，2004：305）

NoSlump 语调模型扩展模式中增加了对过渡调的描写，包括核心前重音 H*LH（pre-nuclear H*LH）、L- 前缀或核心重音延迟 [L-prefix (Delay)]、降阶（DOWNSTEP）以及主要特征 H（Leading H）（见图 3–3）。

$$([\text{DOWNSTEP}]) \begin{Bmatrix} H_t \\ L_l \end{Bmatrix} (L) \begin{Bmatrix} H^*(L(H)) \\ L^*(H) \end{Bmatrix}_0^n (H+)(L) \begin{Bmatrix} H^*(L) \\ L^*(H) \end{Bmatrix} \begin{Bmatrix} H_t \\ L_l \\ \emptyset \end{Bmatrix}$$

NOSLUMP

图 3–3 扩展的 NoSlump 语调模型（Gussenhoven，2004：313）

对比 AM 理论对语调结构的描写，NoSlump 语调模型精简了音高重音的类型，对过渡调的描写更加细致（马秋武、贾媛，2009）。

2. 基频模型构建

语调研究的另一个热点集中在对基频模型的探究（祖漪清，2013/2020）。经典模型有"叠加式基频曲线模型"（Fujisaki & Hirose，1984）和"IPO 理论"（Hart et al.，1990）。在过去二十年间又有学者提出自己的新见解，如石基琳的"Stem-ML 模型"（Soft TEMplate Markup Language）（Shih & Kochanski，2000）、"INTSINT 分析合成模型"[1]

---

1 详细的评述参见葛淳宇、李爱军（2018）第 2.2.1 部分 "INTSINT"。

(International Transcription System for Intonation)(Hirst，2011)、"平行编码及目标趋近模型"（Parallel Encoding and Target Approximation Model，简称 PENTA 模型)(Xu，2004，2005)等。本节主要回顾影响力较大的"叠加式基频曲线模型""IPO 理论"和"平行编码及目标趋近模型"。

1）叠加式基频曲线模型

Fujisaki & Hirose（1984）提出的"叠加式基频曲线模型"（Superpositional Model for F0 Contour of Speech，简称 Fujisaki 模型）认为表层不规则基频曲线的生成是多个不同元件函数叠加的结果；这些不同的元件函数可以通过寻找对应的发声器官特性来解释。三个元件函数分别为短语元件（phrase component）（反映较大的单位对基频曲线的控制和发声限制）、强调元件（accent component）（反映较小的单位对基频曲线的控制和发声的限制）及基底频率（base frequency）（表示基本音高)(Tseng & Su，2008)。

该模型主要关注的是短语语调和短语重音（曹建芬，2010/2016）。应用到非声调语言中时，大单位指的是短语调或是句调，小单位指的是局部突显。应用到如汉语这样的声调语言中时，大单位所指与非声调语言一致，小单位则指的是字调（Tseng & Su，2008）。

2）IPO 理论

20 世纪 60 年代中期，荷兰 Eindhoven 语音感知研究所（Institute voor Perceptie Onderzoek）在对荷兰语的语音合成感知实验中，提出了荷兰语语调结构的描写方式，后经 Hart、Collier & Cohen（1990）的发展，进一步提出了语调的音系描写方式，即 IPO 理论（因研究所而得名）。该理论认为表层音调曲拱是由一串与音段相对应的、离散的、音高移动线性组合构成；音高移动包括突显移动和非突显移动，突显移动相对于非突显移动来说有特殊含义。IPO 理论中的音高差异是相对的，通过相对高、低音高变化的交替出现，体现语调的不同。不同的音高变化模式被描述为"帽型"。在重读音节前发生音高由低到高的变化，被称作"尖帽"（pointed hat）；若是在重读音节前发生音高由高到低的变化，则被称为"平帽"（flat hat）。

这一理论在对语调结构进行描写时，直接将各结构单位分配到局部表层音高事件上，认为每个时间单位仅允许一个韵律单位与其对应（Xu，2015）。基于此，IPO 理论对于语调结构的描写被视为是线性观视角。IPO 在描写语调局部结构的同时，也对整体的音高下倾现象（declination）进行了描述。此理论目前多用于语音合成，应用的语言包括荷兰语、德语、英语等（Benesty et al., 2007）。IPO 理论将抽象的音系描写与具体的语音实现而不是功能意义相结合，为语调研究提供了新的研究视角，也为后来主要关注音系形式的语调描写的理论发展奠定了基础（Ladd, 2008）。

3）平行编码及目标趋近模型

基于语言的发音与交际功能之间的关系，Xu（2004，2005）提出的"平行编码及目标趋近模型"认为基频曲线只是底层的声调和语调成分的间接反映，表层声学模式的实现源于交际功能通过发音机制的并行编码[1]。具体来说，词重音、焦点、话题、情感等平行的交际功能，通过包括音高目标（pitch target）、调域（pitch range）、强度（strength）以及时长（duration）的一套目标接近参数进行平行编码，最后通过目标接近生成基频曲线（见图3-4）。

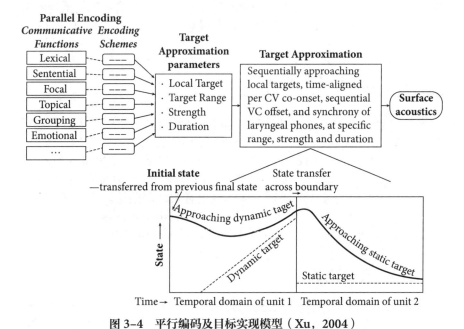

图 3-4　平行编码及目标实现模型（Xu，2004）

---

1 早先的研究结论倾向于认为基频是声调和语调的直接反映。

PENTA模型基于两个关键立场：首先，韵律对比是从功能上而不是形式上来定义的；其次，PENTA将发声机制视为必不可少的部分，并将其纳入理论框架的核心（Xu et al., 2015）。与"叠加式基频模型"不同的是，PENTA模型强调对影响表层基频生成的发音过程的模拟（Xu, 2015）。

PENTA模型认为表层基频曲线的表现是非线性的，局部表层韵律生成包括多个交际功能的共现。为此，PENTA模型更强调功能的表达（王茂林，2005），从交际功能的角度进行韵律研究。PENTA模型的提出缘于声调语言（特别是汉语韵律）的研究（Xu, 1999），目前广泛运用于对普通话的声调、焦点、话题、情感语调的研究（如Xu, 1999；Wang & Xu, 2011），对方言与民族语言实例的研究（如王蓓等，2013），对英语语调语言的研究（如Xu & Xu, 2005）以及少量有关二语焦点教学的研究（如高薇等，2015）。PENTA模型的提出旨在通过强调语音韵律两个未受到足够重视的方面，即交流功能和发音机制，以增强对韵律的理解。该框架能够确定韵律如何使发音系统实现丰富的沟通和交流功能，从而使得表面韵律的所有细节都可以追溯到其适当的来源。因此，该理论具有重要的理论和实践意义。

3.1.3 二语语音产出理论

二语语音产出理论主要体现在如下模型的提出："双语语音产出模型"（Bilingual Speech Production Model，简称BSPM）"二语语调学习理论"（L2 Intonation Learning Theory，简称LILt）和"重音类型模型"（Stress Typology Model）。此外，涉及二语习得的语言学理论也引发了学者对二语语音习得层面的关注，使其从语音习得层面检验语言学界关于二语习得的理论，如"对比分析假说"（Contrastive Analysis Hypothesis，简称CAH）和"发声设置理论"（Articulatory Settings Theory）。

1. 双语语音产出模型

双语语音产出模型（Kormos, 2006）以Levelt（1989）的单语言语产生模型为参考，从认知角度提出了二语语音产出的相关假设。BSPM模型认为，双语语音生成是模块化的，因为它由概念化器、公式化器和发音器这三个单独的编码模块组成，分别使用各自的特征输入进行工作。模块特征输入的片段可能会触发该模块中的编码过程。在语音编码阶段，首先激活的是要编码的单词的语音形式，将其音节化，并设置响度、音高和持续时间等参数。在这个阶段，一语和二语的语音编码机制是相同的，两种语言中相似的音素具有共同的记忆表征，不同的音素具有不同的记忆表征。该理论模型遵循模块化原理，主张一语和二语享有共同的语音处理机制，所有知识储区都位于长期记忆中。该模型有力地解释了二语学习中的语音编码转换策略，但是，在句法编码以及音系编码等方面还有待做明晰化处理（Kormos，2006）。

2. 二语语调学习理论

二语语调学习理论（Mennen，2015）用以解释二语学习者在二语语调习得中出现的问题。L1 和 L2 语调之间的相似性和区别性会从四个维度（系统维度、实现维度、语义维度、频率维度）影响二语语调感知，具体体现在：（1）语音体系差异，即不同语言语音体系的差异会引起其在音高、韵律词、韵律边界等超音段层面的类型差异；（2）实现方式差异，即语音体系内的不同要素是如何通过排列组合等方式实现的；（3）语义差异，即语音体系内各要素传达的意义有所不同，例如不同语言中表达疑问的语音要素不同；（4）使用频率差异，即各语音要素的使用频率不同。LILt 理论认为，和音段实验一样，二语语调实验同样需要控制语调出现的位置以及环境，此外，该理论承认早期学习者的语调习得效果更好，但这并非代表起始学习年龄在每个层面的影响都是一样的。

L2 语调学习模型系统研究二语语调学习的特点，是更明确的针对二语语调研究的模型（van Maastricht，2018），目前多用于不同语言背景的英语学习者的韵律产出研究，包括希腊语、西班牙语、日语等（如 Kainada & Lengeris，2015；Graham & Post，2018）。

3. 重音类型模型

"重音类型模型"由 Vogel（2000）首先提出。此模型基于重音及其他词层面上的韵律现象（如声调），建立了一个二元分支的语音层级模型（见图 3-5）[1]。

---

[1] 根据有无词重音，语言被分为重音语言和非重音语言；根据词重音的位置，又可分为可预测（不需要表征，但需要更多参数预测重音位置）和不可预测（词层面有表征）；根据音节重量在重音分布中的作用，又可分为音节敏感型和音节轻重不敏感型。对于非重音语言，依据音高特征的有无也分为两类。

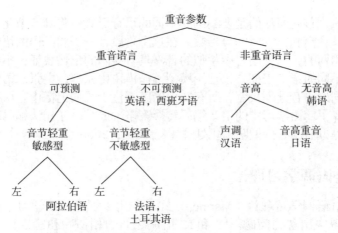

图 3-5 重音类型模型（Altmann，2006：38）

"重音类型模型"中的层级分类可以用来预测二语重音的习得难度。学习者一语为非重音语言时，对二语的重音感知会很敏感；但二语重音的产出会更困难，且困难程度与一语和二语所在层级成正相关（Altmann，2006）。

重音类型模型为二语学习者的重音习得带来了很多启示，同时也使得语言在韵律上的分支有了更为明确且更有层次的阐述。研究发现，中国学生在英语重音产出方面存在困难（Chen et al.，2001；Zhang，2008；高琳、邓耀臣，2009）；泰语的声调参数大大影响英语重音的产出（Ingram，2005；Wayland et al.，2006）；重音感知实验也发现了可预测重音语言者在学习二语重音时的难度（Tremblay，2008，2009）。也有研究探索了影响重音产出的因素（Gordon，2002；Guion，2003；Matsuura，2008）。这些研究在一定程度上证实了重音类型模型的预测性。

虽然诸多实证研究都为重音类型模型提供了支持，但是也不乏学者对此持有质疑态度（Gordon，2008[1]；杨彩梅，2008[2]）。研究仍在继续进行，之后也会有更多的成果出现。

---

1 Gordon（2008）对可预测重音——契卡索语——的研究发现，契卡索语也依赖音高重音。

2 杨彩梅（2008）认为汉语是有重音系统的，直指"重音类型模型"把汉语划分为非重音语言的论断。

4. 对比分析假说的检验

迁移（transfer）是二语习得研究的重要关注点，Lado（1957）提出的"对比分析假说"认为，二语学习者主要依靠他们的一语来学习二语；一语中的形式和策略被迁移到二语中的趋势非常之明显；一语和二语中的异同点可能会引起正迁移或负迁移；两种语言中相似的语音特征容易习得，而不同的特征会加大习得难度。Nguyen et al.（2008）从韵律迁移的角度探究并发现泰国英语学习者确实存在迁移现象。有学者认为迁移现象也会出现在三语习得中；而且，与母语迁移相比，二语对三语产生迁移的条件更加严格（高晨，2009）[1]。也有学者发现，迁移不仅发生在二语习得中，二语特征也会迁移在一语产出中（Flege et al., 2003）[2]，发现了迁移的双向性。更多研究也证明了迁移双向性的存在（Gildersleeve-Neumann et al., 2009[3]；Mennen, 2004[4]）。

针对负迁移的研究发现，语言的负迁移作用是有弹性的，一语的使用频率会使得两种语言间的迁移作用不尽相同（Højen & Flege, 2006）；口音是两种语言相互作用所致，与学习关键期无关（Yeni-Komshian et al., 2000）；一语使用频率越高，二语的外国口音越重（Guion et al., 2000；Piske et al., 2001）；早期语言经历是负迁移的原因之一（Iversion et al., 2003）。

针对CAH"一语与二语的相似特征使习得较为容易"的论断，研究发现，跨语言的声学相似性并不一定导致感知上的相似性（Nishi et al., 2008；Strange et al., 2004）。

5. 发声设置理论

"发声设置理论"提出，每个语言都有自身的一套固定的发声参数设置，这些参数设置包括外部的可视化区域（如唇、脸颊、下颌），也包括内部的非可见区域（如口腔、舌、咽喉），还包括肌肉的松紧程度以及主、被动发声器官间的压力等；发声器官的协同配合才能完成具体

1　高晨（2009）考查了第一外语为英语的泰国学生在汉语元音习得中的迁移作用。
2　Flege et al.（2003）比较了意大利语单语者和意大利语英语双语者对于元音 /e/ 的产出。
3　Gildersleeve-Neumann 等人发现，西班牙语母语者学习英语后，其西班牙语的语音系统发生了改变，辅音丛的正确率和元音的错误率都增加了。
4　Mennen（2004）通过比较荷兰的希腊语学习者、荷兰语本族语者、希腊本族语者对峰值校准的产出，发现双语者产出不同于单语者。

元音和辅音的产出；一门语言发声参数可能是特定的，也可以与其他语言相似；若两种语言在发声设置上不同，那么发音人就无法完美习得这两门语言的参数；二语学习一定会改变一语的参数设置（Honikman，1964；Jenner，2001）。

虽然发声设置理论的提出较早，但由于受到测量技术的限制，对它的检验起步较晚，直到 21 世纪才有研究对发声设置的存在进行验证（Gick et al.，2004；Lowie & Bultena，2007；Mompeán González，2003；Wilson & Gick，2006）[1]。"发声设置理论"为了解跨语言影响的生理机制提供了理论框架，也为语音教学提供了方法。

3.1.4 汉语语音产出理论

赵元任（Chao，1929，1932，1933）提出的"代数和""大波浪和小波浪""橡皮带"形象地对汉语语调结构特征进行了论述，吴宗济（1988，2004）提出了变调块和移调思想以及语调是"必然变调"加"或然变调"的主张[2]，这些理论和思想影响至今。

沈炯（1985，2020）提出的高低线双线语调模型[3]解释了汉语语调在音高层面上复杂变化的机制。这一模型对"代数和"的观点提出了质疑[4]，其创新处在于指出了这两条线担负不同的语言学功能。其中，顶线的调节变化与语义的加强相关，而底线的调节变化与节奏结构的完整性相关（吕士楠，2020）。

在汉语语调研究中，除了有对字调和句调的关注，还包含上层语篇信息对口语声流韵律的影响的探讨。郑秋豫（2008，2010）提出"阶层式多短语语流韵律架构"（Hierarchical Prosodic Phrase Grouping，简称 HPG 架构），将语流层级自下而上分为音节、韵律词、韵律短语、呼吸组、韵律句组及语篇，通过语流中的节奏、响度、音段延长、停顿等参

1　Gick et al.（2004，2006）借助 X 射线胶片、超声波、动态测量软件 Optotrak 等辅助手段检验发声设置的存在；其他研究均为声学研究。

2　详细述评参见李爱军（2008）中的 2.1 "吴宗济先生以及其他学者的汉语语调观"部分。

3　这一"双线模型"不同于 Garding、Zhang & Svantesson（1983）基于声学的分析和合成所提出的双线模型，后者只是对瑞典语中的语调变化做出形式说明。

4　Pierrehumbert（1980）提出以对应的基线值（baseline）为单位、基线以上音高的标度方法，其研究表明英语（非声调语言）中的词重音也要考虑高低和宽窄。这一发现也与"代数和"的观点相左。

第 3 章　21 世纪的语音学理论

数对语流的韵律表现进行考察；各层级韵律单位受到语篇韵律的上层信息制约，对此进行系统性调整，各种成分共同构成整体的基频行为，各自的贡献度可以通过统计分析得出。

为了探究汉语普通话功能语调的边界调与声调之间的关系，林茂灿（2012：289）提出"汉语语调的双要素模型"（见表 3-1），认为重音和边界调是汉语语调的本质和核心，重音是汉语语调的基础。

表 3-1　汉语语调的双要素模型（鲍怀翘、林茂灿，2014：458）

	前边界调	重音	后边界调
疑问或陈述	RT% 或 LT%		RT% 或 LT%
感叹		[+RH^] 和 [+RH][+LL][1]	
命令			RT%[2]
窄焦点		[+RH] 或 [+LL]	
宽焦点		[-RH][+LL]	

注：R=Raised，LT=Lowered Tone，LL=Lowered L，T=Tone，[+RH^]= 强重音

如表 3-1 所示，汉语普通话功能语调由重音和语气组成，疑问、陈述和命令语气由边界调体现，感叹语气由重音体现（感叹语气所引起的重音使得其所在音节的音高比一般重音抬得更高），重音可由窄焦点或宽焦点形成。

边界调不仅区分疑问、陈述和命令语气，还包含语调短语的边界信号。疑问语调和陈述语调的信息由短语最后的韵律词携带：无标志是非问轻声末音节，遇到疑问语气作用就重读。疑问语气和陈述语气由短语的边界音节携带，汉语有边界调，边界调是重读的：边界调的声学特征是由其 F0 曲拱的音阶或斜率以及时长表示的。疑问 F0 曲拱的斜率比陈述的大，或音阶比陈述的高，或者同时满足这两个条件；疑问的边界调 F0 曲拱，无论阴平、阳平、上声和去声，都保持其单字调调型不变；疑问边界调的时长比其陈述句的长，但疑问及陈述的边界调时长都不一定比其前音节的长。疑问的"高"是相对于陈述的而言，它的"高"是因为其边界调 F0 曲拱的斜率相对大和（或）音阶相对高。疑问的边界调要比陈述的"重"。

---

[1]　在林茂灿（2012：289）中表示为 [+RH ▲] 和 [+RH ▲][+LL ▼]。
[2]　在林茂灿（2012：289）中表示为 RT*%。

3.2 语音感知理论

语音由说话人发出，生成声波，通过空气传到听话人耳中，经过听觉机制、神经系统而使听话人理解。这一过程就是语音的感知过程。语音感知研究起始于 20 世纪 40 年代，早期的语音感知研究依赖于当时言语分析和合成仪器的条件（桂诗春，2000）。随着科技的发展，特别是计算机技术的普及，语音研究的硬件成本大幅度降低，21 世纪以来大量的开源免费软件使得语音合成与声学分析更加容易，极大地促进了语音感知研究的发展。

语音感知领域有如下一些核心的理论问题：

第一，语音信号是连续的、线性的，如何从连续的言语流中切分提取语音信息，识别音位是语音感知的核心问题之一，即切分问题（segmentation）。切分音位和切分单词是语音感知的第一步。

第二，音位是抽象的语言学单位，是词汇的有机组成部分，音素是具体的语音单位，受到语音环境（phonetic context），即其前后的元音或辅音的协同发音机制（coarticulation）、语速（speaking rate）、说话人发音特质（talker variability）的影响（Nusbaum & Magnuson，1997）。因此，语音学的声学信息和语言学的音位范畴并不是一一对应的。但是成人在感知过程中能够非常准确且高效地识别音位机制是语音感知最重要的研究话题之一，又称"缺乏不变式问题"（lack of invariance）。

针对以上问题，语音理论学家提出了不同的假设和实证证据。虽然很多理论争鸣发生在 20 世纪，但是目前尚未完结，因为尚没有一个理论可以完全、完美地解释语音感知中成人高效识别音位并处理各种语音变异的机制。*Journal of Phonetics* 曾出过专刊 *Temporal Integration in the Perception of Speech*（2003），集中讨论语音感知的单位和语音变异的感知机制；*Phonetica* 也出特刊 *Constancy and Variation in Speech: Phonetic Realization and Abstraction*，聚焦语音研究中常性（constancy）与变异（variations）的关系（2019）。

因此本节分经典语音感知理论的发展、语音感知新理论的提出以及二语语音感知理论三部分对 21 世纪以来的语音感知相关理论进行梳理。

3.2.1 经典语音感知理论的发展

这一部分将介绍以下经典的语音感知理论："语音感知肌动理

第 3 章 21 世纪的语音学理论

论"[1] "直接现实理论""一般听觉理论"和"范畴感知理论"。

1. 语音感知肌动理论

语音的产出与感知是紧密相关的，在正常的言语交际中，发言人同时也是听话人。因此，言语交际者应该同时具备语音感知和产出的能力，并且从经济的角度看，语音感知应该至少和语音产出共享一些过程，而非完全独立。基于此种理据，Liberman 等人从当时语言感知的研究发现，提出了语音感知的肌动理论（The Motor Theory）（Liberman et al.，1967），以解释语音感知的机制。

Liberman & Mattingly（1985）对"言语感知运动理论"进行了修订完善。修订后的运动理论提出了完全不同于听觉理论的观点，认为语音感知不再是简单的声音感知，而是对音姿的专项感知。这意味着，语音感知首先要识别语音的声波信息，然后据此推断发音人的音姿，即大脑控制下的发音器官的肌肉运动。Fowler、Shankweiler & Studdert-Kennedy（2016）进一步验证了肌动理论的主张，证明了语音并不是一个发音字母，而是将音位信息包含在其中的语音信号；语音接收者感知到这一信号中包含的发音姿态，于是产生了语音感知中的肌动理论；音段信息为语音接收者提供了可供追寻的声学特征。

此外，语音产出和语音感知涉及的肌动不变量是紧密联系的，这种联系是内在的。语音产出的过程如下：抽象的音系规划→生理肌动发音→声学表现；语音感知的过程如下：声学表现→生理肌动发音→抽象的音系规划。由此，语音产出和语音感知有了生理的基础联系，听话人不再将听到的信号处理为普通的声音，而是通过系统的、专门的声音信号与音姿之间的关系进一步感知音姿。

"肌动理论"也提出语音感知是通过内置的具有语言特异性的神经模块发生的，具有言语特异性（speech-specific）；其认知过程不同于音乐或者环境音等一般的听觉感知（Liberman & Mattingly，1985）。

"肌动理论"从提出之日起，不断受到各种评价。一方面，反对者提出，该理论虽然试图从产出角度解释语音感知，但却缺乏对更高层次的语言感知机制的解释，如听话人用听觉信息构建模拟说话人的音姿的机制（Eysenck & Keane，2010）；语音加工特异性的假设是错误的，语音感知需要感知音姿与肌动系统配合（Galantucci et al.，2006）。另一方面，针对一些严重语言产出受损（布罗卡失语症）患者仍可正常感知

---

[1] 有关言语感知的运动理论的贡献，参见 Reetz & Jongman（2009）第 13 章的内容，中文译文参见亨宁·雷和阿拉德·琼曼（2018：268–279）。

语音的现象，肌动论者解释说是因为肌动模拟是抽象的，并不依赖具体的言语产出肌动过程（Harley，2008）。

国内学者陈忠敏（2015，2019）应用脑科学和神经科学的最新研究成果支持肌动理论的以下观点：听者的语音感知机制和发音机制确实是紧密相关的，说与听必须相互配合、相互制约，一旦这种关系失衡，就会产生误解，导致音变；与其他非语音的声音感知不同，语音感知带有很强的主观性，而这种主观性受特定语言规则的制约；人类就是通过这种主观的语音感知来过滤各种语音变异，达到语言交际目标的。

与肌动理论相类似的是"分析—综合感知理论"（Analysis-by-Synthesis Theory）（Stevens & Halle，1967）。该理论同样认为，听话人需要根据听到的声音信号判断其所蕴含的音系信息；但不同于"肌动理论"的是，"分析—综合感知理论"不包括对生理发音机制的解读。

另外，与"肌动理论"同样将语音生成和语音感知过程融为一体进行探究的还有"语音生成的声学理论"（Acoustic Theories of Speech Production）（Fant，1960；Stevens，1998）。但是，这两个理论的侧重点不同，前者强调语音感知包括将听到的声学信号转换为对应的语音产出时的运动姿态；后者则强调在语音产出过程中声学或听觉目标的重要性。

2. 直接现实理论

"直接现实理论"（Perception as Direct Realism）是一种关于感知知识来源的哲学认识论。该理论认为，不需要用心理事件（mental events）来"代表"感知目标。换句话说，感知者和感知目标之间不需要干涉，两者是一种直接的关系。感知者通过集成感知系统，从外部世界抓取时间和空间的信息流，直接感知客体而无须借助内在知识或后天习得的心理关联（Gibson，1966，1979）。语音感知中的直接现实感知理论植根于此，并由Fowler等人应用到语音感知领域（Fowler，1986，1989；Fowler et al.，2016）。语音感知的直接现实理论认为，语音感知的对象是现实的发音音姿（articulatory gesture）而不是音姿意图（intended gesture）。音姿信息和声学信息是由声学物理学的原理关联起来的，可以被直接感知到，不需要从语音信号中间接推断。语音感知不需要心理表征，因此也就不需要感知归一化的机制来处理语音信号中的各种变异。而与"肌动模型"不同的是，"直接现实模型"认为，语音感知和其他感知系统都是基于一般认知机制（domain-general）而非言语特异性机制。直接现实感知理论在语音感知的机制上另辟蹊径，影响了很多语音感知研究及二语语音感知理论，其中最著名的要数"感知同化模型"（Perceptual Assimilation Model，简称 PAM）（Best, 1995）。2016 年，国际心理学期刊 *Ecological Psychology* 发表特刊（Olmstead et al., 2016），集中讨论了直接现实理论在感知特别是语音感知方面的发展（Gick, 2016; Pardo, 2016; Remez & Rubin, 2016; Shankweiler, 2016; Tuller & Rączaszek-Leonardi, 2016; Turvey, 2016）。

3. 一般听觉理论

"一般听觉理论"（The General Auditory Approach）（Ohala, 1996）认为，语音感知与人类处理其他环境声音的听觉机制和感知学习机制共享，也就是说，语音感知本身并非由特定的机制或模块完成。与"肌动理论"以及"直接现实理论"不同，"一般听觉理论"认为，听者从声学信号中提取言语信息（包含区别性特征、音位、单词或者更高层面的信息）；声学信息不等同于音姿的感知，也不需要通过音姿的感知作为中介；感知者具备一种从多种不完美的声学线索中识别复杂刺激范畴的能力，声学信号和音位的听觉等价（perceptual equivalence）就是建立在这种能力之上；感知和产出是相互关联的，音位的清晰可辨性（distinctiveness）对产出有影响；大部分语音系统都会满足分散原则（a principle of dispersion）[1]，即不同音位之间的距离在语音空间允许的范围里保持最大化，以此来确保在外在环境不佳时，言语的可理解性最大；听者不需要重构音姿，但他们能够感知音姿所产生的声学结果，言语产出的规律性会体现在声学特征里，通过感知学习机制，听者会使用这些言语产出中的规律性特征来判断言语信号中的音位内容（Diehl et al., 2004）。

4. 范畴感知理论

范畴化是言语知觉的一个显著特点，在言语的感知和表征过程中起着重要作用。"语音范畴感知理论模型"（Categorical Perception Theory）最早由 Liberman 及其同事提出（Liberman et al., 1957），其核心观点是，在声学连续统中，连续的语音刺激被感知成若干非连续、离散范畴中的一个，听者对于范畴间的差别比较敏感，而对范畴内的差异则很难区分。

典型范畴感知的特点表现为：（1）辨认曲线在不同语音范畴的边界位置附近有陡峭的上升或下降；（2）在区分实验中，区分正确率曲线

---

[1] 分散原则得到一些语音模拟实验的支持（Diehl et al., 2003）。例如，大部分语言中普遍存在的音位，如 /a/、/i/、/u/ 等定点元音（point vowels），就满足了分散原则（Diehl & Kluender, 1989）。

有一个突起的峰值;(3)辨认曲线的边界位置与区分曲线的峰值位置相对应,即"峰界对应"(correspondence between peak and boundary)(Liberman et al., 1957)。如果满足了这三个标准,则说明语音感知是范畴性的;反之,则属于连续型感知类型,也就意味着两个语音间没有明确的感知边界。Liberman et al.(1957)的研究为语音范畴感知研究奠定了重要的方法论及理论基础。其后,从辨认实验和区分实验两种心理语音学任务模式出发,探讨语音范畴表征的心理机制,成为语音范畴感知实验研究的经典范式。早期的范畴感知研究主要集中在音段层面,大量关于辅音的范畴感知研究验证了该经典范式,认为人类对辅音的感知呈现范畴化特征,但关于元音的感知研究则倾向于连续性感知(Fry et al., 1962; Liberman et al., 1967; Miller & Eimas, 1977)。1976年,王士元发现,听者对普通话阴平和阳平连续统的感知属于范畴感知(Wang, 1976),从此声调的范畴感知模式也成为语言范畴感知研究的热点之一。

进入新世纪,经典范式在元音范畴感知研究领域有了进一步发展。学者发现,尽管在特定外在因素(如语境、区分实验设计或者听者的语言经验)的影响下,母语者对单元音感知呈现出一定的类似于范畴感知的模式,但是参照 Liberman et al.(1957)归纳的音位感知范畴化的基本特征,这种感知结果的范畴性特征并不是完全充足。后来,Halle 等人(2004)进一步把这种新的感知类型定义为"类范畴型感知"(quasi-categorical perception)。

近年来,学者们主张抛弃以往研究中的划分方式,认为有关语音范畴化感知的研究应该采用定量方法,因为无论是"范畴型""连续型"还是"类范畴型"都是对感知结果的一种粗略划分,而音位范畴感知是内部、外部因素共同作用的结果(Peng et al., 2010; Xu et al., 2006)。辨认测试中辨认曲线的斜率(Xu et al., 2006)或辨认边界宽度(Peng et al., 2010)成为量化范畴感知中范畴化程度高低的标准。其中,边界宽度指的是辨认率为25%—75%间的线性距离,考查边界位置附近的辨认变化速率,近些年来也被认为比辨认曲线的斜率更适合作为衡量感知范畴化程度高低的有效客观指标(陈飞等, 2019)。因此,在范畴感知行为测试中,辨认边界宽度越窄、范畴间区分正确率相比于范畴内区分正确率越高,也意味着音位感知的范畴化程度越高;反之,则音位感知的范畴化程度越低。由于行为实验受限于听者的注意力、认知水平、记忆力等因素,越来越多的研究开始采用电生理学方法(如ERP)对语音范畴感知理论模型进行验证,探究范畴感知行为背后的神经机制(如 Shen, 2015; Zhang et al., 2011, 2012)。研究发现,对于不同音位感知的范畴化程度越高,失匹配性反应波会倾向于负向波(MMN),并且这种失匹配性负波的幅值会更负(Xi et al.,

2010）。近来的一项研究总结到，在经典范畴感知行为测试中所得到的辨认边界宽度、范畴间与范畴内区分正确率可以作为描写范畴化程度高低的客观行为学指标，而事件相关电位中失匹配性反应波在极向、幅值甚至潜伏期上的差异也可以作为衡量音位感知范畴化程度高低的神经生理指标（陈飞等，2019）。

总之，范畴感知经典理论范式提出至今，从最初粗略的"范畴型"和"连续型"二分法，到新增的"类范畴型"定义，发展到现在的量化评价标准，在音段和超音段层面不断接受行为学实验和电生理学实验的验证和完善。可以肯定的是，未来有关语音范畴感知程度的各类影响因素及其衡量指标定将走向更加定量化和科学化的方向。

3.2.2 语音感知新理论的提出

进入21世纪后提出的影响力较大的语音感知理论有"语音切分层级模型""自然参考元音框架""发音器官匹配假说"和"相联存储模型"。

1. 语音切分层级模型

"语音切分层级模型"（Hierarchical Segmentation Model）（Mattys et al., 2005）认为，在词汇语音切分的过程中，不同层级的语音信息具有不同重要性（见图3-6），应该要统一考量。

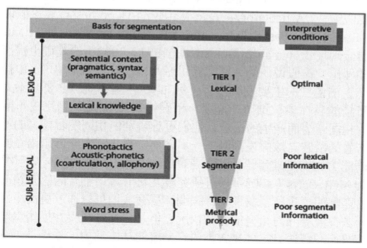

图3-6　语音切分层级模型（Mattys et al., 2005）

"语音切分层级模型"中包含三种类型的切分线索：词汇线索（包括词汇知识和句法知识）、音段线索（包括协同发音）、韵律线索（包括词重音）。当所有信息都存在的时候，人们倾向于使用词汇线索进行词汇切分；如果缺乏词汇线索，人们会使用一些音段线索，如协同发音或者音位变体信息（比如 pit 和 spit 中的 /p/ 具有不同的语音实现）。在正常词汇语音切分中，人们较少使用韵律线索（如词重音），而更加倾向于使用第一、二层的语音线索（Mattys，2004）。但是如果言语信号不佳，第一、二层语音信息缺失，词重音线索的重要性会超过第一、二层语音线索。

2. 自然参考元音框架

"自然参考元音框架"（Natural Referent Vowel Framework）（Polka & Bohn，2003）针对元音的感知提出设想，将具有极高发音声学特性辨识度的元音（在元音空间的外围）充当自然的参考元音，这些元音的显著性和稳定性是由于共振峰频率收敛或聚焦引起的。语言经验基于初始元音感知偏差建立的默认模式。通过使用特定语言的经验，学习者可以访问其他元音类别并组织其元音感知，以优化母语感知。自然参考元音在早期一语习得中起着非常重要的作用。

3. 发音器官匹配假说

为了进一步探讨婴儿感知能力变化的起因，Studdert-Kennedy & Goldstein（2003）以及 Goldstein & Fowler（2003）提出了"发音器官匹配假说"（Articulatory-Organ-Matching Hypothesis）。该假说是在 PAM（Best, 1995; Best & Tyler, 2007）和"发音音系理论"（Articulatory Phonology）（Browman & Goldstein，1991，1992）的基础上提出的语音感知理论。该假说认为，婴儿在语音片段（或音节/单词）中检测到的是产生该语音的主要发音器官（例如嘴唇、喉、膜）。婴儿不太可能识别音姿的具体参数细节（速度、精确位置），因此，相比由不同发音器官的相同音姿而产生的语音，他们更难辨别由相同发音器官的不同音姿所产生的语音。该假说预测，一岁之前，婴儿辨别非母语语音器官内差异的能力比辨别非母语语音器官间差异的能力下降更早，变化更大。Best & McRoberts（2003）通过研究婴儿对非母语辅音的感知情况对发音器官匹配假说进行了验证，并强调，尽管人们可以通过更高级别的声学分析去探究婴儿对语音的感知情况，但是，通过观察并模仿母语者的发音姿势而习得语音，才是人类语言交流的基本动力。关于是否有专门识别音姿的生理机制存在，则成为未来研究的题目。

4. 相联存储模型

"相联存储模型"（Associative Store Model）（Levinson，2005；Tatham & Morton，2006）认为听者在解码收到的语音信号时，是按照自己大脑中储存好的标准内在表征（idealized or error-free internal representation）来进行，即内在表征对应的标签（label）会被指派给收到的语音信号，这一信号的作用仅用来激活听者大脑中的内在表征。语音感知过程至少包括如下三个部分：首先，连续的声学信号被按照抽象的底层音系单元模块进行解码，抽象的认知标签会被指派给对应的声学信号；随后，解读过程中的错误会被识别出来，这些被识别为错误的信号会重新进行解读，即对解读错误的修正过程；同时，在解读过程前受损的信号也会被相应的机制修复，即对言语产出及传输过程中错误的修正。和前期的其他感知模型相比，这一模型将其他模型中认为已经丢失的信息进行回溯和再加工。这一做法是可行的，因为相联存储模型将"缓存"（buffer）的概念引入（相当于心理学中的短期记忆），语音信号会被缓存一段时间，以保证听者在发觉自己对初期信号解读出现错误时及时进行修正（Tatham & Morton，2011）。

3.2.3 二语语音感知理论

谈到二语语音感知理论，经典的有"感知同化模型""言语学习模型""感知磁吸模型"以及纯基于音系理论提出的"音系干扰模型"。这四种经典理论力图解释二语学习者习得过程中的困难或最终习得结果。而"相似差异习得速度假说"（Similarity Differential Rate Hypothesis，简称SDRH）（Major & Kim，1999）则关注二语学习者的习得速度。母语与二语中相似的语言现象习得速度更快，相异的语言现象习得速度较慢；母语和二语语音系统之间相似性和差异性的竞争是在学习二语发音时理解与音素对比有关问题的关键（Eckman et al.，2003）。

1. 经典理论的发展

1）感知同化模型

澳大利亚学者Catherine T. Best（1995）提出的"感知同化模型"

(Perceptual Assimilation Model,简称 PAM)认为,因受到一语影响,二语学习者在感知目标语语音时,倾向于将二语语音的发音态势同化为其在母语中类似的发音态势;由此,该模型进一步提出,二语语音及其最接近的母语语音的感知距离,是区分二语音素难易程度的决定性要素。最初,感知同化模型被大量应用于未接触过外语的被试(naïve listeners)对外语语音的对立区分上(Best et al., 2001; Strange et al., 2001; Dufour et al., 2007)。此模型也被用来解释婴儿对其感知非母语语音能力的影响中(Polka et al., 2001; Best & McRoberts, 2003)。

Best & Tyler(2007)在 PAM 的基础上,将研究主体从没有经验的单语学习者扩展到了有经验的二语学习者身上,提出了 PAM-L2,旨在研究二语学习者对二语语音的感知情况,并据此预测其二语学习效果。Best et al.(2009)将"发音器官匹配假说"(Studdert-Kennedy & Goldstein, 2003; Goldstein & Fowler, 2003)与"发音音系理论"(Articulatory Phonology)(Browman & Goldstein, 1991)融合到自己的理论模型中,对 PAM 进行修正,提出不同发音器官之间的对立(between-organ contrast)会更容易地被婴儿和成人感知/学到,而同一发音器官内部的对立(within-organ contrasts)会根据输入语音的特点,调整该器官不同收紧点位置(constriction locations)或者收紧类型的分布。这一扩展理论也被用来解释母语经验对二语语音习得的影响(如 Jia et al., 2006; Levy, 2009a, 2009b; Levy & Strange, 2008)。

随后,So & Best(2010)将 PAM 扩展为 PAM-S(Perceptual Assimilation Model for Suprasegmental),通过研究粤语、日语与英语母语者对汉语普通话四种声调的感知情况,证明了学习者对非母语语言的感知同化不仅发生在音段层面,也发生在超音段层面,从而丰富了感知同化模型的内涵,扩展了其研究范围,为语音研究,尤其是超音段研究提供了新的思路。

尽管感知同化模型在语音习得领域得到了普遍应用和认可,但也有学者认为此模型存在不足,有待改进(Broersma, 2006; Hattori & Iverson, 2009)。甚至,一些实验结果与模型存在不一致的情况让一些学者对模型产生了质疑(如 Goudbeek et al., 2008; Guion et al., 2000; Lengeris, 2009)。也有学者认为感知同化模型是定性的理论,没有解决如何将母语和二语语音的异同点进行量化的问题(Strange et al., 2009; Thomson et al., 2009)。这些都说明我们需要开展更多研究,以便对感知同化模型进行完善。

第3章　21世纪的语音学理论

2）言语学习模型

加拿大语言学家 James E. Flege（1995，2003）提出的"言语学习模型"（Speech Learning Model，简称 SLM）认为，引导人们成功习得母语语音体系的机制和处理过程，包括对新的语音范畴的形成和发展，完整地存在于人们的整个生命过程中，并且可供学习者自身利用。这一观点对 20 世纪流行的"关键期假说"（Critical Period Hypothesis）[1] 提出了挑战。后续实证研究发现，在二语环境的居住时长对目标语学习效果有显著影响，并且成年人和儿童在接受足够目标语输入的基础上，二语水平都能随着时间的增长而不断提高，这反映了关键期的影响并不十分显著（Flege & Liu，2001；Flege & MacKay，2004；McAllister et al.，2002）；Flege（1995）提出的二语学习的起始年龄越小，存在于母语和目标语语音之间用于形成范畴的感知距离也相应缩小的假设，也在诸多研究中得到了验证（Doty et al.，2009；Flege et al.，2002；Guion，2003；MacKay et al.，2006；Piske et al.，2001）。

另外，"言语学习模型"基于实证研究发现也提出了与"对比分析假说"（Contrastive Analysis Hypothesis，简称 CAH）[2] 相左的主张，即并非与一语越相似的二语语音特征越容易习得，两种语言差异大的语音特征的习得质量反而会很高（Flege，1981）。基于此，言语学习模型进一步提出，非母语语音的性质决定一语和二语的范畴同化程度（Flege et al.，2003；MacKay et al.，2001；Shafiro & Kharkhurin，2008；van Wijngaarden et al.，2002）；学习者的感知结果对二语语音习得具有重要的引导作用（Kondaurova & Francis，2008；Yeni-Komshian et al.，2000）；二语学习者的感知预期与本族语者实际产出间的不一致造成了二语语音产出困难（Imai et al.，2005）。

3）感知磁吸模型与感知磁吸扩展理论

华盛顿大学脑与学习研究所（Institute for Brain and Learning

---

[1] 1959年，神经生理学家 Penfield 和 Roberts 从大脑可塑性的角度提出，十岁以前是学习语言的最佳年龄。哈佛大学心理学教授 Eric Heinz Lenneberg（1967）从医学临床经验，以神经生理学的观点系统地解释了语言学习关键期。他认为人的大脑从两岁开始偏侧化（lateralization），约在青春发育期阶段完成（11—19 岁左右）；在偏侧化完成前，人是用全脑来学习语言；偏侧化完成后的语言学习主要由左边大脑负责，其语言效果不如全脑学习时期好。因此，语言学习最好发生在大脑完成偏侧化之前，这也就是所谓的"语言学习关键期"。

[2] 由美国语言学家罗伯特·拉多（Robert Lado）于 1957 年提出。他认为，二语习得时，学习者会借助一语的一些规则，可能产生"负迁移"（negative transfer）；两种语言差异大的特征，学生难习得；而相似之处则较易习得。因此他主张对母语及目标语进行共时对比，确定异同点，可预测学生难点及可能出现的错误。

Sciences at the University of Washington）所长 Patricia K. Kuhl 教授基于对婴儿母语语音感知范畴的研究提出了"感知磁吸模型"（Native Language Magnet Model，简称 NLMM）（Kuhl，1994）。该模型提出，在持续接受母语输入的过程中，6—12 个月的婴儿表现出双向的语音知觉改造过程：非母语范畴音的知觉能力逐渐衰减，母语范畴音的知觉能力明显增强。这一过程被称为扭曲（alter by warping）的大脑生理加工现象，即婴儿从最初能够区分人类语言的所有语音（Kuhl，1991），到将一些语音视为最具代表性的"原型"（prototype）（Kuhl，1993，2000），再到语音原型充当"感知磁石"作用，将同一范畴内的其他语音吸引在其周围；距离原型语音的远近决定了区分非母语语音感知难易度的关键因素。这种感知上的变化，会促进听者对母语语音感知区分能力的提高；相应地，听辨非母语对立语音的能力则会下降（Iverson et al.，2003；Kuhl et al.，2006；Kuhl，2007；Rivera-Gaxiola et al.，2005）。这说明，语言经验会使得大脑神经习惯于或者束缚于母语的语音特性，进而促进母语者学习那些复杂但和已习得的语音相兼容的语音模式。然而，对于那些与已习得的母语语音不相兼容的二语语音，则会带来一定的负面影响（Kuhl，2000，2004；Yang et al.，2005）。

Kuhl et al.（2008）对 NLMM 做出进一步补充与完善，提出了"感知磁吸扩展理论"（Native Language Magnet Expanded，简称 NLM-e）。该理论增加了五项新原则：（1）分布方式和以婴儿为导向的言语是婴儿感知能力发展的动因；（2）语言接触会产生影响未来学习的神经元；（3）社交互动会在语音层面影响早期语言学习；（4）感知—产出联系在发展中得到了锻炼；（5）早期语音感知可以预测语言的增长。这些新增原则对婴儿感知发展的分段语音学习作出了更有力的预测。

4）音系干扰模型

Brown（1998）基于母语音系习得和幼儿言语感知的相关研究（Briere，1966；Flege，1981；Wode，1978，1992），并结合特征架构理论（Brown & Matthew，1997），提出了"音系干扰模型"（Phonological Interference Model），旨在解释一语音系如何对二语感知产生影响，并确定与一语影响有关的音系知识水平。"音系干扰模型"主要关注以下问题：新的音位系统在什么时候开始限制学习者的感知？原因为何？该音位系统如何调整音系感知？二语学习者习得音系知识的音位系统与言语感知之间的相互关系如何？

Brown（2000）的研究发现，在幼儿习得一语的音系结构后，其辨别非母语对立的能力便随之下降，而且一语的音系特征还会在其之后的整个成年期持续地限制二语的言语感知；感知能力的下降和音位分辨能力的提高均是构建音位表达的结果；二语感知错误由一语特征阻碍二语感知所引起。然而，Goad & White（2004）对此有不同看法，他们认为，现有的音位系统并不能够过滤二语，只能制约中介语输出。

"音系干扰模型"认为语音感知的过程是：声音信号→普遍语音范畴→特征架构→音位。过程中并没有人类语言的参与，而是人耳在听觉上自动加工和处理的结果。因此，无论语言背景如何，该步骤通用于所有听者，故而用双箭头所示（Escudero，2005）。但是，Larson-Hall（2004）认为这种假定限制了人类语言中可能存在的音位范围，并不一定所有的语言都要使用这种特征架构。

音系干扰模型可以帮助我们更好地理解一语音位对二语音位系统习得产生影响的原因和方式。但是，一语的音位系统是否可以就二语的感知进行过滤，一语的音位系统是否总是限制了二语的语音感知，这些问题目前依旧存在争议。

2. 影响力较大的新理论

"二语语音感知模型""自主选择感知模型"和"线索权重理论"是21世纪初对已有语音感知理论的拓展与补充的典范。

1）二语语音感知模型

"二语感知模型"（Second Language Linguistic Perception Model，简称L2LP）[1]（Escudero & Boersma，2004；Escudero，2005，2009）专门用来解释不同水平的二语学习者在学习过程中的个体差异，预测学习困难。

该理论包含五个要素（见表3-2）：（1）一语和二语的比较：分析比较一语和二语的理想感知情况，并假设只有母语者能够理想感知其语言；（2）二语学习者的初始状态：掌握无经验的二语学习者的起始感知状态，并假设此状态即为跨语言学习者的初始感知状态；（3）学习任务：设置不同类型、不同难度的任务，并假设结果会出现不同的跨语言感知差异；（4）二语感知的发展：在完成感知任务时，二语学习者或建立新的感知范畴，或调整已有的感知范畴；（5）二语学习者的结束状态：若二语学习者在感知任务中，同时使用一语和二语的感知原则，则两种语

---

[1] 在"语言感知模型"基础上提出。该模型假设，语音理解包含语音感知（自下而上对声学信号的分析）和语音识别两个映射。

言的感知效果都会不如意。

该理论认为，学习者在初始阶段的一语语法迁移可能导致一语感知与优化后的二语感知之间存在不对应，学习者由此无法正确分类二语语音。其后，学习者将会对制约条件重新排序，以逐步改变语法感知来降低不匹配的比率，最终实现最佳感知（Escudero，2005，2009）。该理论还认为，一语和二语的感知系统不同，所以只要学习者经常使用二语，则二语感知系统就能得到发展；同时，一语的感知系统可以照旧维持稳定。马照谦（2007）的研究证明了此观点。

该理论也对二语学习的初始阶段、学习任务和对应难度提出了假设（见表3-3），认为在面对与一语"相似"的二语音位和在一语中并不存在的二语"新"音位时，学习者将更易于掌握前者（Escudero & Boersma，2004；Escudero，2009）。其理据在于，二语学习难度取决于所执行的任务和所涉及的机制，即"新"音位的学习任务是创建新的感知映射和范畴，这涉及一语的范畴构建和边界移动的学习机制；然而，"相似"音位的学习任务仅仅涉及边界的转移机制。

表 3-2 "二语感知模型"的理论框架（Escudero，2009）

L2LP	Prediction	Explanation	Description
Optimal L1 & L2	Human beings are optimal listeners	Optimal listeners handle the environment maximally well	L1 and L2 optimal category boundaries: location & shape
Initial state	= Cross-language perception	Full copying	L1 boundary location and shape
Learning task	= Reach the optimal target L2 perception	L2 learners want to reach target	Bridging mismatches between L1 and target optimal perception
Development	= L1-like	Full GLA Access	Category formation and boundary shifts
End state	Optimal L2 perception and optimal L2 perception	Input overrules plasticity Separate grammars	Language activation modes, through language setting variables

表 3-3 "二语感知模型"的学习任务（Escudero，2005）

L2LP proposal	Prediction for NEW	Prediction for SIMILAR
Initial state	Too few categories	Same number of categories
Perceptual task	1. Create perceptual mappings 2. Integrate auditory cues	Adjust perceptual mappings and category boundaries
Representational task	1. Create phonetic categories 2. Create segments	None
Degree of difficulty	Very difficult	Not difficult

L2LP 模型的预测内容与 PAM 模型类似，二者均考虑学习者的母语与目标语（target language）的音位对立（phonemic contrast），而不是孤立的音段信息。与 PAM 不同而与 SLM 相同之处在于，L2LP 模型使用声学信息来预测跨语言语音的归类模式，这一模式会被用来对学习者的习得过程进行预测。与其他感知模型相比，二语语音感知模型的创新之处在于，其就学习的初始状态、发展状态和最终状态列出了一个详细的发展模式。并且，二语语音感知模型突破性地提出，一语和二语的感知体系既可以分离，也可以相互作用。

2）自主选择感知模型

针对二语语音感知，在经过一系列的实验和研究后，Strange（2011）正式提出了自主选择感知模型（Automatic Selective Perception Model，简称 ASP）。该理论通过揭示语言使用者从一语和二语感知中根据声学输入和音系形式提取语音信息这一过程的本质，认为语音感知的特征是有目的的信息搜索活动（成年学习者使用高度的自主感知过程，检测其母语的音段和音系序列中最可靠的声学参数），意图解释母语及二语连续语音的即时归类处理机制。

"自主选择感知模型"区分了两种感知模式：音系感知模式（phonological mode）和语音感知模式（phonetic mode）。在音系感知模式中，成年学习者在处理母语（或相似方言）的连续语流时，能够检测到足够的、用以识别词汇的音系比对信息，而忽略与语境相关的语音变体，因此得以对母语的词汇、句法和语义做出快速而准确的判断。在这种模式下，即使在嘈杂的听力环境中，甚至当学习者的注意力集中在另一任务上时，学习者的感知依旧快速有效。语音感知模式则需要依赖语境的音位变体，需要花费更多的注意力和认知资源。它适用于二语学习初始阶段的学习者感知母语里所不存在的二语和其他方言音段，或感知存在于二语里但是和母语发音上有细微差别的音段。在这种模式下，听者的感知速度更慢，且在嘈杂环境中更难实现准确地感知。在专门的实验室环境下，研究者可以通过调整声音刺激的复杂度和特定的任务需求，来揭示语言经验与一语和二语的语音相似性之间的复杂交互作用。自主感知模型倡导在二语语音学习过程中培养学习者从关注"说什么"到关注"怎么说"的能力（陈莹，2013）。

"自主选择感知模型"提出，学习者对于具体语言所呈现出来的语音行为模式，不仅仅取决于对不同语音的听觉能力，也反映了其对声学信息的选择和整合（Strange & Shafer，2008）。Strange（2011）把这种自主感知方式称为选择性感知程序（Selective Perceptual Routines）。从二语语音习得的角度看，如果二语学习者持续依赖母语的选择性感知程序，在认知过程中将二语语音处理成母语语音，那么其习得效果将会大打折扣。

"自主选择感知模型"还提出，感知效果的提升要建立在三个重要的认知概念上，即对立突显、记忆力和注意力的分配。多项研究表明，沉浸式学习用以提升二语习得者对于感知有困难的二语元音对立对的效果并不明显（Bernstein，2009；Gilichinskaya et al.，2007；Ito et al.，2007，2009；Levy，2009a；Levy & Strange，2008；Rosas et al.，2009）。因此，二语教学者要协助学习者辨别母语和二语语音在形式上的不同，通过集中注意力、加强二语的对立突显度和训练记忆的方式，引导学习者逐步建立起和二语相应的选择性感知程序。

3）线索权重理论

对于语音的听觉感知，各种声学维度的作用并不是相等的。简单来说，有些声学维度在进行范畴感知的时候起到的作用比其他的声学维度更大，这种现象被称为"线索权重"（Holt，2006）。线索权重理论（Cue Weighting Theory）主要用来解释语音感知，偏重语音特征的描写。更确切地说，线索权重理论主要解释声学线索在二语中的权重占比以及线索的权重如何影响二语语音的感知和加工（Qin et al.，2016）。

线索权重理论预测语音的感知是多维度的，且声学线索在不同语言中的权重也各不相同。尽管各种线索能够同时被听者获取，但是这些线索的权重有大有小、有高有低；并且，不同的声学线索之间存在着相互制衡的关系，即听者对其中一个线索的敏感度的增加，往往伴随着其对另一个声学线索的敏感度的降低。二语学习者如何在感知同一个声音刺激时将各种不相似的声学线索协同起来，这主要取决于其怎样利用这些声学线索，从而形成相应的语音范畴。

Holt（2006）关于训练对线索权重产生的影响进行的研究发现，即使经过训练,线索的使用还是会有所偏重。相反的是,Francis(2000,2008)研究了关于特定声学线索的权重训练对于语音感知的影响,发现线索权重是可以被改变的[1],这对语音的习得具有很大的启示。Escudero(2009)对元音感知的声学线索权重实验[2]发现,不同母语背景听者声学线索的使用权重是不一样的。由此,研究者得出结论:各自语言的特性会影响感知线索的使用权重。

此外,对听力受损者的感知线索权重研究发现(Hedrick,2001,2007),在有、无听力辅助两种不同的条件下,听力正常者会有不同的线索权重,而听力受损者会更多地依赖振幅的变化;听力正常者和听力受损者在混响和噪音两种条件下对塞音感知的振幅和频率两个线索权重是不一样的;听力散失的年龄也是重要的影响因素,而听力散失让两个声学线索的使用效率都有所下降。

针对不同年龄被试音位意识发展的研究发现,儿童音位意识的发展对线索权重的策略会造成影响(Mayo et al.,2003);相比成人而言,儿童无法处理那些赘余的、没有消息含量的线索(Mayo et al.,2004);年龄对线索权重有影响,噪音条件对声学线索存在遮蔽作用(Nittrouer,2005)。

不同学者对线索权重进行了不同角度的探究。上述研究主要包括不同语音层面的各个声学参数的权重、有无训练对线索权重的影响、年龄因素、不同条件下(如噪音、听力损失等)权重的变化等。这些研究对二语的习得和教学等各方面都具有重要意义。

本章简要介绍和评述了在过去二十年间语音产出和感知两方面经典理论的发展和近年来产生的较有影响力的新理论。语音生成方面的理论从语言学、声学、心理学、神经心理学和神经解剖学等不同视角进行探究,语音产出方面不仅有理论原则、分析方法以及模型构建的传承和创新,更从对一语的研究更深入地扩展到二语研究中。在这个过程中,虽然研究侧重点和视角各异,但跨学科特征越来越明显,与言语工程的结合越来越紧密。我们有理由相信,随着对语音生成和感知机理的深入了解,随着对语音产出特点及成因的进一步探究,语音学学科将会进一步发展,更多造福人类的研究成果将会被开发出来。

---

1 在感知英语的清浊塞音时,嗓音起始时间和基频起始值这两个线索对感知清浊对立都很有帮助。然而,听者实际上却更依赖嗓音起始时间这个线索。这可能是因为感知距离上的不同,也可能是因为语言经验所造成的偏向。

2 来自荷兰的单语者,德国的单语者以及以西班牙语为母语、荷兰语为二语的双语者分别感知荷兰语中的一对元音。

第 4 章
21 世纪的音系学理论

自 Chomsky & Halle（1968）发表《英语的语音模式》（*Sound Pattern of English, SPE*）以来，音系学理论的发展就呈现出既统一又多元的局面。其统一性，用 Hannahs & Bosch（2018）在其新编的《劳特里奇音系学理论手册》（*The Routledge Handbook of Phonological Theory*）中的话来说，即迄今为止的整个音系学几乎都是对《英语的语言模式》的回应；其多元性则在于各家所针对的 SPE 的具体方面以及所给出的回应内容千差万别。

在对 SPE 的回应中，音系表征（phonological representation）和音系过程（phonological process）是两个反复出现的主题。在 20 世纪 60 年代 SPE 建立起串行模式的音系过程之后，70—80 年代的音系学研究重点转移到了音系的非线性表征方面；到了 90 年代，随着以"优选论"（Optimality Theory）为代表的一批新理论的兴起，音系过程再次成为研究重点，并行模式及其与串行模式的比较得到了广泛关注，这种情况一直持续到 21 世纪初。之后，音系学研究的重点又在一定程度上表现出从音系过程向音系表征的转移，一些表征理论有了进一步的发展或修订。当然，对音系过程的研究仍然在深入；同时，随着新技术手段和跨学科思维的不断引入，音系学的研究材料和证据类型得到了极大丰富，而这也促成了越来越多关于音系本质的思考。

因此，总体上，音系学领域在进入 21 世纪以来表现出了比以往更大的多元性。一方面，在对音系表征和音系过程的深入探索中，各种主要的后 SPE 音系学理论都在继续修正和发展；另一方面，出于对不同的证据类型、技术手段等的倚重，音系学领域在对音系的基本观点上呈现出百家争鸣的局面。当然，在百家争鸣的同时，音系学界也在不断反思和整合以往关于音系表征和音系过程的各种理论，一些学者已经表现出结合多派观点、发展综合音系理论的倾向。

本章中，我们将分音系过程、音系表征、音系的本质与证据三部分，对近二十年来音系学理论的发展进行介绍和评述。

4.1 音系过程

　　SPE之后，音系过程方面最引人注目的变化无疑是"优选论"的出现以及由此引发的关于规则与制约、串行模式与并行模式的广泛讨论。今天，"优选论"已成为最主流的音系学理论。如Krämer（2018: 37）所言，只要看一看近期音系学领域的主要刊物以及其他主要语言学刊物上的音系学文章，就会发现大部分文章都使用或讨论了"优选论"。不过，由于该理论本身还在发展过程中，而与之相对的"基于规则的音系学"（Rule-based Phonology，简称RBP）也仍有大批支持者，同时，"词汇音系学"（Lexical Phonology）等关于音系过程的重要理论也在不断更新并与其他理论相结合，因此，关于音系过程的讨论远远没有结束。近十年来，各派在理论上都有所反思和建构，并在某些方面表现出一定的融合迹象。

4.1.1 基于规则的音系学

　　基于规则的音系学自从面临"优选论"的挑战以来，就一直在对规则与制约、串行模式与并行模式的优劣进行反思。事实上，正如Vaux（2008）所言，基于规则的音系学并非完全排斥制约条件，比如"自主音段音系学"在20世纪70年代提出的"强制曲拱原则"（Obligatory Contour Principle，简称OCP）就是一种典型的制约条件，而那时"优选论"还远未诞生。Purnell（2018）也认为，基于规则的音系学在未来可以在理论体系内给并行模式以更大的比重，并明确体系内所允许的制约条件。但是，基于规则的音系学从未放弃规则的根本性地位。近年来，它对于通常被认为用制约描写优于用规则描写的共谋（conspiracy）现象以及通常被认为用规则描写优于用制约描写的音系晦暗（phonological opacity）现象、非自然音系过程（unnatural phonological process）、局部效应（locality effect）等又开展了一系列研究，并得出了规则描写总体上优于制约描写的结论。

1. 共谋现象与音系晦暗现象

　　一般认为，对共谋现象的描写是基于规则的音系学的软肋。对此，支持规则的音系学家主要从两个角度进行了反驳。一方面，他们试图表明，"优选论"对共谋现象的分析也存在问题，比如对某些共谋现象的描写手段不足，或者出现错误的预测（尤其是在涉及自由变异时），而基于

第 4 章　21 世纪的音系学理论

规则的分析就不存在这些问题（Vaux & Myler，2018）。另一方面，他们认为，很多共谋现象是由历时演化造成的，不应该由共时体系来解释。

对音系晦暗现象的分析一直是基于规则的音系学引以为豪的长项，也是经典"优选论"在纯粹并行模式下难以解决的问题。不过，近年来，Baković（2007，2011，2013）对于某些音系晦暗现象的规则分析提出了质疑。Baković（2011）认为，根据 Kiparsky（1973）、McCarthy（1999）等对音系晦暗的经典定义，在"规则施用不足"（rule underapplication）的音系晦暗类型中，除了反馈给顺序之外，还应包括各种阻滞（blocking）现象[1]，而后者无法仅仅用规则的施用顺序来解释。

比如，单看施用条件，表 4–1 中的拉丁语重音规则 1、2、3 对 /diːkere/ 都可施用，规则 2、3 对 /amoː/ 都可施用；表 4–2 中的芬兰语咝音化规则对 /tilat+i/、/äiti/、/veti/ 中所有的 /t/ 也都可施用。可是，其实 /diːkere/ 只用了重音规则 1，/amoː/ 只用了重音规则 2，而咝音化规则只施用在了其施用条件由形态或其他音系规则派生而成的情况下（如 /tilat+i/ 中通过形态规则生成的 /t+i/，/veti/ 中通过音系规则派生的 /ti/），在其他情况下并没有施用（如 /äiti/ 中属于词干的 /ti/）。换言之，拉丁语的重音规则和芬兰语的咝音化规则在具体施用过程中，都存在符合条件却不施用的现象，这符合音系晦暗中"规则施用不足"的类型。Baković 将拉丁语重音规则施用不足的现象称作"析取式阻滞"（disjunctive blocking），而将芬兰语咝音化规则施用不足的现象称作"非派生环境式阻滞"（non-derived environment blocking），此外还有其他类型的阻滞。他认为，这些阻滞现象都必须通过纯粹的规则排序以外的手段来解释，这说明规则排序不足以解释所有的音系晦暗现象。

表 4–1　拉丁语重音规则中的阻滞现象（Baković，2011：48）

	diːkere "说.不定式"	amoː "爱.单1"	re "事物.单.夺"
规则 1：若 P 为轻音节则重读 A V → [+stress] / __ C0VVC0#	'diːkere	--	--
规则 2：重读 A V → [+stress] / __ C0VC0#	--	'amoː	--
规则 3：重读 U V → [+stress] / __ C0#	--	--	'reː
	'diːkere	'amoː	ːreː

---

[1] 阻滞（blocking）现象与阻断（bleeding）顺序并不相同，具体例子见下文。

表 4-2　芬兰语咝音化规则中的阻滞现象（根据 Baković，2011：51）

	tilat+i "被预定的"	äiti "母亲"	vete "水"
规则1：元音提升 e→i / __ #	--	--	veti
规则2：咝音化 t→s / __ i	tilasi	--	vesi
	tilasi	äiti	vesi

其实，Baković 所举的阻滞现象的例子大都是音系学家早已熟知的，只是以前没有把它们视作音系晦暗现象。但是，正如 Baković 所说，它们确实符合"规则施用不足"型晦暗现象的定义，而且对它们的解释确实需要纯粹规则排序之外的机制：在以往的分析中，所谓"析取式阻滞"现象主要是通过"他处条件"（elsewhere condition）来解释的；所谓"非派生环境式阻滞"现象则主要是通过词汇音系学中的"严格循环条件"（strict cyclicity condition）等来解释的。因此，Baković 关于规则排序不足以解释音系晦暗现象的批评是有一定道理的。

对于 Baković 的批评，支持规则的音系学家也做了一些回应。Fruehwald & Gorman（2011）基于英语中的一些形态音系现象认为，在本质上并不存在"跨越派生的馈给"（cross-derivational feeding），它只是音系运作造成的一种副现象（epiphenomenon）。因此，作为其反面的"非派生环境式阻滞"也是一种副现象，在本质上也是不存在的。Vaux & Myler（2018）进一步认为，在基于规则的音系学对大多数音系晦暗现象的解释力远好于基于制约的音系学的前提下，试图通过个别例外来证明后者优于前者是没有意义的；同时，他们还指出，Baković（2007，2011）的分析思路在有些语言中会产生错误的预测。

2. 非自然音系过程与局部效应

除了音系晦暗现象之外，非自然音系过程和局部效应也是支持规则的音系学家用以证明规则优于制约的证据。在基于规则的音系学中，这些现象都可以用规则来描写，除了非自然音系过程需要使用的"古怪规则"（crazy rule）在动因上似乎不太好理解之外，这些规则与其他规则在施用上并没有本质的差异。但是，在基于制约的优选论中，这些现象可能就不太好描写了。原则上，我们也许可以为非自然音系过程设计一些制约，但这些制约显然是不自然的，因此会失去"优选论"所追求的制约的普遍性和解释力。Vaux & Samuels（2017）通过分析多种语言中的辅音增音（consonant epenthesis）现象，对这一点进行了详细说明。Vaux（2018）进一步提出："优选论"之所以难以处理非自然音系过程，根本原因是它虽然继承了"自然音系学"（Natural Phonology）中关于"对过程的抑制"的部分，却抛弃了其中关于形态音系的部分。这两部分中，虽然前者是自然的，后者却未必如此。

3. 其他

由以上讨论可见，支持规则的音系学家对于规则和制约、串行模式和并行模式的反思从未停止，近十年来又提出了一些支持基于规则的串行模式证据。不过，这并非是基于规则的音系学在理论上的唯一进展。一般认为，"词汇音系学"也属于这一类，而在"词汇音系学"基础上发展起来的"层次音系学"（Stratal Phonology）[1]也十分活跃。但是，"层次音系学"在一定程度上摒弃了串行模式和规则，转而与"优选论"相结合，成为一种以制约和并行模式为基础的新的词汇音系学理论，且主要涉及音系与形态等其他层面的交互关系。

4.1.2 优选论

与基于规则的音系学相对，"优选论"是一种典型的基于制约的音系学（Constraint-based Phonology）。属于此种音系学的流派为数不少，比如"管辖音系学"便是典型之一，因其理论原本就是受到了生成句法学中以管辖来制约生成能力的启发；同样，"依存音系学"也是基于制约的，Anderson（2014）就曾明确指出"管辖音系学"中没有音系规则。但是，无论是"管辖音系学"还是"依存音系学"，这些流派对于音系表征的关注都远远大于音系过程。比如 Scheer & Kula（2018：235）就指出："在管辖音系学中，对计算过程的典型表述方式是通过文字叙述……，优选论类型的制约则一定会将这些文字叙述用更加形式化的、细致的方式表达出来。"毫无疑问，"优选论"是各种基于制约的音系学中对于音系过程讨论最多的流派。

---

[1] 需要注意的是，这里所说的"层次音系学"与早期的基于层次语法（stratificational grammar）的"层次音系学"（Stratificational Phonology）是不一样的。

1. 并行与串行

20世纪90年代发展起来的经典优选论对于音系过程采取的是纯并行模式,但这一模式很快就受到了来自音系晦暗现象的挑战(McCarthy,1999)。由于并行模式要求音系规则在表层得到恰当的施用——既不能"施用不足",也不能"施用过度",因此要在纯并行模式下完全解决音系晦暗现象是比较困难的。为此,"优选论"学者提出过不少新的方案。有的方案将串行模式引入了"优选论",如McCarthy(1999)提出的"和应理论"(Sympathy Theory)和McCarthy(2007)提出的"优选论的候选项链理论"(OT with Candidate Chains,简称OT-CC)。前者主要通过设置一个和应选择器(sympathy selector)来体现串行模式的中间步骤;后者则认为生成器(Gen)并非是不受限的,并通过改变生成器生成的候选项来体现串行模式的中间步骤。然而,由于这样引入串行模式会造成一些新的问题,McCarthy又不断修正他的模型,并发展了"和谐串行理论"(Harmonic Serialism)(McCarthy & Pater,2016)。这个最新的理论实际上在很大程度上回到了Prince & Smolensky(1993/2004)最初的模型,因为它认为生成器生成的候选项在经评估器(Eval)评估之后,将再次成为新一轮评估中的输入项,直到生成的结果趋同为止。"优选论的候选项链理论"和"和谐串行理论"的做法,受到了Kaplan(2011)、Kazutaka(2012)等学者的批评,他们认为这些理论中的串行模式放弃了优选论并行处理模式原有的优势,削弱了理论的解释力。

除了"和谐串行理论"之外,van Oostendorp(2007)提出的"有色包含"(Coloured Containment)理论也体现了对Prince和Smolensky(1993/2004)最初模型的回归。"包含"(containment)是"优选论"早期使用的一种忠实性制约条件,指的是底层表达式中的所有音系成分都必须包含在候选项的输出形式中,这一概念后来被"对应"(correspondence)替代。"有色包含"理论对它进行了改造,并在Trommer & Zimmermann(2014)等的研究中得到了应用和发展,van Oostendorp(2017)的著作《音系理论中的忠实性》(*Faithfulness in Phonological Theory*)是对此最新总结。

同"和谐串行理论"不同,"有色包含"并没有引入串行模式,而是保持了并行模式。事实上,正如上文所述,并非所有学者都认为基于规则的音系学总是比优选论能够更好地分析音系晦暗现象,如Baković(2007,2011)就认为"优选论"可以更好地分析一些阻滞现象。当然,这方面目前还存在争议。

2. 对制约条件的渐变性违反

除了音系晦暗现象引起的关于并行和串行模式的思考与调整之外，近年来关于"优选论"的另一个研究重点是制约条件及其运作机制。在经典优选论中，候选项对制约条件的违反都是范畴性的（categorical），不是"违反"就是"不违反"，不存在违反得"多一点"或者"少一点"的情况[1]；同时，排序高的制约条件对于排序低的制约条件具有"严格统治"（strict domination）的关系，这意味着在 A≫B 的情况下，一个多次违反 B、但没有违反 A 的候选项一定优于没有违反 B、但违反了一次 A 的候选项。然而，后来出现的很多优选论方案都对这两点（或其中之一）做了变动。

首先，对制约条件的违反可能是渐变的（gradient），而非范畴性的。事实上，Prince & Smolensky（1993/2004）在讨论音节性和响音性问题时就提出过这种渐变的思想。比如，他们认为响音性越弱的音做首音越和谐，如果某个音可以做首音，那么响音性弱于它的音都可以做首音（Prince & Smolensky，1993，2004）。按照这个思路，Krämer（2018）指出：以"塞音＜擦音＜鼻音＜流音＜元音"这样 5 个响音性级别为序，一个首音越接近序列的左边，便越符合"以非响音做首音"这个"首音和谐"（Onset Harmony，简称 H-Ons）制约条件，越接近右边，则越违反这个条件，在这 5 个等级上，它的违反得分分别为 0、1、2、3、4。这样一来，对制约条件的违反便成了一种渐变的、可以用数字度量的现象。如表 4-3 所示，这与以"*首音"为制约条件得到的违反结果是完全不同的。

以同样的思路，可以对同界制约条件（alignment constraint）的违反现象展开研究（McCarthy，2003）。同界制约条件要求两个成分的某个边界相合，而对于不相合的情况，则可以用边界直接间隔的成分的数目来代表其违反同界制约条件的程度。比如，Align（σ, L, F, L, σ）这一制约条件要求每个音节的左边界与每个音步的左边界相合，对于边界不相合的情况，可用两个边界间所隔音节的数目来代表违反这一条件的程度。不过，使用这种分析方法时，会出现成分位于中间的候选项总是成为最优选项的现象。这是因为，这种候选项的总违反程度在数值度量上会达到最小。例如在表 4-4 中，由于 d 选项中的音步左边界位于中间，它离每个音节左边界的距离之和是最小的，因此它必然成为优选项，可是在实际语言中，边界相合往往出现在端点（最左端或最右端）

---

[1] 当然，违反的次数可以叠加，但每一次违反仍然是范畴性的。

而非中间，因此这种分析往往会得出错误的结果。

表 4-3　对制约条件的范畴性违反与渐变性违反（Krämer，2018：49）

	*首音	首音和谐
a. .æ.æ.æ.	1+1+1	4+4+4
b. .æ.æ.	1+1	4+4
c. .æ.	1	4
d. .læ.		3
e. .næ.		2
f. .hæ.		1
g. .ʔæ.		0

表 4-4　对同界制约条件的渐变违反造成的中点症（Hyde，2012：794）

[σσσσσσσ]	Align (σ, L, F, L, σ)
a. [(σσ)σσσσσ]	c ff fff ffff fff!ff ffffff
b. [σ(σσ)σσσσ]	p c ff fff ffff ff!fff
c. [σσ(σσ)σσσ]	pp p c ff fff ffff!
☞d. [σσσ(σσ)σσ]	ppp pp p c ff fff
e. [σσσσ(σσ)σ]	pppp ppp pp p c ff!
f. [σσσσσ(σσ)]	ppppp pppp ppp p!p p c

注：方括号代表韵律词边界，圆括号代表音步边界，p、c、f 分别代表音步前、中、后的音节左边界与音步左边界所隔的一个音节，按照从左到右的顺序分别列出，中间用空格隔开。

以上问题被称作"中点症"（midpoint pathology）。事实上，Eisner（1997）早就指出过这一问题，然而，直到 Hyde（2012），这个问题才得到较好的解决。Hyde（2012）根据自己提出的"关系特定同界"（Relation-Specific Alignment，简称 RSA）理论，提出对边界间隔的度量不应包括没有包含关系的（即不相关的）成分之间的边界距离，也就是说，只需要计算大成分内部的小成分与大成分之间的边界距离。比如在上面的例子中，只需要计算每个音步内部的音节与音步间的左边界距离，这样所有候选项的违反程度都是一样的，因为如表 4-5 所示它们都是音步中的第二个音节与音步的左边界隔了一个音节的距离。

第 4 章　21 世纪的音系学理论

表 4–5　"关系特定同界"理论对同界制约条件渐变违反情况的分析（Hyde，2012：820）

[σσσσσσσ][σσσσσσσ]	Align (F, L)
☞a. [(σσ)(σσ)(σσ)σ][(σσ)(σσ)(σσ)σ]	[cc cccc][cc cccc]
b. [(σσ)(σσ)σ(σσ)][(σσ)(σσ)(σσ)σ]	[cc ccccc!][cc cccc]

注：方括号代表韵律词边界，圆括号代表音步边界，c 代表音步中的音节左边界与音步左边界所隔的一个音节。

当然，这样分析之后，似乎所有的候选项都成了优选项，但这与我们的一般判断是相合的，因为这些候选项都只确立了一个音步，每个音步的音节数也是相同的，我们需要其他的制约条件来得出最终的优选项。

Hyde（2012）还使用"关系特定同界"理论对音步与韵律词之间的同界制约条件违反现象进行了分析。如表 4–6 所示，使用以往的渐变违反度量方法来分析这类现象，同样会得出错误的结论，因为在候选项 a 的每个韵律词中，第一、二、三音步的左边界与韵律词的左边界分别相隔 0、2、4 个音节，而在候选项 b 的第一个韵律词中，第三音步与第二个韵律词直接相连，它们的左边界只隔了 2 个音节，这样优选项 b 的总体违反程度就比 a 要小，成了优选项，可是根据一般的判断，它显然不如 a 和谐。

表 4–6　对音步与韵律词间同界制约条件渐变违反造成的中点症（Hyde，2012：821）

[σσσσσσσ][σσσσσσσ]	Align (F, L)
a. [(σσ)(σσ)(σσ)σ][(σσ)(σσ)(σσ)σ]	[cc ccc!c][cc cccc]
☞b. [(σσ)(σσ)σ(σσ)][(σσ)(σσ)(σσ)σ]	[cc ff][cc cccc]

注：方括号代表韵律词边界，圆括号代表音步边界，c、f 分别代表韵律词中、后的音步左边界与韵律词左边界所隔的一个音节。

现在转用"关系特定同界"理论（Hyde，2012）进行分析，将音步与韵律词边界距离的度量严格限定在同一个韵律词内部。如表 4–7 所示，此时选项 b 中第一个韵律词的第三个音节的左边界与韵律词的左边界隔了 5 个音节，整个选项的违反程度就比较高了，因此我们可以得出正确的优选项为 a。

表 4-7 "关系特定同界"理论对音步与韵律词间同界制约条件渐变
违反情况的分析（Hyde，2012：822）

[σσσσσσσ][σσσσσσσ]	ALIGN (F, L)
☞ a. [(σσ)(σσ)(σσ)σ][(σσ)(σσ)(σσ)σ]	[cc cccc][cc cccc]
b. [(σσ)(σσ)σ(σσ)][(σσ)(σσ)(σσ)σ]	[cc ccccc!][cc cccc]

注：方括号代表韵律词边界，圆括号代表音步边界，c 代表韵律词中的音步左边界
与韵律词左边界所隔的一个音节。

3. 对整体违反情况的重新计算

不仅对单个制约条件的违反程度可以重新计算，对于整个制约条件集合（Con）的违反程度也可以重新计算。关于这方面，在经典优选论之后出现了相当多的理论。比如，Boersma（1998）的"随机优选论"（Stochastic OT）使用统计方法，对制约条件排序进行概率计算，每人每次的排序都可以不同，而且制约条件的概率排序之间可以有交叠。Anttila（1997，2004，2007）的"部分有序语法理论"（Partially Ordered Grammars Theory）则认为，有些制约条件之间没有固定的排序，它们的每次排序都是随机确定的。Pater（2009，2016）、Potts et al.（2010）等在"和谐语法"（Harmonic Grammar，简称 HG）（Smolensky & Legendre，2006）基础上发展出的"和谐优选论"（Harmonic OT）——采用为每个制约条件设置不同的权重（weight，简称 w），并以每个候选项违反各制约条件的总得分来替代原来的严格统治，以筛选最优项的方法。Hayes & Wilson（2008）的"最大熵"（Maximum Entropy，简称 MaxEnt）模型与此类似，但其进一步将每个候选项违反制约条件的总得分转换为最大熵值，然后再使用机器学习方法来调整权重。在"和谐优选论"的基础上，Coetzee & Kawahara（2013）结合词汇频率，使用与"随机优选论"类似的方法，进一步提出了"噪声和谐语法"（Noisy Harmonic Grammar）。

以上各种新的理论都更好地照顾到了实际语言使用中的变异现象，但是"随机优选论"仍然是遵守制约条件间的严格统治关系的，"部分有序语法理论"在每一次具体实施时也是遵守严格统治的，而"和谐优选论""最大熵模型"和"噪声和谐语法"理论都已不再遵守严格统治。在近十年里，这种舍弃严格统治，转而以根据其他标准计算出的得分对各候选项进行排序的做法，在理论创新上表现出了较大的活力。

Pater（2016）认为，"和谐优选论"虽然比经典优选论的计算负担

第 4 章　21 世纪的音系学理论

要大，但它最大的优势在于，它可以产生一种"联合反超效应"（gang-up effect），即允许把排序较低的制约条件的多次违反联合起来，反超对排序较高的制约条件的违反，从而解释一些现象。比如在表 4-8 中，按照经典优选论，候选项 1 显然应成为优选项，但根据"和谐优选论"，由于三个制约条件的权重分别为 1、0.75、0.5，候选项 1 的"和谐值"（harmony value，简称 H），即其违反各条件的总分，在表中以 Σ 代表，为 –0.75 (+) –0.5=–1.25，而候选项 2 的"和谐值"只有 –1，因此候选项 2 应该成为优选项，即使它违反的制约条件等级更高。

表 4-8　"和谐优选论"对候选项违反情况的分析（Hammond，2018：601–602）

输入项	制约条件 1 w=1	制约条件 2 w=0.75	制约条件 3 w=0.5	Σ
a. 候选项 1		–0.75	–0.5	–1.25
☞b. 候选项 2	–1			–1

注：w 代表权重；Σ 代表各候选项的和谐值。

不过，有时候"联合反超效应"并不是我们想要的，尤其是当被多次违反的排序较低的制约条件都是同一条件时。比如，在表 4-9 的两个元音和谐的例子中，候选项 b 都应该是真正的优选项，但是，只有元音较少时，我们才能得出正确的结论，而元音较多时，由于真正的优选项多次违反元音忠实条件，导致其违反情况反超候选项 c，从而被淘汰。对于这一问题，除了不断调整各制约条件的权重之外，似乎还没有更好的解决方法。

表 4-9　"和谐优选论"对元音和谐的分析（Krämer，2018：55–56）

1. 元音较少时				
/Vp$^+$V$^-$V$^-$/	元音特征相同 w=10	主导元音忠实 w=3	元音忠实 w=1	Σ
a. Vp$^+$V$^-$V$^-$	–10			–10
☞b. Vp$^+$V$^+$V$^+$			–2	–2
c. Vp$^-$V$^-$V$^-$		–3	–1	–4
2. 元音较多时				
/Vp$^+$V$^-$V$^-$V$^-$V$^-$/	元音特征相同 w=10	主导元音忠实 w=3	元音忠实 w=1	Σ
a. Vp$^+$V$^-$V$^-$V$^-$V$^-$	–10			–10
b. Vp$^+$V$^+$V$^+$V$^+$V$^+$			–5	–5
☞c. Vp$^-$V$^-$V$^-$V$^-$V$^-$		–3	–1	–4

注：Vp 代表元音和谐中的主导元音；+ 代表具有某特征；– 代表不具有该特征；w 代表权重；Σ 代表各候选项的和谐值。

与"和谐优选论"相似，Coetzee & Kawahara（2013）的"噪声和谐语法"也采取了为各制约条件加权并计算"和谐值"的方法，但是它又模仿"随机优选论"的做法，根据每次的具体情况为各制约条件添加了"噪声值"（noise，简称 nz），并根据各个词项的使用频率，为各词项的忠实性制约条件添加了"比例因子"（scaling factor，简称 sf），使用频率越高，"比例因子"越低（负数）。

表 4–10 "噪声和谐语法"对不同频率的词项中辅音连缀的分析（2013：55）

/lʊst/	DEP w=5，nz=0.7，sf=−1	*COMPLEX w=1.5，nz=0.1	MAX w=1，nz=0.2，sf=−1	H
1. 词项实用频率较高时				
a. lʊst		−1.6		−1.6
☞ b. lʊs			−0.2	−0.2
c. lʊs.ti	−4.7			−4.7
/nʊst/	DEP w=5，nz=0.7，sf=1	*COMPLEX w=1.5，nz=0.1	MAX w=1，nz=0.2，sf=1	H
2. 词项使用频率较低时				
☞ a. nʊst		−1.6		−1.6
b. nʊs			−2.2	−2.2
c. nʊs.ti	−6.7			−6.7

注：w 代表权重；nz 代表噪声值；sf 代表比例因子；H 代表各候选项的和谐值。

比如在表 4–10 中，假设 /lʊst/ 是一个使用频率较高的词项，"比例因子"为 −1，/nʊst/ 是一个使用频率较高的词项，"比例因子"为 1，它们的忠实性制约条件 DEP 和 MAX 的总权重值自然就会有相应的差别，导致各候选项的总和谐值发生变化。这时，使用频率高的 /lʊst/ 的 MAX 总权重较低，使得没有辅音连缀的 [lʊs] 成为优选项；而使用频率低的 /nʊst/ 的 MAX 总权重较高，导致 [nʊs] 的总违反程度反超 [nʊst]，使得更为忠实的 [nʊsst] 成为优选项。

"比例因子"的计算方法比较复杂，Coetzee & Kawahara（2013）给出的公式如下，其中的 α、β、ρ 分别基于所有词项对数频率的中位数、本词项的对数频率和模型的全拟合度。不过，这种计算方法可能还有改进的空间。

$$f(x, a, \beta, \rho) = \rho \frac{x^{a-1}(1-x)^{\beta-1}}{\int_0^1 x^{a-1}(1-x)dx}$$

第 4 章 21 世纪的音系学理论

除了以上理论模型外，对于制约条件及其运作机制，还存在不少其他的主张或设计。比如，Orgun & Sprouse（2010）认为，有一些制约条件是不可违反的，它们称之为"硬制约"（hard constraints）。又如，在制约条件间"紧要关系"（stringency relation）的基础上，还可以对制约条件进行复制，即所谓的"制约条件克隆"（constraint cloning）。我们可以对制约条件进行加标（indexation）后克隆（Pater, 2009），使其排在更高的等级，并对其使用的语音或词汇环境也进行加标，加标的制约条件仅用于加标的语音或词汇。另外，还可以采取"局部制约条件并联"（Local Constraint Conjunction，简称 LCC）的模式，将多个制约条件并联使用（Prince & Smolensky, 1993/2004; Łubowicz, 2002）。不过，最近十年里，这些理论的代表研究相对较少，Pater（2016）还对"局部制约条件并联"模式提出了批评，认为它会过度生成，不如"和谐优选论"有效。

然而，"和谐优选论"也并非没有问题，Bane & Riggle（2012）、Magri（2013）等就对"和谐优选论"的过度生成等问题展开了讨论，认为它并不比经典优选论更具优势。事实上，很多新理论都可能有这方面的问题，还需要大量的实际语料来检验。

4.2　音系表征

对基本音系单位及其结构关系的讨论一直是推动音系表征理论发展的重要动力。众所周知，SPE 采取的基本音系单位是一套以发音生理为基础、可以有正负两种取值的区别性特征。由于这些偶值特征以平行的关系构成特征束，相互之间没有层级结构，因此它们一方面生成能力过强，容易产生一些不自然的音类；另一方面却不能很好地描写自然音类的一些常见变化（如部位同化往往需要多个特征组合表达）。为了解决这类问题，SPE 之后出现的"特征几何"（Feature Geometry）、"不充分赋值"（Underspecification）、"自主音段音系学"（Autosegmental Phonology）、"依存音系学"（Dependency Phonology）、"管辖音系学"（Government Phonology）、"粒子音系学"（Particle Phonology）等众多理论，都在音系表征方面做了重大调整。首先，这些理论都十分重视音系单位间的关系；无论主张怎样的基本单位，单位之间的结构关系都是必须考虑的问题，这一点也已成为当今音系学界的共识。其次，关于基本音系单位的具体形式，这些理论也表现出了一种与 SPE 明显不同的倾向，即以独值的（monovalent）单位取代原来的偶值单位。在"依存音系学""管辖音系学"等理论中，独值单位的主张得到了尤为深入的贯彻和发展，近十年来仍然不断表现出相当的创造力。

在特征几何中，已经出现了大量的独值特征。首先，位于中间节点的特征都是独值的；其次，位于终结点的特征，有一些（如 [圆唇性]、[低] 等）也曾被部分学者处理为独值特征（如 Goldsmith, 1985）。另外，对于那些偶值特征，根据对比的不充分赋值理论，只有具对比性的特征需要在底层赋值，不具对比性的特征只需在进入表层之前根据某些规则获得默认取值；而根据激进的不充分赋值理论，即使是具有对比性的特征，它的两个取值中，也只有带标记性的那个需要在底层赋值，不带标记性的那个只需在进入表层之前根据某些规则获得默认值。

事实上，只要把激进的不充分赋值理论向前再推一步，认为偶值当中那个不带标记性的值对于音系没有作用，即取消它们在音系中的地位，便可以得到一个完全独值的特征体系（van der Hulst & van de Weijer, 2018）。而早在特征几何和不充分赋值理论提出之前，"依存音系学"的奠基作《关于音系表征的三篇论文》（*Three Theses Concerning Phonological Representations*）（Anderson & Jones, 1974）便提出了这样一种完全独值的体系，只是其基本单位并非特征，而是一些以声学—感知特点为基础的组元（component）。这一思路后来也为"管辖音系学""粒子音系学"等理论所采纳。

4.2.1 依存音系学

1. 早期理论及其问题

在"依存音系学"中，作为基本音系单位的组元首先分属不同的范畴音姿（categorial gesture）、发音音姿（articulatory gesture）和声调音姿（tonological gesture）；在范畴音姿下还分发声次音姿（phonatory subgesture）和启动次音姿（initiatory subgesture）；在发音语姿下还分部位次音姿（locational subgesture）和口鼻次音姿（oro-nasal subgesture）。这些音姿和次音姿下的组元之间，可以通过不同的依存关系进行组合，比如发声次音姿包括 C（辅音性）和 V（元音性）两个组元，单个的 |V| 和 |C| 分别表示元音和清塞音，|C; V|（即 C 主管 V，V 依存于 C）表示浊塞音，|V; C|（即 V 主管 C，C 依存于 V）则表示鼻音。

"依存音系学"早期主要关注元音的表征，提出了 |a|、|i|、|u| 三个组元，后来经过 Lass & Anderson（1975）、Lass（1976）、Ewen（1986）、

Anderson & Ewen（1987）等学者的发展，逐渐形成了上述包括各种音姿和次音姿的、相对复杂的组元和依存关系体系。不过，这个体系仍然存在一些问题。首先，一些音段还得不到很好的表达。比如央元音（central vowels）（尤其是不同高度的央元音）应该由哪些组元通过怎样的依存关系构成还不太明确；又如后高元音 [u] 和 [ɯ] 虽然可以描写，但前者似乎总是比后者多一个圆唇性的组元，因而成分更复杂、更带标记性，而这显然与实际情况不合。其次，到底哪些组元之间可以建立依存关系、哪些组元可以组合之后再建立依存关系，没有明确的规定，这使得各种音段的表征带上了一种临时性。

为了解决以上问题，Anderson（2011）、van der Hulst（1995，1996，2000，2005，2015a，2015b，2020）等学者对"依存音系学"的表征体系做了进一步的改革，尤其是 van der Hulst，他提出的"激进的 cv 音系学"（Radical cv Phonology）在近年来不断发展，在音系基本单位和单位结构关系的设计上呈现出一种新面貌。

英国爱丁堡大学的 John Anderson 教授是依存音系学的奠基人，他在 2011 年出版的三卷本《语言的实质》（*The Substance of Language*）是一部集大成之作，涉及整个西方语言学史和语言学理论的方方面面。在关于音系和句法的第 3 卷，Anderson（2011）建议将 [ɯ] 表征为没有任何音系单位的空集，以解决它的表征方式与标记性（markedness）之间的矛盾。他认为，没有音系单位比有音系单位更具标记性，因为这意味着没有显著的感知特征可以捕捉，因此，没有音系单位的 [ɯ] 显然比包含至少一个音系单位的 [u] 更具标记性。不过，这个思路还是解决不了央元音的表征问题，因为"没有任何音系单位"作为一种特殊条件，是不能与其他音系单位组合的，否则这一条件就不复存在了（van der Hulst & van de Weijer，2018），而央元音具有不同的高度和圆唇特点，这意味着它们的表征中必须包含其他的音系单位。

2. 激进的 cv 音系学

Van der Hulst 的"激进的 cv 音系学"对于依存音系学的基本表征单位——van der Hulst 采用"管辖音系学"的术语，称之为"元素"（element）——做了大幅削减，最终只保留了 |C|、|V| 两个基本单位。当然，这意味着大量的区别功能必须同时转由 |C|、|V| 之间的结构关系来表征。在这方面，van der Hulst 发展了"依存音系学"中的三种结构关系：分组（grouping）关系、依存关系和组合关系。分组关系即上文所说的音姿、次音姿等类别间的关系，van der Hulst 重新界定了三个

类别——喉（laryngeal）、方式（manner）、部位（place），后两者又属于喉以上（supralaryngeal）这个大类。在每一类之下，van der Hulst并不是简单地列出其包括的元素（事实上，每一类都包括而且只包括|C|、|V|两个元素），而是首先规定了可以有主管位置（以垂直的线表示）和依存位置（以右斜线表示），即建立了依存关系。在依存关系之下，还有关于组合关系的规定：如图4-1所示，在所有的依存位置以及"喉"类别下的主管位置，元素之间都不可组合（以 ⊗ 表示），而在"方式"和"部位"类别下的主管位置，元素之间是可以组合的（以 × 表示）。

Van der Hulst 的"激进的cv音系学"体系将基本音系单位的数量和结构关系分别推向了简单和复杂的两个极端，并且第一次对单位间的组合和依存关系做出了明确规定。不仅如此，对于不同类别下主管和依存位置上的 |C| 和 |V|，van der Hulst 还赋予了它们不同的性质：在"喉"类别下，|V| 代表声带振动、展喉或低调，|C| 代表紧喉、喉塞或高调；在"方式"类别下，|V| 代表延续性或边音性，|C| 代表非延续性或鼻音性；在"部位"类别下，|V| 代表唇音性，|C| 代表腭音性。以上6种性质的 |V| 和 |C| 可分别用 |L|、|H|、|A|、|Ʌ|、|U|、|I| 来代表，这样"激进的cv音系学"的基本表征单位就同以往的"依存音系学"（以及"管辖音系学"）中的基本单位建立了联系，尤其是包含了经典的 |A|、|U|、|I| 成分。

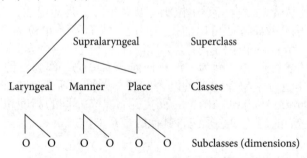

图4-1 "激进的cv音系学"的基本音系单位及其组织结构
（van der Hulst，2015b：154）

如图4-2所示，在对元音的表征中，"方式"和"部位"类别对应于元音的"开度"（aperture）和"色彩"（color）[1]，其下的 |V|、|C| 即

---

[1] 节点名称中的右斜线 "\" 代表前面是附加成分（adjunct），左斜线 "/" 代表后面是补足成分（complement）。

可分别以 |A|、|Ɐ| 和 |U|、|I| 来表示。

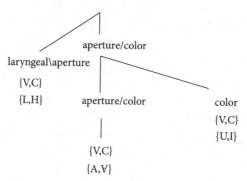

图 4-2 "激进的 cv 音系学"对元音音段的表征
(van der Hulst & van de Weijer, 2018: 344)

当然，以往的"依存音系学"中并没有 |Ɐ| 这个成分，但"激进的 cv 音系学"提出这一成分，正可以解决上文提到的央元音的表征问题。van der Hulst 以"开度"下的 |Ɐ|、|ƐA|、|AƐ|、|A|[1] 来表征元音从高到低的 4 个不同高度，这样非圆唇的央元音就可以直接用它们来表示，因为它们的"色彩"表征为空。其他元音则在此基础上再加上"色彩"表征，比如 [i] 的"开度"表征是 |Ɐ|（即 |C| 在主管位置），"色彩"表征是 |I|（即 |C| 在主管位置），[ø] 的"开度"表征是 |ƐA|（即 |C| 在主管位置、|V| 在依存位置），"色彩"表征是 |IU|（即 |C| 在主管位置、|V| 在依存位置）。

4.2.2 管辖音系学

1. 早期理论及其问题

"依存音系学"的独值思想在"管辖音系学"中得到了另一种发展。与依存音系学相似，20 世纪 80 年代发展起来的"管辖音系学"也采用独值单位作为基本音系单位，并称之为"元素"。不过，"管辖音系学"还保留了 SPE 中的特征，作为对元素的语音解释，并且规定，除"冷元音"(cold vowel) |v0| 之外的所有元素的解释性特征中，都有一条最为

---

[1] van der Hulst 采用"管辖音系学"的方式，以下划线表示中心成分。

活跃的"热特征"(hot feature)作为决定其属性的主要特征。

早期的"管辖音系学"受到粒子物理学中用"粲数"(charm)来描写粒子间的吸引和排斥关系的启发,建立了"粲数理论",以控制作为基本音系单位的元素之间的聚合和管辖关系,从而生成自然、正确的表征。Kaye et al.(1985)首先提出了正、负两种粲数[1],并讨论了它们在元音表征中的运用;Kaye et al.(1990)进一步提出了中性粲数,并将粲数理论拓展到辅音的表征中。Harris(1990)将"粲数理论"运用到对辅音弱化等现象的描写中,获得了较好的效果。但是,元素通过粲数建立起的结构关系,在预测力和标记性等方面有时会与实际情况不符,而如果要对任何元素、粲数进行修改,则往往会牵一发而动全身,造成其他问题。因此,"粲数理论"最终被摒弃,学者们开始从减少元素数量和重塑元素间结构关系两个角度重新构造理论。

2. 元素理论的发展

早期的"元素理论"包括10—11个元素,它们的主要特征都是从发音生理角度界定的,它们的粲数、聚合方式、在管辖关系中出现的位置也各不相同,而在新的"元素理论",即所谓"修正的元素理论"(Revised Element Theory)中,元素的数量一般控制在5—6个,其特征解释一般以声学—感知为基础,它们没有粲数,出现的位置没有原则性的差别。这方面,近十年里最有代表性的研究是Backley(2011)的《元素理论引论》(An Introduction to Element Theory),其中使用了6个元素:|I|、|U|、|A|、|H|、|L|、|ʔ|,它们都有明确的声学特征,可以出现在各种位置。此外还有元素数量更少的设计,如 Živanović & Pöchtrager(2010)、Pöchtrager & Kaye(2013)提出的"管辖音系学2.0版"(GP 2.0)将元素的数量进一步减少到了3个,即 |I|、|U|、|L|。

元素数量的减少,意味着组织结构必然要担负起更多的表征功能。在这方面,管辖音系学家对于主位性(headedness)和结构的复杂性做了一些探索。本来,对于"管辖音系学"而言,元素的主位性就是其题中应有之义,但是在以往的管辖理论中,某元素处于主位,只是意味着它的语音特征对于整体结构有更大的贡献,而且无论是否处于主位,该元素的语音特征都是一样的,而在"修正的元素理论"中,同一个元素处于主位和非主位时,其语音内涵是不相同的。因此,主位性不再是一

---

[1] 粲数的正负主要是从发音生理的角度确定的,取正值的三个元素 |A⁺|、|I⁺|、|N⁺| 分别对应口腔、咽腔、鼻腔的腔体打开度达到最大。

第 4 章　21 世纪的音系学理论

种外在于元素的纯结构特征，而是逐渐带上了一些与元素内在特征相关的、同时又可以灵活理解的语音特征。比如，Backley（2011）用主位的 |U| 和非主位的 |U| 分别代表唇音性和软腭性，用主位的 |I| 和非主位的 |I| 分别代表硬腭性和舌冠性，这样 U、I 两个元素本身就分别变成了连接唇音和软腭音以及硬腭音和舌冠音的两种更加一般化的特征[1]，而唇和软腭、硬腭和舌冠这些部位区别，就转由主位和非主位来表达了。那么，为什么唇和硬腭对应主位、软腭和舌冠对应非主位呢？或者说，主位和非主位，究竟分别具有什么样的特点，有没有更一般化的规律呢？Backley（2011）认为，主位和非主位表达的是相关语音在音系变化中表现出的"强弱"：所谓"强"，就是指容易出现在显赫位置（比如首音而非尾音位置）并且不易被改变（比如不易被同化），而"弱"则正好相反。他举了很多语言的例子，说明软腭音和舌冠音确实比唇音和硬腭音更"弱"。

不仅主位和非主位可以赋予同样的元素以不同的内涵，而且在不同音段、不同语言中，同一元素的内涵也可能有所差异。比如，按照 Cyran（2010, 2014）等学者的方案，|H|、|L| 两个元素在不同的音段位置可能代表声调高低、有无送气、有无鼻化等多种含义。表 4-11 是 Cyran（2010）对不同语言中 5 种初浊对立的管辖音系学表征，可以看到，|H| 在这里取的是送气的意义，|L| 取的是带声的意义，|LH| 取的是气嗓声的意义，而 |_|（即元素为空）有时代表清不送气，有时代表浊，具体含义与所处语言和对立关系有关。

表 4-11　Cyran（2010: 16）对不同语言中初浊对立的管辖音系学表征 [2]

语言	初浊对立	表征	举例
Malakmalak 语	--	|_|	p
西班牙语、波兰语	负，--	|L| |_|	b, p
英语	--，正	|_| |H|	b, p^h
泰语	负，--，正	|L| |_| |H|	b, p, p^h
印地语	负，--，正，负/正	|L| |_| |H| |LH|	b, p, p^h, $b^ɦ$

"管辖音系学"对基本音系单位的缩减和对单位间关系的发展同上

1　Backley（2011）认为，这些一般化的特征都可以得到声学上的解释，并且 U 的内涵与 Jakobson et al.（1952）最早提出的基于声学解释的 [函胡（grave）] 特征是一致的。

2　在原作中，元素两边加的不是竖线，而是圆括号。

文介绍的"依存音系学"在近年来的发展颇有异曲同工之处。Backley（2011）对 6 个元素的设计同 van der Hulst（2015a，2015b，2020）在不同类别的主管和依存位置下形成的 6 种不同性质的 |C| 或 |V| 相当匹配。当然，van der Hulst 的激进的 cv 音系学实际上只有 |C|、|V| 两个基本单位，而 Backley（2011）的修正的元素理论有 6 个单位，而且它们还可以处于主位或非主位，并出现在首音或韵核的位置上，因此 6 个单位理论上就可能有 24 种情况[1]。另外，管辖音系学还允许元素为空的情况，而空的主管成分在依存音系学中是不存在的，所以，如果加上这种情况，管辖音系学中音系单位的类型就比激进的 cv 音系学要丰富一些。不过，如上文所说，也有像"管辖音系学 2.0 版"这样的理论，将基本单位的数目缩减到了 3 个，而将大部分的表征任务都交给了结构来承担。

3. 严格 CV 理论

总体上，除了"管辖音系学 2.0 版"之外，"管辖音系学"在音段内结构的表征上不像"依存音系学"那样复杂。在 Backley（2011）的"修正的元素理论"中，主位和非主位已经在很大程度上失去了结构意义，成为一种与元素的内在特征相结合的音系特征。正因为如此，主位和非主位的界定并不是以同一结构中共存的两者的相对关系为基础的，一个表征中可以只有主位，也可以只有非主位，也就是说，原本来自结构的、相对的主位和非主位，已经获得了某种脱离结构的、绝对的内涵。因此，Scheer & Kula（2018）认为，按照 Backley（2011）的理论，同一个音系表征中完全可能出现两个主位。这样的情况在强调结构表征的依存音系学中是不存在的。

不过，"管辖音系学"对于音段之间的结构关系给予了更多的关注。它将音系成分间的关系称作侧边关系（lateral relation），其下包括管辖关系（government）和准许关系（licensing）。20 世纪 90 年代，管辖音系学家对这些关系进行了深入的研究，提出了严格管辖（proper government）等概念，并取消了传统的音节概念。21 世纪初，侧边关系的研究得到了进一步发展，Ségéral & Scheer（2001）、Scheer（2004）等学者在 Lowenstamm（1996）等研究的基础上提出了"严格 CV（Strict CV）理论"，或称"CVCV 理论"，认为 CV 是人类语言的普遍音节结构，辅音丛、重叠辅音、双元音、长元音等表层结构，在底层都是 CVCV 这样的轻音节组合。这一理论的最新发展称作"音系的侧边

---

1 实际上不会有这么多情况，因为主位对于元素的选择还有其他限制。

理论"(Lateral Theory of Phonology,简称 LTP),其核心模型称作"尾音镜像第 2 版"(Coda Mirror v2,简称 CM2)(Scheer & Ziková, 2010; Scheer, 2012)。

"严格 CV 理论"认为,侧边关系可以完全替代传统的树形图,体现各种 C、V 间的结构关系。而且,由于认为底层只存在 CV 的组合,它必然要假设底层的很多 V 是空的,因此它充分利用并发展了管辖音系学中原本就存在的不含元素的空韵核(empty nucleus)概念。在此基础上,它将研究重点放在了辅音的弱化(lenition)和强化(fortition)上。一般所说的尾音(coda),出现在词的边界(#)或另一个辅音(C)的前面,"严格 CV 理论"认为这个位置以及两个元音间的位置都是弱位置(weak position),而与尾音形成镜像对称的位置,即词的边界或另一个辅音后面的位置,则是强位置(strong position),出现在弱位置的辅音是弱辅音,出现在强位置的是强辅音。按照空韵核假设,尾音和它的镜像的区别在于:尾音出现在一个受管辖的空韵核的前面(即 __Ø),而尾音镜像出现在它的后面(即 Ø__)。它们的强弱正是由这种 CVCV 结构中的管辖和准许关系所决定的,这就是"尾音镜像"模型的基本主张。由于在该模型的第 1 版中,管辖和准许是相互独立的,容易造成过度生成的问题,因此,在"尾音镜像第 2 版"中,Scheer & Ziková(2010)指出:当两种关系都可以成立时,应优先建立管辖关系。这样,元音间的辅音不再像以前一样同时具有被管辖和被准许两种矛盾的性质,而是只能被管辖;同时,词尾空韵核(final empty nucleus,简称 FEN)的参数体系也得到了修正,并使开音节被重新定义为韵核能够被准许的音节。

"严格 CV 理论"产生后,得到了管辖音系学家的广泛讨论和应用,近十年来的主要成果包括 Faust(2014, 2015)对 Tigre 语中语音换位(metathesis)、双音化(gemination)等现象的分析、Fortuna(2015, 2016)对"双重准许理论"(即韵核同时准许前面的韵核和首音)的探讨以及对冰岛语中词汇后音节化等现象的分析。不过,基于"严格 CV 理论"的研究更多地集中于 21 世纪的前十年,近十年里的一些新理论(如上文介绍的"管辖音系学 2.0 版")在音系成分间的关系上还是采用了更接近传统的"管辖音系学"模式。

4.2.3 依存音系学与管辖音系学的异同

综上所述,"依存音系学"和"管辖音系学"是继 SPE 之后对于音系表征颇有建树的两个流派，近年来仍然十分活跃，发展出了"激进的 cv 音系学""修正的元素理论""管辖音系学 2.0 版""严格 CV 理论""尾音镜像第 2 版"等众多理论和模型。总体上，我们可以看到，这两大流派在音系表征上已经越来越接近，主要表现在：（1）在经历了增加基本音系单位、使音系表征更为全面的时期后，它们都进入了一个由繁返简的新阶段，对基本音系单位进行了大量删减，一般缩减到 6 个左右，最极端的缩减到 2—3 个；（2）除了都是独值之外，基本单位都以声学—感知为基础，并可用于元音、辅音甚至超音段的表征，似乎回到了 Jakobson et al.（1952）提出区别特征时的思路；（3）随着基本单位种类的减少，组织结构担负起了更多的表征功能，因此结构体系及其规则得到了明晰和发展。

当然，由于"依存音系学"和"管辖音系学"的哲学倾向不同，前者比较偏向经验主义，而后者有较强的先验论色彩，因此两者在音系表征上也有一些原则性的差异，比如"管辖音系学"中大量存在的空韵核在"依存音系学"中就是不允许的。另外，"管辖音系学"还更为关注音段间的关系，并发展出了"侧边关系理论"。在管辖音系学传统中发展起来的"严格 CV 理论""尾音镜像模型"等，就充分利用了空韵核和侧边关系这两大特色。

4.3　音系的本质与证据

SPE 是在形式语言学的大背景下产生的，其哲学基础是一种本质主义。但是，这种本质主义哲学在今天的音系学乃至整个语言学研究中，已经受到了极大的挑战。就整个语言学研究而言，随着各种认知理论、实验方法和跨学科研究的兴起，对于经验因素的重视早已成为不可忽视的潮流。就音系学而言，虽然不少主流的认知和功能语言学理论在音系方面还相当粗糙，最主流的音系学分析框架表面上仍然是从 SPE 继承而来的，但在这一表象之下，用暗流涌动来形容已经远远不够了。在"优选论"以制约条件取代音系规则，使音系过程的动机得以明确的同时，功能主义的音系解释就在其中埋下了伏笔。近年来，随着实验语音学、认知研究、手语研究、统计模型等理论和技术的飞速发展，音系学家对于音系的本质和证据提出了各种各样的理论，这些理论有的针锋相对，有的貌离神合，有的互为补充，虽然问题持续涌现，但这些理论已经大大丰富了人类对于音系的理解和认识。

4.3.1 本质主义与经验主义

从基本哲学观来看，近年来的音系学理论总体上分布在两个极端之间：有的理论比较偏向本质主义，有的则偏向经验主义，还有的比较居中。

偏向本质主义的极端理论以"无实体音系学"（Substance Free Phonology，简称 SFP）为代表。该理论认为存在着纯先验的音系模块，而且这个模块是音系学真正应该研究的内容，在它以外的其他内容都不是音系学的研究对象。与它比较接近的是"代数音系学"（Algebraic Phonology），但"代数音系学"并不认为先验模块是音系学唯一的内容，而主张与偏向经验主义的其他音系研究共存。在原则上认同本质主义的还有上文提到的"基于规则的音系学"和"管辖音系学"等，但是它们一般不在哲学层面作太多讨论，只是当涉及具体问题时会体现出它们的本质主义态度，比如上文讨论过的在管辖音系学传统中发展起来的"严格 CV 理论""尾音镜像模型"等设置了大量空韵核，就是其亲近本质主义而远离经验主义的体现。

偏向经验主义的极端理论以"浮现音系学"（Emergent Phonology）为代表。与"无实体音系学"针锋相对，该理论提出了"无普遍语法音系学"（phonology without universal grammar）（Archangeli & Pulleyblank，2015a），认为音系的绝大部分都是基于后天的经验和认知结果。不过，这种"无普遍语法音系学"其实并没有"无实体音系学"那么绝对，因为它仍然为音系保留了一个先验的部分，只是认为这一部分的占比非常低。与"浮现音系学"比较亲近的是"联结主义音系学"（Connectionist Phonology）、"范例理论"（Exemplar Theory）、"统计音系学"（Statistical Phonology）等。上文提到的"依存音系学"以及目前的"优选论"也是倾向于经验主义的。

"实验音系学"（Laboratory Phonology）、"发音音系学"（Articulatory Phonology）、"手语音系学"（Sign Language Phonology）因较关注物质性的层面，一般认为离"无实体音系学"要远一些，而更亲近经验主义。但是，"实验音系学"原本并没有理论倾向，它主要是希望通过强调实验手段的使用而增加音系学理论的可验证性，进而增强音系学和语音学的联系。"发音音系学"和"手语音系学"是从两种外在的物质表现来研究人类语言的音系规律的，对物质形式的关注当然是它们的题中应有之义，但是，这也并不意味着它们一定是反对本质主义的，因为从理论上来说，它们所发现的规则可能是先验的，也可能是基于经验的。事实上，支持本质主义的学者甚至希望"手语音系学"的研究可以帮助解释人类语言中跨模态的、或者说与模态无关的本质部分（Vaux & Myler，2018）。

4.3.2 偏向本质主义的音系学理论

1. 无实体音系学

"无实体音系学"的理论主张直接源自 Chomsky、Halle 等学者在 SPE 及其他早期著作中提出的本质主义思想，其代表人物是加拿大康考迪亚大学的 Charles Reiss、Alan Bale 等学者；美国纽约石溪大学的 Jeffrey Heinz 等学者也支持这一理论，但他们更常使用"计算音系学"（Computational Phonology）这一术语。Bale & Reiss（2018）的著作《音系学：形式主义引论》(*Phonology: A Formal Introduction*) 是该理论的集中体现；Jeffrey Heinz 等学者则于 2017 年在音系学的核心刊物《音系学》(*Phonology*) 第 2 期推出过"今日计算音系学"专辑（Heinz & Idsardi，2017）。根据这些学者的观点，音系学家应将各种与音系有关的表面现象同音系的本质严格区分开来。作为人类心智中的一套形式化的计算系统，音系可以通过不同的物质形式表达出来：它同语音系统相连，可形成音系—语音界面；同视觉和运动系统相连，可形成音系和手语表达的界面。由此可见，只有这套计算系统本身，才是音系的本质，是音系学真正的研究对象，而它的各种具体的物质实体的表达都不应成为音系学的研究对象，也不应左右我们对音系计算系统内在规律的探讨，这就是"无实体音系学"的基本主张。

基于以上基本主张，"无实体音系学"对音系学里一些似已广为接受的观点提出了不同意见。例如，它认为结构主义音系学所提出的"对立"（contrast）并不是音系的本质部分，即所谓"音乐本体论"（Phonological Ontology），而只是音系学家借以揭示音系的手段，即所谓"音系认识论"（phonological epistemology），这种研究手段固然重要，但不应成为研究对象的一部分（Reiss，2017）。又如，它认为音系学界向来重视的"语音配列"（phonotactics）也并非音系本质的反映，而是包含了大量的后天语言经验、形态音位变化以及书写等方面的因素，因此对语音配列的判断也并非范畴性的，而是具有渐变性（Frisch et al., 2000）。再如，它反对"标记性"（markedness）的说法，认为它完全是以物质实体为基础的，并针锋相对地提出了"无标记性"（markednesslessness），主张音系中只有"生成"和"不生成"的区别，所谓"标记性"只是音系学家基于后天经验的总结,同音系没有本质联系,因此优选论大量依赖这种后天经验而设置标记性制约条件,也是"对实体的滥用"(substance abusing)(Hale & Reiss, 2008; Odden, 2017; Reiss, 2018)。

"无实体音系学"推崇 Gallistel & King(2009)关于心智与认知的观点,认为心智的特点与它所表达的对象的特点是两回事,有其自身的规律。在将心智表达的对象排除出音系学的范围之后,"无实体音系学"致力于揭示音系的内在心智特点,即"音系的普遍语法"(phonological UG)。它仍然使用音系特征和音系规则,但反对某一特定的特征模型,尤其是"特征几何"那样大量依赖语音实体的模型,而代之以抽象的形式。例如,Reiss(2012)认为,只要4个偶值特征加上不充分赋值的音段,就可以有 2.4×1024 种语言,类似的思想也体现在 Bale et al.(2014,2016)的研究中。"计算语言学"领域的研究,如 Heinz(2010)、Heinz & Idsardi(2013)等也都有类似的追求普遍语法的特点。此外,Samuels(2011)等的研究与以上研究也颇有相同之处。

"无实体音系学"的思想看似比较极端,但是它抓住了一个关键问题,即经验知识的来源问题;它对音系学中各种功能倾向的批评,实际上同先验论对经验论的批评是如出一辙的。因此,其他音系学流派虽然未必赞同"无实体音系学"对"音系的普遍语法"的强调,但是对其指出的具体问题还是重视的。比如,"联结主义音系学"就承认,如果完全放弃"无实体音系学"所寻求的内在系统而仅仅依靠联结主义,那么某些规则是难以从有限的语料中得出的[1]。事实上,正如上文所言,即使是最偏向经验主义的"浮现音系学"也仍然为音系保留了一个先验的部分。从这一角度,我们也可以更好地理解其他流派一些学者的观点。比如,优选论学者 Krämer(2012)主张以对立为基础设立一套抽象的区别性特征,再将其投射到语音模块,并运用到制约条件中。虽然这一主张采用了"无实体音系学"所抛弃的"对立"和"制约性条件",但在"音系先于语音"这一点上,两者是一致的。

2. 代数音系学

"代数音系学"的代表人物是美国东北大学的 Iris Berent 等学者,Berent(2013a)的《音系的心智》(*The Phonological Mind*)是该流派近年来的代表作。"代数音系学"的思想源自 Pinker & Prince

---

[1] 见下文关于"代数音系学"和"联结主义音系学"的讨论。

（1988）在对过去时形态分析中提出的代数化操作以及对"联结主义音系学""范例理论"等理论和模型的批评。它认为，对"相同性"（identity）的识别是人类音系能力中一种最基本的能力，在各种音系问题中都有普遍的体现，可是在纯经验主义模型中，由于缺少对这个能力的体现，得出的规则很可能无法进行"全盘概括"（across-the-board generalization）。比如，从"[+ 唇音][+ 唇音] → [+ 唇音][- 唇音]"特征的事实，纯经验主义模型只能得出"两个唇音不能相连"的规则，却得不出"AA 必须变为 AB"的异化规则，从而实现"[+ 舌冠音][+ 舌冠音] → [+ 舌冠音][- 舌冠音]"，但实际情况是，人类可以从唇音的这种异化规则推出舌冠音的异化规则。因此，在人类的音系能力中，必须有一种对"相同性"进行识别、编码和概括的能力。

"代数音系学"主张对音系成分的结构进行抽象的"代数化"编码，或者说"符号化"编码，从而制定抽象的音系规则，使模型具有超出训练集之外的"全盘概括"能力（Berent, 2013a, 2013b）。由此可见，"代数音系学"与"无实体音系学"的基本主张是比较接近的；在很多方面甚至可以说"代数音系学"是"无实体音系学"的一种具体化。不过，由于它最初是从经验主义模型的问题中成长起来的，它对于经验主义模型并不排斥，而是认为它们同自己是互补的，音系学必须采取"两条路径"（double-route）的研究模式。对于音系中各种非范畴化的、渐变的现象以及明显由语音驱动的表现，"代数音系学"认为必须把它们交给经验主义模型来处理，它甚至反对 Smolensky et al.（2014）将语音与音系相融合的做法。因此，"代数音系学"其实抱有一种类似哲学中"二元论"的思想。当然，从"非实体音系学"的角度来看，它所认可的由经验主义模型来处理的部分，并不是音系的本质部分。

3. 其他

如上文所述，"基于规则的音系学"和"管辖音系学"等流派总体上也像"无实体音系学"和"代数音系学"一样看重音系的内在能力和先验本质。正是基于这样的认识，"管辖音系学"十分倚重空韵核，近年来发展的"严格 CV 理论"更是如此。就"基于规则的音系学"而言，这一认识则体现在它对音系学的基本任务以及对"共谋"（conspiracy）等现象的解释中。比如 Vaux & Myler（2018）认为，虽然我们可以在人类语言的音系中观察到许多具有倾向性的、甚至非常规律的偏好，但它们未必要通过作为普遍语法的音系规则来解释，而更可能是由发音、感知或其他外部的认知因素所决定的；优选论所看重的"共谋"现象,总体上也大都是这些外部因素在历时演化过程中沉淀而成,因此这种类型规律并不需要通过音系来解释,也就无须像优选论那样为之设置专门的制约条件了。

4.3.3　偏向经验主义的音系学理论

1. 浮现音系学

　　在偏向经验主义的音系学流派中,"浮现音系学"是比较典型的,其代表人物是加拿大英属哥伦比亚大学的 Douglas Pulleyblank、美国亚利桑那大学的 Diana Archangeli、美国北卡罗来纳大学的 Jeff Mielke 等学者。从语言学整体理论的角度来看,"浮现音系学"是"浮现语法"(Emergent Grammar)的一个分支;正如 MacWhinney & O'Grady (2015) 所表明的那样,音系,语言的其他结构以及语言的习得、演变等,都可以从"浮现语法"的角度进行阐释。从音系学的角度来看,"浮现音系学"直接源自著名的功能派语言学家、美国新墨西哥大学学者 Joan Bybee(2001,2010)的"基于使用的音系学"(Usage-based Phonology)。"浮现音系学"认为,音系的绝大部分内容来自人类的一般认知策略,它至少体现在以下 5 个方面:记忆、相似性、频率、符号系统、熵(Archangeli & Pulleyblank, 2018),音系就是在它们的共同作用下从后天经验中形成的,这一过程并不需要预设其他先验的、内在的机制。

　　根据"浮现音系学"的观点,人类的认知系统会根据它从经验得到的输入项在频率、相似性等各方面的性质,不断地总结和调整音系法则,而语言习得的过程就是语言的法则不断丰富、可预测性不断增强从而使熵不断降低的过程(Mielke, 2008, 2010, 2016;Archangeli et al., 2011)。比如,音系特征就是根据输入项在行为表现方面的相似性而得出的,因此它不需要由经典生成音系学中所使用的那些发音或者声学方面的"本质属性"来界定(Mielke, 2008);又如,即使在不需要音系法则的地方,认知系统也会自动得出规律并加以实施(Archangeli et al., 2011)。因此,音系法则是从认知系统的经验中浮现的,它不需要预设的先验机制,这样不但免去了从经验数据中确认先验范畴的麻烦,而且可以解释实际语言中大量的例外、非范畴性渐变等现象。基于这些观点,"浮现音系学"比较倾向于使用优选论的分析框架,并进一步认为,这一框架中的输入项不是唯一的,"生成器"的作用也不是在唯一的输入项基础上生成无数的候选项，而是生成可能的表层形式，在对它们的评估中，不需要再用到各种忠实性制约条件，只需要标记性制约条件。

2. 联结主义音系学

与"浮现音系学"相比，"联结主义音系学"更重视音系过程中的细节，更关注的是音系的具体"浮现"过程。为了呈现这一过程，它采用的是联结主义的模拟神经网络模型。如图4-3中的左图所示，该网络从输入到输出分为多个层面，每个层面的各个单元都接受着来自上一层面中多个层面的信息，并将此信息在单元内部进行局部计算后，将计算结果传递到下一层面中的多个单元。具体计算过程如图4-3中的右图所示：上一层中每个作为信息来源的单元除了有其自身的激活值之外，还有一个该值在当前计算单元中的权重，如单元i、j、k的数值分别为a_i、a_j、a_k，权重分别为w_{im}、w_{jm}、w_{km}，这意味着在单元m中，它们将首先产生一个联合的结果$a_iw_{im}+a_jw_{jm}+a_kw_{km}$；之后，这个结果还要经过单元m中所设函数的处理，最后得到结果a_m，也就是单元m的激活值；然后，这个激活值再传递给下一层面中与单元m相连的单元。

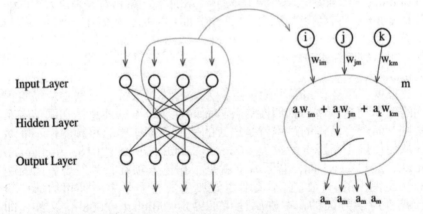

图4-3　多层网络中的信息处理（Alderete et al., 2013: 57）

"联结主义音系学"的网络模型是高度数字化的，因此需要对语音单位进行数字化表达，这种表达可以是局部的，也可以是散布的，但散布表达更为常见。由于采用了数字化模式，并对信息进行并行处理，因此"联结主义音系学"的模型对错误容忍度高，且非常适合处理具有渐变性的现象，还可以同"优选论"——包括上文提到的近年来发展出的"和谐优选论"等模型——很好地结合，并可用来模拟和解释语言习得中的一些现象。近年来，这方面的代表研究包括 Tupper & Fry（2012）对响音性和柏柏尔语音节性的研究、Alderete et al.（2013）对阿拉伯语辅音部位"强制非同值原则"（Obligatory Contour Principle，简称OCP）的研究等。其中 Alderete et al.（2013）的研究将阿拉伯语语料输入网络模型并对其加以训练，使模型能够成功得出对辅音发音部位的制约条件，证明制约条件可以通过经验数据习得，而无须先行设定。美国语言学会会刊《语言》（*Language*）在 2019 年 3 月的"视点"专栏中推出了一个"联结主义与音系学"专栏，支持"联结主义音系学"的 Pater（2019）和 Linzen（2019）等均对该话题做出阐释，讨论联结主义和神经网络模型在音系研究中的利与弊，可见"联结主义音系学"目前已受到越来越多的关注。

3. 范例理论

与"联结主义音系学"的网络计算模型不同，"范例理论"采取了另一种心理模型，将范畴表征为记忆中的个体及其关联。按照这一模型，一个音系范畴是由其高频的、近期的范例所表征的，与这些范例相似的新刺激将被归为这一范畴。这一模型通常是与"原型理论"（Prototype Theory）相对而言的，后者认为范畴是由典型的抽象形式，而非具体的个体表征的，但是在音系学的"范例理论"中，由于研究对象常常不是具体的发音、声学或感知形式，而是更为抽象的词型或语音模型，比如某些音的搭配、某些声调的组合等，因此"范例理论"同"原型理论"的区分不是很严格。换言之，音系学"范例理论"中的"范例"，从严格的心理学角度来说，实际上很多是"原型"，但是它们也有频率、典型性等方面的效应，对于研究影响不大。因此，Pierrehumbert（2016）提出了一种"混合的范例模型"，将音系表征视作具体的范例表征和抽象的符号表征的组合，后者是以往的生成音系学中常用的，而前者是根据"范例理论"增加的。

"范例理论"在上文所述 Bybee（2001，2010）的"基于使用的音系学"中已经得到了广泛的运用，其中讨论最多的就是词频对语音形式的影响。在最新的研究中，Daland et al.（2011）发现，在对于首辅音丛可接受程度的判断中，真假辅音丛的判断结果都可以用范例理论来解释，但是真实辅音丛的判断结果用概率模型解释得更好，而假辅音丛的判断结果用包含音系特征的学习模型解释得更好，这说明不同层面的范例对于音系知识都是有作用的。Drager（2011）发现，对于正在演变中的元音的感知，会受到发音人年龄信息的影响：听话人在知道和不知道发音人的年龄时，感知结果是不一样的；Sanchez et al.（2015）发现，对于有足够澳大利亚英语经验的新西兰英语母语者而言，典型的与澳大利亚相关的词汇具有一种启动效应，会使他们在发音时带上澳大利亚英语的色彩；Kim（2016）发现，代表老年和青年刻板印象的词汇如果使用对应年龄的语音形式，可以被更好地识别。这几项研究都表明，范例的具体信息对于范畴的表征是起作用的。另外，还有学者将"范例理论"与其他理论相结合，如 van de Weijer（2012）就将"范例理论"与"优选论"结合，提出了一种没有单独的输入层，同时候选项不再是无限的、无序的清单项目，而是有限的、"范例云"（exemplar cloud）中的个体成分的新的优选论。

4. 统计音系学

无论是在偏向本质主义还是偏向经验主义的音系学流派中，各种理论相互结合都是很常见的，因为它们之间往往不是相互排斥的关系，这一点在偏向经验主义的音系学中尤其明显。由上文可见，"浮现音系学""联结主义音系学""范例理论"在基本的音系观上是相近的，在文献研究中也有重叠，而且它们都与优选论有所结合，只是各有侧重。在它们的具体模型中，可能会发展出各种基于统计学的计算方法，因此又产生了"统计音系学"。"统计音系学"的基本思想可以追溯到Labov（1969）在调查语言社会变异时提出的计算模型，近年来发展起来的"随机优选论""和谐优选论""噪声和谐语法""最大熵"模型等，都属于"统计音系学"的范畴，由于上文已对它们作过介绍，此处不再赘述。

5. 经验主义音系学对普遍语法的态度

总体而言，偏向经验主义的音系学流派是近年来音系学发展的热点，这在很大程度上得益于相关技术的成熟和计算方法的进步，同时也符合语言学主流一贯以来在先验和经验之间不断转换的历史。但是，偏向经验主义的音系学一般总是会为普遍语法保留一个先验部分，尽管这一部分的占比可能很低。例如，"浮现音系学"虽然自称"无普遍语法音系学"（Archangeli & Pulleyblank, 2015a），但它其实还是承认有一部分音系机制必须依靠内在的"人类语言机能"（Human Language Faculty，简称HLF）来解释的，这意味着它并不是真正彻底的"无普遍语法音系学"，只是它认为普遍语法的比重很低；"联结主义音系学"等也持有类似态度。然而，这一态度恰恰是偏向本质主义的音系学留下了批评空间。如前所述，"无实体音系学""代数音系学"等流派认为，音系中普遍语法的比例再低，也是音系的本质部分，因为没有这一部分，就不能完成"相似性"识别等基本任务，也不能实现音系规则的"全盘概括"（Berent, 2013a）。这类批评引起了偏向经验主义的音系学家（如 Tupper & Shahriari, 2016）的重视，一些学者（如 Gallagher, 2013）曾尝试在现有框架（如"最大熵模型"）内解决音系内在机制的问题，但是这种先验的内在机制究竟应当怎样同经验主义的模型相结合，仍然需要进一步的探讨。在一定意义上可以说，哲学史上波西米亚的伊丽莎白公主对笛卡尔二元论的著名质疑，即"身"和"心"究竟是如何交流的，是这种结合必然要面对的挑战。

4.3.4 其他音系学理论

1. 实验音系学

"实验音系学"这一名称是美国学者 Janet Pierrehumbert 在筹备 1987 年第一届"实验音系学会议"（LabPhon Conference）时提出的，在这之前 Ohala & Jaeger（1986）就曾使用另一个英文不同、但汉译同为"实验音系学"（Experimental Phonology）的术语，今天一般将这两个术语视作同义词。"实验音系学"的产生，同 20 世纪下半叶语音学和音系学的各自发展有密切关联：一方面，随着语音实验技术的快速进步，语音学对语音观察的精密性比以往有了大幅提高；另一方面，在生成语言学思想的主导下，音系学的理论框架发生了翻天覆地的变化。但是，在一段时间内，语音学和音系学的关系却愈发疏远。不少学者认为，应该尽量将语音学的实验技术运用到对音系学理论的验证中，以增强音系学的科学实证性，"实验音系学"由此应运而生。三十多年来，"实验音系学"取得了丰硕的成果：截至 2020 年，"实验音系学会议"已举办了 17 届，前 10 届的会议论文收录在《实验语音学论文集》（*Papers in Laboratory Phonology*）第 1—10 期中；之后实验音系学学会开始正式出版会刊《实验语音学》（*Laboratory Phonology*，2010 年至今），发表了大量"实验音系学会议"以及其他来源的论文；Cohn et al.（2012）编辑出版的《牛津实验音系学手册》（*The Oxford Handbook of Laboratory Phonology*）是近年来出版的一部重要的实验音系学综合参考书。

"实验音系学"的发展可以分为两个阶段：第一阶段从 20 世纪 80 年代到 90 年代中期；第二阶段从 90 年代中期至今。在第一阶段，学者们认识到，当时的音系学虽然理论发展很快，但长于思辨而弱于实验，在语音技术日新月异的情况下，它对语音现象的认识已显得落后，而如果没有正确、精准的语音事实做基础，音系分析显然不能得到正确的结果，说话人默会的音系知识也得不到实际证据的支持，因此，这一时期"实验音系学"的研究重心是语音学与音系学整合。对于音系理论本身，"实验音系学"并没有明显的倾向。无论是基于规则的音系学还是优选论或其他理论，使用实验方法对其假设进行验证是最重要的。到了第二阶段，随着跨学科研究的发展以及对语言复杂性认识的深入，"实验音系学"的研究重心转向了人类交际中的认知和生物系统。这是一个更为广阔的领域，它致力于通过各种实证材料来揭示人类言语交际中的规律，在语言的形式和意义上都更具包容性。近年来，"实验音系学"关注的"语音形式"实际上包括了语音、面部表情、体态等多种模态，它所关注的意义也早已脱离一般的词汇意义，而深入到了各种社会和语用意义。在这一转变过程中，"实验音系学"的语言观也从早期没有明显的理论倾向，转为越来越倾向于经验主义而反对纯先验的语言观。

"实验音系学"对语言形式丰富性的关注由来已久。John Ohala、Janet Pierrehumbert 等早期学者对各种发音、感知细节和韵律现象的研究，就大大丰富了音系学的材料和视野。对于韵律现象，"实验音系学"尤为关注，《语言》刊物在 2014 年推出的"发音与韵律结构的动态机制"（Dynamics of Articulation and Prosodic Structure）专辑，就是近年来"实验音系学"相关研究成果的一次集中展现。除了韵律之外，"实验音系学"近年来的另一个研究重点是语言的多模态形式。例如，Jiang et al.（2007）已经注意到，面部运动的三维数据与 CV 音节中辅音的判断有相关性；Borràs-Comes et al.（2014）则进一步发现，加泰罗尼亚语和荷兰语母语者可以在一定程度上仅通过说话者的面部表情来判断一个句子是疑问句还是陈述句。

在研究所涉及的语言意义方面，"实验音系学"也做了许多拓展。传统的音系学比较侧重抽象语言体系中的音系表达而不注重实际的变异，因此词汇、形态和句法意义是其主要涉及的意义类型；"实验音系学"则非常关注各种变异、渐变和例外现象，致力于呈现更加真实的音系规律，因此往往会涉及各种社会意义和交际意义。这方面的研究非常多，并与近年来发展起来的"社会语音学"（sociophonetics）多有交叠，Cohn et al.（2012）的第二部分是对这方面内容的全面总结。

除了形式和意义之外，"实验音系学"对音系学的一个主要贡献就是方法的拓展。对比 Solé et al.（2007）与 Cohn et al.（2012），可以看到该领域在实验方法上一直在不断创新。近年来，"实验音系学"尤其注重跨学科和大数据方法。在跨学科方面，它广泛采纳心理学和认知科学中的各种模型和方法，以更好地揭示音系知识的本质和细节。在大数据方法方面，它非常重视大型语料库和各种统计方法的使用，一些新近研究（如 Feldman et al., 2013; Ernestus, 2014 等）更是体现出对大型自然语料库、贝叶斯方法等的青睐，这在一定程度上可能代表了未来的发展方向。

2. 发音音系学

在"实验音系学"的发展过程中，"发音音系学"起过重要作用，因为发音生理实验数据是"实验音系学"的一种重要证据来源。"发音音系学"是在著名的哈斯金斯实验室（Haskins Laboratory）发展起来的一种独特的音系学理论，它的基本表征单位不是音位或特征，而是"音姿"，各种音姿根据它们之间的相对时间关系组成"联合结构"（coordination structure），传统上所说的音段只是这种联合结构的副现象。作为一种音系学理论，"发音音系学"将"音姿"理解为一种发音目标，而非实际的发音动作，其达成情况可能因语速等各种实际因素而发生变化；音姿之间的时间关系主要由"音姿值"（gestural score）决定，在音系层面这个值也是一个抽象的相对时间，其实现过程可通过"任务动态"（Task Dynamics）模型来呈现，具体则可使用"任务动态应用"（Task Dynamic Application，简称 TaDA）软件来模拟（Nam et al., 2004）。

"发音音系学"理论的关键在于音姿之间的时间关系远非单纯的线性关系，而是存在各种各样的交叠，而且音姿之间可能有不同的联合关系以及强弱关系，由此导致不同的协同发音结果（Iskarous, 2012）。为了描写音姿间的交叠，早期的"发音音系学"主要使用音姿内部的不同时间点设立"地标"（landmark），然后将相关音姿中的不同"地标"设为同界的方法。在后来的发展中，这一方法被放弃，取而代之的是"耦合振荡器模型"（Coupled Oscillator Model）（Nam et al., 2009）。该模型认为，每个音姿都可以看作一个振荡器，两个振荡器在达到平衡关系时，只可能有两种情况：相差 0° 的同相耦合（in-phase coupling）和相差 180° 的反相耦合（anti-phase coupling）。在一个 CVC 音节中，首音 C 与 V 的关系即为同相耦合关系，而尾音 C 则与 V 形成反相耦合关系。因此，英语 [mæd] 的耦合关系可用图 4-4（a）来表示，其中实线代表同相耦合，虚线代表反相耦合。根据这一耦合关系，我们可得出 [mæd] 的音姿值，并用图 4-4（b）来表示。

图 4-4　英语 [mæd] 的耦合关系和音姿值（Hall，2018：541-542）

"发音音系学"认为，首音和尾音同 V 的不同耦合关系，正是音节首尾不对称的重要原因。从这个角度可以很好地解释首音比尾音更无标记性这一普遍的类型学规律，因为在两种耦合关系中，同相耦合比反相耦合更加稳定。同时，首音同相耦合和尾音反相耦合的时间关系，在英语以外的一些语言，如罗马尼亚语（Marin，2013）中也得到了证实。

由于尾音同 V 具有反相耦合关系，因此当存在多个尾音时，它们在时间中不需要同时发生；但是，对于同 V 具有同相耦合关系的首音而言，多个首音并存（即首辅音丛）的情况就可能造成一定的问题，因为从理论上来说，它们似乎都需要和 V 同步。为了解决这个问题，"发音音系学"很早就提出了"c- 中心效应"（c-centre effect）的概念，即在首辅音丛中，多个辅音的总的时间中心与音节其余部分的距离是大致相等的，而且这个时间中心同单辅音作首音时的时间中心也是一致的。图 4-5 是对多种单、复辅音作首音时其首音的平均中心与尾音距离的度量显示，可以看到各种情况下的距离是大致相等的。

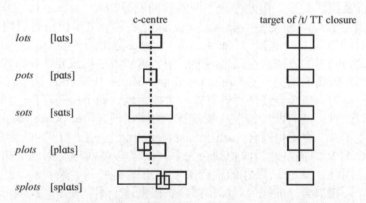

图 4-5　多种单、复辅音做首音时其首音的平均中心与尾音的距离
（Hall，2018：544，根据 Browman & Goldstein，1988）

近年来，"c-中心效应"在意大利语（Hermes et al., 2013）等语言的研究中再次得到了证实。不过，也有一些语言似乎不符合"c-中心效应"的预测，如斯洛伐克语（Pouplier & Beňuš, 2011）。还有一些语言只在某些情况下符合"c-中心效应"，如 Marin（2013）发现罗马尼亚语中以咝音开头的首辅音丛符合这一效应，但"塞音+咝音"类的首辅音丛不符合，Pastätter & Pouplier（2014）在波兰语中也有类似的发现。这说明"c-中心效应"可能存在跨语言、跨音类差异，甚至发音人个体之间也可能存在差异。

虽然"c-中心效应"的普遍性还需要进一步研究，但已有学者顺着这一思路进一步提出：真正的"复辅音首音"必须符合"c-中心效应"。利用这一假设，Shaw et al.（2009）利用电磁发音仪研究了阿拉伯语摩洛哥方言中元音前的 /kr/ 组合，并将其同"任务动态应用"软件的模拟结果进行了比较，发现从时间结构来看，这个组合并不是一个真正的复辅音首音，其中的 /k/ 更像是一个单独的音节核。另一方面，"c-中心效应"还被运用到对韵律的研究中。Gao（2009）在对汉语普通话声调的研究中提出，声调也是一种"音姿"，与首辅音和元音分别为反相耦合和同相耦合的关系，因此三者之间也会出现"c-中心效应"。Niemann et al.（2011）、Mücke et al.（2012）等采取类似思路，对意大利语、德语、加泰罗尼亚语等语言中语调的重音音高进行了研究，但没有发现"c-中心效应"，Mücke et al.（2012）因此认为，音高的"c-中心效应"可能只出现在声调语言中。

音节结构是近年来语音学和音系学的一个研究重点，"发音音系学"对于我们理解音节结构提供了许多有益的启发。当然，对于其他问题，比如一些听感上存在或不存在的音（如某些情况下插入的央元音 [ə] 和某些情况下删除的辅音）是否具有音系价值，"发音音系学"也常常通过发音生理证据提出独到的见解。但是，"发音音系学"也有一些明显的不足：首先，它的证据需要通过电磁发音仪（Electromagnetic Articulography，简称 EMA 或 Electromagnetic Midsagittal Articulography，简称 EMMA）、超声、核磁共振等设备获得，比较复杂，而且被试数目不能太大，因此研究的外部效度可能会受到影响；其次，它不是一种全局式的音系理论，对于语音感知等其他的重要证据，它涉及较少，因此提供的解释可能不是唯一的或最重要的。

3. 手语音系学

在"实验音系学"的发展中我们已经看到，音系的实现形式已经拓展到了多模态空间，不仅包括语音，还包括面部表情、手势等。从这个角度看，手语当然也是不容忽视的。事实上，随着手语研究的发展，"手语音系学"已成为音系学中一个重要的子领域，这个领域近年来也取得了不少新的理论研究成果。

手语最初引起语言学界关注，很大程度上得益于 Stokoe（1960）的开创性工作。受当时音位学思想的影响，Stokoe（1960）对手语音系的分析比较重视形式对立。20 世纪 80 年代末，Liddell & Johnson（1989）提出了"持动理论"（Hold-Movement Model；或称"动持理论"，Movement-Hold Model），模仿 SPE 的生成音系学框架，将手语表达视作"持"（hold）音段和"动"（movement）音段的线性组合，"持"音段类似于辅音，"动"音段类似于元音。这种将动态性、显赫性同语音中的元音性、响音性类比的思想，今天仍然为多数手语学者所认可。之后，在后 SPE 音系学的影响下，又出现了多种非线性手语音系模型，如 Brentari（1998）的"韵律模型"（Prosodic Model）、van der Kooij（2002）的"依存模型"（Dependency Model）等，Eccarius（2008）还模仿"优选论"的思想，提出了基于制约的手语手型对比理论。

虽然学者们已经为手语音系建立了不少模型，但我们可以看到，这些模型基本上都是从基于语音表征的音系学框架类比而来，比如将手所对的身体部位比作发音部位，将手与该部位间的相对关系比作发声态，将手型中的动态特征比作韵律特征，将非手部特征（如眉毛的运动）比作语调，等等。手语音系显然应充分考虑手语自身的特点，因此，近年来手语学者对于手语音系的模型的内容和组织结构又作了不少讨论，如 Channon et al.（2011a）的论文集便是对手语单位的探讨，Channon et al.（2011b）提出，动态特征应分解为更加基本的特征。Meier（2012）则抓住手语的模态特征，指出手语的"发音器官"有其自身的特点，比如左右对称、除了手之外还包括头、面以及身体等，因此手语的音系单位，比如音节，肯定同有声语言中的有所不同。

除了手语的音系模型外，近年来学者们还对以下两个问题较为关注：手语与手势的关系；多语种手语语料的整理以及大型手语语料库的建立与研究。

手语与一般手势的区别和联系一直是一个争议较多的话题。尤其是手语中由大量"类标记"（classifier）所构成的"非核心词汇"（non-core lexicon）部分，由于具有较大的相似性，且往往没有彻底词汇化，有的学者们认为它们与手势无异，有的则认为它们有抽象的音位系统。如图 4-6 中表示实体状况的（b）、图 4-7 中表示处置方式的（c）显示的都是这种"类标记"，与其他图中的手语表达相比，它们更像图示而非专门的词汇,但它们确实是手语中不可或缺的部分。

近年来,Cormier et al.(2012)、Brentari et al.(2012,2015)、Sehyr & Cormier(2015)等的研究表明,这些"类标记"确实与一般听者的手势有许多共性,但是在细节上也有一些差别。比如,聋人在表达实体状况时(即图4-6(b)的情况)手型更复杂,而听者在表达处置方式时(即图4-7(c)的情况)手型更复杂;聋人的手型比听者更加程式化。这说明"类标记"可能处于一种中间状态,它从手语中继承了一定的音系规则。

(a)"男人"　　　　　(b)"竖直的实体从 x 处移动到 y 处"

图 4-6　英国手语中"男人从 x 处走到 y 处"的表达
(Cormier et al.,2012:330)

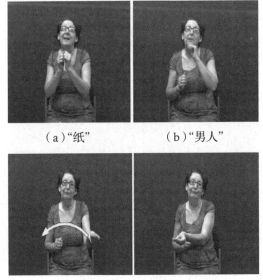

(c)"把扁平物体从 x 处移动到 y 处"

图 4-7　英国手语中"男人把纸从 x 处移动到 y 处"的表达
(Cormier et al.,2012:330)

语料对手语音系研究的重要性是不言而喻的。Eccarius（2002，2008）就曾在多语种手语语料（尤其是东亚手语语料）的基础上提出，不仅手可以分主次，手指也可以分主次，这一观点已被手语学界普遍接受。一些新的研究，如Fischer & Dong（2010）关于香港手语的研究，也再次证实了这一点。近年来的另一类重要的手语语料来自正在发展中的早期手语，如Morgan & Mayberry（2012）所研究的肯尼亚手语，历史还不到80年。另外，大型手语语料库（如Fenlon et al., 2014）的建设对于手语研究也有着至关重要的作用，Fenlon et al.（2013）就是利用大型语料库，继Bayley et al.（2002）的美国手语中"1"手型[1]变异研究之后，对英国手语中的"1"手型变异展开的研究。近年来，又有Mauk & Tyrone（2012）等学者利用手语语料库和新的"动作捕捉技术"（motion capture）分析美国手语中的"发音部位"变异。随着手语数据库和图像处理技术的发展，对手语音系的研究必将更加深入。

　　"手语音系学"为音系学理论提供的不仅仅是新的材料。如前文所言，无论是偏向本质主义还是经验主义，大多数音系学家都认为音系中存在着一些与具体的物质表达无关的先验知识。因此，"手语音系学"的研究对于我们跨越模态地认识音系的本质、建立更为合理的音系理论，无疑有深远的意义。

1　即单独伸出食指的手型。

第 5 章
二语语音教学的理论与方法

语音教学是外语教育必不可少的一部分，外语教育事业的发展离不开外语教育理念及教学方法的研究与创新（束定芳、华维芬，2009）。进入 21 世纪后，国内外语言及语音教学研究人员进一步探索和实践，或发展原有的理念与方法，或在教育理念及教学方法方面进行创新，为二语[1]语音教学改革提供了新启迪。本章将从语言和语音两个层面对 21 世纪以来的教学理论与方法进行梳理。

5.1　21 世纪的语言教学理论

语言教学是比语音教学范围更大的宏观框架，外语教学的理论与方法直接对二语语音教学产生了指导意义和深远影响。外语教学应培养学生外语的综合运用能力，全面提高学生的人文素质（曾绛，2014）。因此，近年来，我国外语学界对于外语教学的教学理念、教学方法等诸多方面进行了探讨。基于对国内外文献的检索，我们对 21 世纪以培养学生综合外语能力为目标的理念进行了总结，大致可分为以下两类：聚焦教学目标的宏观教育理念以及聚焦教学过程和教学结果的外语教学法。

5.1.1　宏观教育理念

21 世纪聚焦教学目标的宏观教育理念主要包括内容—语言融合的

---

[1] 本文中"外语"与"二语"两个术语均指中国的外语学习或教学。

教育理念、整体语言教学理念和人文外语教育理论。这些理念或理论是我国外语教育家们兼收并蓄古今中外的教育思想、二语习得理论，结合我国国情进行本土化思考而提出的，对我国的外语教学具有指导意义。

1. 内容—语言融合的教学理念

内容与语言融合学习（Content and Language Integrated Learning，简称CLIL）源自20世纪90年代的欧洲，顾名思义，就是强调以外语为媒介来教授学科知识的一种学习情境（肖建芳、刘芳彤，2015）。北美的内容依托式教学（Content-based instruction，简称CBI）、欧洲各国的内容-语言融合式学习、加拿大的沉浸式教学（Immersion）、以英语为媒介的教学（English as Medium of Instruction，简称EMI）等都是其具体实践。国外很多研究都直接或间接地论证了内容与语言融合学习的有效性，它不仅能够促进目标语词汇量、写作水平、口语能力等方面的提高（Dalton-Puffer，2007；Lasagabaster，2008；Lo & Murphy，2010；Lialikhova，2018），而且有助于学生学科内容的学习（Jäppinen，2005；Pérez-Cañado，2012）。

常俊跃、赵永青（2020：52）在北美的CBI和欧洲的CLIL启发下，吸收我国清华留美预备学校、北京大学、西南联大等成功通过英（外）语开展教育实践的经验，在我国高校英语专业内容依托课程改革探索的基础上，提出了"内容—语言融合的教育理念"（Content and Language Integration，简称CLI）。这一理念倡导"尽最大可能，以最合适的方式将目标语用于融合教授、学习内容和语言，以达到多种目标的教育理念"。因此，有必要在国内开展基于内容—语言融合教育理念的教学改革，包括全新课程体系的构建、多样课程资源的开发、先进教学手段的改革、积极教学效果的取得以及教师科研水平的提高，为高效全面的完人培养实践新路（常俊跃等，2020）。

2. 整体语言教学理念

20世纪80年代中期美国著名学者Freeman提出的"整体语言教学"（Whole Language Approach），成为西方语言教育界最重要的理论思潮之一（刘海清，2017）。它融合了语言学、社会语言学、认知心理学等方面的理论成果，是一套用于指导语言教学的原则和理论，包含以下主要论点：语言本身是一个不可分割的整体，发展和培养语言能力也应是整体的（Freeman & Freeman，1992）。

韩宝成（2018a）认为我国的外语教学多年来一直存在着"不整"的现象，其中包括：（1）对外语教育目标的认识"不整"，即只重视外语的工具属性，忽略了外语教育的人文性；（2）外语课程设置的"不整"，主要体现在对外语教育目标的描述和课程内容的选择和组织方面的"不整"；（3）外语教学层面的"不整"，主要体现在外语学习语料输入以及教学活动方面。基于以上认识，韩宝成（2018b：585）提出了"整体外语教育理念"。他认为，整体外语教育是指"在'落实立德树人根本任务'的总目标下，立足学生全面发展，通过开展外语教育使学生在语言能力、心智水平和人文素养等方面得到整合性发展与提升，培养新时代思考型、创新型人才"。整体外语教育理念强调外语教学的整体实施、外语教学内容也要"整体输入"。

3. 人文外语教育理论

英国著名社会人类学家 Alan Macfarlane 提出，人文教育是前提性的、结构性的、终身性的具有人文关怀的教育，因此应注重个体的情感和感受（王春雨，2011）。

基于对人文教育思想的理解以及中国英语专业教育的现状，孙有中（2017）提出了"人文外语教育理论"（Liberal English Education，简称 LEE），其基本内涵为"在高校英语专业技能课程教学中，通过语言与知识的融合式学习，构建合作探究学习共同体，同步提高语言能力、思辨能力、跨文化能力和人文素养"。人文外语教育论提倡"以思辨为中心的教学"，这一理念为英语专业基础阶段技能课程教学改革提供了一系列指导原则，强调在具体操作和实施时教师可以根据实际情况和需求选择任何一种教学方法，以达到促进学生语言能力、思辨能力、跨文化能力和人文素养融合发展的目的。

5.1.2 外语教学法

21世纪我国外语教育在吸纳西方经典教学法的同时，也提出了改良性教学法，以期关注教学的输入、过程和结果，提高教学效率。本节将具体介绍五种方法：概念型教学法、"续"论、"产出导向法"、"集中教学与自主学习"教学法以及"赋权增能"教学理念。

1. 概念型教学法

输入是学好一门外语的先决条件，没有足够的高质量语言输入，就不能很好地掌握一门外语（韩宝成，2018a），所以，输入的形式直接或间接地影响教学结果。"概念型教学法"（Concept-based Instruction 或 Concept-based Approach）是 21 世纪外语教学中出现的最新流派，由 Lantolf 团队根据维果斯基学派中最著名的教育理论家 Gal'perin 提出的"系统—理论教学"（Systemic-Theoretical Instruction）发展而来，声称专用于二语成人教学，成为国际二语教学研究的热点（文秋芳，2013）。概念型教学法奉行社会文化理论的中介观，认为语言具有双重中介作用；语言概念是外语教学的基本单位；主张用显性方式教授科学概念。也就是说，科学概念应该以完整、系统的形式呈现给学习者，不仅仅使用语言形式，也应以适当的物质化模型呈现。就教学实践而言，Lantolf（2011）将教学分为解释（explanation）、物化（materialization）、交际活动（communicative activities）、言语化（verbalization）以及内化（internalization）五个阶段。国内外不少学者已对其展开研究并应用于教学实践（Negeruela，2003；Lai，2011；Lee，2012；Gánem-Gutiérrez & Harun，2011；雷湘林，2015；李琳，2016；李静，2019；卢婷，2020 等）。概念型教学法在二语习得界产生了一定的影响，但要将其广泛运用还需要深入的理论分析和大量的实证研究。

2."续"论

21 世纪初，英国心理语言学家 Pickering & Garrod（2004）提出了"互动协同模型"（Interactive Alignment Model），以解释会话交互中的语言加工机制（见图 5–1）。他们认为，会话双方需要通过情景模型（situational model，包含手势、表情等方面）的协同来实现会话目的。该模型指出，会话双方在会话中会发生多个语言学层面的协同，一个语言层级的协同会导致其他语言层级的协同，而这个协同的发生极大地简化了会话中的识解和产出过程。

第 5 章　二语语音教学的理论与方法

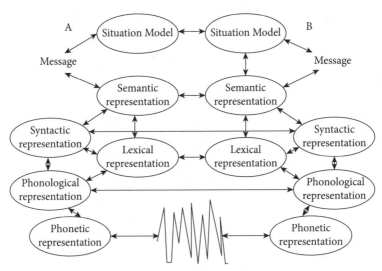

图 5-1　互动协同模型（Pichering & Garrod，2004）

国内外语教学专家王初明深受 IAM 理论的影响，提出了"续"论。王初明（2016）认为，语言知识源于交际使用体验；语言是通过"续"学会的，语言学习的高效率是通过"续"实现的（王初明，2017）。"续"运作于理解（听、读）和产出（说、写）之间，理解和协同促进了习得[1]（Wang & Wang，2014）（见图 5-2）。随后研究者应用"续"开展了实证研究（如张晓鹏，2016；张秀芹、张倩，2017；王启，2019；姜琳等，2019）。"续"为语言习得与教学提供了新的视角，同时也为提高外语教学效率找到了切入点。

3. 产出导向法

20 世纪末期二语习得领域的两个理论风靡全球，Krashen（1982）的"输入假说"（Input Hypothesis）和 Swain（1985）的"输出假说"（Output Hypothesis）。Krashen 提出，学习者只有获得"可理解性输入"（comprehensible input），且其难度略高于学习者已经掌握的语言知识（i + 1），语言习得才能发生。Swain（1995）则认为，i + 1 的可理解性输入是语言习得的必要条件但不是充分条件；要使语言学习成功，借助

---

[1] 王初明教授的"二语习得中协同作用"模型中比 IAM 更为强调协同作用产出的表现以及习得的发生。

外界推动力量的有效的语言输出（pushed output）不可忽视，因为"输出对学习的重要性在于输出推动学习者对语言进行更深层次的加工，比输入加工所投入的精力更多"（Swain，1985：235）。

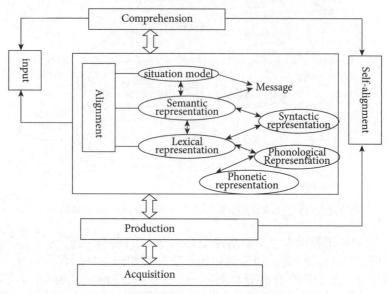

图5-2　二语习得中的协同作用（Wang & Wang，2014）

在对以上两个理论进行深入思考后，文秋芳（2015）提出了"产出导向法"（Production-oriented Approach，简称POA），旨在解决我国高校外语教学中存在的"学用分离"问题。POA主要针对中高级外语学习者，它所强调的"产出"（production）与Swain的"输出"（output）不同。前者包括后者，既强调产出过程又强调产出结果（文秋芳，2015）。近年来，POA理论体系不断完善，学者们分别从不同方面进行了教学实验研究。例如，邱琳（2017，2019）针对POA梳理出了语言促成设计的原则和手段；常晓玲（2017）和毕争（2019）分别对POA教材编写和使用进行了探讨；张伶俐（2017）通过教学试验检验了POA教学的总体有效性；张文娟（2017）运用POA探讨了其对大学英语写作的影响；文秋芳（2016）和孙曙光（2017，2019）创设了"师生合作评价"的新评价形式。经过论证和检验，POA理论体系已逐渐完善，并运用到更多的外语教学课堂中，如罗马尼亚语（董希骁，2019）、僧伽罗语（江潇潇，2019）、朝鲜语（汪波，2019）、马来语（邵颖，2019）、德语（詹霞，2019）、印度尼西亚语（王丹丹，

2019）以及日语（刘琛琛、冯亚静，2019）等，为这些语种的教学以及教材编写提供了有益借鉴。

4. "集中教学与自主学习" 教学法

为解决我国基础教育阶段外语教学存在的"应试教学"等问题，束定芳（2012）提出了"集中教学，自主学习"的外语教学方法。"集中教学"指课时和课程相关内容的相对集中；"自主学习"指学生的自主和老师的自主。之所以强调集中教学，是因为"集中学习的优势在于学习的环境和气氛较好，师生和生生之间应用语言的时间比较充裕，学生能在较短的时间内达到一定的英语水平"（束定芳，2012：2）。同时，他也指出，"掌握一门外语，仅靠课堂教学是远远不够的，仅靠记忆语言规则也是不行的。学习者必须学会学习，抓住并有意识地创造各种机会参加真实的交际活动。"（束定芳，2012：2）近年来，学者们分别从课程设计、教学材料、评估机制以及教师培训的角度出发对"集中教学，自主学习"这一教学方法进行了探索。耿菲（2012）探究了"展示课"这一新课型对培养英语学习者学习自主性的影响；安琳（2012）致力于符合实际需求的校本教材的开发；王蓓蕾（2012）对基于学习档案的评学机制进行探索；袁燕华（2012）分析了外语教师培训的有效途径。这些研究相辅相成，共同推进了改革的实施，为我国基础阶段外语教学改革积累了经验与教训（王蓓蕾，2012；束定芳，2012）。

5. "赋权增能" 教学理念

随着"互联网+"时代教与学的角色发生转变，张文忠提出了"赋权增能"的英语教学理念。该理念倡导"角权责统一，做学用合一，能力内生"的学习体验（张文忠、王冬焱，2017：93），其中"能"是核心，"赋权"是方式，"赋权增能"从"赋权"开始（吴美萱，2018）。在该理念指导下，张文忠等对英语教学方法和学习模式进行创新，形成了"个性化英语学习"课程。目前，该课程已在国内多所大学开设，学者们也从不同角度围绕"赋权增能"理念在不同课型中的应用展开了多项研究（刘浩、张文忠，2018；张文忠、刘佳，2019；左红珊、张文忠，2019等）。"赋权增能"英语教学理念为英语课堂教学提供了新思路，对大学英语教学改革具有指导意义。

5.1.3 语音教学理论

语音教学是语言教学的基础，也是语言教学的重要环节。李晨光（2012：57）指出，"语音是语言存在的物质基础，是掌握语言知识和获取言语技能的基础"，认为"学习语言必须先从语音开始"。通过疏理文献可知，21世纪学界主要借鉴合作学习理论、建构主义学习理论、翻转课堂教学法、多元互动立体化语音教学法等发展了语音教学的理论。

1. 合作型语音学习理论

Sharan（1980）认为，合作学习是组织和促进课堂教学的一系列方法的总称。在课堂上，同伴之间的合作往往是通过组织学生在小组活动中实现的，小组通常由3—5人组成。正因如此，小组便充当了某种社会组织单位，学生们在这里通过同伴之间的相互作用和交流展开学习。

在语音教学中利用合作学习理论可以增强学生的竞争与合作意识，从而帮助大多数学生解决不敢开口、不愿开口的语音学习问题；同时小组学习活动也形成了有助于英语语音学习的隐性环境，有利于英语语音课堂的有效开展（隆丽红、张亚能，2007）。

2. 建构主义语音学习理论

建构主义学习理论认为"情景""协作""会话"和"意义建构"是学习环境中的四大要素（Bodner, 1986；Cobb & Bowers, 1999）。在语言教学过程中，建构主义理论强调以学生为中心，不仅要求学生由外部刺激的被动接受者和知识的灌输对象转变为信息加工的主体、知识意义的主动建构者，而且要求教师要由知识的传授者、灌输者转变为学生主动建构意义的帮助者、促进者（Geary, 1995；Schunk, 2012）。

传统语音教学中存在理论与实践脱节、教学材料及教学手段单一和忽视学生作用等种种弊端，建构主义学习理论可以成为解决以上问题的指导思想，因此语音教学过程中可以通过建立真实的学习交流情景、培养学习者自觉的学习意识、创造具有实践性的学习环境以及激发学生兴趣潜能实现建构主义思想在语音教学中的应用（田华，2006）。

3. 翻转课堂语音教学理论

翻转课堂教学法由 Bergmann & Sams（2007）提出，其初衷是解决学生因故不能参与课堂授课，只能利用教师录制上传的网络视频自学的问题。近十年来，翻转课堂教学研究在国内外广泛开展。翻转课堂的特点主要在教师角色的转变、课堂时间的重新分配、学生角色的转变这三个方面（张金磊等，2012）。也就是说，翻转课堂使得教师从传统课堂的知识传授者变成了学习的促进者和指导者；教师在课堂中的讲授时间减少，留给学生更多的学习活动时间；翻转课堂是有活力且需要学生高度参与的课堂，学生是这个课堂的主角。

翻转课堂不需要教师在课堂花费过多时间进行知识内容的讲解。具体操作为：课前布置语音教学视频观看任务，课中测评学生语音掌握情况，教师进行总结以及答疑，课后督促学生反复操练语音规则（凌蓉，2018）。在线课堂、交流空间以及自主学习空间的虚拟学习系统，利用信息技术开展语音教学，运用信息技术弥补传统教学模式缺陷（王琪，2017）。

4. 多元互动立体化语音教学理论

多元互动立体化语音教学法是由巫玮（2014）提出的，其具体内容包括语音教学元素、互动环节及立体化。多元指教学元素的多元，强调语音教学中不仅包括教师、学生、教材三元素，还包括多媒体、语音软件、网络平台等元素以改善教学环境，激发学生学习兴趣；互动指采取以学生为中心的教学方式，多元素融合互动，包括师生互动，合作学习小组的生生互动，学生与多媒体、语音软件、网络平台之间的人机互动；立体化指突破传统意义上单纯的语音知识传授和训练，把技能训练（语音知识、语音学习策略的传授）、应用能力培养（语音与听力理解、口语表达的结合）和素质培养（自主学习能力的培养）结合起来，全面提高学生的语音意识、语言应用能力及自主学习能力。多元互动立体化的教学模式可以充分发挥多媒体优势、创造良好学习氛围，增强学生语音学习的动力和自主性，培养学生的自主学习能力。

通过研究 21 世纪以来国内外外语教学方法、理念的变化发展，我们会发现，目前我国学者对外语教学形成了一定的共识，未来需要精通外语的人才毋庸置疑。为此，国内外学者开展课程改革探索，现在已经推出了扎根于我国国情的外语教学方法及富有时代特色的外语教育理论和实践。在新的时代，信息技术的发展为外语教学、学习带来了新的契机，许多学者运用新技术开展外语教学。语言学理论的发展也启发了外语教研人员，教学探索实践丰富了外语教育理论。这必将为我国乃至世界的外语教育发展提供新的动力。

5.2 21世纪的语音教学方法

进入21世纪以来，随着教育技术、教学理念及教学手段的日新月异，英语语音教学也发生了变化。本节重点回顾英语语音教学的发展史[1]，进入21世纪后语音教学理念的转变，计算机辅助语音教学手段等，并通过以慕课形式开展的线上线下混合式教学实例，展现英语语音课程教学的方法和技术的运用、教师对学习者的语音问题分析或解释以及第二语言语音系习得的理论和研究结果。

5.2.1 英语语音教学历史回顾

英语语音教学虽然已有一百多年的历史，但因它曾处在外语教学"灰姑娘"的地位（Kelly，1969），并不受重视；也因为西方的语言学家对语法和词汇的研究先于语音，研究时间长于语音，因此，大多数语言教师对语法和词汇的理解和掌握比语音好得多。

从宏观角度上讲，现代语言教学领域在语音教学方面，通常有两种方法（Celce-Murcia et al.，2010）——直觉模仿法和语言学分析法。在19世纪末之前，只有第一种方法被人们使用，偶尔辅以教师或教科书作者根据正字法对音的印象观察（Kelly，1969）。

"直觉模仿法"（Intuitive-imitative Approach）在19世纪末之前一直占主导地位，主要基于学习者模仿声音和语音、节奏和语调的能力。发音教学局限于"听和重复"的技巧，很大程度上依赖于学习者的直觉，没有明确的指导如何发出特定的音段或超音段或语音相关的规则。这种方法主张建立发音模型，起初教师是学习者的发音模型，后来随着科技的发展，这种可能性由留声机唱片、录音机和语言实验室、录像带和光盘的出现而得到强化。而"语言学分析法"（Analytic-linguistic

---

1 本书中语音教学部分主要立足于中国的英语语音教学及中国学生的英语语音习得，也因为英语作为国际通用语的地位，更因为英语的全球性推广在历史上远超其他语言的推广，因此本节重点回顾英语语音教学的历史。

第5章 二语语音教学的理论与方法

Approach),顾名思义是基于语言的语言分析,在语音学领域则是基于发音的语音分析。语言学分析方法利用语音字母表、发音描述、发音器官图、对比信息和其他手段来辅助聆听、模仿、发音,并将注意力集中在目的语的声音、节奏和语调上。这种方法是为了补充而不是取代直觉模仿法,通过提供全面的语音教学,使学习目的语发音的过程变成一个有意识的过程,而不是基于直觉的过程。

语音教学是交际中不可分割的组成部分,不能孤立地训练,而应在有意义的任务活动中得到训练。学习者利用以发音为中心的听力活动来促进语音学习,注重重音、节奏和语调等超音段练习,并在音素和单词之外的延伸话语中进行练习。口语交际课程着力双侧重点(Morley,1994),其微观层面的教学侧重于通过音段和超音段的练习来提高语音与音系能力,而宏观层面则关注更全面的交际要素,目的是通过使用语言进行交际来发展话语、社会语言和策略能力。具体来说,语音教学的方法和途径主要有以下几种(Celce-Murcia et al.,2010)。

1. 直接法与自然法

19世纪末20世纪初开始流行的"直接法"也是外语教学史上一种著名的、历史悠久的方法。当"语法翻译法"(Grammar Translation Method)被证明在教学生交流与使用语言方面效果不佳时,它就变得极为流行(Larsen-Freeman,1986)。该教学法最重要的原则是不允许使用学习者的母语,意义表达必须与所教的语言直接联系起来。因为语言首先是语音,所以发音构成了学习和教学过程中非常重要的组成部分,应该从一开始就加以重视。

"直接法"(Direct Method)是"直觉模仿法"的一个典型例子,因为发音是通过直觉和模仿来学习的。学生听着模型(教师或录音),努力发出与模型接近的语句,重复和纠正在模仿中起着重要的作用。该方法的假设依赖于儿童如何获得第一语言和成人如何在非教学环境中学习的观察。它催生了20世纪末出现的其他方法,并被普遍冠以"自然法"(Naturalistic Method)的名称,如"全身反应法"(Total Physical Response)(Asher,1977)或"自然方法"(Natural Approach)(Krashen & Terrell,1983),其主要原则是相当程度地接触目标语言(第二语言)。换句话说,它们的前提是,为了学习说话,必须先接触一些语言输入,这将有利于以后的说话。当学生觉得自己有所准备,而且准备好了,就会开始说话。尽管他们没有接受过任何语音学的理论指导,但由于大量的输入及长时间的吸收和内化,他们的发音有望达到一个较为理想的水平。

19世纪90年代，英国的Henry Sweet、法国的Paul Passy、德国的Wilhelm Viëtor、澳大利亚的William Tilley等语音学家发起的"改革运动"，对语音教学产生了重要的影响。Sweet、Passy和Viëtor于1886年成立了国际语音协会，并于1887年创立了国际语音字母表（International Phonetic Alphabet，简称IPA），这促进了语音学作为一门独立的学科分支的出现，使任何声音的产生都有可能与其书面符号联系起来。改革运动以及外语教学领域具有丰富经验的作者们的成就，构成了语言学分析方法的第一个例子，它引入了对语音系统有意识和有意义的语言学分析，促进了概念创新，从而影响了现代教学法。例如，语言的口语形式占主导地位，将语音学引入语言教学，语言教师和学习者都必须接受语音培训，提高学习者对不同语言的发音对比的认识。

2. 听说法与情景法

20世纪40—50年代，语言教学中出现了两种著名的方法，即北美的"听说教学法"和英国的"情景语言教学法"。

"情境语言教学法"（Situational Language Teaching）在"直接法"中找到了根基，而"听说教学法"（Audiolingualism）则借鉴了结构主义语言学和行为心理学（Richards & Rodgers，1986）的思想。然而，它们之间有许多共同点，而且有相当多的重叠。无论在口语交际还是在书面交际方面，两者的基本原则是一致的，发音在两者中都起着重要的作用（Celce-Murcia et al.，2010）。通常情况下，发音操练着重采用口头重复和最小对立对练习。Richards & Rodgers（2006：58）对一堂典型的语言听力课做了总结，并把发音教学放在最突出的位置：

> 学生首先听到一段课文重点结构的示范对话（可以是教师朗读，也可以是磁带），他们单独或齐声重复对话的每一行；教师关注学生的发音、语调和流利程度，纠正发音或语法错误是直接和即时的；对话要逐行逐步记忆，必要时可将一句话分成几个词组；对话采用齐声朗读的方式，一半学生说对话中说话人的部分，另一半做出回应；在整个练习过程中，学生不可以看书。

"听说教学法"的衰落是在19世纪60年代，人们对其理论基础和实践结果都提出了批评，因为学生缺乏将所学结构运用到实际生活情境中的能力；同时也觉得这种学习方法没有吸引力，枯燥乏味。以结构主义语言理论和行为主义学习理论为基础的理论被攻击为缺乏合理依据。

3. 认知法

乔姆斯基（1957，1965）的"转换生成语法"（Transformational-Generative Grammar）促进了认知法的发展（Neisser, 1967）。"认知学习法"（Cognitive Approach）（Richards & Rodgers, 2006）是指学习者在有意识地学习和掌握语言的过程中，意识到了语法，并利用先天的能力和知识产生新的语句。这一定义与单纯的学习习惯养成概念相去甚远。因此，错误对教学的意义是显而易见的，错误是学习中不可缺少的一部分。语言是有规则可循的，学生学习规则，然后运用规则。

20世纪60年代，认知法（Cognitive Approach）受到转换生成语法（Chomsky, 1957, 1965）和认知心理学（Neisser, 1967）的影响，将语言视为规则支配的行为，而不是习惯的形成。这一观念弱化了对语音的强调，而倾向于语法和词汇。其倡导者认为近似母语的发音是一个不现实的目标，不可能实现（Scovel, 1969）；把时间用在教授更多可学习的项目上，如语法结构和单词等，则效果更好。

到了20世纪70年代，语言教学界在语音教学方面多次改变立场。各种方法和途径不是把语音技能放在教学的最前面，如国际音标、视听说或口语教学法；就是放在后边，如直接法和以自然理解为基础的教学法。这些方法和途径的操作假设是，发音错误（以及其他错误）是自然习得过程的一部分，随着学生交际能力的提高，这些错误就会消失。其他教学法要么忽略发音（如语法翻译法、阅读法和认知法），要么通过模仿和重复（如直接法），或者通过分析和语言信息支持的模仿来教授发音（如视听说教学法）。

20世纪70年代存在着两种新的外语教学方法，即"沉默法"和"社团语言学习法"，两者都提出了有趣的发音方法。

4. 沉默法

"沉默法"（Silent Way）由Gattegno（1972）设计并提出。与"听说教学法"一样，它强调在教学的最初阶段就开始关注目的语的发音和语音结构的准确性（Gattegno, 1972, 1976）。从沉默法第一堂课开始，每一个音都得到强调，学习者要把注意力集中在单词如何在短语中组合在一起，重音和语调如何构成句子的韵律。倡导者称，这能使沉默法的学习者磨炼出自己的内在标准，以达到准确的发音。"沉默法"和"听说教学法"的区别在于：在无声学习中，学习者的注意力集中在语音系统上，而不需要学习音标或显性语言知识。

顾名思义，"沉默法"要求教师要尽可能少说话，同时通过手势指示学生应该怎么做。这需要一个精心设计的系统，如教师用教具敲出带节奏的拍子；举起他们的手指来表示一个单词的音节数或强调重读音节；指着自己的嘴唇、牙齿或下巴来示范正确的发音位置。该方法的主要目的是让学生在目标语言中达到接近母语的流利程度。这不仅仅是指语音系统的音段部分，它远远超出了音段能力的范围，学生应该掌握语言的韵律（节奏、句子重音、连贯语流等），并获得良好的口音，这一切都应该通过学生的积极参与来实现。与"听说教学法"不同的是，学生不会熟悉拼音字母或任何其他语言数据。"沉默法"的教师还使用了几种必不可少的工具，如用菲德尔图表作为知识的来源和参考，用八张图表直观地表现出英语重音和拼写之间复杂而困难的对应关系。

5. 社团法

"社团语言学习"（Community Language Learning，简称 CLL）由 Curran（1976）发展而来，主要源于 Rogers（1951）倡导的人本主义和整体学习方法。它以咨询模式和咨询者与客户之间的关系为基础，后者是学习者。教师仅充当辅导员的角色，至于学习者需要教师提供多少帮助和何时提供帮助，均由学习者自己决定。该方法的典型课堂要求学生围着桌子坐成一圈，桌上放着录音机（录音机是最重要的工具）。教师（辅导员）站在圈外，尝试引入一个良好、轻松的氛围，用学生的母语询问其想用目的语对别人说些什么，然后他提供翻译；学生则重复并记录自己的发言。教师问他们是否愿意练习在课程中学习的语言发音，若是他们有意识地决定这样做，教师就成为所谓的人类计算机，并根据学生的意愿重复该语句；在此过程中，录音和人机对话技术对发音练习至关重要。通过听自己的录音，他们不仅可以关注所说的内容，还能了解形式。通过聆听计算机的语音，他们可以将自己的作品与教师的作品进行比较。教学方法与直接法一样，是直观的、可模仿的，但具体内容和练习的程度是由学习者自己决定，而不是由教师或教科书控制。

6. 交际法

随着时间的推移，曾经占主导地位的"听说教学法"和"情景

第5章 二语语音教学的理论与方法

教学法"相应地失去了影响力，因为语言教学从注重语言能力转向交际能力，即使用语言进行真正交流的能力。"交际语言教学法"（Communicative Language Teaching，简称 CLT）便应运而生。此教学法的提出可追溯到20世纪70年代初（Widdowson，1972；Wilkins，1972）。该方法是从认识到教授语言形式并不总是能成功地使用语言进行交流而发展起来的（Berns，1984；Widdowson，1972）。其将语言作为交际的重点，给语音教学带来了新的紧迫性。研究表明，非英语母语人士的发音有一个门槛水平，一旦低于这个门槛水平，无论他们对英语语法和词汇的掌握有多好、多广泛，他们的口语交际都会出现问题（Hinofotis & Bailey，1980）。Morley（1987）提出，至少有四类英语学习者的口语交流需要高水平的可理解性，因此在发音方面需要特殊帮助。他们是：（1）在英语国家大专院校工作的外籍助教或外籍教师；（2）在英语国家从事技术、商务行业的专业人员；（3）需要以英语作为工作通用语言的国际商务人士和外交官；（4）希望安置在英语国家并接受职业培训计划的难民（成人和青少年）。在 Morley 提出的四种类型之外，至少还应该再增加两个群体：（1）英语作为外语的教师，其母语不是英语，但他们期望成为学生学习英语的主要模式和输入来源；（2）在非英语国家从事导游、服务员、酒店人员、海关人员等工作的人，他们用英语与不讲其母语的游客打交道。(Celce-Murcia et al., 2010)

对这些学习者进行语音教学的目的不是让他们听起来像英语母语者，因为除了少数天赋异禀、积极进取的人，这样的目标是不现实的。一个更现实的目标是使学习者能够超过门槛水平，让他们的发音不会影响他们的交流。

教师怎样才能改善由于发音问题导致的让人听不懂的问题呢？这是交际法存在的问题。因为交际法倡导者并没有充分地处理好语音在语言教学中的作用，也没有为交际法制定出一套公认的语音教学策略。因此，传统的语音教学技巧和练习材料在交际法课堂上继续被沿用。因此，针对交际法的不足，建议采用以下较全面的教学策略：

- 听音与模仿："直接教学法"中使用的一种技巧，学生听老师提供的模型，然后重复或模仿。这种技巧通过使用录音机、语言实验室和录像机得到了加强。
- 语音训练：使用发音描述、发音图表和音标（"改革运动"的一种技巧，涉及语音转写和阅读语音转写的文本）。
- 最小对立对练习：一种在"听说法"时代引入的技术，通过听辨和口语练习，帮助学生区分目的语中的相似音和问题音。最小对立对练习通常从单词层面的对练开始，到句子层面的对练（包括横组合和纵聚合操练）。
- 情境化最小对立对：Bowen（1972，1975b）试图用情境化的最小对立对操练，回应"认知法"对无意义和缺乏语境的最小对立对的批评。在技巧上，教师设立语境，并呈现关键词，训练学生用适当的、有意义的反应（a 或 b）对句子做出回应。
- 视觉教具：通过视听教具，如音色表、菲德尔挂图、图片、镜子、道具、实物教具等，加强教师对音位产生方式的描述。
- 绕口令：一种针对本族语者的语音纠正策略中的技巧（例如，She sells seashells on the seashore.）
- 近似语音发展操练：一种由第一语言习得研究提出的技术，即第二语言习得者追溯英语儿童在习得第一语言中某些发音时遵循的步骤。
- 元音移位和重音移位练习：这是一种由词缀变化引起的元音移位和重音移位的练习，基于生成音系规则（Chomsky & Halle, 1968）的方法，包含成对的句子和短文作为口语练习材料，用于中级或高级学习者。如表 5-1 所示。

表 5-1　元音移位和重音移位练习

Vowel shift	mime (long *i*) mimic (short *i*)
Sentence context	Street *mimes* often *mimic* the gestures of passersby.
Stress shift	PHOtograph phoTOGraphy
Sentence context	I can tell from these *photographs* that you are very good at *photography*.

- 朗读和背诵：供学习者练习朗读的段落或脚本，重点练习重音、节奏和语调。这种技巧可能涉及也可能不涉及对文本的背诵，通常出现在演讲、诗歌、戏剧和对话等以口语为目的的文体中。
- 学习者录制的作品：学习者排练和自发的演讲、自由对话和角色扮演的音频和录像带，为教师和同伴的反馈以及教师、同伴和自我评价提供了机会。

除了最后列出的两种技巧外，我们可以看到，语音教学的重点主要是在单词层面，即孤立地练习单词发音，或者在非常受控和人为的句子层面中练习单词。虽然后两种技巧可以在语篇层面进行练习，但练习材料往往是脚本式的，有时甚至是精心设计的。因此，这种朗读练习是否能够真正改善学习者在自发对话中的发音，还存在一些疑问。

7. 任务型教学法

20 世纪 90 年代到 21 世纪初，第二语言教学在有效交际的总体目标中纳入对语音的明确关注，这应和了 Pica（1984）的建议。在这一时期，从第二语言方向出发的语言教学越来越多地被导向为特定领域或工作类型而学习的语言，如基于需求分析和实践技能的特殊用途英语（English for Specific Purposes，简称 ESP）方法论（Dudley-Evans & St. John, 1998），或为完成特定种类的任务而学习语言，如"任务型语言教学"（Task-based Language Teaching，简称 TBLT）（Ellis, 2003; Long, 2015）。这些方法以交际和理解性发音为重点，采用多种多样的发音技巧和任务类型，这些技巧和任务存在于许多其他以前提倡的方法之中。但是，这些技巧和任务都有针对性地进行调整，以达到舒适的可理解性。这些任务包括真实的听和说、情境化的最小对立对、发展性近似练习、朗读、背诵、音系训练、视觉辅助（Wrembel, 2006）。

总之，语音教学在历史上的地位时高时低，有时被边缘化，有时被认为是语言教学的中心目标。在 CLT、TBLT 和 ESP"注重形式"的教学目标中，利用语言教学中的大量技术，对语音教学的兴趣又开始复苏。

5.2.2　21 世纪的语音教学方法

1. 教学理念的转变

上述大部分教学法中的语音教学技巧与素材，由于停留在音段层面上，与作为交际的语言教学不相容，被理论和实践所否定。受"语篇教学法"（Discourse-based Approach）影响，教材开发者和教师开始寻找更合适的语音教学方法。他们认为，在语篇语境中，将大部分精力用于教授语言的超音段特征（即重音、节奏和语调），是为非母语学习者提供短期语音课程的最佳方式。McNerney & Mendelsohn（1992：186）指出："短期发音课程应该首先把重点放在超音段层面上，因为超音段对学习者的英语理解能力影响最大。研究发现，优先考虑英语的超音段音位，不仅能提高学习者的理解能力，而且也减少了学生的挫折感，因为他们可以在短时间内实现更大的改变。"

21 世纪以来，有迹象表明，英语语音教学正在从音段与超音段的争论中走出来，向着更加平衡的方向发展。因此，"今天的语音课程力求确定超段音和音段两者最为重要的方面，并将它们适当地整合到课程中，以满足任何特定学习者群体的需求"（Celce-Murcia et al.，2010：11）。语言学习者的这些需求导致了近年来发音教学的大量更新。学习者希望进行交流，因此他们意识到在国际场合被理解的必要性。因此，可理解（intelligible）的语音就显得至关重要。

中国英语语音教学也朝着音段与超音段的平衡道路发展，在音段音位基础上，开始关注超音段特征，特别是重音与语调的研究开始出现并增多（如陈桦，2006a，2006b，2006c，2006d，2008；许曦明，2008；孟小佳、王红梅，2009；王桂珍，2011；毕冉、陈桦，2013；高薇等，2015；卜友红，2016等）。为帮助英语学习者克服母语负迁移影响，许曦明（2019）探讨了英汉语音对比；林茂灿、李爱军（2016）开展了英汉语调对比研究。语音教学从音段到超音段的转变正是基于上述研究的结果与发现，教师们也意识到学生在口语交际中存在的流利度、可理解度问题不仅仅局限在音位本身，而更体现在重音、节奏、语调、连贯语流等更深层次的超音段音位上。教学方法主要是线性方法（linear approach），具体指由下至上[1]（bottom-up）以及由上至下（top-down）两类模式。

2. 多媒体辅助语音教学

多媒体在语音教学中起到越来越重要的作用，是对传统教育教学方法的优化。实际上，多媒体技术由于其声像并茂、全方位、立体化等特点，更加适合语音教学。在语音教学的初级阶段，教师利用多媒体课件以更直观有效的方式向学生展示每个元音音素和辅音音素的发音部位剖面图，动态地演示口型和舌位的变化以及气流进出的过程，需要时也可以是静止的画面。学生可以准确地了解发音的部位，避免了传统课堂上教师反复示范、口耳相传、学生一遍又一遍感性地模仿仍然找不准发音部位的难题。对于发音部位、发音方式相似的音，可以通过一组组发音部位剖面对比图（用不同色彩的线条或符号显示）并配以声音，反复对比练习（卜友红，2003）。

在语音教学的中高级阶段，如音调模式训练中，教师设置好音调和音强的范围，先从词重音入手，然后过渡到句重音。将多音节词的音调变化显示在屏幕上，教师首先指出词重音位置；随后对比重读音节和弱读音节的音高、音强和音调变化；紧接着让学生练习，并将理想的音调模式显示在屏幕下方，学生的练习模式出现在屏幕上方。当学生将自身的音调和语音库里本族语者的音调作对比时，惊奇地发现自己的音域相对域狭窄的问

---

[1] 即从微观的音位层面逐渐过渡到宏观的语调层面。

题，从而进行自我纠正。教师还可以引导学生主动将自己的汉语音调和英语音调进行对比研究，以找出问题的症结。事实上，可视音调分析系统帮助学生提高了他们的整体发音，特别是重音、节奏和语调，其效用要比传统的方法更直观、更具研究性（庄木齐、卜友红，2011b）。

随着英语语音教学理念的转变，教学目的也发生了变化，从语音语调的准确度到口语交际的流利度，多媒体技术使这个目标的达成成为可能。例如在上述描述的音段和超音段练习中，学习者能够将自身的语音输出与标准的语音输入进行比较，反复多次，直至达到要求。通过对比，把内化的知识变得更加自然、流畅。传统的语音练习模式以"听读"为主，孤立的、脱离语境的训练素材，如最小对立对、机械模仿等虽然有助于提高发音的准确度，但是不利于在实际交际中形成自然流利的语音。Wharton（2000）指出，语音输出应该把重点放在典型的连贯语流和日常口语对话上，同时还要兼顾学习者的个体认知结构，以激发他们的学习动机和参与意识。由于交际对话可能引发焦虑，特别是对于成人学习者，他们不敢开口，害怕丢面子，在这种情形下，轻松愉快和无拘无束的多媒体自主学习氛围缓解了这种局面。

3. 计算机辅助语音教学

随着计算机辅助语言学习（Computer-assisted Language Learning，简称CALL）的兴起，计算机辅助发音训练（Computer-assisted Pronunciation Training，简称CAPT）也在迅速发展。CAPT为重复和模仿、即时反应和接触目标语音提供无限机会；同时促进个性化、自定进度的学习，并提供自动反馈的机会，而语音技术的使用对于及时的发音反馈显得尤其有利。操作便捷且有效的语音学习软件大大丰富了语音教学内容，实现了多样化的课堂模式，推进了学生课后自主学习和合作学习，把教师为中心的单一模式转换为师生交互的多元模式。

用于语音教学、研究和评估的语音技术通常集中在语音分析、语音识别和语音合成上。语音分析可以对语音信号进行声学分析，通常以波形、语音轮廓或频谱图的形式显示出来。一些语音分析和显示软件是免费提供的，如Wavesurfer和Praat广泛用于语音学的研究，许多CAPT商业程序都包含了这一功能。

近几年语音识别和合成技术的进步使得计算机化个人助理的发展成为可能，如苹果的Siri，亚马逊的Alexa和微软的Cortana可以处理各种各样的问题，并以自然的声音给出准确的答案。

教育技术的发展引发了广泛的传播机制，从传统的配套网站和书籍的 CD 版本（如 *The Cambridge English Pronouncing Dictionary* 和 Clear Speech）（Gilbert，2012）到移动应用程序（如 Pronunciation Power、Sounds）和社交媒体平台上的资源（如 Twitter、Facebook 和 WhatsApp）。一些商业产品，如 Pronunciation Power 就有多种形式，包括 DVD、互动网站和移动应用程序。这类资源为语音学习提供一个私人的、无压力的环境，使学习者获得几乎无限制的输入，并按照自己的节奏进行练习。而且，随着自动语音识别的整合，它们可以提供个性化的即时反馈。

CAPT 资源是通过学术或技术合作开发出来的，并以教学和语言学习理论和实践为基础，确保了语音内容的相关性和有效性。例如，Protea Textware 的连贯语流（Connected Speech），专注语音的连贯性，提供澳大利亚、美国和英国英语的演讲者，使用 ASR 对学习者的发音提供反馈。Cauldwell 的 Cool Speech app 同样以广泛的学术研究为基础，包括许多自然、流利的英式或美式语音功能。一些最专业、信息量最大的资源是由语音专家开发的，如 Sounds of Speech（爱荷华大学）或 Phonology and Phonetics Review（Rogerson-Revell，2010）和 Web Tutorial（伦敦大学学院）。还有一些由热心的 CALL 和 CAPT 专家创建和维护的实用网站，如 Brett 和 Powers。Brett 的多媒体互动资源对教师和学生来说都特别具有吸引力。

一些大家所熟悉的 CAPT 软件也进入了我国的英语语音课堂，例如 Better Accent Tutor、Pronunciation Power、Phonics Tutor 等。这类语音训练软件集文本、音频、视频为一体，以情境会话和角色扮演为形式，满足学生在课上和课下的语音练习和口语实践，侧重学生的口语交际能力培养。庄木齐、卜友红（2011a，2011b）介绍了他们运用 Better Accent Tutor 辅助英语超音段教学；运用 Pronunciation Power 和 Phonics Tutor 展现唇型、腭部、舌位运动模型的 3D 模型动画；运用 Praat、Wavesurfer、Speech Analyzer 等语音分析软件教学生录制自己的发音，拖动自己的声波，与本族语者的声波进行比对，观察声波在形状和声音上与母语发音人的不同。智娜、李爱军（2020）阐述了她们基于 3D 的发音生理模型进行的可视化语音训练研究，并通过电磁发音仪（electro-magnetic articulography，简称 EMA）记录了中国英语学习者、美国标准发音者和英国标准发音者在英语元音发音时的舌运动特征。并从发音生理的角度，对比了学习者和美、英本族语者的元音发音差异。不少学者借助语音分析软件，从声学特征角度对学习者的语音习得特征进行了深入探讨（如 Chen et al.，2001，2015；陈桦，2008a，2008b；陈桦、毕冉，2008；石峰、温宝莹，2009；文秋芳、胡健，2010；郑晓杰、郑鲜日，2012 等）。

5.2.3 慕课与混合式语音教学

当 2001 年麻省理工学院首次发起了开发课件运动，并在互联网上免费提供 2 000 多门课程以来，"慕课"（Massive Open Online Courses，简称 MOOC）这种大规模开放式的在线课程在全球拉开了帷幕。由于慕课集音频模态、视频模态、文本模态、行为模态等多种教学手段为一体，所以非常适合语音教学，更好地突显了教学内容，吸引学生的注意力。

国内语音教学由于基础阶段语音知识的缺失，导致学习者普遍存在英语发音时汉语口音重、语流不连贯、语调不自然等问题。大学语音教学由于受限于课时，不可能在一个学期内克服长期形成的方言口音，如果教师顾忌语音知识点，则势必会缩短师生互动的时间；如果教师一味追求技能操练、忽略方法，到头来学生就是单纯的跟读模仿；如果两者兼顾，需要时间的合理分配。慕课背景下的线上线下混合式语音教学方式很好地解决了上述问题。

慕课课程对英语语音教学的冲击巨大，但同时也推动了语音教学的改革与发展。例如，中国大学 MOOC 平台课程"英语语音"（卜友红，2018）和"英语语音与信息沟通"（陈桦等，2019），在英语语音教学方面起到了示范引领作用。下面就以全国精品慕课"英语语音"为例，探讨慕课背景下线上线下混合式语音教学方法。

1. 教学设计

针对学生语音学习难点，主讲教师精心设计了每一个章节、每一个单元、每一个视频课程，精心制作了每一个 PPT 课件、设计了每一个语调符号及语音标注。课程设计以解决学生实际发音问题为导向，以理论知识为依托，理论指导实践，注重课程设计的系统性与全面性。整个课程的知识点的先后顺序与逻辑关系联系紧密，环环相扣，体系完整，脉络清晰。教学内容和教学方法的特色与优势主要表现在以下四个方面：

- 音调并举：克服了以往"重音轻调"的现象。从发声原理到元音、辅音，到发音与拼读，再到词重音、句重音、连读、同化、省音、节奏及语调。课程难度循序渐进，深入浅出。
- 以调带音：在突出重音、节奏和语调的基础上，强化连贯语流和口语交际的实际能力培养。在内容的安排上循序渐进，基本音素篇幅仅占四分之一，四分之三的内容放在发音与拼写、词重音与句重音、弱读与省音、连读与同化、节奏与韵律，语调与意群。为了让学生习得英式或美式标准发音，教师进行了两者之间音与调的对比以及发音部位和发音方法、声带和鼻腔、音调与音高的发声对比。为使学生习得连贯、流畅的语流，教师选取了散文、诗歌、小说、演讲等不同韵律文体的文章，进行朗诵技巧培训。
- 英汉对比：教师对比了英汉语音体系的差异，指出中国英语学习者在音段音位发音、词重音、句重音、连贯语流及语调方面存在的问题，对发展型错误及母语干扰型错误进行了深入分析，并提出了具体的纠正方法，以课程的线上视频教学形式呈现。
- 案例分析：为督促学生线下反复操练，教师每周都会给学生布置录音作业，每次课堂上抽取6名学生的课前录音（问题生和优秀生各3名），让同伴指出发音问题较多的同学的问题所在，之后教师对学生的点评做出总结，最后挑选优秀的录音作品，让大家参照学习。通过教师的点评，学生认识到自己的错误与不足，学习他人的长处。每周录音作业还促使学生自觉养成了朗读和晨读的好习惯。

2. 教学策略

教学策略以解决学生发音问题为任务导向。上课之前进行前测，课堂及时采用过程性评价方式，如课堂问答、小组探讨等，及时了解学习者的学习情况，课程结束进行整体性评价与后测，获取学习者整体的学习反馈，通过课前、课中与课后三时段、线上与线下两种教学格局所收集到的质性与量性数据进行教学效果分析。教学策略有以下四种方法：
- 多模态教学：从讲授语音知识、发音原理、重音模式、语调模式、升降曲线入手，采用多模态创设情景、提供事实、呈现过程、展示范例，让学生运用多种感官进行观察、感知、分析、比较、演绎和归纳英汉语音的差异。
- 可视化教学：语音仅凭听感辨认，很难揭示出其隐性特征。本课程运用可视化技术（英语语音学专门的录制软件）将内隐知识表征化。例如，在练习音调时，先从词重音入手，然后过渡到句重音。将多音节词的音调变化显示在屏幕上，教师标出词重音位置，对比重读音节与非重读音节的音长、音强和音调变化，将理想的音调模式显示在屏幕上方，学生的音调模式出现在屏幕下方，直观、准确地显示出学生的问题，进而分析对比，提出解决问题的方案。
- 自主学习、小组探究：课程的最大特点是线上与线下两种教学形式相混合。线上，学生根据教师的要求自主进行学习时间、学习进度的安排，完成学习任务，发现自身不足以及通过网站平台或班级学习交流群向教师反馈问题所在。线下，教师针对学生课前自主学习时反馈的问题，选取典型案例，面向全体学生作分析纠正，帮助全体学生寻找错误并指明学习方向；实时课堂后半节，教师指定相关英语语音学习主题或课题，每个小组展开分工协作、交流讨论来完成任务，最后进行英语汇报，教师与全体学生进行评价与总结。
- 以赛促学、以赛促练：为了激发学生学习语音的积极性，我们通过各类语音竞赛活动，如诗朗诵、故事会、影视配音、戏剧表演、口语大赛、辩论大赛、歌曲大赛等促使学生加大投入练习语音的时间，推进学习进程，达到"以赛促学、以赛促练"的目的，使其英语语音的水平得到不断进步。

3. 教学过程

教学过程包括课前、课中和课后，教师根据课程大纲安排、设置教学活动，明确学习任务，让学生带着问题学，学会发现问题、解决问题。活动形式力求多样化、频繁化、有生师互动，但更提倡生生互动。具体教学过程见表5-2。

表5-2 全国精品慕课"英语语音"的教学课程示例

教学过程	教学活动	学生活动
课前	教师根据课程设置，布置学习任务与要求，内容包括：（1）单元诊断测试；（2）术语解释；（3）问题讨论等。 学习者根据要求，自主安排学习进度，完成相关资源平台上的学习任务。	学生课前在中国大学MOOC网上学习"英语语音"课程的知识点视频（教师布置）。在学习过程中，通过交流讨论平台反馈学习疑惑；同时可用英语语音智能化辅助平台来练习与检测个人英语语音发音标准程度。

（续表）

教学过程		教学活动	学生活动
课中	问题导入	教师以问题导入形式检查学生线上学习情况。通过问题探讨，归纳总结知识要点，将学生所学知识得以内化。	学生积极回应，争先恐后回答问题；同时，提出新的疑难问题。
	小组探究	小组探究包括三个方面：（1）运用所学知识，分析语音自身的内在规律；（2）对比英汉语音差异；（3）找出各自发音问题，相互纠正。	学生分组讨论教师给出的案例，包括语音语料、音视频资料。 教师点评学生的讨论结果，分析发音偏误，提出纠正的方法。
课后	"一对一"面纠	教师将学生分成4个小组，利用坐班答疑时间，检查学生课后语音练习情况，重点纠正发音偏误。	面纠内容：课后每周音频录音作业。
	书面及录音作业	教师根据课堂疑问及小组探究的学习情况，给学生布置相应的课后巩固测试题和每周语音录音练习，帮助其进一步巩固所学知识。	教师布置新的学习任务，要求学生完成每周指定的录音作业。 学生认真完成教师布置的课后任务，并积极参与英语语音的其他学习活动，提升个人的语音发音的流利度与准确度。

4. 教学反馈

由于慕课课程的特点，教学反馈分为线上和线下两个渠道。

- 线上反馈：主要发生在慕课平台的"讨论区"和"布告栏"两个区域。在"讨论区"，主讲教师、教学成员和助教分工细致、明确：主讲教师负责回答涉及理论性较强的问题，教学成员负责语音技能方面的问题，助教负责解答一般性的问题，如学生自主学习监控与反馈、结课要求、测验与作业；除了教师与学生互动之外，教师还鼓励讨论区的生生互动、互答等方式；人人都可以充当教师的角色，分享自己学到的知识，探究解决问

第 5 章　二语语音教学的理论与方法

题的方法，使课程参与者具有归属感和成就感。"布告栏"的功能除了发布公告之外，还发布单元预设问题的答案、单元测试及期末测试复习难点辅导，以便主讲教师归纳整理学生存在的共性问题，梳理重点知识笔记。
- 线下反馈：主要发生在混合式教学模式中，其方式灵活机动，包括课中难点问题的现场解答、学生录音作业点评、典型问题分析、课后一对一的纠音正调、每周一次的录音作业的书面反馈等。

下面以前测录音朗读共性与个性问题反馈（同样以全国优秀慕课"英语语音"的某高校混合式教学为例）为例：

Sightseeing（朗读任务）

I'm Peter Charlton. I'm in the Beardsley Hotel. Today I'm showing the Hunts round London. This is my favourite city. I work here and live here, too. I know London very well but Mr. Hunt doesn't know it. He knows the north of England but he doesn't know the south. The Hunts are from Scotland. My parents live there, too, and they know the Hunts very well. I've got plans for today. This morning we're going to Buckingham Palace. Before lunch we're also going to the Post Office Tower. Then we're having lunch in Soho. This afternoon we're walking round Soho. This evening we're having dinner at an Italian restaurant. After dinner we're going to a concert at the Festival Hall. What a busy day!

共性和个性问题反馈如下：

发音偏误：
favourite　　/ˈfeɪv(ə)rɪt/ → /ˈfev(ə)rɪt/, /ˈfɪv(ə)rɪt/, /ˈfiːv(ə)rɪt/;
morning　　/ˈmɔːnɪŋ/ → /ˈmaonɪŋ/（发成汉语的音）;
also　　/ˈɔːlsəʊ/;
Soho　　/ˈsəʊhəʊ/ → /souˈhuː/（发成汉语的音）等

音段混淆：
/aɪ/ → /æ/：I'm Peter Charlton. I'm in the Beardsley Hotel.
/v/ /w/ 不分：I know London *very well*.
/ð/ → /z/：*Then* we're having lunch in Soho.
/n/ → /l/：this *evening*

重音误置：
hoˈtel → ˈhotel;

festival /ˈfestəvl/ → /fesˈtiːvl/
Post Office Tower → ˈPost ˈOffice **Tower**

语流问题：体现在冠词、代词、连词、介词等虚词弱化为 /ə/ 的困难，学生们往往读得太重、太响。

I know London very well *but* Mr. Hunt doesn't know *it*.
Before lunch *we're* also going to the Post Office Tower. Then *we're* having lunch in Soho.

句子重音：每一个字，甚至每一个音节都重读，并赋予了汉语的字调（声调）。

这些标注学生姓名的发音偏误反馈，既精准又具体，对学生的正音起到了极大的促进与帮助作用；经过课程学习，学生养成了朗读的好习惯；语音知识的习得帮助他们掌握了练习方法，不仅能够修正自我发音，而且还能发现同伴的问题，互帮互助，共同进步。学生的语音能力有了长进，实现了课程的既定目标。

5. 教学评价

考核方式：语音评测采取形成性与终结性评价相结合的两种形式。线下评测包括三个方面：（1）学生每周的录音作业成绩；（2）即兴朗读；（3）后测朗读。线上成绩也由三个部分组成：（1）单元测试；（2）问答与讨论；（3）期末笔试测试。测试内容包括语音基本概念、基础理论、发音原理、读音规则等，同时兼顾重读、音调的标注，调群、调型、调核位置的标注能力。测评各项占比如表 5-3 所示。

表 5-3　混合式语音教学中考评占比

线下考评 50%			线上考评 50%		
每周录音作业	即兴朗读	后测朗读	单元测试	问答与讨论	期末笔试测试
30%	10%	10%	15%	15%	20%

6. 目标达成

对照课程目标和学情分析，线上线下混合式教学模式有助于实现课程预期目标，解决以往存在的问题：

第 5 章　二语语音教学的理论与方法

- 时间分配问题：学生可以自主学习线上课程的语音知识，反复观看，随时观看。这样一来，原本用于讲解知识点的时间节省下来了，教师可以有更多的时间与学生互动，面对面、一对一地纠正他们的发音问题。
- 知识内化问题：学生不用担心语音知识的内化问题，一旦遇到问题，他们可以反复聆听或重温已故知识，加深理解，慢慢地将所学知识加以内化。
- 方言口音问题：海量的学习和练习信息，线下的信息技术和可视化语音学习软件以及朋辈互助，教师一对一当面纠音正调，帮助学生克服了长期形成的方言口音。
- 学习习惯问题：任务型、合作式学习方法，促进学生线上线下自主学习。用学生自己的话说，"如果不认真听课，就不能完成教师布置的作业。即使听课了，如果不认真思考，就无法回答教师提出的问题。"

综上所述，语音教学只有通过对英语语音系统的透彻了解，通过各种教学技巧、教育技术的融合应用，并以交流为导向，教师才能有效地解决学生的发音需求。"早先的英语语音习得的研究重点在元音和辅音音位上，而最新的研究则强调英语语调、节奏、连贯语流、音质变化等。"（Celce-Murcia et al.，2000：29）在语音教学方面，教学重点应该灵活机动，重视学生在学习过程中的参与意识和表现意识，采用特别的技巧及媒体技术帮助学生习得理想规范的发音。语音仅凭听觉去感知，很难揭示出其隐性特征，应该借助可视化软件，视听并用，边听边观察重音、节奏、语调的音高、音强和音长等，使内隐知识表征为可视化状态。

语音不仅仅取决于学习者的听觉，而且还依赖于学习者对语音波形、基频、能量等可视化界面的感知。在信息化教学手段日益普及的今天，仅仅依赖听觉媒体的教学手段和方法已显不足，不能适应现代语音教学的需求，只有视听并用方可取得最佳的学习效果。教师要选用针对性强，带有发音识别、发音分析和发音纠正的学习软件，运用语音理论知识设计可视化的教学活动，整合教学资源，充分发挥语言实验室的作用，帮助学生进一步了解语音学习的规则，在达到一定认知高度的基础上，为学生提供大量的听、读和模仿的素材，使之逐步减少受母语发音和感知习惯的影响，从而掌握地道的英语语音和语调，为进一步提高口语交际能力打下坚实的基础。

第三部分
21 世纪的语音学研究方法

第6章
主流的语音学研究方法

语音习得包括语音感知（speech perception）与语音产出（speech production）。语音产出是发音产生的听觉和声学结果，也是语言加工的外在表现形式。

6.1 语音产出的研究方法

语音产出与语音学分支密切相关，有了感知，才能有产出；产出具有一定的特征，尤其体现在声学信号上。因此，语音产出的研究方法与其原理密不可分，其研究方法包括设计、评价和应用等方面。

6.1.1 语音产出的原理

语音信号的产出过程是十分复杂的，它与发音人的生理特征与状态，包括听觉能力等密不可分；同时，它也与语言的其他层面（如词汇）有着密切联系，必须先确定需要表达的词汇意义或句子意义，才能选择对应的音和韵律特征；而且，产出的语音特征受到发音人储备的感知到的音的制约，若感知的音出现偏误，则产出的音也会是偏误的。

1. 语音链中发音、声学和听觉的关联

语音产出的生理学原理首先要从语音链（speech chain）谈起（见图 6–1）。

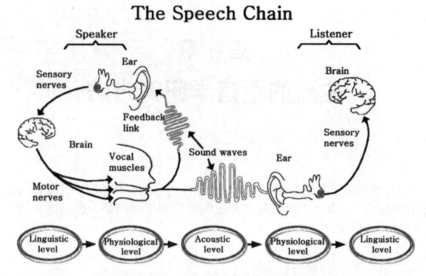

图 6-1　交际时语音产出和感知的过程（Denes et al., 2007: 3-5）

假定两人对话,（1）说话人首先在语言学层面组织语言，选择合适的词和短语，运用语法规则表达语义，这一过程受说话人的脑神经运动支配；这样的语言形式通过运动神经传递到发音器官的肌肉上，这就是通过生理层面发出语言层面的语音。（2）发音器官的肌肉运动改变了周围空气的压力，形成了声波，这就是物理学（声学）层面的语音传递。（3）声波通过空气同时传递到说者和听者的耳朵里，气压在耳朵里的变化激活了听者的听觉机制，声波通过神经脉冲把声音传递到听者的脑部，这又是生理学层面的语音传递。（4）听者的脑神经展开了一系列运动，解码语音信息，转化成语言学层面的语音交流。而这些脑神经运动有可能在语音解码前就已经修饰甚至改变了说者发出的原始信息，因而听者听到的和说者说的并不一定完全一致。

2. 语音产出与语言学其他层面的关联

上述语音链的第一步骤和最后一个步骤都是在语言学层面发生的。语音作为语言的外在表现形式，其产出与语言的各个层面密切相关（Hickey, 2020）（见图 6-2）。语音可分为音段和超音段两部分。音段一般指元音和辅音，超音段指声调、重音、节奏、语调等，词层面以上的超音段特征也称为韵律。一种语言里元音和辅音的类型、音节

第6章 主流的语音学研究方法

结构及其组成规律等，被称为音系。音系作为语音理论，支配着语音（尤其是音段）产出的最终形式。词层面的超音段特征，例如汉语的声调、英语的词重音、日语的音形等，都是语言中词形的语音形式。句层面的韵律，如焦点、语调等，体现着语言的句法和语义甚至语用和语篇特征。语音与语言学各层面的这些密切关系，足以体现语音产出在语言表达中的不可替代性，也可见一个人的语音是基于其所掌握的语言规则而产出的。

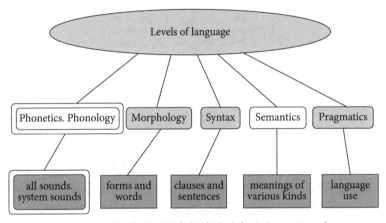

图 6-2 语音产出的语言相关层面（Hickey，2020）

因此，音系层面代表的是与概念意义相关的抽象形式，言语计划层面才把抽象形式付诸实施，而执行层面就是形成并调整发音行为，最终实现言语计划。Redford（2019）提出的语音产出的生态动力途径和信息加工途径解释了以上三个层面（见图6-3），指出生态动力途径强调语音就是行为，假定形式发音表征、相继呈现结构和自我组织发音；相对应的，信息加工途径强调具体要素的重要性，假定执行控制超越继发和实施，因此在区分这两个过程时，感知在产出中的作用就得以提升。

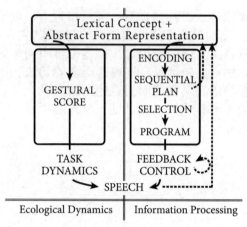

图6-3 语音产出的途径（Redford，2019）

3. 语音意识与语音产出

先听后说是人类生长过程中言语能力发展的自然规律，聋哑儿的语音障碍多数是因聋而哑。因此，语音产出的前奏是语音感知。众所周知，语前婴儿是通用语者。然而，一系列的研究表明，婴儿在一岁以前就形成了明显的母语语音意识，区分非母语语音的能力开始下降（Maye et al., 2002）。6个月的婴儿开始对非母语元音不敏感（Polka & Werker, 1994），10—12个月的婴儿开始区分不出非母语的辅音（Werker & Tees, 1984; Tsushima et al., 1994; Best & McRoberts, 2003; Kuhl et al., 2006）。

母语语音意识的形成并不意味着同时具备母语语音产出的能力。儿童语音产出，即使是从模仿开始，也与成人一样，是随着语言经验的积累，通过上述的生态动力和信息加工两个产出途径，依据语音链从语言学层面、生理学层面和声学层面产出语音。语音链的交际过程同时指向四种语言交际背景：（1）说者的L1也是听者的L1；（2）说者的L1是听者的L2；（3）说者的L2是听者的L1；（4）说者的L2也是听者的L2。这里的L1指母语（mother tongue），即儿童习得的第一语言；L2泛指任何除母语以外的第二语言和外语（foreign language），或称目标语（target language）。

6.1.2 语音产出实验设计

语音产出研究要么基于有声语料库（speech corpus），要么进行实验控制（controlled experiment）。产出实验的方法大多为行为实验，实验形式不外乎朗读、跟读、复述、讲述和对话，但是实验设计和评价方法可以多种多样。

1. 语音产出的实验设计

1）朗读和跟读实验

语音产出最常见的实验是朗读（reading-aloud）。朗读材料从篇幅长短及单位大小上说可以从单音节字或词，到双音节词、多音节词，从短语、短句、长句，到段落、语篇等。朗读材料可以根据实验目的需要而自行设计词或句，也可以直接让学习者朗读现成的（如教材里的）课文。录音目的项为单字或单词时，经常使用承载句（carrier sentence），即把目的词（target word）植入一个固定句式中。例如，汉语普通话的承载句"我说 × 这个字"（Gu et al., 2003）；或者英语的承载句"I say...again and again"（Piske et al., 2002）。这种实验的好处之一就是目的词前后的语音环境一致，另一个则是防止非声调语言做目标语时，被试可能会使用不同的语调，进而影响到声学数据。

除了没有语音提示的书面材料朗读外，常见的方法还有语言学习中的跟读重复（listen and repeat）。对于儿童和二语学习者来说，最简单的跟读实验就是给出词和短句，直接呈现示范音，然后模仿跟读，类似于教师课堂带读。Redford & Oh（2017）研究英语母语儿童和韩语母语成人英语学习者的英语语音发音时长，由一名女性英语母语者的录音示范目的词及承载句"I said...again"，随即由被试重复"She said...again"，承载句人称的转换比直接跟读发音更自然。

还有一种跟读方法是重复同声模仿（repetitive-synchronous-imitation），如播放一个多次重复的短语，让被试在第二次重复之后，开始和目标声音同步朗读，多次重复（王蓓等，2020）。

除此以外，在长句朗读的实验材料设计方面，越来越多的学者倾向于使用影子跟读（shadowing）的方法。Zarei & Alipour（2020）把影子跟读分为三种方法：（1）完全跟读（complete shadowing），即被试一边看书面材料，一边听示范朗读，接着重复听过的句子；（2）不完全跟读（partial shadowing），即被试听完整的示范朗读，句子中只有部分重要的用词以书面形式展示给被试;(3)互动跟读(interactive shadowing),即被试两人一组,先听句子的示范朗读,其中一个被试看书面材料朗读,另一个被试把句中的重点词说出来,只会说而不理解的词,实验人会记录下来。这样的跟读方法,不仅可以测试语音层面的模仿朗读,还可以考查被试在语义层面对朗读材料的理解。

2)延迟重复和语音问答实验

除了直接模仿跟读,语音产出在句子层面上还经常使用延迟重复任务(delayed repeating task),播放有声刺激"提问—回答—重复提问"。延迟重复任务曾被用于提取儿童语音(Ratner,2000),但更多是用于二语语音的提取。例如,Aoyama & Guion(2007)研究二语韵律习得,对二语语音的时长和调域做声学分析,实验设计的刺激物(stimuli)是首先播放问题录音"How are you today?",示范音回答"I'm fine.",接着再播放问题录音"How are you today?",由被试模仿示范音回答,再把被试回答的句子提取出来作为有声语料进行评价和分析。这样的实验方法避免了"直接跟读"设计中语音表层的模仿,加入了一定的认知负荷和记忆负荷。

延迟重复任务虽然以问答形式呈现,其实也是模仿跟读的一种。真正问答形式的实验设计,有一种是问题预先录音,答句是有控制的,以文字形式展现,被试直接用提供的文字回答,目的是提取句子中的韵律特征,尤其是焦点(focus)。例如,在二语英语韵律焦点的研究(Chen,2015)中,录音问"What's the news?",电脑屏幕上显示"Lee may marry Nina.";被试则需要根据提问的特征及文字答案的内容赋予答句韵律,并回答该问题;这样提取的是无焦点或者宽焦点(broad focus)的句子韵律。接着展示同样的文字,录音问句变成了"Who may marry Nina?",这样就可以提取出句首焦点的韵律。

焦点句用问答形式提取也有用图片显示场景,由母语者作为实验操作人提问,被试根据提问进行回答。如果研究目的是语音产出的韵律焦点,那么回答的句子需要根据实验加以控制。比如在 Xu et al.(2012)的实验中,用图片展示"妈妈摸猫咪",然后由母语者提问被试一系列问题,如"图中你看到什么?""谁摸猫咪?""妈妈对猫咪做什么?""妈妈摸什么?";而被试的回答始终是"妈妈摸猫咪",但需要根据具体问题强调回答句中的不同内容,展现答句中不同的焦点韵律。这种用控制好的句式,以问答形式提取韵律焦点的方法,相对于直接在书面句子中画出被强调的词再让被试朗读的方法(Xu,1999;Xu & Xu,2005),语音韵律会更自然。

第 6 章　主流的语音学研究方法

3）图片命名、描述和讲述实验

语音产出实验除了上文提到的用图片显示问答场景外，也有不少实验采用了类似心理语言学启动（priming）实验的方法。在启动实验中，按照随机顺序呈现图片，要求被试为图片命名（naming），用以提取语音产出信息。

例如，Hua & Dodd（2000）要求汉语母语儿童用普通话完成图片命名和图片描述任务并对产出全过程录音，再由普通话为母语的语音学家将被试录音进行转写（transcription），用以获取汉语普通话儿童的元音、辅音、声调、轻声、儿化等语音产出特征。又如，在普通话声调（tone）产出研究中，Wong（2012）把单音节词用彩图的形式呈现给 3 岁左右的汉语普通话母语儿童，目的词包含普通话四声的最小对立体。再如，Tang et al.（2019）为了提取汉语母语儿童语音中的轻声，采用了问答形式。研究人员指着图片问"这个男生叫这个女孩妹妹，那么这个女孩叫这个男生什么？"，被试回答"哥哥"；或者研究人员指着图片说"这是一只猪，这是一头牛"，然后按电脑键，屏幕显示其中一个动物的尾巴，实验人问"这个尾巴是谁的？"，被试儿童答"猪的"或者"牛的"。这样的语音产出实验方法就是结合了图片命名和问答的形式。

在实验室进行幼儿图片命名或描述语音产出实验时，被试儿童多由父母陪同；实验操作人使用玩具或故事书引导幼儿自然发音，然后对其录音进行分析。例如，McGowan et al.（2008）就对母语为英语的正常和听障美国幼儿采取上述实验方法，经过层层筛选实验室录音，对有效语料进行了元音共振峰（formant）、辅音发音方式和音节形态的分析。在超音段层面，Redford（2013）用 Mercer Mayer 的青蛙系列故事绘本，让 5 岁的英语母语儿童及其英语母语看护人（主要是父母）先熟悉无文字绘本，接着交换看绘本，再互相讲故事给对方听。这样每个儿童与每个看护人都需要讲述两遍故事，由此建立了一套儿童和成人英语讲述语料库，用于研究英语母语儿童和成人的句子加工过程和语音韵律特征。

由于儿童语音产出实验较难控制，不少研究采用了日常生活会话跟踪录音。例如，Amano et al.（2009）对 5 名日语母语幼儿及其父母进行了 5 年的日常会话跟踪录音，建立了 NTT 幼儿语音语料库，并转写了会话内容，测量语音基频值（fundamental frequency），并做了音段标注。之后，Oohashi et al.（2017）从该语料库中抽取 3 名 6—60 个月婴幼儿的日语元音产出进行声学分析，通过声学到发音的反证模式，对幼儿声道的各发音器官进行分级，并估算其发音状态的发展变化。上述幼儿语音产出的实验涉及与成人的互动会话，所以此类实验还附带产生了儿向语（motherese，或 infant-directed speech）的语音产出研究（Redford et al.，2004；Smith & Trainor，2008）。

2. 语音产出的评价方法

语音产出的评价方法可分为主观的感知评价、介于主观和客观之间的转写与标注以及客观的声学测量。感知评价及转写任务要求评价人具有较高的目的语水平，多数为母语者或者熟练掌握目的语的教学人员；标注任务要求评价人受过语音学训练，熟练掌握国际音标或某一套韵律标注体系；声学测量则要求评价人具备一定的语音声学知识，能够熟练操作 Praat（Boersma & Weenink，2020）等语音声学分析软件。

1）感知评价

感知评价（perception test）除了在语音教学中教师对学生按照一定标准评分（rating）的形式外，也包括请母语者直接对产出实验中的目的音进行判断。例如，Aoyama et al.（2004）在研究日语母语的成人及儿童对英语 /l/、/r/ 和 /w/ 的感知和产出时，首先由 1 名经过语音学训练的英语母语者把被试所有上述目的音的发音进行分类和归纳，得出 /r/、/l/、/w/、/d/、/dr/、/br/、/bl/、/ml/ 选项；再由 12 名英语母语者每听完一个发音，就判断是以上选项中的哪一个音；最后做统计学分析。而在早期的日语成人母语者产出英语 /r/ 和 /l/ 的实验设计中（Flege et al.，1995），有下列六个选项：（1）Definitely L，（2）Probably L，（3）Possibly L，（4）Possibly R，（5）Probably R，（6）Definitely R；再由 10 名英语母语者来判断选择日语母语者的英语 /r/ 和 /l/ 的发音属于以上哪一个选项。对比来看，Aoyama et al.（2004）的感知评价方法相对于 Flege et al.（1995）的更为细化，更能看出被试的发音偏误倾向。

相对简单的母语者听辨判断有 Guion et al.（2003）的实验，他们把一系列不同音节结构的双音节假词置入名词或动词的语境中，目的是测试音节结构和词性对确定词重音位置的作用；语音产出语料由两名经过语音学训练的英语母语者判断重音位置，再计算二者判断结果的一致性。同样在超音段层面，Xu et al.（2012）让北京普通话母语者、台湾话单语者、台湾闽南语单语者、台湾话和闽南语双语者分别对各自相同语言背景的被试所产出的句子进行焦点位置的判断，判断"妈妈摸猫咪"中哪个词被强调了，以此辅助声学分析结果，考查不同声学线索在韵律焦点编码中所起的作用。

在语音产出的整体评价（holistic scoring）研究中，最常见的是对外国口音（foreign accent）的评分。较早使用该方法的有 Guion et al.（2000），语音产出实验的被试为西班牙语和盖丘尔语双语者，由西班牙语母语者对其西班牙语的句子发音根据盖丘尔语口音程度评分，再由盖丘尔语母语者对其盖丘尔语句子发音的西班牙语口音程度进行评分；电脑屏幕上会呈现 1—9 的数字，1 为口音最重，9 为没有口音，评分人必须用上所有 9 个数字。然而，由于采用的是整体评价（而非分析评分，analytical scoring），无法区分音段和超音段层面各自的准确性。

Birdsong（2007）认为，音段层面的发音准确性是二语语音产出准确性的必要条件，而不是充分条件，因为音段产出准确并不能涵盖韵律产出的准确。在语音教学的评价体系中，即便把准确度分为音段和超音段两类，评测人都很难在听觉感知中把二者完全区分开。因此，Trofimovich & Baker（2006）首先用低通滤波器（low-pass filter）把 450Hz 以上的波段过滤，只留二语句子韵律部分的语音信息，让母语者做 1—9 级的外国口音评分；再做目的句韵律的声学测量，用以评测不同韵律特征（如节奏、语速、停顿频率和时长、音高分值和时值等）在二语外国口音中的具体作用。

在感知评价中区分音段和超音段的另一个方法是把二语者的音段和韵律分别与母语者的音段和韵律通过语音合成的方式置换。例如，Sereno et al.（2016）在研究音段和语调在外国口音中的作用时，通过控制句子语音产出的时长（duration）和音强（intensity），把两名韩语母语者的二语英语语音产出与两名英语母语者作音段和语调的置换，得出四种英语语音：（1）英语母语者一的音段组合英语母语者二的语调；（2）英语母语者一的音段组合韩语母语者一的语调；（3）韩语母语者一的音段组合英语母语者一的语调；（4）韩语母语者一的音段组合韩语母语者二的语调；最后由 40 名英语母语者对这四种语音组合做整体的外国口音评分。对组合（2）和组合（3）的口音评分就相当于分别对二语英语语调产出和二语英语音段产出的评分。这种置换方法做到了感知评价中音段和超音段的分离。

2）转写与标注

如果不用控制好的实验刺激，自发话语（spontaneous speech）语音产出的评价经常从转写（transcription）做起，有的用文字转写内容，例如，Amano et al.（2009）转写了日语母语儿童对话录音的内容；Redford（2013）转写了英语母语儿童讲述故事的内容。也有的在田野调查中常用国际音标做语音标注（phonetic transcription）。

自发话语的语音产出也可以建成语料库，如 Amano et al.（2009）和 Redford（2013），语料转写一般采用标注方式。韵律研究标注中影响力最大的是 ToBI（Tone and Break Index）标注系统。该标注方法最早源于主流美音（mainstream American English Tone and Break Indices，简称 MAE_ToBI）（Beckman & Ayers-Elam, 1994; Beckman & Hirschberg, 1994; Beckman et al., 2005）。在句重音音节上用 H*、!H*、H+!H*、!H+!H*、L*、L+H*、L*+H、L+!H*、L*+!H 标注美式英语中的 9 种音高重音（pitch accent）；用 H- 和 L- 两种短语重音来标注中间短语（Intermediate Phrase，简称 ip）的边界；用 H% 和 L% 来标注语调短语（Intonation Phrase，简称 IP）的边界调（boundary tones）。Huang & Jun（2011）用段落朗读的方法提取汉语母语者移民美国后的英语韵律产出，评价方法除了采用音段过滤后的韵律感知评价以及语速的声学测量外，还采用了 MAE_ToBI 标注音高重音和边界调，研究移民时间（即在二语环境中二语学习的起始时间）对二语韵律产出的影响。

ToBI 作为韵律标注系统逐渐从英语扩展到其他语种，如韩语的 K_ToBI、西班牙语的 Sp_ToBI 以及汉语的 C_ToBI 等。C_ToBI 被应用于标注汉语普通话中的韵律系统，例如李爱军（2002）在国家 863 语音合成语料库中提取一男一女两名普通话母语者的日常对话，用 C_ToBI 标注五层韵律信息，包括音节边界、声调和语调、语句类型、间断指数层、重音层，辅助声学测量和分析，用以研究普通话对话中的韵律特征。随后，李爱军（2005）又在中国社会科学院语言所录制的情感—态度对话库中，提取四名专业演员的情感语音，用 C_ToBI 标注韵律信息，同样辅助声学分析，再用 MOMEL 语调生产模型和 PSOLA 语音合成方法，研究友好语音和中性语音的声学特征差异，以及韵律参数中的基频和时长对友好语音的贡献差异。

3）声学测量

音段产出的实验除了少量借助仪器的发音语音学实验，如用超声仪（Gick, 2002; Wilson, 2014）、动态腭位仪（李英浩、孔江平，2013；Howson et al., 2014）、电磁发声仪（Fletcher, 2004；智娜、李爱军，2020）等，多数为声学实验。感知评价是一种较为主观的评价方法，转

第 6 章　主流的语音学研究方法

写和标注也带有一定的主观性，为了提取客观数据，越来越多的学者采用了声学测量的方法。

音段产出中元音的声学测量主要涉及元音的三个共振峰（formant）。第一共振峰（F1）对应元音发音舌位的高低，即开口大小；第二共振峰（F2）对应元音发音舌位的前后；第三共振峰（F3）对应元音发音的唇形以及是否卷舌。元音声学特征的批量测量可参考 Praat 脚本 FormantPro（Xu & Gao，2018）。

音段中辅音产出的声学测量方法根据辅音类型而定，例如，爆破音（plosive/stop）主要测量嗓音起始时间，浊音为负值，送气清音为正值，两者的绝对值一般在 100 毫秒以内，不送气清音大致在 0—20 毫秒。摩擦音（fricative）主要测量频谱峰值位置（spectral peak location）、频谱时刻（spectral moment）、均方根振幅（root-mean-square amplitude）、相对振幅（relative amplitude）等（Jongman et al.，2000）。流音（liquid）的声学特征在第三共振峰上，/r/ 的 F3 明显低于 /l/，但是这个声学参数的批量测量难度较大，因此产出结果的分析一般依赖于母语者的听辨判断（Flege et al.，1995；Aoyama et al.，2004）。鼻辅音（nasal consonant）的声学特征在反共振峰（anti-formant）的频率上，但是这个声学参数测量的难度也比较大，虽然有个别研究做了声学分析，但是大部分鼻辅音的产出研究都是用鼻音麦克风（鼻流仪）做发音语音学的研究（Ha & Shin，2017；时秀娟等，2019），也有借助核磁共振成像（MRI）技术测量声道状态的（Dang et al.，1994；Martins et al.，2008）。鼻元音或者元音鼻化度的声学测量，主要看 A1–P0 和 A1–P1 两组声学参数。元音在频域中存在额外峰值（extra peak），一个位于第一、第二共振峰之间，振幅为 P1；一个通常低于第一共振峰，振幅为 P0；A1 为第一共振峰的振幅，A1 和 P1 的差值以及 A1 和 P0 的差值可以用于元音鼻化度的量化分析；A1–P1 往往用于非低元音鼻化度的测量，A1–P0 往往用于非高元音鼻化度的测量，二者的值（dB）与鼻化程度均呈负相关。A1–P0 和 A1–P1 既被用于元音鼻化度的语内研究（Chen，1997；Chen，2000），也被用于二语研究（Zhang et al.，2020；Meng et al.，2020）。

超音段指音段（元音和辅音）以上的语音特征，音系学的角度指声调、重音、节奏、语调等韵律特征，语音学的角度包括时长（duration）、音高（pitch）、音强（intensity）、嗓音质（voice quality）等声学特征。韵律时长的测量涉及音节、词、句的长度以及停顿的时间等，时长以毫秒（ms）为单位，用于测量声调、词重音、句重音、焦点、节奏等音系特征。例如，汉语普通话的四个声调中，三声最长，四声最短，轻声的时长比四声短。英语多音节词中，主重音音节最长，次重音音节其次，非重读音节的时长比重读音节短。传统认为，汉语是音节计时（syllable-timed）语言，英语是重音计时（stress-timed）语言。语言的节奏模式，可通过时长的测量和计算体现出来。例如，Grabe & Low（2002）通过计算元音在整句话里的时长百分比（%V）、每一句话辅音时长的标准差（ΔC）、原始变异指数（raw Pairwise Variability Index，简称rPVI）[1]、归一化配对变异指数（normalised Pairwise Variability Index，简称nPVI）[2] 得出重音计时语言（如英语、德语、荷兰语等）、音节计时语言（如汉语、法语、西班牙语等）以及莫拉计时（mora-timed）语言（如日语）节奏特征的声学参考数值。Sirsa & Redford（2013）用朗读的方法提取语音产出，测量并计算了%V、ΔC、nPVI以及用每一个句子里每秒钟元音的个数（或音节核心的个数）计算得出的语速，用以研究印度英语的节奏。

在句子层面，大多数语言中被赋予句重音的词或者焦点词比句中其他词的时长要长、音强较强、音高较高。音强是一个声学概念，以分贝（dB）为单位，物理学上是振幅（amplitude），听觉上是音量（volume）；重读音节的音强比非重读音节强，可以通过声波的振幅看出来，听觉上也是感觉比较大声。音高在声学上用基频表示，简写为F0，指一秒钟内声带振动的频率，以赫兹（Hz）为单位；音高除了标志声调和语调，还标志重音和焦点等超音段特征。音节为计算音高的最小单位，音高涉及的参数有最高基频值（maximum F0）、最低基频值（minimal F0）、调域（F0 range，即最高和最低基频值之间的音高差）、斜率（F0 slope，相同的调域，时长越长，斜度越低）等。

嗓音质分为不同类型，主要有常规声（modal voice）、气嗓声（breathy voice）、嘎咧声（creaky voice）等。嗓音质的声学测量一般通过窄带语图（narrow-band spectrogram）显示谐波（harmonic），确定一个时间点，进入频谱图（spectrum），提取第一谐波值（H1）和第二谐波值（H2），以分贝为单位。如果两个数值接近，即差值（H1–H2）接近零，就是常规声；如果H1大于H2，就是气嗓声；如果H1小于H2，就是嘎咧声。嗓音质在超音段层面上体现出多种功能；例如，普通话第三声在音高曲线最低的拐点上经常出现嘎咧声，泰语声调里的降调也有嘎咧声（Wayland & Li, 2008）。在韩语的塞音中，Kang & Guion（2008）发现送气音（aspirated）和松音（lenis）相比紧音（fortis），

---

1 即句子里连续两个元音的时长差累加的值。

2 即句子里连续两个元音的时长差累加的绝对值除以每一对元音的时长均值。

第6章 主流的语音学研究方法

具有明显的气嗓声。

超音段特征的声学参数大批量提取，可用 Praat 脚本的 ProsodyPro 完成（Xu，2013）。音节标注后可提取时长均值、音强均值、基频均值、基频最高值、基频最低值、调域、斜率、H1–H2 等超音段声学参数，用于测量和分析连续话语的韵律特征、相关的情感表达和嗓音质特征等。

6.1.3 语音产出研究方法的应用

1. 朗读和跟读的相关研究

朗读和跟读方法的应用研究以二语音段产出为例，Guion（2003）在盖丘亚语和西班牙语双语者的元音产出研究中，把被试组控制为同时双语者（simultaneous bilingual，即一出生就在双语环境里长大）、早期学习者（平均 AOL 5.8 岁）、中期学习者（平均 AOL 11.4 岁）和晚期学习者（平均 AOL 19.4 岁）。实验过程就是让被试分别听盖丘亚语和西班牙语的词，然后重复说出来。声学分析主要测量元音的第一、二、三共振峰，计算线性预测编码（LPC）和加速傅里叶变换（FFT），做出各个被试组的元音空间图，再做统计学分析。在辅音产出的研究中，Kang & Guion（2006）根据二语初学时间控制被试组，把韩语和英语双语者分为早期学习者（平均 AOL 3.8 岁）和晚期学习者（平均 AOL 21.4 岁），研究其韩语和英语的塞音产出。实验过程为把韩语和英语的目的词写在卡片上，让被试朗读并录音。测量的声学参数分别为塞音的嗓音起始时间、第一语音和第二语言谐波差值（H1–H2）、元音中点的基频（F0）。一般情况下，二语初学时间早、二语环境居住时间长的学习者，其二语用量也相对较多。因此，二语语音产出实验控制被试时，都会做语言背景问卷，内含二语相关经验等因素。

再以二语超音段产出为例，在汉语作为第二语言的声调产出研究中，李红印（1995）、赵金铭（1997）和王韫佳（1997）采用的是朗读常用的双音节词或字组，Shen（1989）和沈晓楠（1989）采用的是朗读课文句子。后来的实验设计开始多样化，例如，Wang et al.（2003）采用的是感知训练前后朗读单音节词的方法，Yang（2016）采用的是朗读简单对话，对话朗读就比词、句的朗读和跟读的语流更接近自然话语了，而 Yang（2015）就直接采用就一个话题讲述一分钟，用以提取自然话语语音的方法。在汉语作为第二语言的语调研究中，王蓓等

（2020）对哈萨克留学生的汉语韵律焦点产出采用跟读朗读、跟读模仿和同声模仿三种方法，比较其焦点实现的韵律特征以及声调、语调和流利度，发现二语学习者模仿的主要是语调升降，而不是具体的音高或时长，并且音高和时长的模仿是基本分离的，声调和语调的模仿也是相对独立的。汉语作为二语的韵律产出，早期的研究较多采取感知评价的方法做测评，近年来越来越多的研究采取声学测量的方法，分析其时长、音高和振幅等声学参数。

　　朗读产出经常与被试感知反馈以及母语者的感知评价相结合进行研究。例如，Guion et al.（2003）首先由一位经过语音学训练的技术人员把构成英语假词的音节录进承载句"Now I say...", 再截取出来，以保证音高重音的统一；同时录了两个承载句"I'd like to..."和"I'd like a ..."。然后实验分三部分进行：第一部分为产出实验，把上述有声音节两个一组分别播放给被试听两遍，被试再分别用表示动词的承载句"I'd like to..."和表示名词的承载句"I'd like a ..."把这些双音节词连同重音一起说出来，由经过语音学训练的英语母语者判断重音位置的对错；第二部分为感知实验，把假词的第一个音节和第二个音节分别读重音，分别放入同时录了两个承载句"I'd like to..."和"I'd like a..."，让被试来判断哪个句子更像一个真实的英语句子；第三部分把第一个音节和第二个音节分别读重音的假词播放给被试听，问他们觉得这个词最像英语中的哪些真词，并说出来。三部分实验结果表明，英语母语者通过借助音节结构、词性和语音相似词的重音模式来判断英语词重音位置。随后，Guion与合作者把这一套实验的语料应用于母语分别为西班牙语（Guion et al., 2004）、韩语（Guion, 2005）和泰语（Wayland et al., 2006）的学习者，除了对二语背景加以控制，也控制了初学时间、二语环境居住时间、日常二语使用量以及英语青少年及成人测试成绩等变量。这几个研究都让被试对18个规则重音的双音节词和18个不规则重音的双音节词的熟识自信度打分，然后再把每个词读出来并录音，以此方法确定被试对英语词重音的掌握情况。Guion和Wayland合作的这一系列二语英语重音习得的研究，不失为朗读产出实验结合感知反馈实验相结合的成功案例。

2. 延迟重复和语音问答的相关研究

　　延迟重复任务被广泛应用于二语语音产出研究中，例如，上文提到的Aoyama & Guion（2007）研究日语母语者学习英语语音韵律，通过延迟重复任务提取母语者和二语者的句子语音产出，测量音节的绝对时长，以计算其在句中的相对时长；测量音节的基频最高值和最低值，以计算其调域并折算成半音（semitone）。结果发现，日语母语者的英语语音绝对时长要长于英语母语者，儿童语音时长要长于成人，日语母语者的英语语音调域也大于英语母语者。儿童和成人的韵律声学数据差异，标志着韵律习得的发展过程。Aoyama & Guion（2007）的研究是早先 Guion et al.（2000）对二语学习起始年龄影响二语句子时长研究的后续。Guion et al.（2000）在延迟重复任务中首先播放预先录好的问题"In which direction did he turn?"，示范音回答"He turned to the right."，接着再播放问题录音"In which direction did he turn?"，由被试模仿示范音回答，提取被试回答的句子时长。研究发现，意大利语母语者和韩语母语者产出英语句子的时长与其移民进入英语国家的时间成正相关，英语学习起始时间越早的非英语母语者所产出的英语句子时长越短，越接近英语母语者的产出。

在外国口音评分和声学测量分析相结合的研究方法上，Trofimovich & Baker（2006）用延迟重复任务提取和分析韩语母语者产出英语目的句的超音段声学数据，并和英语母语者所评分的外国口音做相关性分析。结果发现，二语经验影响了重音节点；移民到达美国的年龄影响到语速、停顿频率和停顿时间。无论二语经验多少，这些超音段声学特征都与外国口音具有相关性，而且有些超音段特征（比如停顿时长和语速）比其他超音段特征（比如重点节点和基频高峰）对外国口音评分的影响更大。

语音问答形式的产出实验主要体现在韵律焦点的提取上。Chen et al.（2014）使用 Xu et al.（2012）的情景图和问句，所选实验人用闽南语和普通话双语分别提问，让被试用控制好的句式"妈妈摸猫咪"根据问句用双语分别回答，引出宽焦点句以及窄焦点句中的句首、句中和句末焦点。研究发现，闽南语泉州话一语、普通话二语的青年组产出的普通话焦点更接近于北京普通话，具有明显的基频和音强上的焦点后压缩（post-focus compression）；老年组产出的普通话焦点更接近于台湾话，没有产出焦点后压缩；中年组则介于两者之间，句首焦点句有焦点后压缩而句中焦点句没有。三个年龄组的闽南语韵律焦点产出一致，都不具有基频的焦点后压缩，这个发现也与 Xu et al.（2012）研究的台湾闽语产出一致。Chen（2015）则直接用问答形式提取了中国在美留学生产出的英语焦点句，为了使基频曲线连贯，句子主谓宾成分都使用了响音（sonorant），辅音尽量使用 /l/、/m/、/n/、/r/ 等鼻音和通音（approximant）。实验结果显示，留美时间长的大四中国学生比留美时间短的大一中国学生产出的英语焦点后压缩明显，即便是留美四年的中国学生，虽然其母语汉语普通话里也有焦点后压缩现象，其英语焦点后压缩都达不到美国英语母语者的标准。Chen 等人的一系列实验证明焦点后压缩是二语语音里很难习得的韵律特征，甚至不会出现对比分析理论（Contrastive Analysis Hypothesis，简称 CAH）中所预测的正迁移，然而，二语经验的积累有助于增强二语语音产出中的焦点后压缩，因而习得更为接近母语者（nativelike）的二语韵律。

3. 图片命名、描述和讲述的相关研究

图片命名、描述和讲述方法得到的语音产出，传统上采用基于人耳的语音转写（phonetic transcription）或者人工感知评价，近年来大量研究转变为语音声学参数的测量和分析。以儿童习得汉语普通话声调为例，Hua & Dodd（2000）采用图片命名和描述的方法，研究了 129 名北京地区 1.5—4.5 岁儿童的普通话发音。语料分析采用了基于语音的转写方式，首先由一名语音学家将儿童的发音转写为国际音标，再由另一位语音学家对其中 20% 的录音进行复查。复查的结果显示两者的一致率可以达到 97% 左右，说明转写的结果较为可靠。研究结果表明儿童的声调发音在很早就能习得，即使是 1.5 岁的儿童，其声调发音准确率也较高。Wong（2012）同样采用图片命名的方法，提取了 13 名台湾地区 3 岁儿童的汉语声调发音，结合感知评价和声学测量的方法分析语料。感知评价前，与 Trofimovich & Baker（2006）相似，他同样用低通滤波消除高频的语音信号，以消除音段对人耳判断的干扰，接着由 10 名母语者对经过滤波的韵律进行声调的归类。声学分析将儿童被正确和错误归类的语音分别与成人的语音进行声学分析比较，涉及基频的斜率、均值、最低值、调域、声调时长等参数。结果发现，即使是儿童被正确分类的语音，在声学上也没有达到与成人类似的水平，说明 3 岁儿童并没有彻底掌握与成人类似（adult-like）的声调发音水平。Tang 等人（2019）结合图片命名和语音问答的研究方法，提取了 108 名北京地区 3—5 岁儿童的声调发音。与 Wong（2012）不同，在进行声学分析时，Tang 等人采用了基于整体声调曲拱的参数。他们对儿童的声调发音进行多项式拟合，基于拟合结果对比了儿童和成人的声调发音。结果显示，3 岁儿童在整体调型曲线上已经达到了与成人类似的水平，说明声调习得在 3 岁时已经基本完成。

在英语韵律习得研究方面，Redford（2013）用无文字绘本讲故事的产出方法，提取了 5 岁英语母语儿童及其成年看护人的语音，转写成文字，再做声学测量和统计学分析，比较儿童和成人在英语母语

讲述中的停顿差异。数据分析涉及停顿频率、停顿位置、停顿绝对时长、停顿在句中的相对时长、每分钟内停顿时长的变化。研究发现，儿童和成人的英语故事讲述中停顿频率和绝对时长没有呈现统计学差异，而成人和儿童复述故事中停顿的绝对时长和时长变化都有所减少。实验结果并未完全支持儿童和成人故事讲述中的停顿会有很大区别的预测。虽然儿童语言比成人语言简单很多，但是其停顿模式与成人语言无异，因此停顿与语言产出的认知加工并不具有密切关系。接着，Redford（2014）用同样的方法对 54 名 5—7 岁正常发育的英语母语儿童进行英语故事讲述的录音，从每一个讲述录音中提取 6 个句子，由成年英语母语者对其发音清晰度做 1—7 级的评分，声学测量涉及语段和句子的时长、元音和辅音的时长、句重音音节的元音共振峰及基频。结果表明，儿童语音产出的年龄效应和个体差异只体现在音段发音上；语速快的语句比语速慢的语句听起来更清晰，并且与年龄无关；元音音质能够预测感知清晰度，但与语速无关。该研究支持了语音学的"运动技能假设"（Moto Skills Hypothesis），即较快的发音语速产生于更好的发音时间控制。

经过三年的跟踪录音，Redford 建成了尤金儿童故事语料库（Eugene Children's Story Corpus），其中包含 60 名 5—7 岁美国英语母语儿童每年讲述一次的故事的 180 个录音语料。Kallay & Redford（2020）把这些有声语料切分成分句，对句首的 and 进行计量分析，测量了故事讲述的时长，每一个讲述中的句子数量、单词以及分句的时长。成人英语母语者参与了讲述连贯评判（narrative coherence judgement）和衔接评判（cohesiveness judgement）的感知评价实验，前者从整体质量（goodness）、组织（organization）、创造性（inventiveness）三个维度进行 1—5 级评分；后者把转写好的分句配对，判断每对短句是否讲述同一件事或者不同的想法或概念。结果发现，测量参数中只有分句平均时长能够预测句首 and 的出现频率。整个研究表明，儿童讲述故事时频繁使用 and 跟语言能力未发展成熟相关。Redford 对儿童故事讲述的系列研究，把语音产出研究从声学和听觉层面的分析提升到语言能力发展的层面。

6.2 语音感知的研究方法

语言是人类沟通交流最重要的途径之一，口语交流是语言交流中最常见的形式。口语交际是一个由说话者发出语流串,经媒介传入听者听觉器官,再由听者大脑神经中枢重新解码的过程(陈忠敏,2019)。口语交流中包含着复杂的认知心理过程,可以分为口语理解(speech comprehension)和口语产出(speech production)两个方面。其中口语理解包含了语音感知、词汇识解、句子理解等不同层级的过程(Culter & Clifton,2001)(见图6-4)。

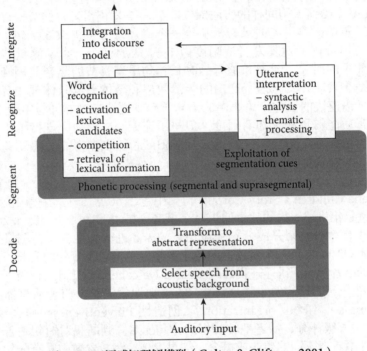

图6-4 口语感知理解模型(Culter & Clifton,2001)

本节重点介绍21世纪以来在言语感知方面的研究方法,注重梳理主要的实验设计以及这些方法的应用。

6.2.1 语音感知实验设计

语音感知是从语音的声学信息中提取意义过程的最初始阶段,既包括音段层面从声学信号中切分并提取出音位(phoneme)信息(即语音感知),也包括口语词汇识别(spoken word recognition)。这两个层面

第 6 章　主流的语音学研究方法

的研究各有其相应的研究传统，相对独立。由于言语是连续多变的，包含着不同模态的信息，因此，语言感知的研究也应该是跨学科、多层面的，应该采用丰富多样的实验范式（Massaro，2001）。主流的语音感知实验方法大致可分为以下两类："辨认（identification）实验"和"区分（discrimination）实验"。

1. 语音辨认实验

"辨认实验"中最基本、最简单的实验设计是"是—否判断任务"（YES-NO），即让实验参与者判断是否听到某个语音类别。这种设计的好处是任务简单，因此实验参与者比较容易理解和接受。同时，相应的反应时（reaction time）也较为容易计算。

另一种辨认实验设计是"标记任务"（labeling，identification，forced choice identification）。在此类任务中，实验参与者在每个试次（trial）中只听到一个刺激，随后实验参与者需要从封闭的选项中选择一个相对应的标记，比如某个元音、辅音或声调。实验参与者也可以开放填写所听到的内容，比如写出相应的字母、字母组合或是拼音。在数据分析上，这种设计可以用计算正确率或者错误率来评价感知的好坏。但是，它的一个潜在问题是，实验参与者必须了解并熟记所需要选择的类别以及对应的符号。所以对于儿童或者一些有认知缺陷的人群，这种方法可能并不适用。

还有一种辨认实验设计是"奇异值判断"（oddity），指给实验参与者听系列语音刺激，然后让他找出其中与其他刺激不同的选项。通常一组语音刺激包括3—4个选项。这种实验设计的优势是不需要实验参与者了解语音刺激的类别；其缺点在于实验参与者需要将刺激暂时保留在短时记忆（short-term memory）中，对于难度大的刺激类别任务完成度不高，且反应时难以计算。

2. 语音区分实验

"区分实验"用于测量实验参与者区分刺激材料的能力，即通过比较不同的刺激对（stimulus pair）以及不同被试区分的正确率，或者衍生指标如 d'（Macmillan & Creelman，2004）等，可以回答实验参与者的语音感知空间构成（the architecture of perceptual space）等问题。最常见的区分任务设计有"AX 实验"和"ABX 实验"设计；次常见的区分任务设计有"两项顺序选择设计""四项顺序选择设计"以及"范畴改变差异测试"。

1) AX 实验

"AX 实验"（又称 same-different，即"相同—不同"判断），是一种简单的语音感知实验设计。在一个试次中，实验参与者会听到两个语音刺激材料 A 和 X；A 和 X 可能是相同的，也可能是不同的。实验参与者需要从中判断两者是否相同。实验数据可以计算正确率，不过为了避免实验参与者的选择偏好（decision bias），可以进一步计算 d' 这样的指标。此外，部分实验通过控制 A 和 X 之间的时间间隔，即 ISI（InterStimulus Interval），来考查语音感知的不同模式（Asano，2017；Yu et al.，2017）。除了正确率之外，AX 感知实验可以测量到可靠的反应时，以反映语音感知的认知过程。AX 实验设计不需要实验参与者判断听到的内容是什么，而只需要关注刺激对之间的差异，因此很容易向实验参与者解释，不需要实验参与者有相关语言背景知识。

AX 实验有一个变体，即 AX 加速实验（speeded AX）。AX 加速实验的基本设计和 AX 实验是相同的，区别在于 AX 加速实验要求实验参与者在一定的时间限制内完成，通常是 500 毫秒；并且在实验过程中不停地给参与者关于反应速度的反馈。同时，当实验参与者超过一定时限的时候，比如 1 500 毫秒，会接收到实验提示，要求其加快速度。AX 加速实验可以用来测量语音刺激之间的心理声学距离[1]（pscyhoacoustic distance），同时由于 AX 加速实验中的反应时受到了反应时间的限制，因此数据相对于其他实验设计更加稳定。但是，由于实验要求比较高，因此会有一部分数据由于不符合时间限制被删除；同时错误的反应也会较 AX 实验更多。特别要注意的是，AX 加速实验中不同类型的参与者可能在反应时上存在差异，比如年龄因素会影响反应时。

2) ABX 实验设计

在"ABX 实验设计"中会向实验参与者呈现三个语音刺激，即 A、B、X。实验参与者的任务是判断 X 刺激是与 A 刺激相同，还是与 B 刺激相同。三个刺激的呈现顺序，除了常见的 ABX 外还有 AXB、XAB 等。ABX 实验具有很多与 AX 实验一样的优点，比如在实验设计中，不要求实验参与者拥有关于刺激材料的语音或者语言背景知识，只需要能判断 X 与 A 或者 B 相同即可。因此，在实际操作过程中，ABX 实验简单易行、不易出错。ABX 实验的另一个独特优势是，实验参与者不容易受到

---

[1] 即刺激或者音素之间基于声学和感知的距离。

决策偏好的影响（偏好选择"相同"或者"不同"）。然而，ABX 实验的缺点则是，由于 AB 本身存在一定的时间间隔，实验参与者对于 B 刺激的短时记忆会优于 A 刺激。为了平衡 AB 之间的顺序差异，必须在设计实验时充分考虑 AB 先后顺序的平衡性，并且在后期实验数据处理过程中加入这一因素。此外，对于 ABX 实验计算 d' 等决策指标在计算上更为复杂，难度更大。

3）两项顺序选择设计

在"两项顺序选择设计"（Two Alternative Forced Choice，简称 2AFC）中，给实验参与者呈现两个刺激——A 和 B，并且要求实验参与者判断 A 和 B 哪一个刺激先出现（Arzounian et al., 2017）。这种实验设计的优势是可以最大限度减小决策偏好，并且相应的区别指数 d' 也较容易计算。不足之处在于这个设计需要实验参与者明白 A 和 B 之间的区别，并且能够用符号将它们的区别表示出来。因此在实验实施阶段较为复杂。

4）四项顺序选择设计

在"四项顺序选择设计"（Four-Interval Forced Choice，简称 4IAX）中的每个试次中，实验参与者会听到四个语音刺激，只有两种类型，即 A 和 B。有两种测试方法，第一种要求实验参与者判断是第二个或是第三个刺激与其他三个不同，因此会有四种排列组合 ABAA、AABA、BABB 以及 BBAB。另外一种测试方法要求实验参与者判断哪一对刺激是相同刺激。比如 AB|AA、BA|AA、AA|BA、AA|AB、BA|BB 以及 BB|AB 等。与"两项顺序选择设计"相同，"四项顺序选择设计"不容易产生决策偏好，并且 d' 计算也相对简单。但是"四项顺序选择设计"中的反应时测量较为困难，因为实验参与者可能会在第三或者第四个刺激开始时刻需要做出决策时采取不同策略，因此反应时的个体差异较大，测量较为困难。

5）范畴改变差异测试

"范畴改变差异测试"（category change，或称 oddball 设计）是指让实验参与者听一系列的语音刺激，如果发现不同类别的语音出现时，即时做出反应。这个设计的好处在于，不要求被试了解刺激背后的语言学知识，操作也比较简单。成人通常通过按键等方式即可参与实验，婴儿也可使用这种设计，通常通过婴儿关注点的改变获得结果。目前这种设计常被用来与脑电实验相结合。

3. 语音感知综合实验

除了上述简单的语音实验设计之外,一些研究范式需要将不同的语音实验设计组合起来,取长补短。其中最典型的是"范畴感知实验"。

典型的范畴感知实验(categorical perception test)包含了辨认实验和区分实验两个部分(见图6-5)。当一个实验范式中存在两个实验设计时,通常区分实验要先于辨认实验。这是因为实验参与者可能通过辨认实验觉察到实验所涉及的语音范畴,会影响区分实验的准确性。

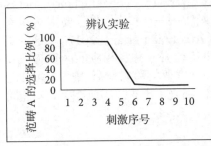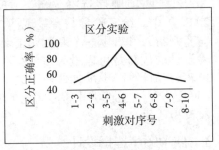

图6-5 范畴感知辨认实验(左)与区分实验(右)数据模拟图

设计"范畴感知实验"时,一般采用人工合成刺激。通常根据研究目的确定某一语音的一个或多个声学维度,然后等距离地合成相应的刺激(刺激1、刺激2……)。在区分实验中的一个试次里,两个相邻(比如刺激1和刺激2)或者等距的刺激(刺激1和刺激3,刺激2和刺激4)依次播放,实验参与者则需要判断两者是否相同或者存在差异。在区分实验之后,实验参与者再参加一个用同样刺激组成的辨认实验。在辨认实验中,实验参与者要对刺激选择相应的标签,每个试次听取一个刺激(刺激随机呈现)。

典型的范畴感知需要对比区分实验和辨认实验。在辨认实验中,实验参与者对于语音刺激的一个维度某一端的辨认率会在刺激连续统(continuum)的中间位置突然下降。同时在区分实验中的对应之处,区分正确率达到峰值。由此说明,在这个语音范畴连续统上存在一个感知边界,在感知边界的两边,人们可以将语音划归到不同的范畴中。

4. 基于脑电的语音感知研究方法

"脑电描记法"(Electroencephalography,简称EEG)能够让人们测量言语感知中的神经活动。与行为实验不同的是,脑电研究可以让研究

第 6 章　主流的语音学研究方法

者探究语音感知早期自动化的脑活动，而不需要实验参与者进行辨别任务或者区分任务。脑电活动研究还可以帮助研究者解释不同语音加工过程中时间进程的差异。在语音感知研究方面（Brandmeyer et al., 2012; Digeser et al., 2009; Johnson et al., 2008），最常用的脑电成分是失匹配负波（mismatch negativity，简称 MMN）。

失匹配负波是一种事件相关电位（event-related potential，简称 ERP）成分，由一系列重复常规刺激中夹杂的偏异刺激所诱发。比如在一系列语音"ffffsffsffffffffsffffs..."中，f 是常规刺激，而 s 是偏异刺激，出现的频率较低。

一些研究者认为失匹配负波不是由偏异刺激的低级声学信息诱发的，而是由偏异刺激与大脑中常规刺激的对比而诱发的（Näätänen et al., 2005, 2007），比如失匹配负波可以因抽象的音位对立差异而诱发。当常规刺激中包含声学上的变异，常规刺激和偏异刺激之间的差别不仅仅是声学上的，由此诱发的失匹配负波可以反映更高层次的语音感知（Pakarinen et al., 2010）。

Politzer-Ahles et al.（2016）使用被动范畴改变差异测试的范式（paasive oddball paradigm），研究了汉语普通话中上声（Tone 3）加工的脑活动机制。研究发现，普通话母语者和非普通话母语者都能诱发失匹配负波，但是只有普通话母语者表现出了失匹配负波的不对称性，研究者认为这种不对称性和不同层级的语音感知（音系层面和语音层面）有关。

6.2.2　语音感知的研究方法应用

从研究方法来说，一语语音和二语语音感知的研究方法大致相同。不同之处在于，对于没有外语背景的初级学习者，为了考查其母语对于二语语音感知的影响，会使用"跨语言语音归类任务"（cross-language categorization/assimilation），同时辅以"范畴优劣评级"（category-goodness rating）[1]。此外，在二语语音习得领域，"感知训练"常常被用于提高二语学习者对于二语中某些困难语音的习得。

---

[1] 可以将之视为一种特殊的辨认任务。

1. 语音感知辨认的相关研究

Garellek et al.（2013）研究了白苗语者对于母语声调的感知，其中使用了词汇辨认任务。在第一个实验中，实验参与者听到改变了基频和时长的声调，但是发声态（phonation）没有改变。研究发现白苗语者对于发声态的感知不随基频和时长变化而变化。比如，在自然语言中，白苗语的气嗓音通常出现在下降的基频曲拱中；而在实验中虽然曲拱被拉平，但是白苗语者依然能感知到气嗓音。也就是说，气嗓音的感知独立于基频和时长，发声态对于辨认气嗓音有重要作用。因此，研究者认为气嗓音对于白苗语具有音位对立性。在第二个实验中，研究者进一步改变声源谱的斜率（source spectrum slope）来合成从常态嗓音到气嗓音的连续统。研究发现，第一、第二谐波和第二、第四谐波的改变对于辨认气嗓音和常态嗓音有重要作用。

外语语音感知辨认的相关研究主要有两类。

第一类研究要求实验参与者将外语语音归入母语语音范畴中，以此来揭示外语和母语在感知距离上的远近（Faris et al.，2016；So & Best，2011；Tyler et al.，2014）。这类研究不需要实验参与者了解刺激的语言背景，零外语经验的初学者也可以完成实验任务。"感知同化模型""语音学习模型""二语语言感知模型"等理论都强调了外语和母语语音感知距离对于外语的影响，并且都有不同程度的理论假设。而验证这些假设需要通过"跨语言语音归类任务"和"范畴优劣评级"任务来完成。

从感知的语音对象来说，"跨语言感知辨认"研究既包括音段研究，也包括超音段研究。例如，Harnsberger（2000）研究了7种不同语言背景[1]的听者将不同发音部位（包括双唇、齿、齿龈和卷舌）的鼻音（来自 Malayalam、Marathi 和 Oriya 3 种语言）归纳到自己母语的鼻音范畴的方式，并评价这些鼻音和母语鼻音在语音上的相似性标准。研究发现，相对于音位表征，基于音位变体的表征更能预测不同语言背景的听者将外语鼻音归纳入母语鼻音范畴的方式。但不管是音位，还是音位变体，都很难预测听者评价外语鼻音和母语鼻音在语音细节上的相似性标准及方式。研究者认为，这一发现说明，无论是"跨语言语音归类任务"，还是"范畴优劣评级"都会受到母语语音细节的影响。

Park & de Jong（2008）研究了40个韩语母语的英语学习者用母语韩语（字母）和外语英语（罗马字母和国际音标）的语音范畴将无意义

1　分别为 Malayalam、Marathi、Punjabi、Tamil、Oriya、Bengali 和美式英语。

的英文音节中的塞音进行分类[1]；然后要求实验参与者给出英语和韩语相同辅音的相似性评分。研究结果显示，外语中的塞音识别可以根据外语和母语的同化关系进行预测。

除了对于辅音的研究之外，Tyler et al.（2014）研究了美式英语母语者将 6 种不同的外语元音感知同化为母语元音的过程。实验发现，被试可以将外语的语音感知同化为母语的音位范畴，但是不同被试之间的感知模式有所不同，存在较大的个体差异。

So & Best（2011）试图了解非声调语言母语者是否能够将句子中的普通话声调同化到自己的语调范畴中。这一研究旨在验证，感知同化是否存在于超音段层面。实验发现，英语和法语的实验参与者可以将外语的声调同化到母语的语调范畴之中。这种范畴的辨认取决于普通话声调和母语语调范畴的相似度。同时，研究也发现，法语母语者能够区别普通话第三声和第四声的语音特点，而英语母语者则不能。此研究证明了"感知同化理论"可以应用到超音段领域。

Chen et al.（2020）试图探究声调语言母语者是否能够将另一种声调语言的外语声调同化到母语声调范畴中。研究要求普通话和越南语（南部方言和北部方言）的听者用母语范畴辨认泰语声调范畴。结果发现，母语音系和语音两个层面对于同化模式均有影响；母语方言的音系和语音差异也影响着跨语言辨认实验的模式。与 So & Best（2011）相比，声调语言母语者可以从音系和语音两个层面同化外语声调，而非声调语言母语者只能从音系角度同化外语声调，原因是他们的母语音系中没有声调层。

另一类辨认任务要求实验参与者判断识别外语语音（Hallé et al., 2004；Lee et al., 2010a, 2010b；Mi et al., 2016；Park & de Jong, 2008）。在此类研究设计中，刺激材料既可以是自然产出的刺激，也可以是人工合成的刺激组。

第一类是使用自然产出的刺激材料通常可以考察不同语言背景的外语学习者对于外语语音的感知能力。比如，王韫佳（2001）使用自然语料刺激研究了韩国和日本学生感知汉语普通话中的 5 个高元音。研究发现，两国学生感知错误率最高的是 [y]，因受到声母影响，错误地将其同化为 [i]。在学习时间相同的条件下，由于 [y] 与 [i] 在日语中的知觉近似度高于韩语，所以日本学生更容易将 [y] 等同为 [i]，日本学生 [y] 的感知错误率高于韩国学生。

易斌（2011）以不同汉语水平的维吾尔族汉语学习者为被试，测试

---

[1] 将 /p, b, t, d, F, v, T/ 分别与 /A/ 组合，产生无意义的音节。

了其对于汉语单字调的感知。研究发现，母语为维吾尔语的不同水平的汉语学习者，在汉语学习过程中，从声调感知错误的角度分析，对各声调的感知能力不平衡，具体表现为阳平与上声、阳平与阴平混淆现象突出。学习者习得声调的先后顺序为：去声、上声、阴平、阳平。同时，维吾尔族学习者的声调系统从非四调格局向四调格局发展。

除了测试不同外语语音的感知难易程度之外，研究者还会设置不同的听力环境，比如不同的噪声，来考查母语和非母语者对于自然语音感知的稳定性。比如 Lee et al.（2010a）让汉语母语者和不同学习年限的汉语学习者在不同的噪声环境里辨认汉语声调。噪声使得所有被试的辨认准确度有所下降，这种噪声效应在母语者和学习者之间并没有显著差异。母语者比不同水平的学生者辨认更准确，而学习者的学习年限并没有系统影响辨认准确率。

另一类是使用合成刺激的研究。此类研究中的一部分会使用范畴感知的实验范式来考察不同母语背景的人对于外语感知的差异，以及这种感知差异与母语的关系。例如，Best & Strange（1992）在研究日语母语的英语学习者对于美式英语中合成通音的感知时发现，在辨认和区分实验中的感知模式，与两种语言中相似音位的语音和音系相似性相关。值得注意的是，日语中并没有 /r/-/l/ 的音位对立，那么若母语中有相似的音位对立，感知模式又会怎样？由此提出了新的课题。随后，Hallé et al.（1999）考查了有 /r/-/l/ 音位对立的法语母语者对美式英语中通音的感知情况。由于法语和英语 /r/ 音位的语音实现不同，导致了法语母语者难以辨认美式英语中的 /r/，而更倾向于将 /r/ 同化为 /w/。这说明，母语和外语辅音范畴的细微差异也会影响感知模式。Bohn & Best（2012）对丹麦语和德语的母语者也进行了美式英语通音的感知辨认实验，得到了同样的发现。

还有一类研究通过操纵刺激材料不同的声学特征来探索哪些声学特征对于感知某个语音类别是必不可少的。比如，Lee et al.（2010）使用了经过不同处理方式（即未处理、音节中部处理为无声、只有音节中部有声、只有音节开头有声）的普通话声调片段来研究非本族语者辨认普通话声调的情况。研究发现，未处理和只有音节中部有声的刺激比音节中部处理为无声和只有音节开头有声的刺激识别度要高。

2. 语音感知区分的相关研究

对于母语者进行的区分任务实验通常会考察特殊人群（包括成人和儿童）的语音区分能力。比如，Maassen et al.（2001）研究了发展性阅读障碍的儿童（平均 8 岁 9 个月大）对于清浊特征和发音方式特征的区分能力与正常儿童的异同。研究使用了 AX 任务。研究发现，发展性阅读障碍的儿童对于清浊特征和发音方式特征的区分能力比正常儿童（包含同年龄和年龄不匹配两个组）都差。研究证明了阅读拼写发展和言语感知之间存在联系。

与母语感知区分实验不同的是，二语感知区分实验在发现被试对于不同外语刺激对感知正确性不同之后，通常需要通过母语的影响来解释二语区分表现的优劣。母语的影响，通常是通过母语和二语之间的音姿距离（音姿的相似程度）、声学距离或者感知距离来描述的。其中感知距离通常通过跨语言感知归类和母语外语语音相似度评分来获得。"感知同化模型""语音学习模型""二语语言感知模型"基于母语和二语的关系都有相应的理论预测。因此，很多研究包含两个实验，一个辨认实验和一个区分实验（Best et al., 2001；Chen et al., 2019；Faris et al., 2018；Tyler et al., 2014），同时验证上述理论的预测是否正确。

比如，Faris et al. (2018) 研究了澳大利亚英语听者如何区分丹麦语的元音音位对立。这些丹麦语的元音对立的区分准确性与它们被同化为澳大利亚英语元音范畴的模式有关。当一个丹麦语元音对立（包含两个元音）被同化为一个澳大利亚英语元音范畴的时候，其分辨准确性低于当一个丹麦语元音对立被同化为两个澳大利亚英语元音范畴的时候。此外，当被同化的母语音位范畴有重叠的时候，区分准确性也会受到影响。这一发现强调了感知同化中母语音位重叠对于二语语音区分任务表现的影响，丰富并发展了感知同化模型中的同化模式，使得模型的预测更为准确，同时对于其他二语语习得模型的发展也有一定的启示。

相对于外语辅音和元音的研究而言，外语声调的区分研究相对较少。在有限的外语声调研究中，通常是以非声调语言的母语者如英语母语者为被试。Chen et al.（2019）对普通话听者（母语为声调语言）区分泰语声调对进行了研究。研究发现，当一个泰语声调对（包含两个声调范畴）被同化为两个普通话声调范畴时，普通话听者能够非常准确地区分两者。当泰语声调对（包含两个声调范畴）中的一个声调被同化为某一个普通话声调范畴，而另一个泰语声调被同化为几个普通话声调范畴时，普通话听者的区分准确性下降。同时，该研究还操控了认知变量，发现感知同化过程不受刺激中个体变异和语音环境变异的影响，但是受到记忆负荷的影响。相反，区分任务不受记忆负荷影响，而受到刺激中个体变异和语音环境变异的影响。这说明辨认实验和区分实验中，实验参与者的认知活动过程是不同的。

3. 范畴感知实验

范畴感知被认为是人类语音感知的一个特点。近二十年的语音感知研究开始关注不同特殊人群语音范畴感知的特点。从中我们可以了解到不同的发展问题（例如老化）对于言语感知的影响。例如，Wang et al.（2017）研究了老化对于普通话声调范畴感知的影响。实验使用了辨认任务和区分任务来测试青年人和老年人对于不同基频曲线（从平调到升降调）和时长（100、200 和 400 毫秒）的范畴感知。研究发现老年人的辨认曲线更加平缓，区分曲线峰值更小，特别是对于第一声和第三声，以及第一声和第四声。此外，时长充足时平声—升调的范畴感知更加明显，而平声—降调没有这样的效应。这反映出范畴感知受到年龄的影响因不同声调类型而不同。低于 100 毫秒的平声—升调的范畴感知减弱，与老年人的时间加工能力退化有关。

4. 感知训练研究

外语（二语）感知研究中有一类特别的研究是语音感知训练的研究（Antoniou & Chin, 2018; Cheng et al., 2019; Wang, 2005, 2013; Wang et al., 2003; Wayland & Guion, 2004; Wayland & Li, 2008）。感知训练的目的是，通过特定的感知任务设计来探究外语学习者感知外语语音的特点以及发展模式，并且通过操控一些变量来观察对于外语学习者感知模式的改变和这种改变的泛化程度。

1）感知训练类型

感知训练中常用的感知任务和前文中介绍的相同，也分为区分任务和辨认任务两大类。大部分区分任务不太适合训练学习者感知新的语音范畴，因为这些任务会让学习者更多地关注刺激间的不同。尽管关注刺激间的不同是建立新的语音范畴的重要方面，但是区分任务不能很好地让学习者处理范畴内部的变异性。换句话说，尽管范畴内部存在着各种变异性，学习者在建立外语语音范畴时，必须要能设立合适的范畴原型。因此，与区分任务相比，辨认型感知任务可以帮助学习者学习范畴内部的变异性。此外，辨别任务比区分任务更能实现好的泛化效应。

Wayland & Li（2008）研究了不同训练方法对于英语和汉语听者在两种刺激间隔时间（500 或者 1 500 毫秒）下区分泰语中平调和低平调的影响。实验参与者分别接受了两种不同的训练任务：一种是二选项的辨认任务，另一种是范畴异同区分任务。研究发现，母语为汉语的实验参与者训练前后在两种刺激间隔时间下都比母语为英语的参与者表现更好。训练前，汉语母语者在长刺激间隔下的区分表现好于短刺激间隔，而英语母语者没有此种差异。训练后，刺激间隔时间在两组参与者中都没有显著差异。汉语母语者和英语母语者训练前后都有显著提高，但是英语母语者的提高更明显。在这一研究中，二选项的辨认任务和范畴异同区分任务在训练效果上没有显著差异。

2）感知训练方式

感知训练研究常常探索采用不同训练方式会取得怎样不同的训练效果。常见可以操控的变量有反馈、训练时长、泛化程度的测量。反馈对于技能学习是非常重要的，因为反馈可以让学习者了解他们的行为是否正确。反馈的内容可以是正确或者错误的反应，也可以是反应的时间。反馈可以出现在每个试次或每个实验组块或每个训练模块之后。

训练的时间可以是短期的，如单次训练，也可以是长期、持续多次的训练。通常的感知训练一般为 15 次，大约持续三周。对于长期的训练研究来说，研究者希望了解在整个训练过程中学习者的提高率是如何变化，以及在学习率极值点出现之后，进一步的训练对于学习者的提高有何影响。这将决定在学习率极值点之后是否要停止训练，或者继续训练是否会使得训练效果更持久。

Iverson & Evans（2009）研究了不同母语背景的学习者接受关于元音的感知训练。西班牙语有 5 个元音，而德语有 18 个元音。西班牙母语参与者和德语母语参与者先根据英语水平筛选匹配，之后参加了五个部分的高变异感知训练。通过测试前后的语音辨认结果，研究者发现，尽管母语为德语的学习者母语中元音空间很拥挤，他们的学习效果比语为西班牙语的学习者好。研究进一步发现，母语为西班牙语的学习者增加 10 期的训练后可以获得和德语为母语的学习者相同的训练效果。两组的训练效果都能够维持。研究结果还表明，如果母语的元音系统中范畴个数较多，则新范畴更容易建立。

3）感知训练范式

感知训练实验通常采用前测—后测的范式。前测和后测通常采用不同于训练的测试方法，比如不同的感知任务、不同的刺激、不同数量的试次，通常前测和后测不给学习者反馈。感知训练中通常有实验组和控制组，两者可以通过随机的方式产生，也可以通过前测匹配尝试。

李燕芳、董奇（2011）通过前测—训练—后测范式对 22 名五年级小学生和 29 名大学一年级学生进行了英语辅音 /s/ 和 /θ/ 的感知训练。

两个年龄阶段被试在前后测中均接受纯听、视听一致、视听不一致和纯视条件下的测试，训练时两个年龄阶段被试中分别有一半接受纯听训练，另一半接受视听训练。研究发现，接受纯听和视听训练的五年级学生在纯视测查条件下感知英语辅音 /s/ 和 /θ/ 的提高率有显著差异：视听训练被试显著高于纯听训练被试，但是在其他条件下没有显著差异。此外，接受两种训练的大学生在所有条件下感知英语辅音 /s/ 和 /θ/ 的提高率都没有显著差异。由此，研究者认为，儿童表现出了更强的视听双通道语音知觉的可塑性。

泛化是感知训练追求的效果之一。泛化可以是泛化到新的任务、新的发音人的刺激材料、同一发音人新的发音材料、新的语音环境、训练范畴有声学关联的新的语音范畴。通过了解泛化的效果，我们可以确定感知学习有效性的发生，学习者真正学习到了一些语音／音位对立，并且能够在不同的语音环境和不同的发音人中感知到这些语音范畴。

5. 语音感知的脑电研究

21 世纪以来，随着脑科学和认知神经科学的发展，言语感知作为一种重要的认知活动也被广泛地研究。研究发现了一些脑电活动特征与言语感知相关。常见的脑电成分有 N100、MMN、P300、CPS 等。

N100 是在刺激产生 100 毫秒左右产生的负波，早期认知神经科学研究认为 N100 是一种外源性成分，主要是对听觉、视觉、触觉等物理性刺激产生反应。N100 虽然不是语言专属成分，但却反映了人类对于听觉范畴的区分，可以用来探究语音类别感知。

Sanders & Neville（2003）发现这一成分与连续语流中的单词切分有关。研究对比了词首音节和词中音节（二者在响度、长度和音位内容上均相等）所诱发的脑电成分，发现词首音节诱发更大的 N100。此外。通过对比语义缺失和句法缺失句子里的目标词发现，语义信息和句法信息对于词首音节诱发更大的 N100 没有影响。据此，他们认为 N100 是与连续语流中单词切分相关的成分。此外，Sanders & Neville（2003）对比了日语单语者、母语为日语的英语学习者和英语本族语者之间的差异。结果发现，虽然非母语者组表现出言语切分的认知活动，但是并未对词首音节和词中音节产生不同的脑电反应，这一点与母语者有差异。尽管一些行为实验（Sanders et al., 2002）显示，母语者和非母语者使用一些相同的切分信号，但此实验显示，从神经活动来看，单语者和二语者并没有以同样的方式使用这些切分信号，或者说，使用的时间区间不同。

失匹配负波（Mismatched Negativity，简称 MMN）是一个前注意

第6章 主流的语音学研究方法

成分,在刺激产生100—250毫秒后在前中区产生的一个负波,其相应的神经活动过程是自动化的。在使用oddball范式的实验中,当标准刺激和偏异刺激的差别被发现时就会自动诱发MMN。因此,在语音感知研究中,可以用它来测试实验参与者是否能感知一系列相似听觉刺激的改变。语音感知相关的实验主要包括两类,一类考查语言和非语言声音的区分,另一类考查母语和非母语音段的区分。

早期MMN的听觉研究发现,无论言语和非言语的声音都能通过范畴改变差异测试(oddball范式),进而诱发MMN,但是Näätänen(2001)发现,两种不同情况的MMN特征有差异,非言语诱发的MMN呈现双侧分布,而言语诱发的MMN呈现左偏侧化分布,其波幅更大。他认为言语和非言语声音都能激活声音分析机制,但是只有言语语音才能激活语音记忆痕及相应模型。

一些对于母语和非母语音段语音听辨的研究发现,脑电数据揭示了行为数据上没有出现的差异(Rivera-Gaxiola et al., 2000; Tremblay, 2010)。比如,Rivera-Gaxiola et al.(2000)研究了/da/和/ba/(母语对立音)、/da/和/ḍa/(非母语对立音)。他们发现,行为数据上只有在母语对立音里,受试(英语本族语者)表现出了差别;但是脑电数据显示,在母语和非母语对立音里都产生了失匹配负波。因此,这一方面说明脑电数据比行为数据更加敏感;另一方面也需要进一步揭示为什么脑活动中出现的差异没有体现在行为表现上。

此外,一些感知训练的研究也使用失匹配负波来测量训练的效果(Cheng et al., 2019; Cheng & Zhang, 2013; Kaan et al., 2007, 2008; Lu et al., 2015; Zhang et al., 2001)。Kaan et al.(2008)使用事件相关电位技术来研究汉语母语者(母语为声调语音)和英语母语者(母语为非声调语言)是否在感知泰语声调上有前注意脑电成分上的差异。刺激材料为加载在[kha:]音节上不同的泰语声调,其中高升调和低降调为偏异刺激,中平调为标准刺激。在前测之后,汉语母语者和英语母语者完成了两天的辨认任务感知训练,并且测量训练后的脑电活动。研究发现,低降调在训练前后都诱发了失匹配负波,而高升调在英语母语者训练前,没有诱发失匹配负波,只是在训练后诱发失匹配负波。对于汉语母语者,在训练后诱发的失匹配负波减小,且有所推迟。研究者认为,非泰语母语者可以区别泰语声调,但是不同母语背景的人对于声调感知敏感的部分不同。英语母语者更加关注声调早期的音高差异,而汉语母语者更加关注声调后期的音高差异。

另一个与音段区分有关的事件相关电位成分是P300。P300是在刺激呈现后300毫秒左右的一个正波。在oddball范式中,要求受试关注偏异刺激（如不同的音段对立）并按键或计数反应，此时可以诱发 P300（Tampas et al., 2005）。与 MMN 不同的是，P300 是一个需要注意参与的成分。有学者认为 P300 和 MMN 反应的是语音识别的不同层级（Dalebout & Stack, 1999）。就二者与行为实验中语音辨别的相关度而言，P300 与 MMN 何者更能预测对于语音感知的行为结果仍有争议：一些人支持 MMN 更反映语音感知（Lang et al., 1990; Sharma & Dorman, 1999; Tremblay, 2010），另一些人更支持 P300 作为语音辨别的指标（Tampas et al., 2005）。

除了音段语音感知的脑电研究之外，认知神经科学也试图探索韵律加工的认知神经过程。韵律作为一种超音段语音特征，与语义、句法信息一样对于听觉通道加工言语信息至关重要。在电生理层面，最早发现的相关成分是 CPS（the closure positive shift）（Steinhauer et al., 1999）。CPS 最早在德语句子加工中被发现，出现在语调单位边界（intonation phrase boundary，简称 IPB）。Steinhauer et al.（1999）在实验中去除语调单位边界处的停顿，发现 CPS 依然存在。这说明 CPS 反应的韵律加工不是由语流中的停顿产生的，而是由语调单位边界的另外两个语音指征，即音高变化和音节延长激发的。在其他语言的认知神经科学研究中也发现了相似的现象，证明这一成分与语言加工的一般过程有关，比如荷兰语（Bögels et al., 2010; Kerkhofs et al., 2007）、日语（Wolff et al., 2008）、汉语（Li & Yang, 2009）、英语（Itzhak et al., 2010）。

从语言习得角度来说，有研究发现幼儿不能识别没有停顿的语调边界。但是，稍大一些的儿童和成人一样，在习得足够的句法知识后，可以仅凭音高信息和音节延长识别语调单位。Friederici（2011）认为，停顿是在语言发展早期作为言语结构分析的指征，但是一旦句法知识和韵律知识习得后，停顿就不再是语调边界识别的信号。Pannekamp et al.（2005）发现当音段信息被删除，只保留韵律信息时，仍然会诱发 CPS，此时 CPS 呈现右偏侧化。

6.3　其他研究方法及其应用

语音研究及其应用极其广泛，常常是产出与感知并行，多种研究方法协同作战。例如，对濒危语言的记录、法庭环境下说话人的语音识别等。

6.3.1 濒危及少数族群语言的语音记录

世界上现在有 7 000 多种仍然为人们所使用的语言,其中既有像汉语、英语、西班牙语这样占统治地位的语言,也有许多仅为少数人掌握并使用、但鲜为人知的语言。语言学家估计,到 21 世纪末,在这 7 000 多种语言中,有超过一半的语言将会灭绝。对这些濒危语言及少数族群语言进行收集、记录、整理和研究,是语音学研究的一项重要内容。这类研究不但能够加深我们对于人类语言多样性更深层次的理解,也能为人类语言的起源与演化过程研究、人类的迁徙及其文明的演化过程研究等提供更多的实例证据。

在对濒危语言的记录中,通常采用录音、录像的方式,同时也常利用国际音标进行传统的文字记录,从而建立含有数字影像和音频方式的多模态语音数据库(包含声音、图像等)。

21 世纪以来,对濒危语言及少数族群语言进行语音研究比较有代表性的主要集中在对澳大利亚土著语言、新几内亚以及高加索印欧语言的人类学语音研究。

澳大利亚在欧洲殖民者到来之前约有数百种原住民语言,到现在仍有一百多种,绝大多数属于濒危语言(Hodge,1990)。虽然澳大利亚不同原住民族群之间在语言及文化习俗等方面都有很大的区别,但不同族群的语言之间也有许多共通的词汇和语音特征。澳大利亚纽卡斯尔大学的 Mark Harvey 和西悉尼大学的 Robert Mailhammer 共同对包括语音音素特征在内的澳大利亚土著语言特征进行了详尽研究分析,首次证明了澳大利亚现有的各种土著语言都源自同一种被称为澳大利亚原语(proto-Australian)的古代语言(Harve et al.,2015,2019a,2019b; Mailhammer et al.,2018)。

新几内亚岛与澳大利亚虽仅隔一道浅浅的托雷斯海峡(最浅处仅 14 米),却存在着两种完全不同的语言系统。令语言学家们感到惊奇的事情是,两类语言的边界是如此的清晰,以至于没有任何过渡地带。由澳大利亚国家大学的 Nicholas Evans 牵头的研究发现,澳大利亚与新几内亚的土著语言起源相同,直到最近 9 000 年的时间里,随着新几内亚和澳大利亚的分离,逐渐演化合并成了两个不同的语言系统,但是还是能够从语音上找到这两个语言系统在远古时代的某种相似性的证据(Evans,2019,2020)。

世界各国均设立项目出资支持对濒危语言的记录和挽救工作。例如,美国国家科学基金会(National Science Foundation)资助开展了对高加索地区五种印欧语言（Archi、Khinalugh、Nganasan、Enets、Alutor）的田野调查，创建了多模态语音数据库；伦敦大学亚非学院自 2002 年以来资助了超过 500 个项目、总经费超过 150 万英镑的"濒危语言记录计划"（The Endangered Languages Documentation Programme，简称 ELDP）。ELDP 每年都会为被资助的研究人员提供培训，让他们能够用标准且专业的方式记录濒危语言。

6.3.2 说话人识别研究

法庭语音学（forensic phonetics）是一门运用普通语音学知识、理论与方法的应用学科，为警方的侦察破案提供帮助或为法庭提供证据，同时也研究最新的，特别是与法庭语音相关的知识、理论与方法等方面的发展情况。法庭语音学的核心内容是说话人鉴定（speaker identification），也有人称之为说话人识别（speaker recognition）。法庭语音学研究的另一块内容是分析语音段落的语言内容，这些语音往往由于技术或人为因素导致其可懂度大为降低，也有人称之为有争议话语的分析/检验（disputed utterance analysis/examination）。法庭语音学中的许多内容都与其他学科有着很强的联系，如语音技术、言语工程、物理声学等。因此，所使用的研究手段或方法也与其开展研究所涉及的领域密切相关，如嗓音变化语音数据库建设、深度学习技术在嗓音比较中的应用、解剖学电生理手段的应用。

人在不同的环境和主客观条件下的嗓音会产生变化，这为说话人识别工作带来了挑战。找到某一特定说话人在不同条件下嗓音的变化性（variance）与不变性（invariance），是说话人识别研究需要解决的一个关键问题。由美国国家科学基金会资助的一项课题"Variance and Invariance in Voice Quality"及其后续课题"Variance and Invariance in Voice Quality: Implications for Machine and Human Speaker Identification"的目标就是要构建一个嗓音源变化性的数据库。这一课题希望通过考察不同说话人在不同话语任务中语音的变化性，找到与特定说话人相匹配的不变的语音特征，为提高说话人识别系统的准确性服务。

深度学习（deep learning）技术在最近十年间迅速成为机器学习技术的主流，在图像处理、视频处理、音频处理以及语音信号处理等方面都有广泛的应用。多数深度学习算法采用的都是所谓"有监督学习"（supervised learning）方式，即需要对大量原始的训练数据进行标注操作。然而在实际应用中，常常出现缺少标注数据甚至没有标注数据的情形，因而对于"轻度监督"（lightly-supervised）甚至"无监督"（unsupervised）深度学习算法的研究越来越受到研究人员的关注。例如，法国图卢斯信息技术研究院就在探索将深度神经网络（deep neural network）在特征及多层表达上的优势与最前沿的聚类（clustering）技术相结合，研发一种无监督的深度学习技术。这一技术已在说话人嗓音比较任务中获得了应用（Ferragne et al., 2019）。

从上述介绍我们已经知道，人的嗓音会在不同环境和主客观条件下发生变化。但从解剖学角度看，人的发声器官是一个较为稳定的系统，一般不会轻易随环境的变化而变化，因而可能提供更为可靠的声学线索。英国研究院（British Academy）的一个项目希望通过核磁共振成像技术，将个体的声道形状与其嗓音特征联系起来。这一项目最大的创新就是应用核磁共振技术，将解剖学与声学工程相结合，从全新的角度对探索法庭说话人进行比较的新技术。

第四部分
21世纪语音学、音系学与语音教学的主要成果

第 7 章
21 世纪语音学领域重要成果

进入 21 世纪，随着计算机与网络技术发展日新月异，语音学研究也翻开了新的篇章。在继承了传统研究对象和方法的基础上，基于实验语音学范式的实证类研究呈现出多学科交叉的新趋势，基于先进设备和实验范式的研究逐渐增多。本章将对 21 世纪以来语音学领域重要的期刊论文、论著及代表性团队进行回顾和梳理。

7.1 语音学领域重要期刊论文

进入 21 世纪，除语音学界专门刊物（如 Phonetica、Journal of Phonetics 等）外，出现在高质量权威和核心期刊的文章逐渐增多，在揭示发音、听觉及习得本质和神经认知、人机交互等前沿科技发展等方面发挥了巨大的作用，语音学的影响力正逐渐渗透到社会发展的各个方面。

7.1.1 汉语普通话相关研究

1. 世纪之初的追溯综述

刘俐李对 20 世纪的汉语语音学的多个方面作了较为详尽的回顾综述，内容包括轻声（刘俐李，2002a）、连续变调（刘俐李，2002b）、声调演变（刘俐李，2003）、声调理论（刘俐李，2004）和韵律（刘俐李，2007）。

朱晓农针对更为具体的语音现象，也取得了翔实的成果。例如，从类型学角度探索了上古群母字部分在中古以前擦化，部分在中古以后清化这一事实的原因（朱晓农，2003）；汉语语音的历史变迁（朱晓农，2005）；元音的各种调音/发声特征、种类及性质（朱晓农，2008）；从田野语音学和演化音系学的角度探讨了三种入声演变途径，并提供了例证（朱晓农等，2008）。

冉启斌（2005）对汉语鼻音韵尾的实验研究进行了梳理，分析了鼻音韵尾弱化的规律，并简略讨论了共时的实验研究与历时的演化现象之间的关系。

2. 声调语言的语调研究

汉语是声调语言（tone language），同一发音的不同声调会产生不同意义，因此对于声调语调的研究一直是汉语普通话（Mandarin）研究的重中之重。曹剑芬（2002）从声调和语调生成的客观物理过程及其相互作用的原理入手，阐述汉语语调的深层本质和内在结构，进而揭示声调与语调之间的复杂关系。林茂灿（2004）探讨了汉语语调和声调的特点，同时对比英汉语调的共性与个性。他（林茂灿，2006）还发现汉语疑问句的"升调"实属末位音节的调域抬高所致。对汉语声调的感知研究认为，普通话的上声应慎用"低平"来描述（曹文，2010）；语音实验应考虑语言的因素（石锋、冉启斌，2011）。

自然话语与朗读口语的对比研究发现，自然话语中的语调短语音高变化比朗读口语中更大（王茂林等，2008）；自然对话比朗读对话的韵律词音域小，对话语句最后一个韵律词的音域较大，而朗读话语内部韵律词音域基本无差异（王茂林等，2012）。

李爱军（2005）发现，语调和句重音在声学表现上的差异会影响情感的表达。具体来说，表达友好态度的语句与对应的中性语音相比，基频和时长两个声学参数不同；相较于时长，基频对友好态度语音合成贡献更大。

3. 重音、轻音与轻声研究

对普通话词重音的研究发现，影响汉语韵律词重音感知的声学参数依次为：时长、音高、频谱倾斜和平均能量（仲晓波等，2001）；王蓓等（2002）指出音域平移和高音点提高都是重音知觉线索，后者对词重音知觉的作用更明显。多数两字组倾向于"右重"，具有区别意义的两字组为"左重"，单念的非轻声两字组不存在具有辨意作用的"词重音"（贾媛，2011）；双音节阳平词重音的声学关联物（音高升幅差、音高上升部分时长差和斜率差）能够为区分前重词和后重词提供线索（刘敏等，2013）；王韫佳等（2004）发现，句重音类型、韵律词构造方式及音节的声调类型对重音分配有显著影响；贾媛（2008）提出，普通话焦点的作用对节律位置是敏感的，节律强的位置音高和时长变化幅度大；焦点重音可以通过提升词重音基频峰值的高度完成（张璐等，2012）；孟凡博等（2015）分析了不同韵律位置重音音节的声学特征凸显度；李英浩、孔江平（2016）借助动态电子腭位仪、同步声门阻抗和声学信号，考察了普通话焦点重音对窄焦点域内外音段的产出和声学特征的影响。

关于音节重音与语法结构的关系，端木三（2000）指出，成分的音节数是汉语重音的重要体现：双音成分可吸引重音，而单音成分不能吸引重音。王洪君（2001）则反对"辅重必双"的观点。

关于轻声，王韫佳（2004）的心理—声学感知研究发现，音高和时长对普通话轻声的知觉均有显著作用，且音高作用明显大于时长；李爱军（2017）发现轻声的声学特征与信息结构、轻声前字调和轻声底层调等相关；Fan et al.（2018）发现，荷兰语儿童将轻声判断为非声调信息的轻音，而汉语普通话儿童无法区分轻声词与非轻声词，说明一岁以内婴儿的声调范畴习得需要更长时间。

4. 韵律、交际与语篇研究

韵律特征与话语互动交际和语篇结构的关系也一直是语音学研究重点关注的话题。王洪君（2000）指出，把语段放到各种更大组合中考查是区分韵律词语和韵律短语的关键；李爱军（2002）认为，对汉语轻重音的研究不仅要考虑音长、音域和音阶，还要考虑韵律结构的影响；曹剑芬（2003）对自然话语中的文本分析全面地预测了韵律边界、重音的位置分布及其等级差异；熊子瑜、林茂灿（2004）发现不同话语交际功能的"啊"在语流中的实际韵律表现能够在一定程度上反映其话语交际功能；王蓓等（2004）基于语料库，对比了不同语速语料的韵律层级结构边界的声学表现；熊子瑜、林茂灿（2005）指出，话语交际功能分析能够为韵律特征分析的结果提供一定的解释，而韵律特征分析能够为话语交际功能分析的结果提供某些形式上的依据；杨玉芳等（2006）的综述系统回顾了从知觉、认知和语料库角度分析汉语韵律特征的研究，在语音工程方面也为更加合理科学地设置语音合成的韵律参数等提供了声学语音学参量；曹剑芬（2011）的研究揭示了韵律的层级特性与语音的生理机理之间的语言学内涵和交互作用。

5. 协同发音研究

针对汉语普通话中的协同发音现象，Ma et al.（2009）的研究结果表明，法语的语音规划（speech planning）是在音节之外进行的，而汉语的语音规划是在音节之内进行的；王茂林等（2011）针对"元音—塞音—元音"序列中两个元音的协同发音研究发现，送气是抑制协同发音作用的重要因素；李英浩、孔江平（2011）的同类研究发现，C2 对 V1 以及 V2 对 V1 的影响受到 C2 舌体发音限制条件的制约，但 V2 的圆唇特征对 V1 的影响则不受 C2 发音限制条件的制约；鲍怀翘、郑玉玲（2011）利用《普通话语音动态腭位数据库》对辅音发音进行了研究，结果显示鼻韵尾的变化是有规律的；辅音声母在协同发音中的约束度是可预测的。

6. 汉语方言研究

石锋（2002，2003，2005）分别针对北京话、苏州话、广州话的元音格局进行了探究；于珏等（2004）对比了上海普通话和标准普通话的元音系统，为汉语口语处理基本元音系统提供了可靠的声学参数；胡方（2005，2007）对厦门话、宁波话、苏州话的区别特征；时秀娟等（2010）使用鼻音计进行研究，结果表明北京话流音声母的鼻化对比度较高，元音的内在鼻化度与舌位关系密切；冉启斌（2012，2017）分析了北京话的擦音和塞擦音声学格局。

孔江平团队考查了多种方言的声调及其感知特征，包括壮语龙州话（李洪彦等，2006）、水语（三洞）（汪锋、孔江平，2011）、河南禹州话（张锐锋、孔江平，2014）、新寨苗语（刘文等，2017）以及载瓦语（陆尧、孔江平，2019）等；陈忠敏（2015，2016）研究了上海话和吴语特征；朱磊（2016）探究了赣语余干方言入声的性质；Chen et al.（2015）关注了闽南语和普通话焦点与年龄的关系；Chen（2016）提出，二语学习者倾向于使用更具母语特征的"持续时间 > 强度 >F0"来实现焦点。

一些研究以地方话为一语，普通话为二语，探究了方言对普通话习得的影响（顾文涛，2016；刘磊、顾文涛，2018；陆尧等，2019）。

7. 基于脑电的言语感知与认知机制研究

随着人工智能和脑计划在国际和国内的持续升温，在国家重点发

第 7 章　21 世纪语音学领域重要成果

展战略的大背景下，作为言语科学重要组成部分的语音学研究也呈现出与神经认知、生物工程、深度学习等多学科交叉融合的特点。在听觉认知加工方面，使用 ERP（事件相关电位）、fMRI（功能性磁共振成像）、fNIRS（功能性近红外光谱）等电生理技术对听觉认知加工过程进行探讨的研究逐渐增多（倪传斌等，2010；范若琳等，2014；陈忠敏，2015；吴民华等，2016；Tang et al.，2017；李卫君、杨玉芳，2017；张高燕、党建武，2018；曹剑芬，2018；吴盈等，2019）。

另一方面，关于儿童感知习得和言语老化的研究也一直是研究热点。Chen et al.（2017）发现，婴儿对言语的感知能力会随着年龄的增加而增强；Shi et al.（2017）通过感知实验调查了 0—2 岁普通话儿童声调的感知发展；Wang et al.（2017）提出，对于不同类型声调的感知，老化造成的感知水平下降具有一定的选择性。

7.1.2　汉语母语者的二语产出与感知研究

1. 韵律特征研究

韵律是话语意义传递的重要载体，是二语学习者最渴望掌握的技能之一。中国人的二语产出和感知特征分析也主要围绕时长、语调、重音等韵律特征展开，以英语为对象的研究占到了大多数。陈桦（2006）提出，中国学生英语朗读口语中表示情感语气的二级调型存在教学空白；王茂林（2009）发现美国学习者与中国学习者英语嗓音起始时间存在差异；郑晓杰、郑鲜日（2012）分析了中国大学生的英语双元音时长特征及其原因；毕冉、陈桦（2013）揭示了英语专业学生朗读口语中列举句式及简单陈述句音调的变化趋势；中国英语单词内具有"双突显韵律"的特点（高薇，2013）；陈桦、王馨敏（2015）基于语音数据库，首次从实验语音学角度聚焦英语主要类型短语的重音特点，该实验依靠较大的数据样本，一定程度上弥补了以往此类研究的缺乏；卜友红（2016）调研了中国英语学习者在朗读口语中的语调问题，重点研究其调群的切分、调核位置的确立和调型运用的情况；陈晓湘、郭兴荣（2017）考察了第二语言水平对中国学习者英语词重音产出的影响；高玉娟、张萌萌（2018）通过构建塞音格局图的方式考察了汉语母语者英语 6 个塞音的习得情况。

2. 二语产出的评测与训练

还有相当一部分研究针对二语发音产出展开，为实际教学提供了客观、科学的证据。马冬梅（2013）调查了二语口语非流利停顿心理机制及其与一语口语非流利停顿心理机制的异同；白丽茹（2014）编制了英语专业学习者英语语音意识量表，旨在测查学习者英语语音意识强项、弱项或缺陷；陈桦、李景娜（2017）发现，在"整体评分"框架下，国内英语口试评分员存在着忽视语音评测的现象；程冰等（2017）分析了成年人语音学习困境背后的大脑神经机制；白佳芳、陈桦（2018）考查了学生译员对非本族语英语口音程度与熟悉度对英汉交替传译质量的影响；李景娜、陈桦（2019）调查了国内大型英语口试评分员的语调知识储备情况；陈桦等（2019）开发的中国学生英语朗读自动评测系统，因为人工专家全方位介入，显著提升了自动评测的质量；程欣、陈桦（2020）通过感知实验发现，二语朗读不当停顿的感知受到朗读者语音问题、停顿时长和句法位置的影响。

另一方面，一些研究聚焦于对实际训练的指导。陈桦、孙欣平（2010）研究了输入、输出频次对英语韵律特征习得的作用；高薇等（2015）探讨了行之有效的二语韵律教学方法；张燕、陈桦（2018）指出二语会话中韵律对于互动管理具有积极贡献，是重要的互动资源。

3. 二语感知特征

陈桦（2011）、陈莹（2013）介绍了二语感知经典模型；张林姝等（2018）探究了中国日语学习者的知觉混同；任宏昊（2017）证实了日语能力水平与促音听辨判断正确性等特征之间的关联；任宏昊（2019）验证了感知同化模型；张琰龙（2020）指出响度（loudness）这一心理声学参数也通过与音长的加权作用影响感知，引入响度变量建立促音感知难度模型可以提高预测精度，一定程度上实现了单词感知难度的量化和排序。

4. 汉语二语学习者的产出与感知

随着我国在世界上的影响力不断增强，学习汉语的外国人也在逐年增多，针对他们的语音教学研究也呈现出蓬勃发展的态势。这些研究主要集中于外国人汉语的音调偏误方面，主要以亚洲各国汉语学习者为对象（王功平等，2009），其中包括印尼汉语学习者（王茂林，2011），

第7章 21世纪语音学领域重要成果

巴基斯坦汉语学习者（唐智芳、祁辉，2012），英、俄、日汉语学习者（刘艺，2014），日本汉语学习者（王韫佳、上官雪娜，2004；孙悦等，2013；杨姝怡、山田玲子，2017），韩国汉语学习者（王茂林，2011；朱雯静等，2016；徐灿等，2018；温宝莹等，2018），欧洲汉语学习者（邓丹、朱琳，2019）等。

此外，林茂灿（2015）指出，外国的非声调语言学习者应抓住汉语重音和边界调的特点，避免在重音和语气上出现"洋腔洋调"；李智强、林茂灿（2018）进一步探讨了汉语语调和声调的依存关系、英汉语调的相似性以及声调产生的生理机制和音系特征。

7.1.3 言语工程研究

1. 语音合成

语音合成和人机交互一直是言语工程研究的重点课题。胡伟湘等（2005）确认音高高线、调域、音长是表达重音最重要的线索，利用它们构建模型能有效地实现对重音的自动感知；康永国等（2006）提出了使用码本映射和高斯混合模型共同转换声学特征细节的混合映射算法和利用音素信息进行快速高斯混合模型训练的方法；董宏辉等（2007）提出了基于语法约束和长度约束的韵律短语预测模型，韵律短语边界识别的调和平均值可达80%以上；胡郁等（2011）介绍了基于声学统计建模的语音合成技术；张元平等（2012）提出了一种改进的基于决策树的英文韵律短语边界预测方法；杨明浩等（2014）重点分析并阐述了如何将多模态交互方式有效地融合到人机对话模型中，并实现一个面向自然交互的多模态人机对话系统；蔡明琦等（2014）提出了基于隐马尔科夫模型（Hidden Markov Model，简称HMM）的中文发音动作参数预测方法；凌震华（2015）提出了基于目标逼近特征和双向联想贮存器的情感语音基频转换方法；宋阳等（2015）提出了基于受限玻尔兹曼机的频谱建模与单元挑选语音合成方法等；方媛等（2016）提出了一种基于HMM的傣语语音合成系统设计。

也有研究探索了语音合成技术用于重音预测、情感描述与产出训练的可能。例如，朱维彬（2007）针对基于单元挑选的汉语语音合成系统中的重音预测及实现，采用了知识指导下的数据驱动建模策略，证明了如下事实：基于感知结果优化的重音检测器的标注结果是可靠的；支持重音的韵律声学预测模型是合理的；新的合成系统能够合成出带有轻重变化的语音。高莹莹、朱维彬（2017）针对情感语音合成系统中情感的细腻刻画与自动预测问题，提出多视角情感描述模型，证明在预测模型中引入不同情感成分和上下文信息作为特征有助于提升预测效果。解焱陆等（2017）使用音高映射方法，通过选择合适的标准语音，合成出音段、音色保持不变，而只是声调变为标准语音声调的教学语音用于声调训练，减少了语音信号中声调信息之外的复杂变化带来的信息冗余与干扰。

如何合理构建语音语料库也是研究者们希望探索的问题。刘亚斌、李爱军（2002）通过对朗读语音语料库 ASCCD、自然口语独白语音语料库 CASS 和自然口语对话语音语料库 CADCC 的统计分析，试图说明朗读语料与自然口语的主要差异；李永宏等（2008，2010）提出了从文字上对藏文声母和韵母拆分的"字丁分解法"，实现了藏文与各方言国际音标的自动转换，建立了 13 个方言点的藏语连续语音语料库；曹文、张劲松（2009）介绍了面向计算机辅助正音的汉语中介语语音语料库的创制思路与标注方法，其最大的特点是在声母、韵母、声调及语调等方面进行了偏误标注；陈桦等（2010）介绍了中国英语学习者语音库建设的起因、方法及意义；蔡莲红、赵世霞（2013）介绍了如何建立汉语语音合成语料库并据此开展研究。

2. 语音识别

语音识别同样是言语工程方向的重要研究领域。曹剑芬等（2008）以早期语音识别中容易混淆的 2 和 8 为例，采用声学和生理实验以及感知实验相结合的方法，探讨了二者的区别性语音学特征及其在二者识别中的作用；董滨等（2007）提出了一种以元音的共振峰模式为特征基于支持向量机算法的分类评估方法，用以对汉语普通话中的韵母发音水平进行客观测试，结果与专家主观评价的相似度达 82%；杨琳等（2010）对常用单通道语音增强算法的考查发现：语音增强算法并不能改进语音的可懂度水平，听辩错误主要来自音素错误；张利鹏等（2008）以 Gauss 混合模型和通用背景模型说话人识别系统为基础，用语音数据的静音段对信道进行建模，检测待识别语音与训练语音的信道是否相同，进而判断是否属于高保真录音闯入；张晴晴等（2015）深入分析了卷积神经网络中卷积层和聚合层的不同结构对识别性能的影响情况，发现相比传统深层神经网络模型，卷积神经网络明显降低了模型规模，且识别性能更好，泛化能力更强；雷震春等（2016）探讨了一种基于 Mahalanobis 距离的说话人识别模型；侯靖勇等（2017）在基于动态时间规整（dynamic time warping，简称 DTW）的关键词检出框架下，提

第 7 章　21 世纪语音学领域重要成果

出了基于音素边界的局部匹配策略，解决了基于样例的语音关键词检出任务中的近似查询问题；仲伟峰等（2018）为了进一步提高说话人识别系统的性能，提出基于深、浅层特征融合及基于 I-Vector 的模型融合的说话人识别系统。

在语音合成技术运用于机器人方面，近年来也呈现出技术快速革新更迭的趋势。王建荣等（2017a）提出了一种将谱减法、关节噪声模板减法、基于标注区域的倒谱均值减法以及多条件训练相结合的方法，用以估计和抑制自身噪声；王建荣（2017b）则采用 Kinect 获取 3D 数据和视觉信息，并使用 3D 数据重构侧唇来补充音视频信息，进而辅助机器人在自身噪声环境下的语音识别。

3. 临床与刑侦

语音研究最终要服务社会，21 世纪以来，语音相关技术在言语康复和司法刑侦方面一直发挥着巨大作用。

关于言语康复，吴民华、熊明月（2015）针对喉癌末期患者全喉切除手术后丧失说话能力的问题，介绍了食管、声瓣、电子喉和气喉发声 4 种不同的无喉发声方法，并对其嗓音相关的声学、感知与气流动力学特性进行了比较；原梦等（2016）分析比较了构音障碍话者与正常话者的发音特征。Huang et al.（2017）通过眼动实验得出，耳蜗植入者利用音高变化的强度、时长变化等额外信息来推断篇章突显度的效果与语言处理需求以及对劣化信号的先前经验有关；原梦、王洪翠（2017）利用电磁发音仪采集了正常话者和脑瘫引起的构音障碍话者的发音数据，从声学分析和发音运动分析两方面对比了构音障碍话者和正常话者的发音特点；范佳露等（2018）利用高兴、生气、难过、害怕四种基本情绪语料，对 104 名视障学生的语调情绪识别能力进行测试，结果呈现出了语料种类差异和性别差异；郭志强等（2018）提出了一种基于言语分析建模的阿尔兹海默症自动检测方法；李永勤等（2020）使用"多人言语声"语音训练对人工耳蜗植入儿童声调感知能力干预效果进行研究，结果显示，二声和三声相较其他声调配对更难分辨，该方法可以短时间内有效提升人工耳蜗术后儿童声调感知能力。

在司法刑侦方面，研究多围绕声纹鉴定展开。王英利等（2011）确定了声纹鉴定中的音强特征的应用价值；李敬阳等（2012）还提出了声纹自动识别技术与声纹库建设应用；曹洪林、孔江平（2013）利用长时共振峰分布特征来区分不同发音人，探讨了该指标在声纹鉴定中的应用；王英利等（2012）和曹洪林等（2013）撰写了综述类文章。

另外，在法庭语音证据评价方面，张翠玲（2018a，2018b）提出了基于似然比框架体系的新的证据评价范式，该范式可以进一步推动我国司法语音检验走向客观化、标准化和自动化。

7.2 语音学领域重要著作

21世纪是语音学蓬勃发展的时期，也是语音学在理论、方法和研究视角上进一步扩展和革新的重要阶段。语音学领域的发展呈现出蓬勃向上的势头，研究理论进一步丰富、研究方法不断革新、研究视角进一步交叉。这期间也同时涌现出一批优秀的语音学书籍，极大地推动了学科的发展，充分展现出语音学各分支的良好发展趋势。基于此，本节将重点介绍21世纪以来国内外具有代表性的语音学著作，包含病理语音学、司法语音学、语音习得等学科方向[1]。

7.2.1 实验语音学著作

21世纪实验语音学的优秀著作不断涌现，其中不乏国内学者的成果，在国内外学者的推动下，实验语音学得到了蓬勃发展。

1. 国际著作

国际语音学著作繁多，影响力较大的主要有三本。

1）《语音数据分析》

Peter Ladefoged 是 20 世纪实验语音学领域最重要的代表人物之一，其专著《语音数据分析：田野调查与实验工具简介》（*Phonetic Data Analysis: An Introduction to Fieldwork and Instrumental Techniques*）以通俗易懂的语言和生动的实例，详细地介绍了实验语音学基础知识以及从事语音学田野调查的基本原则和方法，更深入浅出地讲解了语音实验数据的分析（尤其是语谱分析）方法。

---

[1] 本节所介绍的著作既包括21世纪出版的书籍；也包括部分早期出版，于21世纪再版的经典著作。

第 7 章 21 世纪语音学领域重要成果

该书第一章,作者结合自身经验详细介绍了开展语音实验的注意事项,包括寻找合适的发音人、支付被试费的原则、制作发音词表等。在第二章和第三章,作者介绍了世界语言中常见的发音部位和发音的空气动力学原理,同时也介绍了语音实验中常用的实验仪器及其使用方法,如腭位图(palatography)、电子腭位图(electropalatography)、气流气压仪(airflow barometer)、电子声门仪(electroglottography)等。在接下来的几章中,作者分别介绍了超音段特征(音高、音强和音长)的分析方法及元音、辅音和发声态的声学分析方法。

和常见的语音学著作相比,该书的一个突出特点是,作者结合自身经历,展现了很多新手在录音或数据分析时容易犯的错误,如音高分析时参数设置不对、录音时音量过大、由于发音人个人特点导致的数据混乱等问题。这些例子可以很大程度上帮助语音实验者正确开展实验,避免进入误区、避免走弯路。

2)《言语科学入门》

《言语科学入门》(*Speech Science Primer*)是 Lawrence Raphael、Gloria Borden 和 Katherine Harris 的合作著作,于 1980 年首印,并于 2011 年再版(第六版),该书内容涵盖了发音语音学、声学语音学和感知语音学的方方面面。

全书共分为五个部分。第一部分"引言",阐述了语言、言语和思维的关系,介绍了生成语法关于语言能力和语言运用的观点以及言语产生的模型,为全书奠定了理论框架。第二部分"声学",详细介绍了语音学相关的物理、生理知识,阐述了声音的物理属性和心理声学的相关知识,行文上兼顾理论的深度和可读性。第三部分"言语产生",介绍了言语产生的相关知识,包括发音的神经和生理基础、发声态、元辅音的发声原理和声学属性、语音韵律的声学属性和言语听觉反馈等知识,并介绍了言语发音的相关理论模型。第四部分"言语感知",介绍了言语感知的相关知识,包括听觉系统的生理构造、言语感知的声学线索和言语感知的相关研究进展。在全书的最后一部分"语音学研究工具",作者介绍了实验语音学的历史、语音实验的工具、语音数据的分析方法。

该书的特点是技术性较强,技术细节丰富,内容涉及语音学的方方面面,既有语音发音、感知和声学的理论基础,也有相关研究方法和实验工具的详细介绍。此外,该书还讲解了语音数据分析的方法,是语音学领域不可多得的百科全书式的参考书。

3)《声学听觉语音学》

　　Keith Johnson 的《声学听觉语音学》(Acoustic and Auditory Phonetics) 于 1997 年首印, 并于 2003 年再版。全书分为九章, 包括声学的理论知识(第一章)、数字信号处理(第二章)、听觉基础知识(第三章)、言语感知(第四章)、言语产出(第五章)、元音(第六章)、擦音(第七章)、塞音和塞擦音(第八章)、鼻音和边音(第九章)。该书的侧重点为声学语音学和感知语音学两部分, 较少涉及生理语音学的内容。

　　该书第一章介绍了基础的声学知识, 如声音产生和传播的基本原理, 不同的声波类型, 以及不同的滤波器。第二章介绍了数字信号处理的基本原理, 如连续信号和离散信号的差异、模数转换、信号分析的方法。第三章介绍了听觉的生理基础, 包括听觉器官对音强和音高的感知、声音的客观物理属性(如频率)与主观感知的对应等方面。第四章介绍了言语感知的知识, 以具体的实验为基础, 展示出言语感知不光依赖于客观的声学信号, 更依赖于人脑对语音的主观加工以及对感知线索的利用。第五章介绍了言语产生的声学理论知识, 讲解了"源—滤波"模型、语音量子理论、线性预测分析的基本知识。第六章介绍了元音的基本属性, 使用经典的"管道模型"(Tube Model)生动地阐述了元音发音的生理机制及其不同声学参数的属性。第七章介绍了擦音的发音方法和发音部位、擦音的量子理论、擦音的声学和感知特征, 并展示了美语和日语母语者对英语擦音的感知异同, 以此来展示不同语言背景的人在感知擦音时的维度差异。第八章介绍了塞音和塞擦音的类型、发声态、声学和感知属性以及前后元音对塞音感知的影响。第九章介绍了鼻音和边音的相关知识。

　　该书技术性较强, 涉及实验语音学诸多方面的知识点, 既有语音实验相关知识, 又有信号处理相关的技术细节。此外, 知识点的难度有层次, 既有基础知识, 也有进阶知识, 并且讲解详细, 通俗易懂, 可以覆盖较广的读者群。

2. 国内著作

　　国际语音学著作频出的同时, 我国语音学家也结合汉语特点和国际前沿推出或再版了一系列语音学著作。

1)《实验语音学概要》

　　鲍怀翘和林茂灿主编的《实验语音学概要》是目前为止国内实验语

第7章 21世纪语音学领域重要成果

音学领域内容最为详细的经典教材,其范围囊括语音的产生、感知和声学等各个方面,并针对汉语的特点,讲解了汉语的声调系统、音节特点、英汉词重音的差异等。该书于1989年首印,2014年修订再版。在此次修订版上还增加了一些最新的语音学知识,如汉语的语调理论、语音库的建设、实验语音学在二语教学中的应用、语音病理学、语音同一认定等内容。

第一章介绍了实验语音学的学科特点以及在国内外不同的发展阶段,阐述了实验语音学由最开始的语音工程导向,逐渐发展为现阶段多学科融合、多领域交叉的导向。第二章阐述了语音的物理属性,包括声波的产生和传播等声学知识。第三章阐述了语音产生的生理基础,包括肺部气流机制、喉部和声门调音机制以及口腔、咽腔、鼻腔等共鸣腔对语音信号的调节机制。第四章讲解了语音感知的过程,包括听觉系统、听觉的主观感受性、掩蔽效应、人耳对音高和响度的感知特性等。第五章详细讲解了元音的生理、声学和感知属性,包括元音的舌位模型、元音产生的生理基础、单元音和复元音的声学属性、元音的鼻化和卷舌现象以及元音感知的问题。第六章介绍了辅音的相关知识,包括不同类型辅音的发音原理和声学特征等问题。第七章结合汉语实际,讲解了声调的相关知识,包括单字调的声学特性、双音节和三音节声调连读的变调情况、声调感知特征、声调发音的生理机制、喉塞音以及元音音质对声调感知的影响等问题。第八章讲解了音节和音联,包括音节的定义、汉语音节的一般结构、普通话声母和韵母的结构以及音联的相关问题。第九章介绍了重音,包括英语的词重音和汉语普通话的轻重音。第十章介绍了音系的区别性特征,包括音段的区别特征、超音段的区别特征和汉语普通话的区别特征系统。

该书的修订版还包括续编部分,共九章,囊括了音段的最新理论、声调的语音区别特征、汉语语调的研究历史和发展、语音库的收集和标注、语音感知、语音合成和识别的历史和发展、语音研究在二语教学中的应用、语音障碍以及司法语音学等相关知识。

总体来说,《实验语音学概要》是中国语音学界最为经典、内容最为丰富的著作。在经过修订后,其内容根据语音学发展前沿知识,进行了较大程度的调整和增补,紧跟学界发展方向和动态,对国内语音学专业的学者开展相关研究提供了极大的参考价值。

2)《语音学教程》

《语音学教程》(下称《教程》)为我国著名语音学家林焘和王理嘉两位先生的著作,于1992年首印,2013年由王韫佳和王理嘉进行了修订。该书是国内汉语言专业规划教材之一，内容通俗易懂，知识点覆盖面较为广泛，从传统语音学入手，讲解语音学知识时既结合汉语事实，也吸取了国内外现代语音学的研究成果，非常适合用作语音学专业的入门教材。

该书首先介绍了语音学的基本概念，包括语音的产生、传播和感知（即发音语音学、声学语音学和感知语音学）三方面基本知识，为全书搭建了理论框架；随后，以汉语为例讲解了元辅音的声学特征，并讲述了汉语的音节和声调特征；最后，介绍了语流音变、韵律等音系学知识，如语音学和音系学的异同和联系、汉语普通话音位系统的归纳以及《汉语拼音方案》，扩充了该书音系学的理论深度，并结合汉语实际介绍了音系学在汉语普通话中的运用。

值得一提的是，该书的知识点在《实验语音学概要》一书中都或多或少有所涵盖，但是其内容相比《实验语音学概要》来说更加通俗易懂，更加适合作为语言学学生的入门教材。此外，该书还增加了一些音系学的内容，如归纳音位的基本原则、音位变体、音位的组合和聚合以及普通话音位的区分等问题，对《实验语音学概要》的内容进行了一定程度的扩展和补充。

3）《实验语音学基础教程》

《实验语音学基础教程》是北京大学孔江平于2015年所著，由北京大学出版社出版。该书在详细解释语音学知识（包括发音、声学、感知）的基础上，对语音数据的分析进行了较为全面的讲解，包括对元辅音的分析、发声类型的分析、语音韵律的分析。此外，该书还结合作者自身实践，详细讲解了进行田野录音的方法和经验，对需要进行田野调查的语音学从业者有较强的指导性。最后，作者还阐述了进行语音多模态研究的方法，包括对不同发声器官的建模以及语音学研究对口传文化记录的贡献。该书的特点为技术性和操作性较强，结合了丰富的磁共振图像，对元辅音的发音原理进行了生动、详细的描述和讲解。

4）《语音格局》《语调格局》和《听感格局》

《格局》三部曲为石锋所著，是其语音格局理论思想及研究模式的集大成之作。"语音格局"是指同一类别语音单位之间既相互联系又相互区别的关系。这里"同一类别"的语音单位既可以是音位系统中的元音，也可以是辅音，还可以是超音质成分的声调、语调等。

《格局》三部曲结合语音学和音系学、声学和听感等不同方面，刻画了汉语普通话和方言中不同语音单位的声学和听感格局，为描述和记录语言提供了新的思路。

5)《语音学》

朱晓农所著,于 2010 年由商务印书馆出版的《语音学》,以发音语音学为侧重点,详细介绍了不同的发声态(如清声、浊声、弛声、僵声、假声和张声等)、调音部位和方式(响音的调音方式如鼻音、近音、边音和日音等,阻音的调音方式如擦音、塞音等),是国内为数不多的详细介绍发声态的语音学著作。

此外,该书还以 Excel 软件为示范工具,详细介绍了进行语音数据分析(如制作元音空间图、进行声调数据的归一化等)的操作步骤,为语音学相关专业的学生进行实践操作提供了简单清晰的教程。

6)《语言、语音与技术》

该书为王士元和彭刚所作,于 2012 年由上海教育出版社出版。该书的特点是详细介绍了语音和语言研究中的各种相关技术,包括"语言与语音篇"和"技术篇"。其中,"语言与语音篇"着重讲解发音、感知和声学语音学的知识,而"技术篇"介绍了自然语言处理中常用的隐马尔科夫模型、支持向量机、神经网络模型、结构方差模型和语音合成与语音识别的技术手段。最后,作者还对语音实验软件 Praat 进行了一定程度的介绍。

该书的特点是技术性较强,介绍了诸多言语工程相关的知识,面向的读者群较为广泛。

7)《语音韵律的实验分析与建模》

该书为顾文涛所著,于 2013 年由世界图书出版公司出版。该书以论文集的形式出现,主要分为两部分。前一部分阐述了作者早期在汉语文语转换(text-to-speech synthesis)方面做的工作,偏向于对语音合成技术的介绍。后一部分介绍了作者使用"指令响应语音基频曲线生成模型"(Command-Response Model)对不同语言的语调或/和声调的建模分析。

该书展现了作者在语音韵律建模领域从事的大量工作和言语工程领域的深厚功底,对于对语音合成和语音建模领域感兴趣的读者有较大帮助。

7.2.2 语音学应用的著作

语音学,尤其是实验语音学,是一门跨学科跨领域的交叉学科,其知识领域除了涉及语言学基础知识,还涉及生理学、声学、心理学、医学、数学、教育学、计算机科学的理论和技术,与自然科学的结合越来越紧密,逐步形成了以病理语音学、司法鉴定、语言习得、语言教学等为代表的交叉学科。下文将介绍 21 世纪以来出版的具有代表性的语音学交叉学科著作。

1. 病理语音学的著作

病理语音学方面,本节着重介绍 Jacqueline Bauman-Waengler 所著的《语音障碍中的发音学与音系学:聚焦临床》(*Articulation and Phonology in Speech Sound Disorders: A Clinical Focus*)。该书的侧重点为儿童言语障碍,详细介绍了一些常见的早期言语障碍类型及其诊断和干预方式。该书还为非语音学专业的读者提供了必要的语音学和音系学知识,适合语音学和病理语言学专业的学生。

第一章介绍了病理语音学的基本术语和常见概念,包括语音学和言语障碍的一些术语,为全书搭建了整体框架。第二、三章介绍了语音学的基本知识。第四章介绍了音系学的基本知识,包括音系学及其在言语治疗和康复中的应用等内容。第五章介绍了正常的语音发展过程,包括语前期(prelinguistic stage)的发展、早期语言发展(词汇量为 50 词以内)的音段和韵律特征、学龄前儿童语言发展和学龄儿童语言发展。第六章介绍言语障碍的测试方式,包括听力检测、语言测试、特异的感知测试和认知水平评估等。第七章进一步讲解了基于发音和基于音素的言语产出障碍以及临床诊断方式。第八章介绍了方言以及来自不同国家和地区(如西班牙、越南、韩国、粤语区、菲律宾、苗语区和阿拉伯地区)的学习者的英语口音。第九章和第十章分别介绍了对基于发音和基于音素的言语产出障碍的治疗方法。第十二章着重介绍不同类型的言语障碍,包括失用症儿童的发音障碍、脑瘫儿童的发音障碍、腭裂儿童的发音障碍、智力障碍儿童的言语障碍、听力障碍儿童的言语障碍、获得性失用症儿童的言语障碍、构音障碍(dysarthria)儿童的发音障碍等问题。

该书的特点是以临床实践为导向。作者力图使理论知识与康复实践相结合,介绍的基本都是与临床实践紧密相关的语言学、生理学和言语

第7章 21世纪语音学领域重要成果

康复知识,同时着重讲解知识点的临床意义。此外,每一章的结尾都配有与临床实践相关的丰富的案例分析,可以帮助读者更加深刻地理解理论知识,进而将理论知识直接服务于康复实践。

2. 司法语音学的著作

《司法发音人辨认》(Forensic Speaker Identification)是澳大利亚司法语音学家 Philip Rose 的著作。该书结合作者自身的从业实践,详细介绍了司法语音学的知识及其在案例中的应用,对于准备从事司法鉴定的人员有较高的指导价值。

全书第一章为总体介绍,阐述了司法语音学和发音人同一性认定的基本概念,并对全书的结构、范围和读者群做了整体的介绍。第二章提出了司法语音学常见的难点,包括发音人间(inter-speaker)和发音人内(intra-speaker)的变异性、认定证据的概率性、发音人声学空间的不一致性、语音信号的多维属性、理想数据与现实数据的差异性等因素。第三章作者介绍了司法语音学界常用的参数,包括不同学派对选取声学和听觉(感知)参数的观点、传统和自动的声学参数、语言学和非语言学参数、定量和定性参数、离散和连续参数等。第四章介绍了对分析结果的解读,包括似然比(likelihood ratio)、先验概率(prior odds)、贝叶斯推断(Bayesian inference)等。其中,着重介绍了司法语音学界对贝叶斯方法的不同观点。第五章介绍了发音人同一性认定的知识,包括发音人的辨识、确定和验证及三者之间的关系,以及进行同一性认定的种种条件,包括辨识人的专业性、对发音人声音的熟悉度等。最后,介绍了进行同一性认定时一些语言学和法学上的争议。第六章至第十章介绍了一些基本的语音学知识,包括发音的生理基础、语音的声学属性、语音感知以及一些基础的音系学知识。第十一章对似然比的公式、计算方法、应用和局限进行了更加详细的介绍。第十二章对全书进行了总结。

该书是一部充分体现实验语音学交叉学科特性的代表性著作。作者具有深厚的语音学功底和司法语音学从业经验,对于不同分析方法的讲解也极具操作性,非常适合作为司法语音鉴定从业人员的指导用书。

3. 儿童语音习得的著作

儿童语音习得领域重点介绍华人学者祝华所著的《特定语境下的语音发展:汉语儿童研究》(Phonological Development in Specific Contexts:

Studies of Chinese-speaking Children）。该书集合了作者在儿童语音习得领域的系列研究成果，研究群体既涉及典型发展儿童，也涉及言语障碍儿童；研究方法既包括横向（cross sectional）研究，也包括纵向（longitudinal）研究，全面地描述了汉语儿童对普通话的习得情况。

第一章为全书的介绍部分，从跨语言的角度回顾了儿童语言发展的研究，包括典型发展儿童和言语障碍儿童的语言发展情况，并描述了全书的目标、研究问题和理论框架。第二章介绍了汉语普通话的音系特征，包括音节、元辅音、声调、连读变调、轻声、儿化音和语调等结构。第三章采用了横向研究范式，汇报了 129 名 1—4 岁的典型发展儿童的普通话发展情况。第四章则采用纵向研究范式，介绍了 4 名儿童在 1—2 岁期间的语言发展情况，该章结果可以作为第三章横向研究的补充，更精确地提供了普通话儿童的语言发展轨迹，并为言语障碍儿童的语言发展的研究提供了对比常模。与前两章不同的是，第五、六章则研究了患有功能性言语障碍儿童的语言发展情况，描述了不同障碍类型儿童的语音特点。第七、八章为个案分析，分别报告了一对患有言语障碍的双胞胎和一位语前聋听力损伤儿童的语言发展情况。第九章为总结部分，汇总并讨论了全书的发现。

祝华首次对汉语儿童的语音发展进行了较大规模的（被试数量达上百人）探索，较为全面、细致地描写了不同年龄段儿童对普通话的习得轨迹，为研究儿童早期语言发展提供了宝贵资料。此外，作者对患有言语障碍儿童的语言发展也进行了较早的研究。受此启发，越来越多的学者也开始关注特殊儿童的语言发展，极大地推动了该领域的发展。

进入 21 世纪后，短短二十年的时间里语音学就得到了快速发展，呈现出多学科、多领域交叉融合的趋势。值得注意的是，国内语音学的发展也得到了长足的进步，和国际前沿研究之间的差距进一步缩小，在部分研究领域甚至处于领先地位。这期间也涌现出一批优秀的华人学者和语音学著作，极大地推进了汉语语音学的发展。

7.3　语音学领域重要团体及其贡献

言语活动过程是一个包括了从信息参量处理（思维）到空间参量处理（运动），再到信息参量处理（思维）的一系列大脑神经控制到物理运动，再到大脑神经控制的环状过程。作为研究这个环状过程各个环节的学科，语音学天然具有文、理、工、医交叉的特点。传统上，根据所

第7章 21世纪语音学领域重要成果

研究环节的不同，语音学分为发音语音学（Articulatory Phonetics）、声学语音学（Acoustic Phonetics）和听觉语音学（Auditory）。然而21世纪以来，语音学各分支之间的边界日趋模糊、语音学与相关学科的融合更为深入，逐渐形成"你中有我、我中有你"的现状。因此，在讨论近二十年语音学领域的学者和学术进展，特别是总结学者、团体在语音研究方面的工作时，很难按照一条清晰的边界加以界定。为行文方便，本节将依据这些学者、团体的主要工作，从发音生理，声学，语音生成与感知的神经机制三个方面对其进行分类，以探查语音学领域的最新进展。

7.3.1 发音生理研究

1. 党建武团队

党建武博士是日本北陆先端科学技术大学信息科学学院教授、智能信息处理实验室主任。同时，他也是天津大学引进的"外专千人"专家。他作为首席科学家承担了国家973项目"互联网环境中文言语信息处理与深度计算的基础理论和方法"；目前担任中国计算机学会"语音、对话与听觉"专委会主任，天津市认知计算与应用重点实验室主任。

作为一名语音科学家，党建武的主要研究领域是言语产出与语音分析、基于语音的声道形态逆向估值、基于发音生理模型的语音合成和贝叶斯网络语音识别。党教授早期代表性工作主要集中在声道形态的计算建模和语音功能分析，其关于鼻腔和鼻旁腔的形态及其声学特性测量（Dang et al., 1994）、梨状窝的发音生理特性及其对元音共振峰低频区域的影响（Dang & Honda, 1997）等方面。进入21世纪以来，党建武及其合作者进一步完善了其所开发的"发音生理三维模型"，并利用该模型开展了卓有成效的研究工作；其团队还在类脑语音识别、情感语音交互、语音感知和认知机制等方面开展了深入探索。

"发音生理三维模型"的建构及其应用是党建武团队的标志性工作。Dang & Honda（1998）首次报告了发音生理模型的雏形。经过数年的发展，党建武团队完成了第一代发音生理模型，即2.5维发音生理模型的构建工作（Dang & Honda, 2001, 2004）。该模型通过采集一名日本成年男性发音人的舌体、颌骨、舌骨和声道壁的正中及其旁侧矢状面（the midsagittal and parasagittal plane）区域的MR数据构建。基于发音人的声道形态和肌肉结构，该模型提出了一种快速模拟软体组织和刚性器官连接的方法：两类组织的质点（mass point）均通过粘弹性弹簧（viscoelastic spring）连接，其中连接软体组织（soft tissue）的粘弹性弹簧具有适当刚度，连接刚性器官（rigid organ）的粘弹性弹簧刚度极高。基于目标任务达成的控制策略产生肌肉激活信号后，激活信号输入驱动模型以向既定目标逼近。

舌体形态及其运动建模是发音生理模型中的重要内容。在发音过程中，舌体的基本形态有两种：一是通过收缩舌体形成气流边侧通道，二是通过舌体边侧部分与上腭接触并有时加之以舌体沟化（grooving）形成气流中矢通道。因此，为达到计算成本与模型拟合度之间的平衡，研究者采用了2厘米宽的舌体矢状切片，建构了一个局部三维模型，称之为2.5维发音生理模型。为实现舌体建模，首先要对舌体的中矢面、中矢面两侧距之各1厘米的矢状面进行分割，每个平面上的舌组织被分成60个网格。这样，模型中的舌体被分割成120个由12条边和8个顶点组成的小长方体。这些长方体的顶点就是质点，通过粘弹性弹簧与其周围的质点相连，构成舌体形变的基础。这样，就可以基于有限元方法（the finite element method，简称FEM）推导计算舌体变形和运动的控制方程，并通过适当简化的质点—弹簧网络实现舌体形变控制。

刚性器官建模是发音生理模型中的另一项重要内容。虽然骨质成分因缺乏水分而在MR图像中不可见，但由于这些刚性器官为软组织所包裹，所以可以据此勾勒出其轮廓。党建武及其合作者正是运用了这一方法，利用上述MR数据构建了刚性发音器官的生理模型。该模型中的主要刚性器官是颌骨（jaw）和舌骨（hyoid bone）。其中，颌骨模型的两边各有四个质点，由五根刚性梁（rigid beam）连接，形成共用一根梁的两个三角形。只要刚性梁的长度恒定，三角形的形状就是不变的。在该模型中，颌骨模型通过下颌联合（mandibular symphysis）与舌体模型相结合。舌骨模型由舌骨主体和双侧大角共三个部分组成，每一部分分布两个质点、各由一根刚性梁连接。该模型假定刚性器官中的质量是均匀分布的。同时，为方便与软体组织的运动控制方程相结合，该模型中的刚性梁也被视为粘弹性弹簧，但它的度赋值大约是软组织粘弹性弹簧的一万倍。

在发音过程中，不仅舌体可以灵活活动，颌骨和舌骨也可产生旋转和平移运动。这些活动都得益于发音器官中的肌肉控制。在该模型中，用以控制舌体运动的肌肉有11条，包括舌骨舌肌（hyoglossus）、纵肌（longitudinalis）、横肌（transversus）、垂肌（verticalis）、颏舌骨肌（geniohyoid）、下颌舌骨肌（mylohyoid）等；用以控制颌骨和舌骨的肌肉则包括颏舌肌（genioglossus）、茎突舌肌（styloglossus）、颞肌

第 7 章　21 世纪语音学领域重要成果

（temporalis）、咀嚼肌（masseter）、茎突舌骨肌（stylohyoid）、胸舌骨肌（sternohyoid）等 8 条肌肉。此外，模型还使用 MR 数据中 3 厘米宽的腭壁和咽壁中矢面切片，以建构完整的声道形态。由于声道壁在几何上的复杂性，其壳体表面的解析函数难以直接推导。因此，该模型将腭壁和咽壁表面分解成多个三角形平面来近似壳体表面形态。

在对声道形态、舌体和刚性器官建模的基础上，党建武团队对器官运动、动力及其制约因素、发音动态控制设定进行了计算和验证，从而构建了完整的 2.5 维发音生理模型，并以此为基础逐步开发出更为全面的三维发音生理模型（Fujita et al.，2007）。运用这些模型，党建武团队开展了声道形态（Dang & Honda，2002）和肌肉激活状态（Wu et al.，2014）的语音信号反向估计、人类语音发音现象模拟（Dang et al.，2004；Dang et al.，2004；Dang et al.，2005；Fang et al.，2009）、口腔医学临床应用等研究工作，取得了较大影响。

党建武团队的另一项引人注目的工作是情感语音特别是汉语情感语音的识别、合成及其应用研究。在对汉语情感语音产出进行生理和声学分析（Li et al.，2010，2011）的基础上，党建武团队结合文化背景（Dang et al.，2010；Sawamura et al.，2007）探讨情感语音的感知问题，并利用卷积神经网络结合幅相信息（Guo et al.，2018）、CNN 特征和启发式鉴别特征相结合（Guo et al.，2018）、听觉特征与谱图特征相结合（Guo et al.，2019）的深度学习方法识别和合成情感语音。在此基础上，其团队将意图理解和情感语音交互结合起来，开展应用开发工作并取得重要进展。目前，该团队结合情感语音研究的成果，智能人机语音交互应用工具如 CCA 同传已成功应用到多家全球人工智能巨头企业，国内首个高校智能新闻主播"海小棠"也已投入使用。

2. 吉克团队

布莱恩·吉克（Bryan Gick）博士是加拿大英属哥伦比亚大学语言学系教授、主任，兼任英属哥伦比亚大学语言科学计划的联合主席、跨学科言语研究实验室（Interdisciplinary Speech Research Laboratory，简称 ISRL）主任。同时，吉克的学术荣誉还包括加拿大皇家学会会员、哈斯金斯实验室的资深科学家、约翰·西蒙·古根海姆纪念基金会研究员。

作为一名生理语音学家，吉克多年来一直致力于探索语音产生的物理机制，以及它们与正常、紊乱和儿童语言以及跨语言的知觉、音系学和语音学的相互作用问题。为此，吉克教授带领来自神经科学、听力学和言语科学、语言学、心理学和电子与计算机工程等领域的合作者，创建了 ISRL，充分考虑人类身体复杂性在语言研究中的作用，通过将语言的产生、感知、控制和生物力学结合起来，探索人类如何与他人和所处环境互动以及这些互动对语言交流模式的影响。近年来，吉克及其合作者在超声成像技术应用于语音研究的技术开发、语音多模态感知方案研究、语音发音生物力学模拟等方面取得了丰硕成果。此外，吉克教授还作为主要作者编写了影响力大、受众面广的《发音语音学》教材，为语音学科的教育教学做出了重要贡献。

在吉克团队的研究工作中，开展最早、最具影响力的工作是发展了基于超声成像技术的语音研究，并推动了这一技术在语音训练、言语康复等领域中的应用。作为一种便捷、安全、成本低廉、时空信号同时兼顾的实时图像探测技术，超声波技术在语音研究中的潜力巨大。作为使用超声波成像技术进行语音发音研究和语音干预工具的先驱，吉克倡导运用超声波技术开展语音田野调查（Gick，2002；Gick et al.，2005）、濒危语言语音研究（Gick et al.，2006，2012；Namdaran，2006）、发音舌体形态分析（Budd et al.，2017；Gick et al.，2017；Kanada et al.，2013；Lauretta et al.，2017；Stolar & Gick，2013；Whalen et al.，2005）等研究工作。在这些工作中，吉克团队特别强调将超声与动态电子腭位等技术结合起来，用于聋人、重听和言语障碍人群的病理语音研究并开展言语干预，最终取得了丰硕成果（Abel et al.，2016；Adler-Bock et al.，2007；Bacsfalvi & Bernhardt，2011；Bacsfalvi et al.，2007；Bernhardt et al.，2005，2003；Bernhardt & Wilson，2008；Bernhardt et al.，2008；Bliss et al.，2016，2018；Nair et al.，2015）。在深入研究的基础上，吉克团队开发了超声—视频融合（Ultrasound Overlay Videos）系统，建设了免费对公众开放的基于超声的语音资源网站 eNunciate，以帮助语言学习者、言语和听力障碍患者以及濒危语言社区人群进行发音学习（Bird & Gick，2018；Bliss et al.，2017，2018；Johnson et al.，2018）。在大力开展研究工作的同时，吉克团队还致力于应用超声成像技术开展语音研究的推广工作。目前，ISRL 已经推动了全球范围内数十个新的超声语音实验室的创建。吉克教授作为主要创始人之一创办了"言语语言超声成像研究国际会议"——UltraFest。UltraFest 现已成功举办八届，第九届会议 UltraFest IX 因受新冠疫情影响延期至 2020 年 10 月在美国印第安纳大学举行。

吉克团队另一项令人瞩目的工作是语音多模态感知方案研究。一般认为，语音感知是一个涉及听觉、视觉等多通道的感知活动。20 世纪 50 年代以来，学界对于视觉和听觉通道的整合和干扰问题较为关注，对于触觉通道的关注相对较少。2009 年，Gick & Derrick（2009）在《自然》

第7章 21世纪语音学领域重要成果

上联合发表了一篇文章,首次证明了空气—触觉在语音感知中的作用。空气—触觉感知是指听者身体某部位(手背、颈部)的皮肤通过感受语音信号所造成的空气扰动以协助语音感知的现象[1]。该研究的结果证明,体感系统参与了语音感知的工作,表明言语的神经处理比之前认为的更为多模态。作为此项工作的延续,吉克团队探讨了空气—触觉刺激与听觉刺激整合的时间窗口(Gick et al., 2010)、空气—触觉刺激施加位置的影响(Derrick & Gick, 2013, 2010)、不同音段成分(塞音、擦音)的空气—触觉整合(Derrick et al., 2014;Mayer et al., 2013)、不同背景人群(语言、年龄、特殊人群)的空气—触觉整合(Bayard et al., 2014;Derrick et al., 2019;Keough et al., 2016),并进一步讨论了空气—触觉与视觉的整合问题(Bicevskis et al., 2016;Derrick et al., 2019;Keough et al., 2017;Kwan et al., 2018)。在此基础上,该团队的最新成果将空气—触觉、视觉与听觉综合起来,探讨三条通道在语音感知中的作用(Derrick et al., 2019)。其结果表明,处于不同时间窗口的视觉和空气—触觉刺激在有效整合的情况下可以与听觉刺激叠加起来形成三模态效应,从而显著增强语音感知;而在整合不合理的情况下,视觉和空气—触觉刺激都能显著干扰听觉言语知觉。同时,视觉和空气—触觉信息结合在一起对听觉语音感知的影响比单独使用视觉信息更强,而视觉信息本身比单独使用触觉刺激的影响更大。此外,视觉和触觉对语音感知的影响之间缺乏交互作用,说明听者在视觉或空气—触觉与听觉的整合之间,并不存在模态偏好。目前,有关语音多模态感知方案的研究仍然在进行中,预计后续仍将有更多成果出现。

除了上述工作,吉克团队还在语音发音生物力学模拟等方面做出了卓有成效的工作,开发研制了声道及上气道生物力学模拟平台 ArtiSynth(Fels et al., 2003;Lloyd et al., 2012;Vogt et al., 2005)。

3. 北京大学语言学实验室语音研究团队

北京大学语言学实验室的前身是"北京大学语音乐律实验室",是我国最早的语音学研究机构之一。1925年该实验室由刘复教授建立,后由罗常培教授主持。"文化大革命"后由林焘和沈炯两位教授主持并

---

[1] 人们对于语音发音所造成的空气—触觉具有丰富的先验知识。例如,耳语、在寒冷的空气中或抽烟时说话、话者对着麦克风或点燃的蜡烛讲话等,都有助于听者形成关于与语音有关的空气扰动的一般知识。甚至当话者发音时,他们自己的嘴唇也会收到空气—触觉反馈。上述种种,都有助于母语者形成有关空气—触觉的先验知识并将其与他们语言中的特定音段相关联。

恢复实验室工作。1996年,该实验室更名为"北京大学中文系语言学实验室",成为国家"211工程"子项目,现由孔江平教授主持实验室工作。孔江平博士是北京大学中文系教授、博士生导师、北京大学特聘人文教授、语言学实验室主任、教育部重点文科基地"中国语言学研究中心"研究员及管委会成员和北京大学、香港中文大学、台湾大学联合系统"语言与人类复杂系统联合研究中心"常务副主任。

从21世纪开始,实验室主要采用医学生理设备和仪器,包括X光声道成像、声带高速数字成像、磁共振成像、喉头仪、咽声反射仪、气流计、气压计等,研究了汉语及中国民族语言的许多生理现象(如艾则孜、孔江平,2019;刘文、孔江平,2019;刘文等,2017)。

在汉语普通话和方言研究方面,该实验室的研究具体涉及汉语普通话语音的二维和三维发音器官姿态和动作、静态和动态的电子腭位、声道动态发音模型、汉语声带振动的高速数字成像模型、普通话元音的三维声道模型、汉语普通话语音情感研究(孔江平、林悠然,2016)、汉语普通话唇形模型和McGurk效应研究等。除了研究论文,还申请了一系列语音研究专利技术(孔江平等,2012):电子腭位分析系统、言语呼吸分析系统、嗓音分析系统、X光声道提取系统、言语声学分析系统、唇形分析系统、核磁共振声道分析系统、高速声门图像处理系统、三维唇形分析系统、语音学基础分析系统。同时,实验室还进行了汉语普通话和汉语方言声调的感知范畴研究(Peng et al., 2010)。

此外,该实验室也进行了一系列少数民族语言的语音特征研究。例如,水语(三洞)声调的声学研究(汪锋、孔江平,2011)、武鸣壮语双音节声调空间分布研究(潘晓声、孔江平,2011)、龙州壮语声调的声学研究(李洪彦、孔江平,2006)。藏语方面的研究尤为突出,发表了藏语方言调查表(孔江平等,2011),进行了藏语声调的起源和演化研究、藏语方言语音声学生理研究、藏语声调起源和演化研究和基于音位信息负担量的汉藏语语音结构演化研究(孔江平、李永宏,2017)。

除了语言的语音本体研究以外,该实验室的一个特色在于采用数字化方法对有声语言和口传文化的保护与传承进行了一系列研究(孔江平,2013)。中华口传文化的数字化展示需要有坚实的声学和生理研究基础。该实验室利用各种不同的仪器,分别采集了多种口传文化的语音信号、视频信号、嗓音信号、呼吸信号,通过信号处理提取出相关参数,最后通过构建中华虚拟发音人模型来展示口传文化的呼吸运动、唇形运动、声道运动和声带运动。其中,在一些信号采集和处理技术上发展出了自己的特色。比如,在声学信号采集方面,该实验室建立了"语音处理器"声学分析平台,能够对语音信号进行标注,并对其时长、幅

第 7 章　21 世纪语音学领域重要成果

度、基频、共振峰频率等参数进行采集。在嗓音信号采集方面，实验室在传统逆滤波信号之外，还使用电子声门仪和声门高速摄影采集信号。其中针对声门高速摄影信号，实验室建立了专门的分析平台。在呼吸信号采集方面，该实验室利用呼吸带采集了一系列呼吸信号，建立了呼吸韵律信号处理平台，涉及胸、腹的联合运动。在声道信号采集上，利用普通话 X 光声道录像建立了汉语普通话二维声道几何模型，能够用一组 12 个调音参数产生二维的正中矢状面声道边缘，计算出声道的传输特性，从而进行声音合成。在动态腭位信号采集方面，利用动态腭位数据建立了基于 Matlab 的腭位分析平台，提取多种参数，为元音、辅音的协同发音提供了数据基础。在唇形信号采集方面，利用二维唇形录像和 Alan Liew 教授的模型对外唇、内唇唇形进行了建模。并和北京大学信息技术学院合作，利用三维 Motion Capture 采集了三维立体唇形参数。

　　这种数字化的展示方式可以生动地展示口传文化及其原理。具体的研究成果可以分为如下几个方面：（1）中国有声语言和口传文化保护与传承的数字化平台研究（吉永郁代、孔江平，2011）；（2）汉语昆曲（董理、孔江平，2017）和古诗词吟诵（杨锋、孔江平，2017）、藏语格萨尔史诗和藏传佛教梵呗诵经、蒙语长调和呼麦、彝语毕摩经、纳西语东巴经和原生态民歌、壮语布罗陀史诗等中国经典口传文化的语音多模态信号研究（Dong & Kong, 2019）；（3）基于语音多模态数字模型的中华口传文化保护与传承的理论和方法研究（孔江平，2013）。比如，Dong & Kong（2019）使用三种电声门图参数，包括基频、接触商（contact quotient）以及速度商（speed quotient），分析了两个昆曲中扮演年轻女孩角色的演员分别在三种不同情况下表演的发生态，即歌唱、舞台言语和歌词朗读。研究发现，三种电声门图参数在不同情况下显示出不同的分布；在歌唱和舞台言语中出现了五种类型的发生态，包括气嗓音（breathy voice）、常态带声（modal voice）伴随些许声门后闭合（posterior glottal adduction）、常态带声（modal voice）、假音（falsetto）以及假音伴随较高程度的声门后闭合（posterior glottal adduction）；昆曲歌唱和舞台话语中使用了不同的发声态组合，发声态和音高之间的关系非常复杂。研究还发现，与传统昆曲理论中的发生态相比，现实中使用的发声态更多且更复杂。

　　实验室的最终目标是构建中华虚拟发音人。中华虚拟发音人不仅可以用来模拟人类语言的发音原理和声道的演化，而且可以用于中国有声语言和口传文化的虚拟展示和儿童语言病理康复，同时还可以用于动画和媒体发音人的模拟实现。与言语工程中的虚拟发音人不同，中华虚拟发音人可以看到内部结构。这一方面的主要成果集中发表在

Journal of Chinese Linguistics 专刊 The Physiological Aspects of Phonetics（Kong, 2015b）。专刊中收录了 10 篇有关中国生理语音学研究的英文学术论文，分为三部分。第一部分中有 4 篇论文为言语模型的研究，其中包括 3 篇几何模型，1 篇生理模型；第二部分中 3 篇论文报告了利用电子腭位仪、气流气压计和呼吸带进行的生理语音学研究；第三部分的 3 篇论文涉及利用喉头仪信号研究声调的发声类型和感知测试。其中，孔江平教授的学术论文 A Dynamic Glottal Model Through High-speed Imaging（Kong, 2015a）获得教育部第八届高等学校科学研究优秀成果二等奖。

北京大学的语音学研究有着悠久的历史传统。21 世纪以来，借助现代化的语音研究手段，普通话、汉语方言、少数民族语言等语音研究产出了累累硕果，在中华民族口传文化的研究方面为世界语音研究做出了独特的贡献。

7.3.2 语音声学研究

1. 石锋团队

石锋博士是南开大学文学院教授，同时兼任北京语言大学"银龄学者"特聘教授、中央民族大学特聘教授、美国明德大学暑期中文学院研究生课程教授。作为国内知名的语音学家，石锋教授倡导将语音学和音系学结合起来的研究理念，推崇将理论探索和量化分析相结合的研究方法，开创了语音格局（sound pattern）理论并取得了丰硕成果。在声学实验和量化分析的基础上，石锋团队先后提出并发展了汉语声调格局、元音格局、辅音格局和语调格局，并将这些理论成果应用于语言演化、语言接触与语言习得等研究领域，成绩显著。近年来，石锋团队又致力于汉语声调感知、元音感知、辅音感知和语调听辨研究，积极探索汉语语音的听觉格局。目前，石锋团队也在尝试从呼吸、眼动和脑科学的实验方面进行语言学探索。

语音格局理论是石锋团队最为重要的理论成果。语音格局理论认为，每一种语言（方言）的语音都是自成系统的，语音格局正是语言（方言）语音系统性的表现（石锋，2008）。语音格局理论强调采用声学实验和统计分析，运用语音实验所得的数据和图表来考察各种语音成分的声学表现并以此为基础考察其定位特征、变体分布、成分配列关系等。因而，语音格局分析是一种将语音学和音系学结合起来的统合分析，是语音学和音系学的交汇点和结合部。作为一个高度概括的多层次

第 7 章 21 世纪语音学领域重要成果

语音理论体系,语音格局由声调格局、元音格局、辅音格局、语调格局等子格局组成。

语音格局理论中最早出现的子格局是声调格局。声调格局理论认为,声调由一种语言(或方言)中全部单字调所构成,单字调的声调格局分析是声调研究的基础形式,是考察各种声调变化的起始点;同时,广义的声调格局还包括声调的动态分析,即两字组及多字组连读的声调表现。鉴于包括汉语在内的很多汉藏语言都是声调语言,因而声调问题是我国语言学领域中的重要问题。20 世纪 80—90 年代,石锋教授就十分关注汉语和中国境内少数民族语言的声调问题,开发了基于五度制的声调计算 T 值公式,并提出了声调格局的早期版本(石锋,1986,1990a,1990b,1992,1998;石锋等,1988)。21 世纪以来,考虑到声调格局中各声调动态变异的情况,石锋和合作者提出了声调稳态段等概念以及新的 T 值公式并开展声调分布的频带分析,从而推动了声调格局新的发展(刘艺等,2011;张妍、石锋,2016;石锋、王萍,2006a,2006b;石锋、黄彩玉,2007)。

元音格局也是语音格局理论中较早出现的子格局。在 2002 年的一篇文章中,石锋首次提出了元音格局的概念,指出一种语言(方言)中的元音具有系统性,元音分析要考察其定位特征、内部变体的表现、整体的分布关系等等(石锋,2002a)。元音格局理论认为,汉语的元音系统依据音节结构可划分为不同层次,即依据主要元音跟韵母中其他成分的组合关系划分出四级元音级别;同一元音在不同的级别上表现出的相对关系和分布情况也不一样,显示出语音的结构层次;每一级别上所有的元音都形成相互联系又彼此区别的分布格局(石锋,2002a,2002b)。在普通话元音格局分析的基础上,石锋团队将这一理论应用到方言(石锋、刘艺,2005;贝先明、石锋,2008)、民族语言(石锋、刘劲荣,2006)、儿童语言(石锋、温宝莹,2007)和二语语音习得(李晶、石锋,2008;高玉娟、石锋,2006a,2006b,2006c)研究中,取得了丰硕成果。

辅音格局也是语音格局理论的子格局,该理论是使用语音格局的研究思路和方法对辅音进行研究的结果。鉴于辅音类别的复杂性,根据辅音种类的不同又可将其分为塞音格局、擦音格局、塞擦音格局等下位格局。其中,塞音的声学格局以塞音的两个基本声学参量——闭塞段时长(GAP)和嗓音起始时间——来构建塞音的二维声学空间(冉启斌,2017b;石锋、冉启斌,2009);擦音的声学格局分析利用擦音的谱重心(gravity)和能量的分散程度(dispersion)来构建二维声学空间,其中以谱重心作为横轴,以分散程度作为纵轴(冉启斌、石锋,2012);塞擦音的格局可以按照塞音格局、擦音格局的方法结合起来进行研究（冉启斌，2017a）。通过声学参数对辅音二维空间的建构，辅音格局可以用于观察不同类别辅音的聚集特性、离散特征和补偿关系，从而建构辅音的系统性，实现辅音内部关系可视化。除各种语言（方言）本体研究外，辅音格局的研究方法也可以应用于第二语言习得等研究中（温宝莹等，2009）。

语调格局是指语句调型曲线的起伏格式及其所表现的各调群调域本身的宽窄和相互之间的位置关系（王萍、石锋，2011a，2011b）。基本的语调格局层次包括：字调域、词调域、语句调域；语句调域之上还有句群调域。词调域内部可以划分首字、中字、末字调域；语句调域内部可以划分句首、句中、句末词调域；句群调域内部可以分出首句、中句、末句调域。语调格局的研究涵盖"基本模式"（basic pattern）和"变化模式"（variable pattern）。"基本模式"，是指非强调（non-emphatic）的陈述句，也就是自然焦点陈述句的语调模式，是语调研究的起点，语调构建的基础，也是各种语调变化的基础平台；"变化模式"，是指基本模式之外，受焦点、语气、情感、情绪等因素影响的语调模式（王萍等，2017；石锋、焦雪芬，2016；陈怡、石锋，2011）。在语调格局研究中，常用的量化参数主要包括起伏度、停延率、音量比等（石锋、焦雪芬，2016；石锋等，2009）。除了汉语以外，语调格局的理论和方言还被用于外语研究，如日语（根本晃、石锋，2010）、英语（郭嘉、石锋，2011）等。

在语音格局的理论框架中，除了由声学参数构建的声学格局外，上述子格局还包括各自的听感格局和发音生理格局。目前，对于汉语普通话声调和元音听感格局的探索已有所进展（刘掌才、张倩雅，2020；刘掌才等，2016；荣蓉等，2015），对于发音生理格局的探索仍然处于起步阶段（Chen et al.，2019；陈彧，2017）。今后，有关听感格局和发音生理格局的研究工作将会成为语音格局理论新的生长点。

石锋团队致力于开展语音格局和相关研究工作的同时，还十分注重研究工具研制和理论推广工作。石锋团队所开发的语音实验软件MiniSpeech，不仅具备一般软件的语音实验分析功能，而且还将语音格局理论研究的新成果融入软件中，从而自动实现各子格局各项参数的计算分析工作。同时，石锋团队每年定期举办语音讲习班，讲授语音学知识、实验技术和MiniSpeech操作分析，有力地传播和推广了语音格局理论，促进了我国实验语音学学科在相关学科的发展。

第 7 章　21 世纪语音学领域重要成果

2. 许毅团队

许毅博士是英国伦敦大学学院（University College London）言语、听觉及语音学系教授。作为一名华裔语音学家，许毅教授的研究工作主要涉及考察连续语流中言语产生和感知的基本机制，特别是如何通过一个共同的发音过程对多层交际意义进行编码。二十年多年来，许毅团队以"声调产出的目标渐进模型"（Target Approximation Model of Tone Production，简称 TA 模型）（Xu, 2005；Xu & Wang, 2001）为基础，通过大量涉及多种语言的实验研究，逐渐发展出了"平行编码和目标渐进模型"（Parallel Encoding and Target Approximation Model，简称 PENTA 模型）（Xu, 2005, 2007；Xu et al., 2016）、TA 模型的计算实现（qTA）（Prom-On et al., 2009；Xu & Prom-On, 2014）、最大信息量假设（The Maximum Rate of Information Hypothesis）（Xu & Prom-On, 2019）、TA 动态输出的感知可学习性（The perceptual learnability of the dynamic output of TA）（Gauthier et al., 2007a, 2007b）、"音节的时间结构模型"（Time Structure Model of the Syllable）（Xu, 2009；Xu & Liu, 2006）、"情绪口头表达的生物信息维度理论"（Bio-informational Dimensions Theory of Vocally Expression of Emotions）（Hsu & Xu, 2014；Xu et al., 2013）、"焦点后压缩的诺斯特拉起源假设"（Nostratic Origin of Post-focus Compression Hypothesis）（Xu, 2011；Xu et al., 2012, 2016）等理论假设，开发了 qTAtrainer、PENTAtrainer、ProsodyPro 等多种研究工具；在语音韵律的产生、感知、类型、建模和合成以及协同发音的基本机制研究等方面建树颇丰，近年来又开始着手研究语音习得的神经过程的计算建模、语音情感表达等前沿问题。

TA 模型是许毅团队最早提出的重要的声调产出模型。面对动态语音生成与感知问题情况复杂、研究亟待深入的现状，许毅教授最早从关注汉语普通话连续语流中的声调问题开始，逐步拓展研究范围，推进研究工作深入发展。从其博士论文开始（Xu, 1993），许毅便致力于发现上下文环境中普通话声调变异的基本模式（Xu, 1993, 1994, 1998, 2001），并据此提出了 TA 模型。TA 模型假设，说话人要产生任何声调，都必须有一个特定的发音目标即音高目标，该音高目标可以由一个简单的线性函数来指定。在目标声调产生过程中，说话者的任务是在分配给特定目标的时间间隔内生成目标并使之向理想目标渐进。模型中的目标渐进速度是可指定的，由用于实现目标的发音强度大小所决定。TA 模型假定（Xu & Wang, 2001），普通话的各声调（包

225

括轻声）都具有既定的音高和坡度形态以及形式简单的理想目标，即静态的高（阴平）、低（上声）、中（轻声）或动态的上升（阳平）、下降（去声），实现各个声调的过程就是通过渐进的方式逼近音高目标的过程。在连续语流中，表面轮廓是连续目标序列逼近的结果，每个目标都以音节同步连接。在相邻音节之间的边界，前一个音节的最后的发音状态转移到下一个音节，并导致声调轮廓两个目标之间转折点在时间对准上的延迟。TA 模型在普通话研究上的成功促使其研究内容也从普通话声调扩展到英语（Prom-On et al., 2009；Xu & Xu, 2005）、日语（Lee et al., 2017；Lee & Xu, 2015）、阿拉伯语（Alzaidi et al., 2019）等其他语言的语调、重音等其他韵律成分中来，模型本身在许多新方向上得到进一步扩展。

其中，最为重要的一项理论进展是 PENTA 模型的提出。PENTA 模型的基本假设有三条：第一，音节同步序列的目标渐进是语音韵律的基本机制，所有的信息编码都是在此基础上完成的；第二，通过相互平行而非层级架构的编码方案，语音韵律同时传递多层次的信息；第三，编码方案中的语音编码是参数化而非基于符号表示的。根据上述假设，PENTA 模型的概念框架按照事件发生的时间顺序由交际功能（communicative function）、编码方案（encoding scheme）、目标渐进参数（target approximation parameter）、目标渐进（target approximation）四个模块组成[1]，其中前两个模块实现平行编码（parallel encoding）功能，后两个模块实现目标渐进功能。具体而言，言语产生所需的第一个模块是交际功能模块，该模块中的各项功能如词义、句义、焦点、话题等都是相互平行的，在模块中采用非分层堆叠而成。与交际功能直接关联的模块是编码方案模块，在 PENTA 模型中，交际功能不能直接控制语音信号产出，而必须通过一组特定的编码方案实现这一目的。值得注意的是，编码方案可以是高度程式化的和基于特定语言的，也可以是更加渐变和通用的。接下来的第三个模块是目标渐进参数模块，该模块存储着由编码方案指定的发音参数如目标高度、目标坡度、目标强度、时长等。这些参数控制着第四个模块即目标渐进模块，目标渐进模块控制着向理想目标逼近的发音活动，并通过这一生物力学过程产生表层语音声学形式。

在 PENTA 模型的基础上，许毅团队开发了 qTA、qTAtrainer、PENTAtrainer 等计算建模工具，进行概念探索和定量测试，使用从训

---

[1] 在四个模块中，TA 模块是对 TA 模型的直接继承，而其余三个模块则是在此基础上发展而来的。

第7章　21世纪语音学领域重要成果

练中学习的分类参数开展基频轮廓的预测性合成实验，已经在分析韵律成分编码所表达的词义功能（如声调和重音）、词义后意义（如焦点、情态和边界标记），以及情感、态度和声音吸引力等副语言信息方面取得了丰富成果（Chuenwattanapranithi et al., 2009; Hsu & Xu, 2014; Noble & Xu, 2011; Xu et al., 2013）。从更广泛的意义上讲，基于PENTA的计算建模今后也将有助于探索语音习得、语言变化、类型学和音位表征等问题。总之，PENTA作为第三代语调和韵律模型，代表了当前学界对于语音实现的理解的最新进展，必将在今后的研究中继续发挥重要作用。

3. 中国社会科学院语音研究室团队

中国社会科学院语言所语音研究室（以下简称语音室）成立于1950年，其前身是原北京大学文科研究所语音乐律实验室，是我国最早的语音研究团队之一。多年来，在吴宗济等老一辈研究人员的努力下，语音室在汉语语音研究方面取得了丰硕成果，在国内外语音学界产生了重要影响。21世纪以来，特别是随着语音室2011年成为中国社会科学院哲学社会科学创新工程启动首批试点单位、获批"语音与言语科学重点实验室"以来，在语音室负责人李爱军研究员的领导下，该团队的研究工作进入了快速发展通道，取得了一大批优秀研究成果。

在基础研究方面，语音室老一辈学者如林茂灿、曹剑芬等研究员仍时有高质量成果问世（曹剑芬，2003，2005，2007，2016；曹剑芬等，2008；林茂灿，2002，2005，2012，熊子瑜、林茂灿，2004；王茂林等，2008）。作为语音学新兴交叉领域的探索者，新一辈的研究人员也在发音机理（Fang et al., 2014; Yu et al., 2013; 吴允刚等，2009）、韵律节奏特性（Li et al., 2006）、汉语方言语音（Hu, 2013; Zhang & Hu, 2015; 胡方，2005a，2005b）等研究领域取得了诸多成果，在国内外学界产生了较大影响。

在应用研究方面，语音室团队是国内语音研究方法和技术的推广者，在语音语料库建设、语料库建设技术、基于语料库的应用研究等方面均有诸多重要建树。

21世纪以来，语音室投入最多、成果最为丰硕的工作是汉语语音数据库的建设和研究。语音室研制了适合汉语语音标注工作需要的C-ToBI（Li, 2002）和SAMPA-C（Chen et al., 2000）等语音标记符号体系，制定了语音库采集和数据标注标准（Li & Zu, 2006），开发了"ASCCD-汉语普通话朗读语篇语料库"（Li et al., 2000）、"CADCC-汉语普通话自然口语对话语料库"（李爱军等，2001）、"TSC973-Telephone Speech Corpus 973"（Zhou et al.，2010）等多个数据库，并应用于语音研究、语音工程等领域（刘亚斌、李爱军，2002）。特别值得一提的是，为适应语音识别技术的发展，在国家"863"高新技术项目支持下，语音室团队先后制作了两个大型口音和口语化汉语语音语库"RASC863——四大方言普通话语音语料库"（Li et al.，2004）和"RASC863-G2——863 地方普通话语音语料库"（Li & Yin，2007）。

"RASC863——四大方言普通话语音语料库"采集了上海、广州、重庆和厦门四个地点各 200 名考虑了年龄、性别和教育背景分布的发音人的普通话发音数据。录音语料包括自然口语（口语独白和常见问题回答）和朗读（语音平衡句子、常用口语句和常用方言词汇）两大部分。自然口语部分分为依据话题的口语独白和回答问题两个部分：口语独白部分是由发音人从事先准备的 160 个话题中任意选择一个，然后讲述 3—5 分钟相关内容；回答问题部分是由每个发音人回答 15 个常见问题。朗读语料部分包括 2 200 余句经过挑选的语音平衡句子、460 个常用口语句以及若干各地方言中常用方言词汇。该语音库中包括了近距（距嘴角距离 2—8 厘米）和中距（20—50 厘米）两路语音数据，每路数据采用 16 000hz 采样（16 位）、单声道 WAV 格式存储。语音库中的所有录音数据均进行了语音学标注，且每个方言点各有 20 人数据为精细标注（中国社会科学院语言研究所，2020a）。"RASC863-G2——863 地方普通话语音语料库"录制了长沙、洛阳、南京、南昌、太原、温州 6 个方言点各 200 人的普通话发音数据，并采用了与"RASC863-G2——四大方言普通话语音语料库"相同的发音人、录音存储和标注规范。值得注意的是，为了突出口语化的特点，本语音库在录音语料方面加大了语料覆盖范围，因而在朗读语料方面变化较大，包括 1 890 余句经过挑选的语音平衡句子、460 个常用口语句以及 100 个面向信息通讯应用的数字、字母、短信内容的混合语料（中国社会科学院语言研究所，2020b）。

近二十年来，语音室团队在语料库建设技术等应用成果方面也取得了重要成果。熊子瑜研究员是最早将语音分析软件 Praat 引荐到国内学界的学者之一，其编著的《Praat 语音软件使用手册》详细介绍了该软件的常见功能及其使用方法（中国社会科学院语言研究所，2020c），成为语音研究人员进行语音标注的必读手册，产生了较大影响，为该软件的普及乃至国内语音学的发展做出了重要贡献。随着计算机存储和计算能力的快速发展以及各种语音声学分析软件的日渐成熟，大规模语音语料库的建设和研究成为热点。有鉴于此，熊子瑜研究员开发了"语音

第 7 章   21 世纪语音学领域重要成果

库录制与切分工具包",该工具包包括录音工具 xRecorder.rar、音段自动对齐工具 xSegmenter.rar、语音文字转写工具 xTranscriber.rar 和语音听辨感知工具 xPerception.rar,全面提供了从语音录制到语音训练的各项功能,为语音数据库建设和分析应用提供了极大便利(中国社会科学院语言研究所,2020c)。此外,熊子瑜研究员还开发了一系列汉语方言字音系统实验研究脚本(scripts)和名为"九州音集"的微信小程序。前者提供字表数据处理和字音数据处理两个模块,具有字音录制、标注、声调音高数据分析、共振峰数据分析、声调曲线图制作、声学元音图制作、字音图谱制作、调值测算、调类测算、古今音对应关系分析、同音字表输出、古音分化与合并系数测算等功能;后者是基于微信程序的在线采集和语音数据展示工具,具有用户注册、目录和条目管理(新建、修改、删除、移动)、语音录制、语音播放、语图展示、语音地图、数据分享、任务发布等一系列功能(中国社会科学院语言研究所,2020c)。

语音习得研究是语言习得领域的热点问题,也是语音室团队 21 世纪的重点工作。特别是近十年来,语音室的一项重要工作成果是基于儿童语音数据库的普通话儿童语音发展研究(Gao et al., 2012; Shi et al., 2017)。为了调查正常儿童的发音发展特点和规律,语音室团队从北京市朝阳、海淀、西城北区、西城南区 4 个城区的 18 个社区卫生服务中心和 17 家幼儿园采集了 4 000 多名 1.5—6 岁孩子看图说词的发音数据,建成了标准的普通话儿童语音发展数据库。利用该数据库,高军等人按照 16 个年龄段(3.5 岁以下,每个年龄段的跨度为 2—3 个月;3.5 岁以上,每个年龄段的跨度为半岁),考查了北京城区普通话儿童的发音情况,分析了不同阶段男女儿童在声母、韵母、声调方面的偏误情况(Gao et al., 2013; Gao & Li, 2017)。

在二语语音习得方面,长期以来,语音室团队对于中国人在母语环境中的英语语音学习问题开展了深入研究(Ji et al., 2009; Wang et al., 2009)。在前期研究的基础上(Jia et al., 2011; Jia & Li, 2012; 贾媛等,2013;陈桦等,2010;陈桦、李爱军,2008),依托国家社科基金重大招标项目"中国方言区英语学习者语音习得机制的跨学科研究",语音室团队联合合作团队,通过语音学、语言学、计算机科学和认知心理学等多学科的交叉融合,对中国方言区英语学习者发音偏误和训练策略展开研究。项目旨在建立包含方言英语语料、方言语料和方言普通话语料的大规模方言区英语学习者多口音语音库,对语音库中的语料开展系统性的音段和超音段标注,运用语音分析手段分析不同方言区英语学习者在音段(辅音和元音)和超音段方面(重音类型、边界调以及韵律切分等)的偏误类型,结合不同方言的音系特征,提出改进学习者辅音、元音、重音以及语调等发音问题的具体方法和途径。目前,该项目已经取得了很多阶段性成果(Jia & Zhang, 2018; Li et al., 2020; Li et al., 2020; Wang et al., 2016; Zhang et al., 2019; Zhao et al., 2019, 2020)。

语音研究室是中国最早的语音研究机构之一,研究室几代研究人员励精图治,努力奋斗,很好地继承和发扬了老一代学者的优良传统和作风,并结合21世纪的先进技术和研究手段,彰显了中国语音研究的时代特色。

7.3.3 语音生成与感知的神经机制研究

1. 冈瑟实验室团队

弗兰克·H. 冈瑟(Frank H. Guenther)博士是波士顿大学健康与康复科学学院(萨金特学院)语音、语言与听力科学系和生物医学工程系的教授。同时,他还兼任麻省理工学院皮克尔学习与记忆研究所的研究员、哈佛大学—麻省理工学院言语和听力生命科学与技术专业课程项目的客座教授、麻省总医院放射科的客座科学家。冈瑟是一名计算和认知神经科学家,主要研究领域为言语产出的神经基础、语音产出和感知的神经控制机制、用以恢复瘫痪患者的合成语言和其他交流技能的脑—机接口开发等理论和应用研究。

作为波士顿大学冈瑟实验室(言语与神经科学实验室)主任,冈瑟带领其团队成员致力于设计、开发、测试并改进正常和病理语音生成的神经过程的计算建模,同时应用该团队开发的理论框架与其他实验合作研究沟通障碍、开展神经修复研究工作。多年来,冈瑟实验室先后发展出言语发音控制的"DIVA模型"、语音产出梯度顺序的"语音产出梯度顺序DIVA模型"(Gradient Order DIVA,简称GODIVA)等言语模型,开展了言语功能神经成像、言语障碍、言语康复的神经修复研究等多项项目并开发了相应的工具软件、插件。在冈瑟实验室的研究中,开展最早且持续发展、影响力较大的一项工作是言语发音控制的DIVA模型。

"DIVA模型"最早提出于20世纪90年代初期(Guenther, 1994)。通过五个模块的协同工作,以达成语音表象与声道形态、声道形态空间方向与发音速度之间的自组织映射,进而实现言语产生。其中,声道形态空间方向与发音速度之间的映射学习了特定任务的协调结构,为诸如

第 7 章 21 世纪语音学领域重要成果

嘴唇或下巴的扰动等意外情况提供自动补偿。在"DIVA 模型"的早期版本中，冈瑟虽然已经明确提出该模型是一个言语活动的神经网络模型，但并没有在模型中具体划分特定的神经控制模块，也没有具体描述模型的神经控制网络及其运作路径。

多年来，经过冈瑟及其团队成员的努力工作，"DIVA 模型"不断得以改进（Golfinopoulos et al., 2010; Guenther et al., 1998, 2006; Guenther, 1995, 2006; Guenther & Vladusich, 2012; Tourville & Guenther; 2011）。值得一提的是，随着血氧水平依赖功能磁共振成像（BOLD fMRI）等脑成像技术在语言研究中的深度参与，相关研究提供了大量与语言有关的大脑区域的功能数据（Guenther, 2017）。得益于脑成像技术的应用，近十年来，DIVA 模型有关语音活动神经控制机制得以快速发展并不断完善。在其 2012 年版本中，与 DIVA 模型各组件相对应的生成特定语音块的发音器官运动所涉及的大脑区域已经得到明确标识（Guenther & Vladusich, 2012）。"DIVA 模型"假设，每个语音组块都与一个独有的用于其生成的运动程序（motor program）相对应，而语音组块的单位可以是音位、音节乃至词。其中，音节是最常见的语音组块，都具有经过优化的运动程序。当然，单个音位和常见的多音节如家庭成员或宠物的名字等，也往往存储有特定的运动程序。该模型假设较高级别的大脑区域将预期的语言信息翻译成一系列的语音，而运动序列回路会激活语音图谱的适当节点，该节点充当 DIVA 模型中的最高处理级别。

在 DIVA 的最新版本中，不仅模型的语音生成控制方案得到了发展和改进，而且"DIVA 模型"的神经控制框架也得到了进一步发展，发音器官运动所涉及的大脑区域从皮质区域细化到皮质下区域。

在语音生成控制方案方面，最新版本的"DIVA 模型"继承了早期版本中的声学反馈（acoustic feedback）和触觉/本体感受反馈（tactile/proprioceptive feedback），将二者分别扩展为听觉参考系（auditory reference frame）和体感参考系（somatosensory reference frame）并强化了它们在前馈控制中的作用。其中，听觉参考系由听觉目标 A_T、听觉反馈控制器（auditory feedback controller）、听觉反馈 A、听觉校正运动命令 $\dot{M}_A$ 四个部分组成；体感参考系由体感目标 S_T、体感反馈控制器（somatosensory feedback controller）、体感反馈 S、体感校正运动命令 $\dot{M}_S$ 四个部分组成。听觉反馈控制器和体感反馈控制器分别将传入的 A 和 S 与 A_T 和 S_T 进行比较，所生成的 $\dot{M}_A$ 和 $\dot{M}_S$ 在汇入语音生成过程的同时，还将用于更新 M_T 以便在将来再次产出该音节。同时，新模型还提出了运动参考系（motor reference frame），由运动目标 MT、前馈控制器（feedforward controller）、由前馈控制器生成的前馈运动命令 $\dot{M}_{FF}$、由 $\dot{M}_A$、$\dot{M}_S$、$\dot{M}$ 相加得到的总体运动命令（运动速度命令）$\dot{M}$、运动位置命令 M 等组成，用以主导前馈控制和语音生成。

"DIVA 模型"的神经控制框架由前馈控制系统和反馈控制系统两部分组成。前馈控制系统负责为语音生成学习过的运动程序。这个过程涉及两个子过程。第一个子过程负责在适当的时刻及时启动运动程序。该子过程是由皮质—基底神经节回路执行的，其回路涉及位于额叶内侧壁上的辅助运动区中的起始映射。皮质—基底神经节回路负责识别适当的认知和感觉运动环境，以产生语音。前馈控制系统的第二个子程序包括运动程序本身，这些运动程序负责生成前馈命令，以产生学习过的语音。这些指令是在双侧中央前回腹侧初级运动皮质（vMC）中通过从语音映射到发音映射的突触投影来编码的，从左侧腹侧前运动皮层（vPMC）到 vMC 的皮质投射由小脑回路补充，其中该回路通过桥脑、小脑皮质小叶 VI（Cb-VI）和丘脑的 VL 核。听觉反馈控制子系统负责检测和校正语音的期望听觉信号和当前听觉反馈之间的差异。根据"DIVA 模型"，轴突投射从语言声音映射节点[直接或通过涉及脑桥、小脑（CB）和丘脑内侧膝状体（MG）核的皮质—小脑回路]投射到后听皮层（PAC）高阶听觉皮质区（包括颞平面和颞上回后沟）的听觉目标映射。这些投影对当前正在产生的语音的预期听觉信号进行编码。因此，听觉目标映射中的活动表示当说话者听到他或她自己产生当前声音时应该出现的听觉反馈。目标由时变区域（或范围）组成，这些区域（或范围）编码整个音节中声信号的允许可变性。目标区域的使用而非点目标的使用是"DIVA 模型"的一个重要方面。"DIVA 模型"的神经控制框架较为复杂，对此感兴趣的读者可阅读 Guenther（2016）的著作以进一步对其加深了解。

从上述的介绍可以看到，"DIVA 模型"所关注的对象是某个特定语音成分的运动程序，每个程序对应不同的语音成分如音位、音节等。因此，"DIVA 模型"只能解决这些单个语音成分的生成问题。事实上，当我们通过言语表达自己的思想时，我们的大脑会构造语法上有结构的短语，这些短语由一个或多个按特定顺序排列的单词组成；每个单词依次由更小的、必须按照特定顺序生成的语音单位构成。显然，"DIVA 模型"无法解决语音顺序产生及其神经控制问题。有鉴于此，作为"DIVA 模型"的扩展，冈瑟教授与波士顿大学心理学系丹尼尔·布洛克（Daniel Bullock）教授等人合作开发了"GODIVA 模型"，关注语音产出梯度顺序，以解释基于临床和神经影像学证据的多音节计划、时序和协调的神经计算问题（Bohland et al., 2010b; Civier et al., 2013; Guenther, 2016）。

"GODIVA 模型"包括两个皮质—基底神经节回路。计划回路负责对将要产生的语音序列进行临时存储或缓冲，由后额下沟（pIFS）、前运动辅助区（preSMA）、基底节的尾状核和苍白球（GP），以及丘脑的腹前核（VA）组成。运动回路负责产生用于生成当前语音单元的运动命令，涉及 vPMC、辅助运动区（SMA）、壳核、GP、VA 和丘脑腹外侧核（VL）的前部，是对 DIVA 模型语音映射和起始映射的扩展。根据功能，"GODIVA 模型"对涉及脑区也进行了二分法划分：外侧前额叶/前运动区负责语音内容和运动程序；内侧前运动区负责语音序列结构和时序。这里的序列结构一般是指计划发音项目的项目顺序、框架结构、重音模式和计时信息，而不考虑语音内容和相关的运动程序。同时，序列结构和时序所涉及的语音项目仅为音段成分，而不包括由其他神经回路控制的韵律或超音段成分。关于"GODIVA 模型"的更多内容，读者可通过阅读相关文献、查阅冈瑟实验室网站、下载试用相关软件进行更深一步了解。

总之，近二十年，特别是近十年来，冈瑟实验室团队将计算建模工作与心理、物理和功能性脑成像实验相结合，开发了 DIVA、GODIVA 等语音产生的神经控制模型，用以考察语音产出的神经机制及其发展，因语音产出机制中断而产生的沟通障碍诸如口吃、构音障碍、言语失用、自闭症和发音器官疾病等问题，取得了较为重要的理论进展。目前，DIVA 等理论模型和应用仍处在快速发展之中，值得学界予以持续关注。

2. 施瓦兹实验室团队

让-吕克·施瓦兹（Jean-Luc Schwartz）博士是法国国家科学研究中心资深科学家、格勒诺布尔认知极点研究中心的创立者和中心主任、格勒诺布尔图像语音信号和控制实验室（GIPSA 实验室）"语音控制多模态动力学"团队成员。作为一名心理语音学家，施瓦兹博士的研究兴趣包括知觉加工、知觉—运动的相互作用、视听言语感知、音系系统的语音基础和语言涌现等，涉及语音学和音系学、认知心理学、神经科学、信号处理和计算建模等多个学科领域。近年来，施瓦兹博士作为首席科学家和研究主管承担了欧洲研究委员会资助项目"语言的多感觉—运动统一性"。在施瓦兹博士等所提出的"动作感知控制理论"（Perception-for-Action-Control Theory，简称 PACT）的框架下，该项目运用认知心理学、神经科学、语音学和计算模型相结合的跨学科方法，考查将人脑中的听觉、视觉和运动信息流联系起来的语音统一过程，旨在理解言语活动是如何统合感觉和运动信息、言语成分是如何从感知—运动的相互作用中产生的。

在 2002 年的一篇文章中，施瓦兹博士及其合作者首次提出 PACT 的理论构想，其基本观点为：言语知觉的实现是语音知觉（听觉、视觉）和发音动作相互作用的结果，与某些音系原则和参数设置相关（Schwartz et al., 2002）。事实上，PACT 理论构想的基础是"离散理论"（Dispersion Theory）（Lindblom & Engstrand, 1989），"可用特性最大限度利用原则"（maximum utilization of the available features principle）（Clements, 2003），以及施瓦兹团队在"离散理论"的基础上提出的"离散—聚焦理论"（Dispersion-Focalization Theory）。在整合上述理论思想的基础上，PACT 提供了一个完整的知觉—运动框架。这个框架，既不同于认为语音发音感觉与声学模式相互对立的"听觉"的理论如"感知的模糊逻辑模型"（The Fuzzy Logical Model of Perception）（Massaro et al., 1993）、"双弱理论"（Double-weak Theory）（Nearey, 1997），又不同于将听觉仅仅视为发音行为的一种镜像"运动"的理论，如"肌动理论"（Liberman & Mattingly, 1985）、"直接实现理论"（Direct-realist Theory）（Fowler, 1986; Fowler & Rosenblum, 1991）。因而，PACT 的任务是以与音系相关的感知和行为系统的共同构建为中心，寻找语音信号和音位、语音信号和发音行为之间的直接联系（Schwartz et al., 2002）。

近年来，PACT 在施瓦兹团队的努力下逐渐走向成熟（Schwartz et al., 2007, 2012）。该理论认为，言语知觉是一套不仅使听者理解，而且使说话人在言语活动过程中控制发音行为的机制。在 PACT 看来，言语发展过程中的知觉和发音行为是共构的，言语发展过程既涉及言语项目的产生，也涉及言语项目的感知。因此，知觉系统本质上是根据言语的发音姿势组织起来的，并与发音行为系统的结构有关。这就是 PACT 如何包含隐含的"言语产生的程序性知识"的方式。相反，语音感知为行动提供了听觉模板（可能还有视觉模板），这些模板有助于定义发音姿势、指定控制原则、组织实施方案和功能价值。这就是 PACT 整合"手势感知塑造"的方式。在 PACT 中，实现感知的通信单元既不是声音，也不是单纯的发音姿势，而是经过知觉塑造的发音姿势（感知—运动单元）。感知—运动单元的特点有两个，即由其发音姿势本质决定的发音连贯性和由其功能要求的感知价值。

PACT 认为知觉—运动链接在言语感知过程中具有两种作用。"离线共构假说"认为言语发展过程中的知觉表征和运动表征是共构的,这使得听觉分类机制能够解码运动信息。虽然在个体发生学中,听觉分类过程似乎比言语生成知识存在和发展得更早,但运动程序知识的进一步发展将在一定程度上修改乃至增强感知技能。正是在这个水平上,运动或听觉资源的微妙的在线瞬态修改可以在各种适应范例或运动共振现象中发生。"在线知觉—运动绑定假说"考虑了运动知识在提取和表征相关线索方面对于听觉或多感官语言处理的在线影响。运动系统不仅对于噪声、不利或复杂环境中的信息交流特别重要,而且可能会干预语音切分过程。

近二十年来,随着"语言的多感觉—运动统一性"项目的稳步推进,施瓦兹团队一方面致力于分析在多模态语料库中收集的音频、视频和运动刺激的联合特性(Cefidekhanie et al., 2014;Scarbel et al., 2018;Strauß & Schwartz, 2017),提取语音场景中的连贯流以及将流分割成连贯的视听单元的行为和神经生理学数据(Alho et al., 2012;Schwartz et al., 2016;Treille et al., 2018;),以及阐述音频—视频—运动绑定过程的神经计算模型(Laurent et al., 2013, 2017;Barnaud et al., 2019)。另一方面,施瓦兹团队通过收集知觉、动作和音系共同发展的语音数据,实施和检验各种计算模型,以评估知觉—运动言语单位在特定语音系统的习得、再习得、进化或学习过程中是如何产生和演化的(Basirat et al., 2016;Caudrelier et al., 2019;Ménard et al., 2008;Ménard & Schwartz, 2014;Moulin-Frier et al., 2012;Nahorna et al., 2012;Schwartz et al., 2012;Ogane et al., 2020;Sato et al., 2007, 2014)。随着研究的不断深入,PACT 的理论假设得到充分验证,理论本身不断创新发展并在相关领域得到应用。

第 8 章
21 世纪音系学领域重要成果

21 世纪以来，音系学界在音段音系学、超音段音系学、音系学与其他语言学分支的界面研究以及跨领域研究等方面取得了诸多重要成果。同时，由于近年来许多国际出版社致力于大型工具书和手册的出版，音系学界也推出了一些规模庞大的总结性著作，这些作品对以往的研究进行了大量梳理和思考。本章将分"音系学领域重要期刊论文"和"音系学领域重要著作"两部分，对 21 世纪以来音系学领域的重要成果进行介绍和评述。

8.1 音系学领域重要期刊论文

音系学领域的专门刊物主要有《音系学》（*Phonology*）和《实验音系学》（*Laboratory Phonology*）两种。

《音系学》的前身为《音系学年鉴》（*Phonology Yearbook*）。该刊物创刊于 1984 年，由剑桥大学出版社出版，创刊时每年发行 1 期。1988 年更名为《音系学》，并改为每年 2 期，1995 年增至每年 3 期，2018 年增至每年 4 期。

《实验音系学》是实验音系学会（Association for Laboratory Phonology）会刊。该刊物前身为"实验音系学会议"（LabPhon Conference）论文集，曾以《实验音系学论文集》（*Papers in Laboratory Phonology*）为名出版了 10 期。2010 年，该刊物改为现名并正式发行，每年 1 期；2010—2015 年间由 De Gruyter 出版社出版；2016 年起改由 Ubiquity 出版社出版。《实验音系学》是一本开源刊物，其网站免费提供所有内容。

除以上刊物外，《语言学探索》（*Linguistic Inquiry*）和《自然语言和语言学理论》（*Natural Language and Linguistic Theory*）也是发表音系学

研究成果的重要平台。另外，许多其他语言学刊物也经常发表音系学论文，有些刊物还曾推出过音系学专辑，如《语言》（Lingua）刊物在2014年推出过反映实验音系学发展的"发音与韵律结构的动态机制"（Dynamics of Articulation and Prosodic Structure）专辑。

纵观上述刊物二十年来发表的论文，可以看出音系学界的研究热点和研究趋势，下文将对此进行具体阐释。

8.1.1　研究概况和研究热点

由于《音系学》是目前音系学学科唯一全面刊登各流派、各方向研究成果的国际刊物，因此，下面我们先以这份刊物最近十年的发文为例，对近年来音系学的研究概况和热点做一些梳理。

近十年间（2010—2019年），《音系学》刊物共发表了152篇研究性论文，其中音段和超音段层面的音系研究最多，共110篇；另有29篇论文着重讨论理论框架，9篇讨论音系习得，2篇讨论借词音系学（Loanword Phonology），2篇讨论手语音系学。

在音段研究方面，音段间的结合关系与和谐关系是研究的热点。音段间的结合关系主要体现在辅音丛的制约条件、音节的判断等方面；而音段间的和谐关系主要体现在元音和谐、辅音和谐、某些特征的和谐等方面。除此之外，清浊、鼻音的音系问题也颇受关注。在超音段研究方面，重音、节律、声调、音长、语调这些传统的研究热点仍然备受关注，其中词以上层面的超音段表现越来越受到重视。在2015年，《音系学》刊物还在第1期推出了韵律专辑"句子音系学中的成分"（Constituency in Sentence Phonology）。

在音系学理论研究方面，最受关注的是"优选论"及其理论发展，包括"优选论的候选项链理论"（OT with Candidate Chains，简称OT-CC）、"和谐串行理论"（Harmonic Serialism）、"随机优选论"（Stochastic OT）、"和谐法"（Harmonic Grammar，简称HG）、"噪声和谐语法"（Noisy Harmonic Grammar）、"最大熵"（Maximum Entropy，简称MaxEnt）等理论或模型。在这些新理论的视角下，音系知识的渐变性（gradience）等问题也得到了较多研究。在2017年，《音系学》刊物还在第2期推出了"今日计算音系学"（Computational Phonology Today）专辑，讨论各种理论框架下音系知识的计算方案。同时，音系描写和解释中的一些关键问题，尤其是音系晦暗问题、共时和历时解释问题、音

第8章 21世纪音系学领域重要成果

系与形态的关系问题,也是音系学理论研究中经常涉及的。

无论是在音段、超音段还是音系学理论研究中,语言类型学都是贯穿其间的一个重要视角。一些语言类型上的重要问题,如音节、重音等是否具有跨语言普遍性,近年来在《音系学》刊物中得到了持续讨论(如 Hyman, 2011, 2015; Labrune, 2012b; Kawahara, 2016; Maskikit-Essed & Gussenhoven, 2016; Köhnlein, 2016, 2019; Gussenhoven & Peters, 2019)。Pater(2019)的论文《优选论和形式语言理论中的音系类型学:目标与未来方向》(Phonological Typology in Optimality Theory and Formal Language Theory—Goals and Future Directions)一文甚至从类型学的角度,对优选论框架和由 SPE 发展而来的形式主义框架进行了比较,并得出了前者可能优于后者的结论,可见类型学的维度和解释力已经成为音系学研究中的重要考量。

8.1.2 音节性研究

在关于音段的音系研究中,音节性(syllabicity)是近年来研究的一个热点,尤其是一些在辅音丛(consonant cluster)和音节性上表现独特的语言。例如,摩洛哥阿拉伯语、Tashlhiyt 柏柏尔语、Gokana 语(一种尼日利亚的尼日尔—刚果语)、日语等,近年来得到了很多研究。这些研究表面上关注的是个别语言,但实际上都有相当宽广的视野,在理论或方法上具有普遍意义。

1. 音节的跨语言普遍性研究

Gokana 语、日语等语言涉及的一个重要理论问题是:音节是否具有跨语言的普遍性?对此,以美国加州大学伯克利分校 Larry Hyman 教授为代表的一批学者一直持怀疑态度。他们认为,音节概念在被 SPE 放弃之后又被恢复虽然有其合理性,但恢复的过程缺乏批判。Hyman(1983)很早就曾撰文指出,Gokana 语的音系没有音节,只有莫拉(mora)。之后莫拉确实越来越受到重视,但 Gokana 语没有音节的主张并没有得到太多响应。近年来,随着 Evans & Levinson(2009)关于放弃简单化的语言共性观而多挖掘语言差异的观点引起众多讨论,Hyman(2011, 2015)再次提出了 Gokana 语不存在音节的观点。在其著作(Hyman, 2011)中,他提供了一些可能证明 Gokana 语有音节的新证据,但经过论证,发现其中只有一条证据也许可以用音节的存在来解释；在另一著作（Hyman, 2015）中，他进一步指出，即使是对这条证据的解释也不需要用到音节。针对关于音节以及语言普遍性问题的争议，Hyman 认为，音节以及任何其他的音系成分或音系特点都不是绝对普遍的，它们在不同语言里可能有不同的激活程度，Gokana 语就是一种几乎没有激活音节的语言，因为到目前为止，我们观察到的它的所有音系现象都不需要音节来解释。受 Hyman 的启发，Labrune（2012b）提出日语也是一种没有音节的语言。她认为，日语中存在两种不同的莫拉，一种是常规的 CV 莫拉，另一种是弱莫拉，目前以音节来解释的日语音系现象都可以改用这两种不同类型的莫拉来解释。

然而，Hyman（1985，2011）反复强调，理论上来说，我们其实无法真正证实一种语言没有音节，因为我们永远无法得到它所有可能的语料；一旦有新的材料出现，关于某种语言没有音节的说法就可能受到挑战。在关于日语的研究中，这种挑战果然出现了：在 Labrune（2012b）提出日语没有音节之后，Kawahara（2016）撰文指出，有很多材料都能证明 Labrune 的说法是站不住脚的。事实上，Kawahara 的材料大都不是来自新的研究，只是 Labrune 不曾注意而已，它们有的属于声学数据，有的出自心理学实验，还有的来自歌曲、截短词（clipping，或 clipped form）等。

例如，表 8-1 出自 Tamaoka & Terao（2004）的心理学实验。实验中他们设计了一些同为三个莫拉的假词，其中 1、6 包含三个音节，其他包含两个音节，然后将其以平假名或片假名的方式呈现给被试让其朗读。结果表明，三个音节的假词所造成的命名延迟和错误率与两个音节的同类现象有显著差异。

表 8-1　日语音节对产出影响的假词实验结果（转引自 Kawahara，2016: 178-179）

	刺激类型	实例	视觉刺激	命名延迟	错误率（%）
1	CV.CV.CV	/ketape/	けたぺ	645	15.1
2	CVJ.CV	/keope/	けおぺ	590	7.8
3	CVQ.CV	/keQpe/	けっぺ	575	9.9
4	CVN.CV	/keNpe/	けんぺ	533	3.1
5	CV.CV	/kepe/	けぺ	537	1.6
6	CV.CV.CV	/kotamo/	コタモ	645	2.78
7	CVR.CV	/koRmo/	コーモ	573	1.91

注：C、V、J、Q、N、R 分别代表首音、韵核、双元音的后一成分、双辅音的前一成分、鼻音尾、长元音的第二莫拉。

第8章　21世纪音系学领域重要成果

又如，例1中是一些日语英译词及其截短形式。从例1a来看，截短词取原词的前两个莫拉，似乎与音节无关；但由例1b可见，如果这两个莫拉属于同一音节，即截短词只有一个音节，那么它还必须再带上一个莫拉，也就是说一个音节是不能构成截短词的。这意味着，在生成截短词时，日语母语者对于莫拉和音节都是敏感的。

例1　a. [de.mon.sɯ.ree.ʃoN]　→　[de.mo]　　　　展示
　　　　[ɾi.haa.sa.ɾɯ]　　　　→　[ɾi.ha]　　　　排练
　　　b. [mai.kɯ.ɾo.ɸo.oN]　　→　[mai.kɯ] / *[mai]　麦克风
　　　　[dai.ja.mon.do]　　　→　[dai.ja] / *[dai]　钻石
　　　　　　　　　　　　　　　　（根据Kawahara，2016：188）

Kawahara（2016）举了很多类似的例子，以表明日语母语者的音系知识中存在音节观念。事实上，只要其中的任何一个例子成立，那么日语没有音节的说法就可以被证伪了。这正是赵元任先生的名言"言有易，言无难"的生动体现。

2. 音节性的实验研究

在对摩洛哥阿拉伯语、Tashlhiyt柏柏尔语等语言的特殊音节类型的研究中，一些重要的实验方法也得到了发展。Gafos（2002）有一项对摩洛哥阿拉伯语辅音丛的经典研究，正是在该研究中，"发音音系学"早期关于协同发音的"地标"（landmark）式模型得到了发展；之后Shaw et al.（2009）根据新的"c-中心效应"（c-centre effect）理论，利用电磁发音仪对该语言的首辅音再次进行研究，发现其元音前的C1C2组合并非辅音丛，其中的C1更像是一个单独的音节核（syllable nucleus）。在对Tashlhiyt柏柏尔语的研究中，Ridouane（2008）等学者也得出了类似的结论，即该语言存在许多无元音的音节，其中的辅音甚至有许多典型的阻音。在分析这些语言的音节时，基本思路都是设法证明其元音前的辅音组合与真正的首辅音丛存在差异[1]，然后说明其中的某些辅音具有音节性。近年来，Shaw et al.（2011）考虑到以前的静态语音标准有时会导致对单复辅音的分辨失败，进一步改进了分析模式，提出了根据语音参数间的相互关系进行动态调整的动态不变性（dynamic invariance）方法，并用此方法成功分析了摩洛哥阿拉

---

[1] 摩洛哥阿拉伯语和Taʃlhiyt柏柏尔语都已被证明是不允许在首辅音中使用辅音丛的语言。

伯语的相关数据。Ridouane & Fougeron（2011）、Ridouane（2014）、Ridouane & Cooper-Leavitt（2019）则进一步明确了 Tashlhiyt 柏柏尔语以辅音作韵核的普遍性，并分析了在这一背景下该语言在实际语音产出时出现的两种央元音插入的情况：第一种是在辅音之间出现的、同辅音的发音和发声相关的转接性的央元音，第二种是在韵律显赫的位置由于时长增加等原因而出现的体现显赫性的央元音，Ridouane & Cooper-Leavitt（2019：451）分别称之为"T-元音"（T-vocoid，T 代表 transition "转接"）和"P-元音"（P-vocoid，P 代表 prominence "突显"）。

8.1.3 和谐关系研究

近年来以音段间和谐关系为主题的研究相当丰富，Scharinger et al.（2011）、Larsen & Heinz（2012）、Berkson（2013）、Alderete et al.（2013）、Kügler（2015）、Archangeli & Pulleyblank（2015b）、McPherson & Hayes（2016）、Ritchart & Rose（2017）、Lionnet（2017）、Kimper（2017）、Kwon（2018）、McCollum（2018）、Moskal（2018）、Ozburn & Kochetov（2018）、Danis（2019）等学者都发表过相关论文。这些论文涉及的语种非常丰富，包括朝鲜语、土耳其语、哈萨克语、纳瓦霍语、约鲁巴语、Akan 语（尼日尔—刚果语系）、Moro 语（尼日尔—刚果语系）、Tommo So 语（尼日尔—刚果语系）、Ngbaka Minagende 语（尼日尔—刚果语系）、Laal 语（语系不明）等。

1. 长距离和谐研究

从具体的研究内容来看，音段和谐关系研究中经常出现的一个课题是：长距离和谐（long-distance harmony），包括辅音和谐和含有透明元音（transparent vowel，即不受和谐规则影响的元音）的元音和谐。由于违反了音系规则的局部性（locality），这种和谐现象对于一般的音系理论造成了挑战，其处理方案目前仍在探索过程中。近年来对长距离和谐的研究主要涉及其类型和机制。在类型上，Hansson（2010）对辅音和谐做过一个比较全面的总结，他指出：（1）辅音和谐通常是逆向同化；（2）辅音和谐通常不受中间音段的任何影响；（3）辅音和谐从不受重音、音节重量等韵律因素的影响，也不受音步等韵律域的制约；（4）辅音和谐最常见的类型是舌冠音（尤其是咝音）之间的和谐，而

第 8 章　21 世纪音系学领域重要成果

大部位和谐（major-place harmony，如"舌面音—舌冠音"变为"舌冠音—舌冠音"）则似乎从未见到。不过，这里的最后一项类型空白已经由 Danis（2019）在 Ngbaka Minagende 语中的发现所填补：该语言中存在唇和舌面辅音间的和谐现象，符合辅音和谐中"相关一致"（Agreement by Correspondence，简称 ABC）的一般规律。当然，这种大部位和谐同该语言中大量存在的双重部位发音 [k͡p]、[g͡b]、[ŋ͡m] 等有密切关系，Danis 认为这也是大部位和谐在类型上比较少见的一个原因。在元音的长距离和谐方面，Ritchart & Rose（2017）分析了 Moro 语的情况，发现其央元音并非以往所认为的透明元音，而是分为 [ə]、[ə̠] 两个，前者会促发和谐，后者则是和谐的对象。这虽然是一种相当特殊的现象，但它提示我们，对于透明元音的界定应当十分谨慎，尤其应充分考虑语音上的各种细节。

关于长距离和谐的机制，Hansson（2010）、Berkson（2013）、Kimper（2017）等学者从不同方面给出了一些解释。Hansson（2010）用大量篇幅说明，导致长距离和谐的一个基本原因是相关一致，即不同音段间由于某些方面的相关而导致的另一些方面的一致；他还引用了许多口误的例子，试图说明长距离和谐同发音人在产出时的音系规划有关。Berkson（2013）和 Kimper（2017）的研究更多地使用了严格控制的感知和产出实验。Kimper（2017）的实验证明，长距离和谐的跨距离特点来自其语音感知基础；Berkson（2013）的实验则表明，长距离和谐虽然可以跨越距离，但仍会受到距离影响，因为距离越长，其出现频率越低。

2. 对实验数据和渐变性的重视

在对长距离和谐的研究中，音系学家非常注重来自语音实验的证据。事实上，这一趋势在近年来各种关于和谐现象的研究中都是普遍存在的。比如，McCollum（2018）在对哈萨克语等语言的元音和谐规律进行分析时，将 Liljencrants & Lindblom（1972）的"最大对立"理论（Dispersion Thoery，即一个语言中的不同元音应尽量把元音空间撑到最大）与优选论的"最大熵"模型相结合，得到了比以往基于区别性特征的分析更好的结果。这同 Ritchart & Rose（2017）用声学数据来证明 Moro 语的所谓透明元音实际上应分为两个不透明元音在总体思路上是有类似之处的，因为它们都用语音实验证据弥补了传统音系分析的不足。

随着实验数据的大量引入，近年来关于和谐现象的音系学理论和观念本身也发生了深刻的变化，其中最明显的一点就是对渐变性（gradience）的重视。以往音系学所呈现的相关知识多为范畴性的，理论描写上也以特征范畴为主，然而近年来学界对和谐现象的理解越来越倾向于认为这是一种具有渐变性的现象。例如，Berkson（2013）认为，一切和谐现象都是具有选择性的，而且存在很大的个体差异；McPherson & Hayes（2016）则发现，元音和谐的施用频率同形态结构也有关系，随着与词根距离的拉大，相关规则的施用频率会逐渐下降。在方法上，McCollum（2018）利用基于声学数据的渐变模型，实现了在优选论框架下对元音和谐的有效描写；Lionnet（2017）则根据 Laal 等语言中由唇辅音引起的非对比性、但具有一定音系价值的元音圆唇现象，提出应在特征之下设立"特征下表征"（subfeatural representation），比如 [x round]（0 < x < 1），以体现基于感知的音系知识。当然，关于渐变性也存在一定的争议，比如 Scharinger et al.（2011）通过分析土耳其语母语者元音和谐感知的脑磁图（magnetoencephalography，简称 MEG），认为元音和谐知识是纯范畴性的语法知识，同其促发者和对象的距离、词频等都没有关系，因此不能用渐变性模型来分析。但是，Scharinger et al.（2011）的脑磁图实验本身就是高度数据化的。总体上，以上大部分研究者都认为，对实验数据和渐变性音系知识的进一步挖掘是未来研究的一个重要方向。

3. 异化现象研究

作为和谐现象的反面，异化现象（dissimilation）近年来也受到了一定的关注。比如在以上研究中，Hansson（2010）对和谐与异化进行了对比讨论，并认为大部位和谐之所以在类型上罕见，是因为音段之间在部位上更容易长距离异化，与此形成对比的是，最容易发生和谐的咝音之间很少出现异化现象。关于异化的机制，Blust（2012）根据南岛语和澳大利亚土著语言中的一些普遍现象，认为避免多重标记性（即每个词最多允许一个标记性成分）可能是这些语言异化现象背后的一个重要动因；Alderete et al.（2013）利用联结主义模型对阿拉伯语词干中辅音之间的部位异化进行了研究，发现这种具有渐变性的异化现象的规则可以从输入词项的经验中获得，而不需要先行规定；Stanton（2019）则通过对鼻辅音丛异化现象的实验分析，认为感知因素是导致这类异化现象的重要原因。总体上，这些对异化的研究也非常重视实验数据和相关音系知识的渐变性。

8.1.4　韵律标注研究

以上我们围绕音节性与和谐关系两大热点，介绍了近年来音段音系研究方面的一些重要论文。事实上，其中的一些关键问题（如音节性）已经涉及了韵律。但是，目前我们对于韵律现象的认识还远不如对音段那么成熟。在标注方面，也没有一套像国际音标音段符号那样完全为学界所普遍接受的韵律标注体系。为了推进韵律标注的规范化，《实验音系学》刊物在2016年第1期推出了"推进韵律转写"（Advancing Prosodic Transcription）专辑，收录了Hualde & Prieto（2016）、Arvaniti（2016）、Frota（2016）、Cole & Shattuck-Hufnagel（2016）、Cangemi & Grice（2016）以及Gussenhoven（2016）的6篇文章。

从以上文章各自的主张来看，韵律标注距离形成统一规范的目标仍然存在差距。不过，一些问题得到了普遍关注，或者说达成了一定的共识：首先，大部分学者都同意韵律标注应有类型学的视野，重视跨语言的可比性；其次，学者们都认为韵律在语音表现上往往有很大的可变性，这种可变性对韵律标注的稳定性和跨语言可比性造成了较大的挑战。面对以上情况，有的学者提出了类似"双轨并行"的解决方案，比如Hualde & Prieto（2016）建议同时设立一个宽式语音层和一个音系层；Cole & Shattuck-Hufnagel（2016）则认为可以同时采用粗线条的"快速韵律转写"（Rapid Prosodic Transcription，简称RPT）和反映音系范畴与语音表现间关联的"线索确认"（cue specification）方法；Cangemi & Grice（2016）也认为应该将语用意义和语音表现的变异性相结合。但是，也有学者认为应该以（语用）意义为主要的考量点，并反对设立宽式语音层的做法，认为这样容易引入不必要的语音细节。在韵律标注所采用的具体体系方面，多数学者其实都没有脱离目前已经广泛使用的在"自主音段—节律表征"（Autosegmental-Metrical representation，简称AM）基础上发展起来的ToBI体系，比如Hualde & Prieto（2016）所主张的"国际韵律字母"（International Prosodic Alphabet，简称IPrA）就是以此为基础的。由于ToBI体系在跨语言（包括二语）普遍性上还存在很多问题，比如过度分析（overanalysis）、分析不足（underanalysis）等，Gussenhoven（2016）便基于实验数据提出了一些改进的建议。

8.1.5 重音与节律研究

1. 对类型学维度的重视

同其他领域的音系研究一样，近年来的重音和节律研究非常重视类型学的维度。这方面的例子很多，比较典型的如 Lunden et al.（2017）利用 140 种语言中元音音长与重音关系的数据，证明了 Berinstein（1979）功能负荷量假说（Functional Load Hypothesis）中关于一种语言不会利用已经具有对比性的超音段特征（音长和基频）来表达重音的观点是错误的；又如 Maskikit-Essed & Gussenhoven（2016）根据对印度尼西亚安汶马来语的调查，发现该语言既没有力度重音，也没有音高重音，同时还没有韵律焦点，这代表了一种相当特殊的类型，而且其周边的一些语言（包括印尼语）也可能属于这一类型。Ryan（2017）利用拉丁语、古诺斯语、达罗毗荼语和芬—乌戈尔语的诗律数据，提出重音和音节重量可以共同影响诗律，而且可以分为两个子类型，一类以拉丁语和古诺斯语诗律为代表，其重音和音节重量分别单独起作用，另一类以达罗毗荼语和芬—乌戈尔语诗律为代表，其直接控制因素是音节重量，但这种控制作用会受到重音的渐变性调节。

2. 对优选论、实验数据和渐变性的重视

除了强调类型学维度外，近年来的重音和节律研究还有几个突出特点。首先是普遍采用"优选论"框架，并尽量与优选论的新发展相结合。比如，Ryan（2017）的分析就使用了"和谐优选论"为各个制约条件设置权重并计算各候选项的总违反程度。其次，研究越来越注重采用实验数据。例如，以往认为波兰语有两层词重音规则，而且是反向的，分别从右端（倒数第二音节）和左端（正数第一音节）施用，但是真正使用语音数据来证明这一点的研究并不多。Newlin-Łukowicz（2012）采用语音数据，没有发现左端施用规则的存在，因此对以往的观点提出了质疑；之后 Łukaszewicz（2018）又采用新的语音数据，对 Newlin-Łukowicz 的观点进行了反驳，再次证明了以往观点的正确。又如，以往的研究认为古吉拉特语的重音分布与元音响度有关，Shih（2018）利用语音数据，发现响度最大的 [a] 元音并没有吸引重音的表现，虽然不排除存在"重音不落在 [ə] 上"的限制。再如，Carpenter（2010）利用在重音规则上自然和非自然的两类假词进行学习训练，证明非自然

假词更难习得，Mołczanow（2019）根据俄语表层阅读障碍（surface dyslexia）患者对俄语单词的重音产出数据，得出俄语单词的默认重音规则为：（1）重读末尾闭音节；（2）如果末尾为开音节，则重读倒数第二音节。这两项研究都是更为典型的实验研究。

最后，随着分析框架的更新和对实验数据的重视，近年来的研究越来越重视音系规则中的概率和渐变性。以上研究中，Ryan（2017）就以渐变性为关键因素，解释了相关规则的作用机制。其他类似的研究如：Hyde（2012）用"弱括号"（weak bracketing）来解决节律分析中的"单数等价输入问题"（odd-parity input problem，即将剩余的单个音节视作音步所造成的问题）；Martínez-Paricio & Kager（2015）将两音节或两莫拉音步和三音节或三莫拉音步间的关系分析为一种渐变过渡；Garcia（2017）用概率来解释巴西葡萄牙语中音节重量对重音的渐变性影响；Baumann & Ritt（2017）采用"演化博弈论"（Evolutionary Game Theory）来分析英语中词重音位置的变异，发现这种变异与优化短语层面的节奏有关，并认为单音节词的频率在其中起到了关键作用。

8.1.6 声调研究

1. 声调的音系理论研究

近年来，对声调的音系理论研究首先致力于用新的音系学理论对声调现象进行描写和阐释。这方面出现了一些重要的著作，如 Yip（2002）的《声调》(*Tone*)、Wee（2019）的《声调音系学》(*Phonological Tone*) 等，我们将在第 8.2 节介绍。

在论文方面，则有 Gao（2009）、Mücke et al.（2012）的研究。Gao（2009）将发音音系学中关于音段发音的"c-中心效应"理论拓展到声调研究中，发现汉语普通话的声调与同音节中的首辅音和元音分别存在时间上的"反相耦合"和"同相耦合"关系，也就是说类似于首辅音丛中的一个辅音音姿，如图 8-1（a）所示，而对于曲折调（比如降调 HL）而言，组成它的各个调型之间会进一步形成"反相耦合"关系，如图 8-1（b）所示。

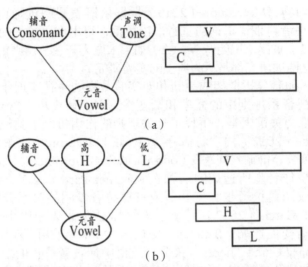

图 8-1 汉语普通话音节中首辅音、元音和声调间的 c- 中心效应（Hall，2018：549，根据 Gao，2009）

  Mücke et al.（2012）发现，Gao（2009）关于声调的理论似乎不能进一步推广到非声调语言的调高表现上，比如加泰罗尼亚语和德语中的这种调高表现都不能同首辅音和元音共同产生 c- 中心效应，因此他们推测，很可能这种涉及调高的 c- 中心效应只出现在用调高来表达词义的声调语言中。

  在用音系学理论来研究声调的同时，一些学者还尝试用声调现象来检验当前的各种音系理论。在这方面，计算音系学和优选论之间曾有过一些有趣的争论。计算音系学家 Jardine（2016）认为，在与声调相关的音系现象中常出现一些音段音系中很少出现的规则，比如"无界声调高原"（unbounded tonal plateauing，简称 UTP，即两个底层高调间的所有载调单位全部带上高调）和"酸葡萄模式"（sour-grapes pattern，即声调特征如果在某个方向上不能无限延展便不在此方向上进行任何延展），并进一步提出：声调规则在计算上要比音段规则更加复杂，而且优选论在对它的处理上存在劣势。针对这一观点，Pater（2018）指出，只要给出合适的制约条件，优选论并不存在劣势。然而，Jardine（2019）回复认为，声调在计算上更加复杂是不争的事实，优选论由于其理论设计，确实很难解决其中的一些计算问题。

2. 声调的实验音系学研究

在声调知识的实验研究方面，近年来有一些以汉语普通话和方言为对象，以语音、心理或神经实验为方法的研究，其中不少来自美国学者张杰及其团队。例如，Zhang & Lai（2010）用产出实验的方法，证明普通话中具有明确语音动因的变调规则（213 → 21/_T（T ≠ 213））比语音动因不明的变调规则（213 → 35/_213）更加稳定，这说明语音在音系知识中有其地位，还说明词频对于变调规则的施用有影响。钱昱夫等（Chien et al.，2016；钱昱夫，2019）使用汉语普通话和闽南话两种方言的材料，通过心理和神经实验，发现变调规则的能产性对于相关词汇的听觉加工有明显的影响：能产性高者以底层声调加工为主，能产性低者以表层声调加工为主。Flemming & Cho（2017）采用产出实验的方法，对汉语普通话的阳平调进行了研究，发现该调有几个功能上冗余、实现起来又有一定竞争关系的发音目标，而最后的发音表现是它们相互之间通过不同的权重互相作用的结果。

8.1.7 焦点后压缩研究

在韵律的音系表现方面，语义和语用是常见的影响因素。关于语用对韵律的影响，近年来比较重要的一项成果来自伦敦大学学院的许毅等学者对"焦点后压缩"（post-focus compression，简称 PFC，即调域和音强等在焦点的衰减）现象的跨语言研究（Xu et al., 2012）。他们认为，这种现象同语言间的亲属关系和接触关系都有关联，目前已发现阿尔泰语言、汉语北部方言和多数欧洲语言都存在这一现象，而那些同这些语言不曾有过密切接触的语言都没有这一现象，有的语言可能原来有但后来失去了。从汉语普通话和台湾地区闽方言的情况来看，前者有明显的焦点后压缩，而后者则没有明显表现。前文提到的 Maskikit-Essed & Gussenhoven（2016）对印度尼西亚安汶马来语的调查也发现该语言没有焦点后压缩（而且该语言实际上没有韵律焦点），符合许毅对其地理分布的预期。

8.1.8 句子音系学研究

与语义、语用因素一样,句法对韵律也有着深刻的影响。在这方面,《音系学》刊物在 2015 年推出了一个"句子音系学中的成分"专辑,包括 Elordieta(2015)、Hamlaoui & Szendri(2015)、Kügler(2015)、Kula & Bickmore(2015)、O'Connor & Patin(2015)、Truckenbrodt & Féry(2015)等 6 篇文章,涉及德语、巴斯克语、匈牙利语、Bàsàá 语、Shingazidja 语、Copperbelt Bemba 语、Akan 语等多种语言,从音系短语的判别、递归性、层级组织等各个角度讨论了句法成分与韵律的互动关系。

然而,正如 Selkirk & Lee(2015)在为以上专辑所写的介绍中所述,在句子音系学研究中,已经有一些学者提出,韵律成分的指派和某些韵律特征的确定可以构成句法操作的一部分;也就是说,在韵律和句法的互动关系中,韵律并不是完全被动的。近年来,一些研究者正是沿着这一思路,对音系与形态句法界面的另一方面——音系对形态和句法的制约——进行了探索。由于这方面的研究大多是以著作的形式呈现的,我们将在下一节对其展开讨论。

8.2　音系学领域重要著作

21 世纪以来,国内外音系学领域出现了不少重要著作。这些著作大多以前期论文为基础,因此在研究热点方面与期刊论文基本一致。但是,由于形式和容量不同,著作也有其自身的特色,有些视野更为广阔,有些丛书更具规模性,因此影响可能更加深远。下面我们将分国际和国内两部分,对近年来音系学领域的重要著作进行介绍和评述。

8.2.1　国际音系学著作

1. 综述性著作

近年来,在一些国际出版社的大力推动和许多学者的积极努力下,音系学界陆续推出了一些规模庞大的综合性参考书。这些作品通常由音系学各分支的资深专家或优秀青年学者合作完成,在大量的梳理工作

第 8 章 21 世纪音系学领域重要成果

中融汇了许多富有启发性的思考,也可以说是近年来音系学研究的重要成果。

1)《布莱克威尔音系学指南》

在各种音系学参考书中,最引人瞩目的无疑是 van Oostendorp et al.(2011)主编的 5 卷本《布莱克威尔音系学指南》(*The Blackwell Companion to Phonology*)。这套巨著由 138 位学者共同完成,其 5 卷分别围绕一般问题和音段音系学(第 1 卷,第 1—31 章)、超音段和韵律音系学(第 2 卷,第 32—57 章)、音系过程(第 3 卷,第 58—81 章)、音系界面(第 4 卷,第 82—106 章)和各种语言的音系(第 5 卷,第 107—124 章)展开,共包括 124 章,合 3 100 余页,规模之大足以令人惊叹。这样巨大的体量使得这套参考书能够相当充分地反映音系学所取得的巨大发展成就以及近年来其研究理论和方法上的高度多样性。可以说,任何音系学研究者都可以在这本书中找到一些与自己的研究高度相关的章节,并在理论、方法、文献等方面获得相当多的信息。

不过,由于这套书作者众多,有的是资深学者,有的是研究新手甚至研究生,因此在内容、风格、组织、编校等方面难免会出现一些问题。已有学者指出,在该书宏伟的篇幅中,对诸如词重音(lexical stress)、强制非同值原则(Obligatory Contour Principle)、优选论中的过多解决方案问题(too-many-solutions problem)等一些关键问题竟没有足够的讨论,而另一些内容则反复出现在不同章节中,这些章节的组织模式和写作风格也不统一,在体例上也存在一些问题(Gouskova,2013)。当然,对于这样超大规模的合作作品,要做到内容上的完全互补和形式上的高度统一是相当困难的。

2)《音系学理论手册》

布莱克威尔出版社还出版了另一本音系学综合参考书——Goldsmith et al.(2011)主编的《音系学理论手册》(*The Handbook of Phonological Theory*,第 2 版)。该书虽然是 Goldsmith(1996)主编的《音系学理论手册》(第 1 版)的更新版,但在具体的组织结构和内容上,它们是完全两本不同的书,而且多数章节主题都没有重复,因此,在一定程度上,我们可以把它们视作同一本书的上下册。

在 Goldsmith(1996)主编的第 1 版中,涉及的主要论题包括音系语法的组织、音系中的循环、不充分赋值与标记性、骨架位置与莫拉、音系学理论中的音节、语音的内部组织、音系音量与多重连接、韵律形态学、词重音的节律理论、重音和节律结构的总特点、非洲语言的声调、东亚语言的声调、元音和谐、句法—音系界面、句子韵律、音系中的依存关系、粒子音系学中的双元音化、规则排序、美国手语音系、音变的音系基础、音系习得、语言游戏、实验音系学、澳大利亚语言的音系、豪萨语音系、埃塞俄比亚诸语言的音系、法语音系、日语音系、闪米特语音系、斯拉夫语音系、西班牙语重音计算中的投射与边界标记等。

而在 Goldsmith et al.（2011）主编的第 2 版中，涉及的主要论题则包括规则与制约条件、晦暗性与排序、形态与音系的互动、音量、各种重音系统、音节、声调、和谐系统、对比弱化、对语音模式的历时解释、音系学中的语音学、音系中的语料库与范例、变异在音系学理论中的地位、句法—音系界面、语调、依存音系学、音系的习得、作为计算的音系、用心理现实性推动音系学理论、音系中的学习和可学性、手语音系学、语言游戏、借词适配等。

以上第 1 版和第 2 版各论题的作者，几乎没有重复，并且都是相关领域的顶级专家；同时，两版分别都有近 1 000 页的篇幅，合起来内容非常丰富。由于出版时间不同，它们对于音系学主要理论问题有着不同的设置，两者互相补充和对照，可以很好地体现音系学自 20 世纪 90 年代以来的发展状况。

3)《劳特里奇音系学理论手册》

劳特里奇出版社在近期也出版了 Hannahs & Bosch（2018）主编的《劳特里奇音系学理论手册》(*The Routledge Handbook of Phonological Theory*)。这本书比前两本篇幅稍小，但也有 600 余页。它的各章论题主要包括：优选论的动因和视角、优选论的前沿问题和发展方向、优选论中的音系—语音界面研究、层次音系学、基于规则的音系学的产生背景和基本原则、基于规则的音系学的前沿问题和前景、基于规则的音系学中的句法—音系界面研究、管辖音系学的基本理论、管辖音系学中的音节结构、管辖音系学中的界面研究、依存音系学、生成音系学的联结主义研究方法、联结主义音系学中的界面研究、无实体音系学、手语音系学、浮现音系学、实验音系学、发音音系学、音系学中的范例理论、代数音系学、统计音系学、音系与进化等。

Raimy（2019）认为，《劳特里奇音系学理论手册》在结构安排上有个别不甚明晰之处。但是，总体而言，此书的质量和参考价值都相当高。它的各个章节都是由相关领域的顶级学者或代表人物（有的本身就是创始者）所撰写，而且在撰写时，作者们都充分考虑到了读者可能来自其他的流派，因此一般都是从基本概念谈起，最后过渡到本领域尚待解决的前沿问题和未来的研究方向。同大部头的《布莱克威尔音系学指南》相比,这本书明显呈现出了一种对读者更加友好的对话状态;再考虑到其出版时间,可以说《劳特里奇音系学理论手册》是目前最新的、也是比较理想的音系学理论综合参考书。当然,由于篇幅所限,它并没有涉及目前所有的音系学理论。

4)其他论著

以上介绍的几本著名的音系学参考书,与剑桥大学出版社出版的、由 de Lacy(2007)主编的《剑桥音系学手册》(*The Cambridge Handbook of Phonology*)一起,构成了目前音系学领域最主要的 5 本综合参考书[1]。

与布莱克威尔、劳特里奇和剑桥大学出版社相比,牛津大学出版社尚未出版过大型综合性音系学参考书。但是,近年来该出版社出版了一些更为专门的音系学手册,如 Cohn et al.(2012)主编的《牛津实验音系学手册》(*The Oxford Handbook of Laboratory Phonology*)、Durand et al.(2014)主编的《牛津语料库音系学手册》(*The Oxford Handbook of Corpus Phonology*)、Honeybone & Salmons(2015)主编的《牛津历史音系学手册》(*The Oxford Handbook of Historical Phonology*)。另外,牛津大学出版社的"世界语言的音系"系列一直在推出新作,目前已出版 20 种语言的音系参考书,如果将它们视作一套综合性参考书的组成部分的话,那么这将是一套巨大的、无穷尽的作品。

2. 音段研究

音段及其相互关系是音系学的基本课题。这一课题的具体内容非常丰富,近年来国际音系学界尤其关注的是各种辅音丛的制约条件、音节的判断标准等,而它们都涉及一个更为基本的问题,即音段的响音性(sonority)。响音性并不是一个新话题,很多其他音系现象,如辅音的弱化(lenition)和强化(fortition)、重音的分布等,也都与它有关。但是长期以来,响音性的实质并没有得到很好的阐释。因此,在对音段间结合关系的深入研究中,响音性必然成为关注的焦点。21 世纪以来,音系学界对它的表征、实质和影响等,开展了许多研究。

---

[1] 《布莱克威尔音系学指南》《劳特里奇音系学理论手册》以及内容、作者、风格截然不同的两本《音系学理论手册》(第 1 版和第 2 版)和《剑桥音系学手册》,共 5 本。

1）依存音系学的响音性研究

SPE体系虽然有"响音性"这个特征，但作为偶值特征，它只能表示响音和阻音的大类区别，对于各种音段的响音性等级（sonority hierarchy），总体上还需从外部进行规定。为了更好地从内部体现响音性等级，Anderson & Ewen（1987）很早就在依存音系学的独值特征体系中提出了不同程度响音性的音段表征方法，图8-2是van der Hulst（2016）对它的总结。

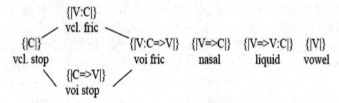

图8-2 依存音系学对响音性等级中不同音段的表征（van der Hulst, 2016: 89）

图中的各种音段特征从左到右，其响音性逐渐增高，其中浊擦音和浊塞音被认为响音性程度相当，所以呈并列关系。可以看到，这里所有的表征都只用到了C、V两个元素，这也是van der Hulst（1995，1996，2020）近年来所发展的"激进的cv音系学"的基本原则。同时，响音性最低和最高的音段类型分别只有C元素和V元素，而处于它们中间的各种音段则用从C主导到V主导的各种C和V之间的依存关系来表征，如浊塞音表征为V依存于C、鼻音表征为C依存于V、浊擦音表征为V依存于V:C（即V和C互相依存）、流音表征为V:C依存于V。这种表征方法使得响音性可以在很大程度上从表征内部的元素及其依存关系中得到解读。

2）管辖音系学的响音性研究

管辖音系学也致力于以独值特征和结构关系为基础来表达响音性，并且进行了更加系统的挖掘。管辖音系学的"元素理论"（Cyran, 2010；Backley, 2011）充分发挥了独值特征的优势，将响音性在很大程度上重新解释为一种可以用音段在元素组成上的复杂性来预测的效应：音段内部的元素组成越复杂，其响音性越低（Cyran, 2010）。这意味着响音性不仅可以从内部进行解释，而且可以用统一的标准来衡量。按照这一思路，辅音变化中常见的弱化现象可以非常简洁地用特征的减少所造成的响音性增高来解释（图8-3）。这种解释方案必须以独值特征为基础,因为非独值特征在表征上只有各个特征取值的差异,而不会有复杂性的差异。

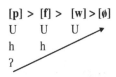

图 8-3　管辖音系学对辅音弱化现象的解释(Cyran,2010:13)

近年来在管辖音系学中发展起来的"严格 CV 理论"(或称"CVCV 理论")将研究重点放在了音段间的结构关系上,从这个角度出发,它对传统上归于响音性的音段结合问题做了一些新的阐释。"严格 CV 理论"以 Lowenstamm(1999)提出的空的词首 CV(initial CV)为基础,提出不同语言由于拼出(spell-out)机制中的参数设置不同,可以分为两大类:存在词首 CV 的语言(如英语、法语、意大利语等)和不存在词首 CV 的语言(如多数斯拉夫语言、希腊语、摩洛哥阿拉伯语等)(Scheer,2012)。如图 8-4(a)所示,对于存在词首 CV 的语言而言,当首辅音丛为 TR 类型时,由于 R 得到其后 V 的准许(licensing),可以与 T 构成"音段下管辖"(infra-segmental government)关系,因此在 T 和 R 包围中的空 V 可以不被管辖,而与词首 CV 中的空 V 构成管辖关系。但是,当首辅音丛为 RT 时,如图 8-4(b)所示,由于 T 作为阻音不能对响音 R 构成管辖关系,因此 T 和 R 之间的空 V 必须被后面的 V 管辖,这样词首 CV 中的 V 就得不到管辖了,以致其形式变得不合法。所以,存在词首 CV 的语言由于在词首多出了一个空的韵核,便不能允许 RT 型的首辅音丛。与此形成对比的是,在不存在词首 CV 的语言中,如图 8-4(c-d)所示,无论首辅音丛是 TR 型还是 RT 型,都只有一个空 V,而且它已经得到了首辅音丛后韵核的管辖,因此 TR 和 RT 并不影响该结构的合法性,理论上说这时的首辅音丛可以是任何辅音的组合。由此可见,词首 CV 的存在与否是造成两种不同的首辅音丛制约条件的深层原因,Scheer(2012)将存在词首 CV 因而不允许 RT 型首辅音丛的语言称作"唯 #TR 型语言"(#TR-only language),将不存在词首 CV 因而允许各种首辅音丛的语言称作"皆可型语言"(anything-goes language)。

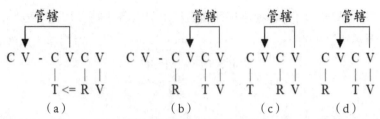

图 8-4 严格 CV 理论对首辅音丛制约条件的解释（Scheer，2012：188）

3)《响音性争议》

依存音系学和管辖音系学等流派将响音性表达为独值特征以及音段在组织结构上造成的某些效应，而非某种专门的特征，这在一定程度上避免了响音性研究中经常出现的循环论证问题，同时也比较符合响音性的音系表现，因为同响音性相关的现象（如重音）往往与一般音段特征的关系比较疏远。不过，关于响音性的本质究竟是什么仍然存在不少争议，这一点在 Parker（2012）主编的论文集《响音性争议》(*The Sonority Controversy*)中得到了充分体现。

《响音性争议》是第一本以响音性为唯一主题的书，包括 12 篇文章，分为 5 个部分："响音性与语音配列"（6 篇）、"响音性与语音学"（3 篇）、"响音性与语言习得"（1 篇）、"响音性与手语"（1 篇）、"响音性与计算模型"（1 篇）。这些文章从多个角度讨论了响音性以及与之密切相关的"响音性顺序原则"（Sonority Sequencing Principle，简称 SSP，即从音节核到音节边缘响音性逐渐降低）、"响音性散布原则"（Sonority Dispersion Principle，简称 SDP，即音节核到首音边缘的各个音段间的响音性梯度应平均分布）、"最小响音性距离原则"（Minimum Sonority Distance Principle，简称 MSD，即首辅音丛音段间的响音性梯度不能小于某个最小值）、"音节接触法则"（Syllable Contact Law，简称 SCL，即前一音节右边界的响音性要高于后一音节左边界的响音性）等常见假设，涉"优选论""随机优选论""和谐语法"等音系学理论以及语音声学、感知和习得等交叉领域。各篇论文在立场和结论上有不少相互或与前人相异乃至矛盾之处。比如，对于违反 SSP 的 sC（咝音 + 辅音）这一经典首音搭配，前三篇论文的解释就颇不相同：Baertsch（2012）和 Cser（2012）认为其中的 s 是附带成分或音节外成分，而 Henke et al.（2012）认为这一结构的合法性来自于咝音本身的内在语音特点。又如，虽然前人一般认为响音性是一种独立现象，Henke et al.（2012）却认为它只是感知造成的一种副现象；虽然前人研究认为响音性知识具有一定的内在性，van de Vijver & Baer-Henney（2012）却发现这种知识是可以通过词汇提供的；虽然根据 SDP，首先习得的尾音应该是响音，Bat-El（2012）却发现希伯来语儿童的产出和感知数据存在明显差异，感知数据符合 SDP 的预测，但产出数据表明早期和后期尾阻音都比尾响音更占优势；虽然手语中的加速运动常被认为与响音性有可比性，Jantunen（2012）却发现在芬兰手语中加速峰还可能出现在音节边界。这些研究发现虽然远未解决关于响音性的各种争议，但它们提供了许多新的思考和证据，也很能体现当下音系学研究的理论倾向和跨学科特点，因此受到了学界的好评。

4）其他论著

在对音段及其相互关系的研究中，除了响音性之外，音段间的和谐也是重要的研究课题。在 8.1.3 节中，我们已经从期刊论文的角度对这方面的研究进行过详细讨论。除论文外，近年来以音段间和谐关系为主题的研究还包括 Hansson（2010）的《辅音和谐：音系中的长距离互动》（*Consonant Harmony: Long-distance Interactions in Phonology*）、Bennett（2015）的《辅音音系学：和谐、异化和相关》（*The Phonology of Consonants: Harmony, Dissimilation, and Correspondence*）、Recasens（2018）的《辅音丛的产出：对音系学和语音演变的启示》（*The Production of Consonant Clusters: Implications for Phonology and Sound Change*）等著作。

3. 超音段研究

超音段的音系研究主要包括声调，重音、节律，句子音系学等方面。

1）声调研究

在超音段的音系研究中，声调是一个重要的研究领域。21 世纪以来，该领域的研究致力于用新的音系学理论对声调现象进行描写和阐释。这方面最具代表性的著作是 Yip 的《声调》（*Tone*），该书采用优选论的理论框架，对声调研究中的各种音系问题进行了讨论，并且详细介绍和分析了非洲语言、亚太语言和美洲语言中的各种声调音系现象，语料非常丰富。

与这部经典之作相比，香港浸会大学黄良喜（Wee，2019）的新作《声调音系学》（*Phonological Tone*）则又有一番特色：首先，该书的理论框架不像 Yip 的《声调》那样完全倚重优选论；其次，该书的例证多来自亚洲声调语言以及受其影响的英语变体，内容丰富新颖；最后，该书对于声调（尤其是曲折调）的表征、声调的产生、声调与语调等问题进行了重点讨论。

2）重音、节律研究

除声调之外，在重音、节律和句子音系学等超音段研究领域，21世纪以来也出现了许多重要的著作。在重音和节律研究方面，荷兰学者 Rob Goedemans 同美国学者 Jeffrey Heinz、Harry van der Hulst 等共同建设的 StressTyp2 语料库首先起到了很好的作用。这个语料库以 Goedemans 和 van der Hulst 在 1991 年建立的 StressTyp 语料库和 Heinz 在 2007 年建立的"重音模式语料库"（Stress Pattern Database）为基础，于 2010 年正式开始建设，2013 年建成网站，2015 年发布第 1 版可下载的数据库 ST2-v1（Goedemans et al., 2015）。它包括 699 种语言[1]的重音数据，对于重音和节律的跨语言研究提供了有益参考。近年来出版的两本关于重音和节律的重要文集——van der Hulst（2014）主编的《词重音：理论与类型问题》（Word Stress: Theoretical and Typological Issues）以及 Heinz et al.（2016）主编的《音系重音的多种维度》（Dimensions of Phonological Stress）都利用了该数据库的资料，对重音及相关现象的跨语言描写、比较和类型问题进行了多方面的讨论。

除了基于数据库之外，近年来的重音和节律研究还与优选论的新发展进行了充分的结合。这方面的期刊论文我们已在 8.1.5 节做过讨论；著作方面，则以 Hyde（2016）的专著《分层与方向性：优选论中的节律重音》（Layering and Directionality: Metrical Stress in Optimality Theory）为代表。该书以优选论为框架，综合分析了该框架下各种与重音相关的制约条件及其施用层次和方向问题。

3）句子音系学研究

在短语和句子等词以上层面的音系学方面，近年来的重要著作包括 Jun（2014）主编的《韵律类型学Ⅱ：语调和短语的音系》（Prosodic Typology II: The Phonology of Intonation and Phrasing）和 Féry（2017）的专著《语调和韵律结构》（Intonation and Prosodic Structure）等。

Jun（2014）的《韵律类型学Ⅱ：语调和短语的音系》是一本 600 页的巨著，它在 Jun（2005）的基础上进一步提供了 14 种语言的语调资料，并对 ToBI 框架下的语调调查和描写提供了指导。Féry（2017）

---

[1] 含 783 种方语（lects）。

的《语调和韵律结构》则以一种更为宽广的视角,对各种语调模型以及语调同声调、词重音、句法、语义等的关系进行了论述。

4)其他论著

通过以上回顾,我们可以很明显地感觉到,近年来的超音段研究非常重视类型学的维度。这其实也是整个音系学研究趋势的反映。仅在 2015—2018 年间,就有两部名为《音系类型学》(*Phonological Typology*)的作品出版,一部是专著(Gordon,2016),另一部是论文集(Hyman & Plank,2018);其他如 Walker(2011)的《语言的元音模式》(*Vowel Patterns in Language*)、Stolz et al.(2012)主编的《单音节:从音系学到类型学》(*Monosyllables: From Phonology to Typology*)、Kubozono(2017)主编的《双辅音的语音和音系学》(*The Phonetics and Phonology of Geminate Consonants*)等,也都具有鲜明的类型学色彩。同时,近年来还有不少语言的音系描写著作出版,如前文提到的牛津大学出版社"世界语言的音系"(*The Phonology of the World's Languages*)系列,在近十年里就推出了 Árnason(2011)的《冰岛语与法罗语音系》(*The Phonology of Icelandic and Faroese*)、Labrune(2012a)的《日语的音系》(*The Phonology of Japanese*)、Hannahs(2013)的《威尔士语的音系》(*The Phonology of Welsh*)、Riad(2014)的《瑞典语的音系》(*The Phonology of Swedish*)以及 Dawning & Mtenje(2018)的《齐切瓦语的音系》(*The Phonology of Chichewa*)等个别语种的音系学专著,丰富了我们对于世界语言音系类型的认识。

4. 界面研究

与音系相关的界面研究主要集中在两个方面:音系与语音、音系与形态和句法。由于本书已有其他章节系统讨论音系与语音的界面研究,这里我们主要介绍音系与形态和句法的界面研究著作。

在看待音系与形态和句法的关系时,概括来说有两种思路:一种关注形态和句法对音系的影响,另一种关注音系对形态和句法的制约。

1)形态、句法对音系的影响研究

关注形态和句法对音系的影响研究目前仍是主流,典型体现在 20 世纪 80 年代初发展起来的词汇音系学中,近年来这一思路与优选论相结合,形成了一种新的理论流派——层次音系学(Stratal Phonology)。

作为层次音系学思想的重要来源,词汇音系学主张按照形态和句法操作的不同阶段将音系过程分为不同的平面，各平面分别进行音系操作，且每个平面都必须以上一个平面完成后的形式作为输入项。在20世纪90年代末，开始有学者将这一思想与优选论相结合，以更好地解决音系晦暗等问题，Kiparsky（2000）曾称之为"词汇音系与形态优选论"（Lexical Phonology and Morphology Optimality Theory，简称LPM-OT）。近年来，英国曼彻斯特大学的 Ricardo Bermúdez-Otero（2010，2011，2012）等学者在这一领域用力甚勤，明确了层次音系学的基本主张，并开展了一些具体研究。关于层次音系学的最新发展，可以参考 Kiparsky（2015）和 Bermúdez-Otero（2018）的介绍。

层次音系学继承了词汇音系学的基本主张，将分层（stratification）和循环性（cyclicity）作为两条最基本的原则。但是，层次音系学并不认同词汇音系学对循环规则所设置的"严格循环条件"（Strict Cyclicity Condition，简称 SCC，即循环规则只能运用在推导出来的环境中），也不认为词汇规则具有"结构保持"（structure preservation，即词汇规则不引入词项中不出现的区别，或者说音系清单在词汇规则施用之后保持不变，不会出现新的音系成分的特点）。对于循环性，层次音系学给出了更严格的限定条件，具体是（Bermúdez-Otero 2018）：（1）词根不能定义循环域；（2）某些词干和某些词缀可以定义音系在词干层面的循环域（□ SL）；（3）词可以定义音系在词层面的循环域（□ WL）；（4）语句可以定义音系在短语层面的循环域（□ PL）。

同时，层次音系学强调词层面和短语层面不具有递归性（recursiveness），因此实际上并不能促发音系循环。这样，真正的循环现象只能出现在某些词干和词缀层面。

在用以上观点分析形态音系现象时，层次音系学提出了如下推断：循环包含（Cyclic Containment），即一个语言形式如果包含由形态句法引起的音系晦暗特征，那么这种特征一定来自其紧邻的、由某种成分界定的下一级循环域；俄罗斯套娃定理（Russian Doll Theorem），即如果存在嵌套域 [γ⋯[β⋯[α⋯]⋯]⋯]，而音系过程 p 由于其施用域为 α 因而在 β 中是晦暗的，那么该音系过程在 γ 中也是晦暗的（Bermúdez-Otero，2011）。这两条推断界定了晦暗特征在相邻循环域间的传递性。在此基础上，层次音系学对以往音系研究中的一些难题做出了解释。例 2 是 Bermúdez-Otero（2018）引用的来自 Cohn（1989）以及 McCarthy & Cohn（1998）的一个例子。

例 2 a. (ω amérika)　　　　　　　　美国
　　　b. (ω àmerikà-nisási)　　　　美国化（名词）

第 8 章　21 世纪音系学领域重要成果

  c. (ω'mən (ω àmerikà-nisasí-kan))　　　美国化（动词）
  d. *(ω'mən (ω àmèrika-nìsasí-kan))　　　美国化（动词）
  e. *(ω'mən (ω amèrika-nisasí-kan))　　　美国化（动词）

  例 2 体现了印尼语的以下几条重音规则：① 重读倒数第二音节（例 2a 属例外）；② 重音之前每隔一个音节带次重音；③ 首音节带次重音；④ 次重音（以及重音）之间不能相邻。其中，从 2a 到 2b，由于带上词尾之后进入一个新的循环域，重音按照以上所有规则被重新组织（me 不能带重音，否则会违反规则④）。从 2b 到 2c，重音再次发生变化，这时以上规则只需要施用于最后三个音节，因此只需要让倒数第二音节 si 带上次重音，然后删去倒数第三音节 sa 上原来的重音以避免违反规则④就可以了，2d 则是不正确的。同时，由于 2b 是 2c 内部紧邻的下一级循环域，因此它携带的晦暗特征会传递到 2c，这意味着 2a 对于 2c 来说是不可见的，因此 2e 也是不正确的，因为它依照 2a 在 me 上恢复了次重音。

  然而，如果我们模仿以上思路来分析例 3，则会遇到问题：3a 变成 3b 之后，在接下来的形态操作中，音系规则就应该看不见 3a 了，可是正确的形式 3c 却恰恰依照 3a 在 ca 上恢复了次重音。

  例 3 a. (ω bicára)　　　　　　　　　　谈
    b. (ω' məm (ω bicará-kan))　　　　谈论
    c. (ω' məm (ω bicàra-kán-ña))　　　谈论它
    d. *(ω'məm (ω bìcara-kán-ña))　　　谈论它
    e. *(ω'məm (ω bicara-kán-ña))　　　谈论它

  Bermúdez-Otero（2018）认为，以上问题从层次音系学的角度其实很好解决，那就是：印尼语的 -nisasi 是词干层面的词缀，而 -kan 和 -ña 是词层面的词缀，因此，按照词层面不具有递归性的原则，在例 3 中，3c 的音系并不需要以 3b 为基础来生成，这两者的音系都是在 3a 的基础上一次性得到的，3a 对于 3c 也是透明的。他进一步指出，其他使用循环性框架的理论，如 Deal & Wolf（2017）基于伴随音系学的方案，都不能很好地解决以上涉及词干和词层面音系差异的现象，Scheer（2011）所说的涉及词以上层面的词拼出之谜（word-spell-out mystery）也是因为没有考虑到这些层面缺少循环域而造成的。

  由此可见，词层面的加缀在音系上是非循环的，而在词干层面则是循环的。Bermúdez-Otero（2012）认为，这种循环是由形态音系阻断（morphophonological blocking）造成的，比如英语在生成名词 accommodation（住宿）时，由于已经有了动词 accommodate（提供住宿），直接从 commod- 生成这一名词的操作便被阻断，因此 accommodation 在音系上输入的是 accommodate 的信息。当然，这种阻断会受到词频的影响，从这个角度，Bermúdez-Otero（2012）认为层次音系学可以对"Chung 氏概括"（Chung's Generalization，即一条音系规则如果在非派生词中存在例外，那么它至少在某些派生词中会循环施用）（Chung，1983）作出说明，因为这是频率作用的自然结果。

层次音系学在对词汇音系学思想进行批判继承的同时，对优选论框架也有所取舍。比如，它不采用"和谐串行理论"和"优选论的候选项链理论"等融合了串行模式的优选论框架。同时，根据上文所说的"循环包含"推断，它拒绝"输出项与输出项对应"（OO-correspondence）的分析方案。对于"循环包含"，Steriade（1999）曾以英语中的 -able 后缀为例进行质疑：这个后缀有两种不同的音系规则，可分别以 párody "模仿"-párodiable "可模仿的"和 rémedy "救治"-remédiable "可救治的"作为代表，前者是常规，后者似乎是受到了另一个词 remédial "救治的"的影响，但如果是这样的话，那么 remédiable 在紧邻的下一级循环域中并没有包括 remédial，"循环包含"便不能解释从 remédial 如何生成 remédiable。Steriade 将此现象称作"词汇保守性"（lexical conservatism），认为它对"循环包含"造成了挑战，但 Kiparsky（2005）指出，由于存在与 remédiable 相关的另一个词 remédiate "修复"，像 -able 这样可处于词和词干两种层面的后缀应该是这样运作的：一般来说它处于词层面，但是当 remédiate 这类派生动词的存在使 remédi- 这一词干变得可用时，-able 就可能与该词干结合，因此 remédiable 中的词干 remédi- 是存在的，并不违反"循环包含"推断。对此，近年来的一些研究给予了支持，比如 Bermúdez-Otero（2013）、Matzenauer & Bisol（2016）发现，在西班牙语和葡萄牙语中，所有能产的派生都是以屈折词干为基础的（Bermúdez-Otero，2018）。

在层次音系学的影响下，近年来有一些音系描写和习得研究也采用了层次音系学的框架，如 Boersma & van Leussen（2017）以及 Nazarov & Pater（2017）关于音系习得的研究[1]、Iosad（2017）对布列塔尼语 Bothoa 方言的音系分析等。

---

1 Nazarov & Pater（2017）将层次音系学与"最大熵"模型结合，提出了"层次最大熵语法"。

2)音系对形态和句法的制约研究

在词汇音系学、层次音系学等分析框架中,音系通常被视作受影响的对象,形态和句法上的不同成分、不同层面可以决定音系规则的性质和实施过程。然而,在中西方语言学界,近年来都有学者提出韵律对于句法也有制约作用。

在西方学界,这一思想的代表人物是麻省理工学院(MIT)的 Norvin Richards(2010,2016,2017)。Richards 的主要兴趣在于音系(和形态)对句法移位(尤其是 wh- 移位)的制约,近年来他发表了《说树》(*Uttering Trees*,2010)、《邻接理论》(*Contiguity Theory*,2016)等著作。其最新的"邻接理论"认为一种语言的音系和形态可以决定其句法,这是一种相当新颖的观点,引起了一定的关注。

Richards(2016)认为,目前的句法理论对于移位现象及其跨语言差异并没有给出真正的解释,各种为解释移位而设置的句法机制都带有特设性,因为它们除了解释移位并没有太多其他作用。作为对移位以及其他句法现象的一种非特设的解释,"邻接理论"认为句法结构和韵律结构是平行生成的,而且在句法结构生成的早期(而不是在完成之后的"拼出"阶段),韵律结构就参与到了句法操作之中。比如,在动词词缀插入时,邻接理论要求词缀在与词干连接的方向上必须有一个节律边界作为韵律支撑,在意大利语、西班牙语等语言中,这种支撑可以稳定地由动词本身的重音提供,而在英语和法语中却不是这样,因此必须引入某种 XP 与 T 的边界相融合,而这就是传统生成语法中的"扩充投射原则"(Extended Projection Principle,简称 EPP)在这两种语言中有特殊表现的原因。

邻接理论的这种解释思路更典型地体现在它对 wh- 移位现象的解释上:它认为 wh- 短语必须在韵律上与标示小句的标句词(clause-typing C)相邻,使 wh- 短语同标句词处于同一韵律短语中,而这种相邻要求也是邻接理论得名的原因。根据这种邻接要求,英语、他加禄语等语言就必须把 wh- 短语移到与标句词相邻的位置上,以去除两者之间的活跃边界,这就是这些语言中 wh- 移位的原因所在,而在日语、齐楚亚语等语言中,由于活跃边界处于 wh- 短语和标句词的另一个方向,因此这些语言是疑问词原位(wh-in-situ)语言。Richards(2016)认为,这类邻接要求在语言中具有一种相当普遍的解释力,很多其他句法现象也与它有关,因此他进一步提出了"普遍邻接"(generalized contiguity)的观点。

Richards 关于韵律以邻接要求等方式制约句法的理论尚待进一步的

充实和发展，但他所提出的问题和解决问题的思路已经得到了不少关注和好评。Ott（2017）认为，对于移位等问题，以前的解释多是用术语重新描述表面现象，Richards 是第一个对其理据进行严肃思考的人，其理论颇具野心，该理论最有趣的挑战在于重新评估形态音系在整个语法中的地位。

8.2.2 国内音系学著作

事实上，Ott 所说的重新评估在中国语言学界已经得到了进一步的发展。自从冯胜利等学者基于汉语事实提出韵律制约句法的主张（Feng, 1995），并建立"韵律句法"（Prosodic Syntax）以来，中国语言学界已涌现出越来越多的相关研究，近年来更是形成了一个出版的高潮。

1. 韵律语法著作的涌现

周韧（2011）的《现代汉语韵律与语法的互动关系研究》、柯航（2012）的《现代汉语单双音节搭配研究》、董秀芳（2013）的《词汇化：汉语双音词的衍生和发展》、冯胜利（2015）的《汉语韵律诗体学论稿》、冯胜利（2016a）的《汉语历时句法学论稿》等都是近年来韵律语法方面的重要著作。

根据冯胜利（2016）的不完全统计，"从1938年（郭绍虞先生《中国语词之弹性作用》）到1998年的60年间共有不足20篇韵律语法的文章发表；然而，从1998年到2013年的15年间，至少有90篇文章、10余本专著发表；而2014年一年之内，国内各杂志发表的韵律语法方面的文章就高达40—50篇"，"2013年以来[1]国内各杂志发表的有关韵律语法的文章有：韵律句法80篇、韵律词法35篇、韵律形态15篇、韵律语体15篇、民族语言的韵律语法研究16篇、历时韵律词法（词汇化、语法化）50篇"。

在2015—2018年间，韵律语法著作迎来了又一个出版高潮。冯胜利、端木三和王洪君主编的"汉语韵律语法丛书"集中出版了以下17种著作：《汉语的句法词》（庄会彬，2015）、《汉语嵌偶单音词》（黄梅，

---

[1] 截至 2016 年。

2015)、《汉语的四字格》(朱赛萍,2015)、《汉语的韵律形态》(王丽娟,2015)、《汉语的最小词》(洪爽,2015)、《汉语合偶双音词》(王永娜,2015)、《汉语韵律语法问答》(冯胜利,2016b)、《音步和重音》(端木三,2016)、《汉语的韵律词》(裴雨来,2016)、《上古汉语韵素研究——以"吾""我"为例》(赵璞嵩,2018)、《声调、语调与句末语气词研究》(王聪等,2018)、《汉语的弹性词》(邱金萍,2018)、《汉语的双音化》(庄会彬等,2018)、《上古汉语疑问句韵律句法研究》(李果,2018)、《汉语语音习得与教学研究》(李智强,2018)、《汉语三音节韵律问题研究》(崔四行,2018)、《轻声的韵律与句法》(邓丹,2018)。此外,冯胜利、王丽娟(2018)又推出了韵律语法的教材《汉语韵律语法教程》,冯胜利(2013)还出版了《汉语韵律句法学》(增订本)以及它的英译本(Feng,2019a,2019b)。

2. 对国内韵律语法研究的评述

韵律语法在中国语言学界的发展,同汉语的特点以及历史上的研究积累有一定的关系,不过,这似乎也使得目前的韵律语法研究与 Richards 等人的研究相比缺少了一点跨语言的维度。另外,对于 Richards 提出的移位、扩充投射原则的解释等问题,韵律语法似乎没有给予太多的关注,不过对于汉语而言这些问题也是很值得讨论的。

当然,汉语韵律语法有其自身的关注点:它对"核心重音"(nuclear stress)尤其重视,核心重音不仅像西方语言学中常说的"重音"那样体现在音高、音长、音质等方面,还体现在音节的数量上,最典型的例子就是"种大蒜/*种植蒜""皮鞋厂/*鞋工厂"等体现出的"辅重"或者"深重"原则。近年来,韵律语法学家又对"核武器""县医院""猪饲料"等反例进行了进一步的研究,发现这些结构中修饰成分本身的词性(如形容词性)、语义(如"拥有者"义)等对结构的成立起到了重要作用(Duanmu,2012)。

韵律语法很注重汉语的构词和形态问题,近年来的新研究对于嵌偶词、合偶双音词等都给予了关注,比如黄梅、冯胜利(2009)从韵律和句法条件出发,发现一些嵌偶词的出现与前动词成分在后面宾语的重力牵引作用下与动词紧合而贴附于动词有关,因此它是核心重音影响造成的结果。黄梅(2015)又对嵌偶词的鉴定标准、语体分布等进行了系统研究。当然,这些研究总体上还是以汉语为主要对象的,如果能够结合一些类型学的视角,比如像 Stolz et al.(2012)主编的《单音节:从音系学到类型学》(*Monosyllables: From Phonology to Typology*)那样,也许可以在音系、形态和句法的关系及其类型方面带给我们更多的新启示。

需要指出的是，虽然韵律对句法有制约作用，但并非所有句法现象都是韵律造成的，在研究中需要辨别哪些情况下存在真正的韵律制约。Richards（2016）认为，像法语的动词提升和英语的do-支持现象，就应该不是韵律造成的，而是单纯的句法现象。对于汉语中韵律语法的效力，近年来张洪明（2014）提出过类似的问题，比如"人事处处长／人事处长"和"展览馆馆长／*展览馆长"等各种说法在合法性上的对比，似乎不容易在韵律中找到原因。

3. 国内其他音系学著作

除了韵律语法方面的著作外，国内学界在音系学其他领域的著作相对较少。在近年来出版的著作中，有的致力于引介西方音系学理论或探讨音系学思想史，有的则致力于用新的音系学理论来分析具体的语言现象。前者如赵忠德、马秋武（2011）主编的《西方音系学理论与流派》、曲长亮（2014）的《功能对立与雅克布森的音位——雅克布森音系学初探》等；后者如尹玉霞（2018）的《生成音系学框架下的汉语方言连读变调研究》、贺俊杰（2020）的《管辖音系学声调理论研究——模型构建及应用》等。可以看到，尹玉霞（2018）和贺俊杰（2020）的著作都聚焦于声调现象，同时结合了生成音系学的串行推导理论、优选论、"形态叠加理论"（Morphological Doubling Theory，简称MDT）、管辖音系学等各种西方理论视角，这类研究一方面可以丰富汉语中重要音系现象的研究视域，另一方面也可以检验并发展当前的各种音系理论，代表了未来的一种发展方向。

第 9 章
21 世纪语音教学领域重要成果

语音是语言的物质外壳，语音学习是语言学习的重要基础，在整个语言习得中占有不可忽视的地位。语音习得研究不仅从语音学和音系学研究中汲取营养，而且还借鉴了心理学、教育学和神经科学等学科的理论与方法，近年来研究有了长足的进步和发展。本章围绕语音习得，从期刊论文成果与语音学教材两部分入手，回顾并总结 21 世纪以来语音教学领域的重要成果。

9.1　语音教学领域重要论文

本节聚焦于国内外语音习得与语音教学近二十年来的研究现状和发展动态，为以后该领域的研究提供参考。

9.1.1　语音习得研究

任何研究都立足于一定的理论基础之上，都会采用某个视角、借助这样或那样的方法手段，以回答所关注的研究问题。

1. 研究的理论基础

这一部分将分别回顾围绕语音习得展开的不同研究视角所依据的理论基础，包括语音学与音系学视角、社会语音学视角、心理语言学与神经语言学视角、二语习得理论视角以及探讨语言共性与个性的视角。

1）语音学与音系学视角

Wade（2010）提出了一个语音知识指导语音产出的新模型——"语境序列模型"[1]（Context Sequence Model），并进行了验证，指出该模型的关键特征是，产出示例的选择是以它们最初出现在当前产出语境中的相似性为根据的。Li & Post（2014）探讨了不同母语背景和二语水平的学习者英语节奏发展特点，研究结果支持二语节奏习得的"多系统模型"[2]（Multisystemic Model），认为二语节奏习得受母语、二语水平和语言普遍性等多种因素的影响。Nam & Polka（2016）以 /b/-/v/ 为例，考察了婴儿对塞音和擦音的感知，发现婴儿表现出基于不同语音的声学和语音特性的感知偏好，由此把"自然参考元音框架"（The Natural Referent Vowel Framework）扩展到辅音感知研究中。

一些研究则是从音系学的视角展开。Hernandez & Hernandez（2016）以雅各布逊提出的"普遍主义理论"[3]（Universalist Theory）为基础对墨西哥西班牙语母语儿童的辅音习得顺序进行了个案研究，发现四岁儿童习得辅音的顺序与雅各布逊提出的顺序一致，而两岁儿童习得擦音的顺序稍有不同，在一定程度上验证了雅式理论。Byun et al.（2016）则是提出了一个新的音系模型——"发音地图模型"[A(rticulatory)-map model]，不仅能够更好地揭示儿童的语音发展特点，而且也可作为成人的语音互动机制。Zeng & Mattys（2017）采用知觉迁移范式的实验方法发现汉语母语者在感知过程中对汉语声调和韵律分别编码，从而证明汉语音系加工中声调特征和韵律特征具有可分离性，为"自主音段理论"提供了实证支持。此外，Mołczanow（2015）以"优选论"为理论基础，分析了俄语元音适度弱化和极端弱化现象；Kentner（2017）提出了语言能力和运用兼容的语法模型，该模型可将句法和韵律相结合用来预测在句法不确定的情况下，仅弱韵律约束就可以指导句法结构赋值；Amaro（2017）的研究表明西班牙语二语学习者依据韵律结构来习得元音后擦音化的浊塞音。

国内二语语音习得的音系学研究主要以"优选论"为理论基础。

---

1 语境序列模型认为，目标语音是由人们对大脑中已存储的来自听觉或发声的语音信息作出选择后而确定的。

2 多系统模型认为，二语节奏习得不是孤立进行的，而是受到其他语音/语言特征习得的积极或消极影响。

3 雅各布逊的普遍主义理论认为，最初的语音发展呈现出普遍的规律性。儿童语音习得可分为两个阶段：第一阶段为"前语言阶段"，儿童能够产出一些无意义音节，且具有语言普遍性；第二阶段为语言阶段，儿童能够产出有意义音节，且表现出母语特定性。

例如，杨军（2009）通过分析中国学生对英语语调的切分来探讨中介语音系的羡余性；曹瑞澜（2010）发现中国英语学习者音节首辅音群sC/sCC 的习得经历了一个制约条件交互调整、制约条件序列从汉语等级排列到英语等级排列的过渡，表明中介语音系存在非标记性隐现；夏新蓉（2010）的研究显示中国学生英语音节结构的习得受到汉语普通话音节制约条件的影响，是一个由错误驱动、音节结构制约条件重新排序、递进式的习得过程；吴力菡等（2010）发现英语调核显性教学能够使体现汉语特点的制约条件不断降级、体现英语特点的制约条件不断升级。

2）社会语音学视角

社会语言学视角的语音学研究主要关注方言变化的影响因素、方言之间的语音差异及不同方言对二语语音习得的影响。Devlin et al.（2019）在旧煤矿社区考查了时间、空间和话题因素对元音产出变化的影响来探究社会语境和语音变化之间的关系，发现元音本地化变体在煤矿话题中出现频率最高；老年人的元音本地化变体较多，而不从事煤矿行业年轻人的元音本地化变体较少。Shaw et al.（2018）比较澳大利亚英语母语者对英语五种口音变体的感知研究显示，仅一小部分语音变体会带来感知难度，口音适应性训练不会改变受试对语音变体的同化方式。Simon et al.（2015）考查了两种比利时荷兰语方言的母语者对标准荷兰语和英语元音的感知与产出，发现方言会影响受试产出标准荷兰语元音，对元音感知的影响更大；两组受试对英语元音的感知存在差异，但元音产出上没有明显差异。Cortés et al.（2019）在巴塞罗那西班牙语—加泰罗尼亚语双语者中调查了加泰罗尼亚语前元音对比音的产出，发现不同地区儿童的语音产出存在显著性差异，但成人并没有显著性差异，且发现语言环境是造成语音产出变化的主要因素。与以上研究不同，Raish（2015）考查的是在埃及参加海外交流项目的美国大学生选取阿拉伯语语音变体 [j]-[g] 作为习得目标音的影响因素，发现学习者的性别和是否为继承语说话人（heritage speaker）会影响变体选择，而二语国家居住时间和语音变体在单词中的位置没有显著影响。

3）心理语言学与神经语言学视角

此视角的研究大多关注"前注意加工"和"集中注意加工"。例如，Deguchia et al.（2010）考查了声学距离和说话人差异对法语本族语者在法语元音前注意加工和集中注意加工中的影响，研究发现受试在前注意加工阶段可进行元音范畴分类，但仅在集中注意加工阶段才能分辨不同说话人的语音特征。Zhang & Shao（2018）对比了失歌症（amusia）粤语母语者和正常粤语母语者对粤语字调的注意加工，发现在前注意加工阶段两组受试对字调的加工没有差异，但在集中注意阶段失歌症患者听辨字调差异的能力下降。Lindström et al.（2018）利用 ERP 技术探讨患有自闭症谱系障碍但没有明显语言障碍（ASD [no LI]）的学龄儿童对不同情感韵律的加工情况，研究显示，与正常同龄儿童相比，ASD [no LI] 儿童在前注意加工阶段已表现出较低的听辨能力，说明在信息加工的各个阶段，ASD [no LI] 儿童的词汇加工和情感韵律辨识能力都受到不同程度的损伤。

对语音在前注意加工阶段的研究视角同样见于二语语音习得研究中。例如，Lipski et al.（2012）运用 ERP 对比西班牙荷兰语学习者和荷兰语本族语者在荷兰语元音加工时的 MMN 脑电指标上的差异，发现在前注意加工阶段声学线索权重受到听者语言经验的影响。为了揭示荷兰语元音音长能否区别意义，Chládková et al.（2013）在荷兰语、捷克语和西班牙语听者中进行了跨语言的 ERP 研究，通过比较听者在前注意加工阶段对母语和非母语元音时长听辨时 MMN 脑电指标的差异，发现荷兰语元音的时长变化通常作为音位变体存在，仅用于区别某些荷兰语的元音；西班牙语母语者对非母语元音的时长变化比较敏感，表明母语元音时长差异缺失可能对学习二语元音时长对立起到一定的帮助。

学界从心理及神经语言学视角还进行了其他研究。Kondaurova & Francis（2010）对西班牙英语学习者进行了提高英语对比音（/i-ɪ/）听辨能力的训练，发现声音线索的增强（enhancement）或抑制（inhibition）都能够有效提升学习者对英语对比音的识别能力，从而指出语音学习需要两种选择性注意机制的参与，无论是增强还是抑制的线索特异性训练对二语语音习得都有效。Sasisekaran & Weber-Fox（2012）考查儿童在语音产出中对语音的监控能力后发现，三组儿童在音段监控能力方面存在显著性差异，反映出随着年龄增大，儿童会逐渐掌握语音切分技能，而这对执行监控能力来说至关重要。"运动学习理论"（Motor Learning Theory）常被用于指导脑损伤患者的语言康复训练，如 Schoor et al.（2012），Aichert & Ziegler（2013）将研究应用于言语失用症（apraxia）患者学习音节。Kopečková（2018）以 Bialystok 提出的"注意与控制模型"（Model of Attention and Control）为基础，探讨了元语言意识在儿童双语学习者习得三语西班牙语音系中的作用。

4）二语（语音）习得理论视角

与一语习得相比，二语习得涉及学习者的母语和二语/三语之间

第9章　21世纪语音教学领域重要成果

的互动，所以出现了与二语习得相关的概念，如"偏误分析"（error analysis）和"语言迁移"（language transfer）等。Burgos et al.（2014）发现，西班牙荷兰语学习者的元音偏误高于辅音偏误；元音偏误主要在容易混淆音长和音高对立；辅音产出偏误主要在辅音群方面。张建强（2014）指出，泰国学生的汉语语音偏误主要集中在声调调值、轻声、上声变调、儿化、句调、语速、停顿等方面。

很多研究发现，二语语音习得中存在着母语"迁移"。例如，法语母语对美国法语学习者英语元音产出的影响（Levy & Law，2010）；荷兰西班牙语学习者和西班牙荷兰语学习者的母语节奏迁移（van Maastricht et al.，2019）；双语儿童的优势语言在二语语音习得中的负迁移作用（Martínez-Adrián et al.，2013）；双语儿童的一语和二语对三语习得的迁移作用（Patihis et al.，2015）；母语语音对二语或三语音段习得的影响（曹艳春、徐世昌，2018）、对重音习得的影响（陈晓湘、郭兴荣，2017）、对语调习得的影响（卜友红，2016）；姜帆（2016）考查了母语在学习者对外语词语听辨和口语产出中的影响。此外，Cho & Lee（2016），de Leeuw et al.（2018）发现二语语音习得中存在一语磨蚀（或称一语损耗），二语对母语有逆向迁移效应。

Eckman 的"标记性区分假说"（Markedness Differential Hypothesis）也得到了广泛运用。例如，de Jong et al.（2009）对韩国英语学习者习得英语闭塞音的观察；Chan（2010）在最小对比音、孤立词和篇章三个层面对母语为粤语的英语学习者语音产出的调查；以及 Du & Chen（2017）对维语母语者习得汉语声调的探讨等。巫玮、肖德法（2011）利用语料库分析了英语学习者的辅音增音现象；曹瑞斓（2015）分析了中国英语学习者英语音节首辅音群的产出；郑占国（2015）探讨了中国大学生对英语音节尾元音 + 辅音 /n/ 结构的习得。

"中介语变异"（interlanguage variation）也是二语语音习得研究的重要内容。Rau et al.（2009）考查了中国学生英语 /θ/ 的产出情况，发现产出准确率受语音环境和语音风格的影响；在产出 /θ/ 时，二语高水平者采用监控策略，低水平者则依赖于语音显著性策略。Cardoso（2011）调查了课堂环境下巴西葡萄牙语母语者对英语词尾塞音的感知，发现语音环境影响感知。在双语者与单语者的语音习得对比研究中，MacLeod & Stoel-Gammon（2009）使用 VOT 考查了加拿大英、法双语者与英或法单语者在塞音产出时的变异情况，发现早期双语者产出的塞音与单语者类似；但在同一塞音产出特点上表现出更大的变异性。此外，Díaz et al.（2016）通过对荷兰语—英语晚期双语者进行的 ERP 实验发现，二语语音变异源自与语言有关的语音能力而非一般声学能力。

许多研究围绕着对"感知同化模型""语音学习模型"和"母语磁吸模型"等二语语音感知的重要理论的验证展开。研究切入点有：希腊语母语者和日语母语者习得英语元音（Lengeris, 2009）、埃及阿拉伯语母语者感知塞浦路斯希腊语元音（Georgiou, 2018）、Zhou（2018）对比英语母语者和中国英语学习者感知英语元音对立对 /i-ɪ/、汉语母语者的英语塞音习得（高玉娟、张萌萌，2018）、汉语普通话及闽南方言日语学习者的促音感知（任宏昊，2019）。Melguy（2018）还尝试将"感知同化模型"和"语音学习模型"扩展到早期双语者的语音感知研究中；Mooney（2019）则通过分析奥克西坦语—法语双语者的一语到二语的语音迁移，建议修正"语音学习模型"。陈莹（2013）介绍了二语感知研究的主要理论模型以及对语音教学的启示；程冰等（2017）从神经认知语言学视角解释"母语磁吸效应"对二语学习中辨音和发音的巨大影响，并指出在脑科学指引下进行语音干预的必要性和意义。

Mayr & Escudero（2010）对英语母语者感知德语圆唇音的方式研究及 Chládková 和 Podlipský（2011）对捷克语方言发音人对荷兰语元音的感知研究验证并支持了 Paola Escudero 在 2005 年提出的"二语语言感知模型"[1]（Second-language Linguistic Perception Model，简称 L2LP）。

5）语言共性与个性视角

语音习得的类型学考查有助于深入了解语音习得的普遍规律。Cataño 等人（2009）在 16 名西班牙语母语儿童中按照层级复杂度把 39 个音素归为 5 个复杂度层级水平，通过比较发现，这一层级分类与英语和其他语言音素层级分类相似，显示不同母语儿童的语音发展具有普遍共性。同样，Gildersleeve-Neumann et al.（2013）对盖丘亚语和英语母语幼儿的研究发现，儿童的语音习得具有跨语言共性。二语习得研究同样发现不同母语背景的学习者在语音习得上表现出共性，如 Ordin & Polyanskaya（2015）对母语为德语和法语的学习者英语节奏习得情况的研究发现，无论母语与目标语的节奏模式是否相同，其英语节奏都是从音节计时模式逐步向重音计时模式发展，这表明学习者二语节奏习得具有共性。

---

[1] 该模型认为，语音感知具有个体差异性，学习者母语、方言和个体语音的声学差异能够预测二语语音感知差异。

第9章 21世纪语音教学领域重要成果

也有研究发现语音习得存在跨语言差异。O'Seaghdha et al.（2010）发现与英语、荷兰语等语言不同，汉语双音节词的第一个音节对母语说话人词汇产出的作用最大。该研究提出了"语言合适单位原则"（The Proximate Units Principle），即有意的语音准备和语音—词汇协调都是建立在第一个语音层次上的；汉语的合适单位是音节，而英语和其他印欧语言的近邻单位是音段，这造成了语言间的差异。针对音节和音段在汉语普通话口语单词产出准备阶段的作用，Wang et al.（2017）的 ERP 实验结果在语音习得领域为"语言特异性假说"[1]（Language Specificity Hypothesis）提供了电生理学证据。

此外，一些研究还探讨了语音习得不对称性的原因，如 Li et al.（2011）考查了英语和日语母语成人对同一母语儿童产出的清咝擦音感知，结果表明，两组成人使用了不同的声学参数，这种差异可部分解释擦音习得具有明显的跨语言不对称性。Ortega-Llebaria et al.（2019）发现英语和西班牙语母语者在理解英语和西班牙语焦点句和转述言语时使用不同的声学线索，从而表明韵律处理中存在跨语言不对称性，并在此基础上提出"线索驱动的窗口长度模型"（The Cue-driven Window Length Model）用来解释韵律加工机制，认为韵律加工是自下而上信息（如语音信号中获取的线索）和自上而下信息（如任务目标）共同作用的结果。

2. 研究内容

这一部分将围绕语音习得的特点与发展、影响因素、语音意识、语音损耗/磨蚀以及外国口音研究进行回顾。

1）语音习得特点与发展研究

一语语音习得的特点及发展研究主要集中在儿童语音习得方面。Kim & Stoel-Gammon（2011）发现韩语母语儿童的塞音习得早于擦音和破擦音；MacLeod（2016）描述了法语母语儿童塞音习得的发展特点；赵宁宁、吴瑞云（2016）关注学龄前儿童的汉语普通话声母习得特点；Schaefer & Fox-Boyer（2017）发现，大多数德语母语儿童能够产出辅音群，其正确率与年龄呈显著正相关；McCarthy et al.（2019）针对一岁内婴儿元音感知的脑电实验揭示，月龄较小婴儿的神经反应更受声学

---

[1] 语言特异性假说提出，不同特点的语言在语音产出的语音编码过程中最先选择的编码单元不同。例如，汉语语音编码的合适单元（proximate units）为音节，而英语的合适单元为音段。

驱动，而月龄较大婴儿听觉驱动的反应较少，这可能是对相似发音的元音选择性增加的结果。

王歆捷等（2015）、Shi et al.（2017）、Wong & Leung（2018）分别考查了学前儿童对普通话变调、词汇声调和粤语单字调的习得特点。Ben & McLeod（2019）考查了越南儿童对母语音段和声调的习得特点。

针对语言障碍儿童的语音习得特点研究有助于提升患儿的语音能力，进而实现语言矫正。目前已经对各类语言障碍儿童开展了相关研究，如自闭症谱系障碍儿童（Cleland et al., 2010）、听力障碍儿童（Tseng et al., 2011）、佩戴人工耳蜗儿童（Spencer & Guo, 2013）、唇腭裂儿童（Klinto et al., 2016）等。

二语语音习得研究中，双语儿童的语音发展是主要研究对象。例如，Goldstein & Bunta（2012）及 Lee & Iverson（2017）研究了双语儿童的音段发展特点，发现西班牙语—英语双语儿童的产出正确率优于单语儿童；韩—英双语儿童对英语元音辨别力早于塞音。Bijeljac-Babic et al.（2016）对法—德双语婴儿的研究发现，与单语婴儿相比，双语儿童的扬抑格偏好发展并未延迟，说明早期韵律发展与语言接触无关；Mok & Lee（2018）对粤语—英语双语儿童粤语词汇声调习得的研究揭示出，粤语和英语的韵律系统可能存在早期交互作用。

中国外语学习者习得研究主要聚焦在英语塞音（王茂林，2009）、英语增音（巫玮、肖德法，2011）、英语短语重音（陈桦、王馨敏，2015）、日语声调和语调（蔡全胜，2009；杨诎人，2010）、西班牙语音段（张燕，2019）等。汉语作为二语的习得研究主要有印尼留学生普通话发音偏误（王功平，2011）、泰国汉语学习者声调（易斌等，2012）、韩国汉语学习者陈述句语调（田静、刘艺，2015）等。

2）语音习得的影响因素研究

多项研究表明，性别（gender）是影响语音习得的重要因素。女孩在语音习得方面更占优势（Phoon et al., 2014；刘艺，2015；周卫京等，2010）；8—11岁男生的VOT值明显更高，存在较大的发音变异性（Yu et al., 2015）。但是也有研究发现语音习得中没有性别效应（Phoon et al., 2015；林秋茗，2011）。

年龄（age）也是语音习得研究关注的一个因素。Levelt（2012）发现年龄可影响婴儿对语音的敏感性；Wang et al.（2017）提出，随着年龄的增长普通话声调感知的范畴性下降，与年龄有关的范畴感知缺陷可能与不同的音调类型有关；Fairfield et al.（2017）的研究结果显示，听带有中性韵律的故事可帮助老年人记住更多的单词信息，而不同种类的

第9章　21世纪语音教学领域重要成果

情感韵律不会影响年轻人的口头记忆。林韶蓉（2011）的实验结果表明英语作为二语的学习起始年龄对语音产出有显著影响，对感知没有显著影响；Oh et al.（2011）发现日本人英语元音的产出受习得年龄的影响很大。Archila-Suerte et al.（2015）利用功能核磁共振的实验结果显示，二语学习起始年龄更能决定哪些大脑区域与二语语音加工相关；然而，也有研究者提出，成人外语学习者也有可能达到母语者的发音水平（户田贵子、刘佳琦，2016）；习得年龄对英语二语学习者的韵律效应不显著，研究结果不支持"早期习得优势"的论断（薛锦等，2019）。

语言经验（language contact）影响语音习得。Shin et al.（2018）的研究证明了早期语言接触对婴儿语音听辨的影响；Miller et al.（2011）揭示，听者主要依赖自身方言语音的声学特征来感知目标音。母语是二语语音习得中最重要的语言经验，相关研究从语音各层面展开，如词尾擦音听辨实验（Broersma，2010）、元音产出（王茂林，2011；Romanelli et al.，2018）、声调感知（何江等，2011；So & Best，2014）、声调产出（Mok & Lee，2018）、词重音感知（Lin et al.，2014）、词重音产出（Chakraborty & Goffman，2011）、语调模式感知（Liu & Rodriguez，2012）、语调产出（Graham & Post，2018）、韵律边界特点（陈默，2013）、地方方言对语音习得的影响（翟红华、赵吉玲，2015）等。Goldstein & Bunta（2012）发现双语儿童的产出准确性优于单语儿童；Chen et al.（2014）发现，随着闽南语—汉语普通话双语受试者普通话接触量增多，其闽南语中会更多呈现"焦点后压缩"（post-focus compression，简称PFC）现象。另外，学界也关注母语和二语对三语的影响（Phoon et al.，2012；Steien & Lyche，2016；陈晨等，2009）。

也有研究发现，音乐能力（music ability）能够影响语音习得。例如，Sallat & Jentschke（2015）发现，特定型语言障碍（Specific Language Impairment，简称SLI）儿童在感知音乐中的音高和韵律变化时遇到的困难影响到了他们对语言韵律的感知；Pinheiro et al.（2015）的ERP研究发现，以广泛音乐训练为特征的听觉专业知识可能会影响声乐情感加工的不同阶段。裴正薇、丁言仁（2013）的研究发现，音乐能力会影响英语超音段的感知和产出能力；Swaminathan & Schellenberg（2017）的研究结果表明，音乐训练与旋律和节奏感知的表现呈正相关，但与音段感知的表现不相关。

二语水平（L2 proficiency level）显著影响二语加工方式和加工速度（Shen & Froud，2016；张林军，2011；陈晓湘、郭兴荣，2017）。

影响语音习得的因素还有：音系环境（phonological context）（Antoniou

等，2010；Archer 等，2016；刘凤鸣、陈默，2016；王建勤等，2016；王功平，2018）；任务类型（task types）（Benjamin & Schwanenflugel, 2010；Allison & Hustad, 2014；Burfin et al., 2014；Chan, 2016；Moradi et al., 2017；Solon et al., 2017；毕冉，2018；夏赛辉、汪朋，2018）；显性训练（explicit training）（Giannakopoulou et al., 2017；Mokari & Werner, 2018；Kasisopa et al., 2018）等。

3）语音意识研究

语音意识（phonological awareness）属于元语言范畴，是"对各种语音单位及结构的察觉和操控能力"（Kuo et al., 2016：2）。学者们对普通及弱势儿童语音意识的发展规律展开研究（Maionchi-Pino et al., 2012；Tse & So, 2012；Joseph, 2018；Linnavalli et al., 2017；唐珊、伍新春，2009；刘文理等，2010；潘颖、盖笑松，2013；Zoubrinetzky et al., 2016）。

基于研究，学者们提出影响语音意识的因素如下：年龄（Johnson & Goswami, 2010；唐珊、伍新春，2009；姜薇等，2015）、性别（Chipere, 2014）、先期语音意识[1]（Kopečková, 2018；韦晓保、王文斌，2019）、新增语言知识（韦晓保、王文斌，2018；Lin et al., 2018）。

学者们还提出语音意识会影响读写能力（Defior et al., 2012；Vassiliki et al., 2017；郑小蓓等，2009），并且尝试了各种提升语音意识和读写能力的训练方法，如单词盒（word boxes）（Keesey et al., 2015）、多模态语音纠正法（Pieretti et al., 2015）、音标训练（Werfel, 2017）、字母—声音知识教学（Carson et al., 2019）以及朗读和唱歌方法（Kuppen & Bourke, 2017）。

4）语音损耗/磨蚀研究

当母语者生活在二语环境中，二语会影响其母语的加工和使用，导致母语技能退化甚至丧失，这种现象称为母语损耗（L1 attrition）（Hopp & Schmid, 2013）。

Chang（2019）的历时研究证实，二语环境可以导致母语损耗，甚至具有延时效应；Robles-Puente（2019）发现，年龄和二语接触年限会影响母语韵律损耗和迁移。母语语音损耗还可表现在语音感知方面（Celata & Cancila, 2010；Cabrelli et al., 2019）。也有研究者认为母语

---

[1] 如二语语音意识是三语的先期语音意识。

损耗并不一定总会发生（de Leeuw et al., 2012），这说明母语损耗受多种因素影响。

5）外国口音研究

外国口音是指受母语语音影响，二语学习者产出的、偏离标准目标语语音特征的变体，是非病理性的语音现象。相关研究主要包含如下方面：外国口音的表现、外国口音的感知判断、外国口音对言语可懂度的影响等。外国口音的表现是指二语语音产出中不同于目标语语音的特点，已经在本节"语音习得特点与发展研究"进行回顾分析，此处不再赘述。

对于外国口音的感知判断维度，有以下几个方面：音高变化（薛小姣，2016）、音段（Sereno et al., 2016；李景娜、王遥，2019）、句子语境（Holt & Bent, 2017; Incera et al., 2017）、母语和口音接触量（李景娜、王遥，2017）。

外国口音会加大理解难度，并在一定程度上造成言语理解困难（Porretta et al., 2016）；到达目标语国家的年龄、英语日常使用量以及母语与目的语的语音差异是影响言语可懂度的主要因素（Jin & Liu, 2014; Liu et al., 2014）；音段层面的外国口音对言语可懂度的影响比韵律更大（张林军，2015；何家勇等，2019）；也有研究提出，视觉呈现方式（Kawase et al., 2014）借助词汇语义（Romero-Rivas et al., 2015）、适应性训练（Weber et al., 2014; Xie et al., 2017）有助于降低外国口音对言语可懂度的负面影响；Goslin et al.（2012）报告，听者加工母语及外语口音时采取了不同策略，研究结果支持"加工策略差异假说"（Different Processes Hypothesis，简称 DPH）。

3. 研究方法

实证研究仍然是二语语音习得研究的主流方法，采用的方法主要包括横向与纵向研究法、语料库研究法和多模态研究法。

1）横向研究与纵向研究方法

横向或横贯研究（cross-sectional）是在同一时间对一组或几组受试进行观察或测试，比较受试之间的差异或分析受试或因变量发生变化的影响因素。例如，对比不同母语方言对语音感知或产出的影响（Miller et al., 2011），对比不同年龄段儿童的表现进而揭示儿童语音意识的发展（唐珊、伍新春，2009），比较单语制和双语制对儿童语音感知的影响（Wewalaarachchi et al., 2017），对比高/低变异性训练对成人和儿童语音产出的影响（Giannakopoulou et al., 2017）等。

纵向或追踪研究（longitudinal）指在一段相对长的时间内对同一个或同一批受试进行重复性研究。纵向研究耗时较长，二语习得中采用此法的数量显著少于横向研究。但是，纵向研究法有助于了解受试的前后变化，如考查儿童在佩戴人工耳蜗后一年之内语调产出的变化（Snow & Ertmer, 2012），考查从出生到6岁的儿童早期韵律区分的表现（Höhle et al., 2014），记录二语西班牙语塞音VOT值的发展变化（Nagle, 2017）等。

一些研究还采用横向和纵向相结合的方法，如对比特定语言障碍儿童及正常儿童自幼儿园大班到小学三年级语音意识的发展（Vandewalle et al., 2012）；横向比较语言水平和任务类型对重音产出模式的影响，纵向考查前测、协同测试、后测三个阶段受试的表现（夏赛辉、汪朋, 2018）。

2) 语料库研究方法

语料库（corpus）逐步应用于语音习得研究，如用于考察一岁以内婴儿能否使用韵律表达交际意图（Esteve-Gibert & Prieto, 2014）；词频对儿童发音准确性的影响（Faes et al., 2017）；二语音段产出、语言经验和语境对元音发音的影响（Hong et al., 2014; Sanchez et al., 2015）；辅音群产出对言语可懂度的影响（O'Neal, 2015）；二语者的音段或韵律产出特点（姜玉宇, 2010a；夏新蓉, 2010；巫玮、肖德法, 2011；陈桦、王馨敏, 2015；于珏、李爱军, 2015；徐鹰、曾用强, 2015）；二语者的声调产出（Steien & van Dommelen, 2018）；不同调型是非问句传递的细微意义差别（Hedberg et al., 2017）；多元文化背景对节奏韵律的影响（Fagyal & Torgersen, 2018）；汉语普通话句子语调的感知（Yuan, 2011）等。

国内学者也开始创建中介语语音数据库。例如，陈桦等（2010）的"中国英语学习者语音数据库"（ESCCL）；王玮、张劲松（2019）探讨了汉语中介语语音库的文本设计。

3) 多模态研究方法

多模态（multi-modality）涉及听觉、视觉、触觉等多种感觉和语言、图像、声音、动作等多种手段和符号资源。多模态研究揭示，多模态比单模态更加有助于语音区分（Ter Schure et al., 2016）；视觉模态对韵律边界的感知效应最强（毕冉, 2018）；手势是听者正确识别非本族语声调的有效线索（Baills et al., 2019；Hannah et al., 2017；洪炜等；2019）。

4. 研究语料

语音习得主要与口头产出的语音特征有关，实验语料的选取和设计要符合研究目的才能够保证研究结果的可靠性。

1）朗读语料与自发话语语料

语料可通过朗读任务（read speech）或自发话语任务（spontaneous speech）采集。朗读语料对词汇、句法等语言要素进行了控制，因此能够有针对性地考查语音现象；而自发话语语料的设计通常仅考虑题目（如口头作文之用）、情景设定（如诱发对话之用）等，能够更加自然地反映受试的语音产出特点。

基于朗读语料的研究，如单词和语篇朗读考查二语者的元音产出（姜玉宇，2010b）；句子朗读分析学习者的重音输出（田方，2018）、韵律产出（Kainada & Lengeris, 2015）、元音弱化（Byers & Yavas, 2017）等。

基于自发话语语料的研究，考查音位范畴的习得（Altvater-Mackensen & Grossmann, 2015）、韵律焦点的产出（van Rijswijk & Muntendam, 2014）、词汇音高重音的产出（Steien & van Dommelen, 2018）等。

也可将朗读语料和自发话语语料结合使用，如许俊等（2013）在研究中使用简单问答、自由讲述和口头朗读三种形式来考查二语学习者英语韵律的习得情况。

2）自然语料与合成语料

语料也可以分为自然语料和合成语料。大多数研究采用的都是自然语料，如通过提问方式引导儿童产出目标词（Kim & Stoel-Gammon, 2011）；通过半结构化访谈考查双语者在两种语言中塞音的习得（Lein et al., 2016）。

为了控制变量或更好地研究某一语音现象，研究者有时会合成语料，如通过语调嫁接（Sereno et al., 2016；李景娜、王遥，2015，2019；秦鹏、石锋，2016）方式进行研究。有时使用假词（nonword）或伪词（pseudo word）作为干扰项，或增加实验难度。例如，Vale（2011）使用假词探讨了不同正字法对单、双语者元音产出敏感性的影响；Matsumoto-Shimamori et al.（2011）利用假词朗读任务考查了连续语音转换是否会增加儿童的口吃次数。

5. 研究受试群体

婴幼儿和儿童是一语语音习得的主要研究对象。成人一语语音习得研究主要有四类：一是将其作为儿童的对照组，比较儿童与成人的习得表现是否相同（如 Feldman et al., 2013）；二是考查母语方言对语音产出和感知的影响（如 Miller et al., 2011）；三是研究语言障碍人群（如由听力受损、失语症和自闭症等引起的语音障碍、耳蜗植入）的语音听辨和产出（如 Maas et al., 2015）；四是研究老年人语音感知老化、阿尔茨海默病人群语音障碍等（如 Chintanpalli et al., 2016）。

成人是二语语音习得的主要研究对象，主要针对二语习得的特点和影响因素（如 Simon et al., 2015）、成人单语者和双语者的语音习得比较（如 White et al., 2017）等。儿童二语语音习得研究主要围绕双语儿童的语音习得展开。相较于一语语音习得，二语语音习得对特殊人群的研究比较有限。

9.1.2 语音教学研究

1. 语音教学模式的探讨与应用

语音教学与其他语言模态的教学一样，也是百花齐放、种类繁多。下文介绍基于主要的几种类型开展的语音教学研究。

1）显性与隐性教学

一些研究支持显性教学对语音教学具有明显的促进作用（如吴力菡等，2010；Kissling, 2015；Chandrasekaran et al., 2016；Simpson, 2016；Sturm, 2019），当然也有研究支持隐性教学（如 Chan & Leung, 2014）。

蔡晨（2018）发现，在学习者认知资源不足的情况下，显性教学比隐性教学对语音习得准确性的提高效果更加明显。而 Kissling（2013）则认为，与显性教学相比，输入、训练和反馈更能促进语音学习。

有研究表明，"重铸"（recast）作为一种纠正性隐性反馈方式，能够将学习者的注意力吸引到语音层面，从而产生积极作用（Saito &

Lyster，2012；Saito，2013）。但是，显性+重铸的教学至少对语言经验较少的初学者没有优势（Saito & Wu，2014）。也有研究认为，与重铸相比，"提示"（prompt）的效果更加持久，能够提升言语可懂度（Gooch et al.，2016；唐轶雯等，2018）。

2）浸入式（immersion）教学

Lord（2010）发现，浸入式+显性相结合的教学模式所产生的效果远超单一的浸入式或显性教学；Rallo Fabra & Juan-Garau（2011）则整合内容依托式与半浸入式方法，发现学习者的言语可懂度和外国口音程度没有明显变化，指出这种依托内容的半浸入式模式可能需要长期才能显现效果。

3）多模态教学

语音至少涉及听觉和动觉两种感官，因此采用多模态教学效果显著（Pieretti et al.，2015；Godfroid et al.，2017；Olson，2019）。从文献搜索结果来看，多数研究较少使用"多模态"这一术语，而更多使用"可视化"教学或计算机辅助语音教学。

4）其他

在英语作为世界通用语的背景下，语音教学界开始思考应以何种发音模式作为教学的标准，不少学者主张应坚持以本族语者模式作为首要标准，适当加入可懂度高的非本族语发音（如 Murphy，2014），或世界英语口音（如裴正薇，2014）。

其他语言教学方法也逐渐应用到语音教学中，如"任务型语音教学"（Mora & Levkina，2017）、"内容依托式语音教学"（Hanzawa，2018）、"项目依托式语音教学"（王冬焱、张文忠，2018）、将语音与词汇结合的"整合教学"（Nicolaidis & Mattheoudakis，2012）、戏剧教学（Galante & Thomson，2017）、翻转课堂教学（凌蓉，2018）、朋辈辅导法（刘森、郝原悦，2019）等。

2. 语音教学的方法与手段

21世纪以来，计算机技术的持续飞跃，也在一定程度上改变了教学的手段，可视化语音教学迅速发展起来。可视化语音教学借助语音分析及其他计算机平台或程序，给学生呈现视觉、听觉等不同模态的刺激，旨在提高学习者的语音水平。例如，虚拟教师的动态发音空间

（Engwall，2012）、可以给出反馈及自动评分的韵律教学系统（Sztahó et al.，2018）、微博客网站推特（Twitter）（Fouz-González，2017）、在线日语声调词典（凌蓉，2019）等都属于可视化教学的范例。

国内学者们重点实践了可视化语音教学方式，一致认为可视化界面与教师反馈相结合可达最佳效果（庄木齐、卜友红，2011；刘晓斌等，2013）。

3. 语音教学评测研究

与语言评测相同，语音评测包含若干方面：选择评分方式（整体评分或分项评分）、确定评分维度（前提是选择分项评分方式）、制定评分标准、选定评分员、对评分结果进行统计分析，等等。

1）评测体系研究

崔晓红（2010）在分析英语专业语音教学存在的问题和成因的基础上，建议语音测试要建立规范的达标测试体系并实施达标测试的保障措施，以提高语音课程测试的有效性。田朝霞、金檀（2015）回顾了世界范围内语音评估与测试相关实证研究的新趋势，指出语音标准的关注点应从口音转向语音可懂度和清晰度，强调交际的有效性；节奏、重音、语调等超音段特征能够较准确地反映可理解度和清晰度，可作为客观评定口音、可理解度和清晰度的指标。刘森、牛子杰（2018）则以动态评价理论为基础，从语音教学评价的角度对语音教学多元评价模式进行了优化，并实证考察了优化后的多元评价模式对学生语音水平、语音学习习惯及语音学习动机的影响，发现优化后的多元评价体系对学生的语音能力及学习动机有明显增强和提升的作用，自评与同伴互评有效促进了学生学习习惯的养成。

2）评测内容研究

语音评测是以"本族语式的准确性"（native-like accuracy）还是以"清晰可懂的语音"（intelligible/comprehensible speech）为标准成为语音评测的主要研究议题之一（Isaacs & Harding，2017）。在英语作为世界通用语的大背景下，Bøhn & Hansen（2017）的调查结果显示，挪威英语教师们认为应以清晰可懂作为语音评测标准，反对以语音是否纯正作为评测标准；这些英语教师在评估学生英语语音水平时，忽略了语调的作用。陈桦、李景娜（2017）通过问卷调查也发现英语口语评分员主要以音段作为评测参照，几乎不考虑超音段特征（重音、语调、节奏等），且多数中国英语口试评分员遵循以发音准确性为主的评测标准。

随着语言学和自然语言处理等学科的发展，语音能力的计算机自动评测研究相继展开。de Wet et al.（2009）的研究结果显示，对句子重复任务来说，分项评分方式使机器和人工专家的评分更加相关，但是对朗读任务没有影响。也有一些专家致力于开发自动评测系统（如 Arias et al., 2010; Charalabopoulou et al., 2011; Higgins et al., 2011; van Doremalen et al., 2013; Kang & Johnson, 2018）。陈桦等（2019）从语音评分方式、评分项、人工专家的作用、技术模型等方面介绍了中国学生英语朗读自动评测系统。

3）评分员研究

评分员的自身因素会影响语音评测。研究发现，即使是接受过培训的雅思考官，对发音人口音的熟悉度在语音评测中都是一个不容忽视的影响因素（Carey et al., 2011; Harding, 2012; Isaacs & Thomson, 2013）。Huang & Jun（2015）的研究发现，母语和二语语言经验对口音判断没有显著差异；但是有二语经验的英语本族语者在判断本族语口音和外国口音时要好于缺乏二语经验的英语本族语者和高水平英语学习者；缺乏二语语言经验的英语本族语者在口音程度评分上更加严格。李景娜、王遥（2015）的研究则发现母语会显著影响听者对英语外国口音程度的感知，英语本族语听者对外国口音的敏感度显著高于汉语本族语听者。

4. 语音教师发展研究

教师信念和专业发展对教学导向和教学效果都有重要影响。Bai & Yuan（2019）采用教师反思日记和访谈调查香港中小学英语教师，发现他们虽然了解语音的重要性和教学目标，但是在实际语音教学中出现准备不足和缺乏自信的现象。Couper（2017）采用半结构式访谈对19名新西兰英语教师进行调查，发现他们缺乏语音知识培训，以至于不确定应该教什么以及如何教。李景娜、陈桦（2019）也发现，英语教师的语调知识储备不足，对语调知识的掌握不够系统和全面。由此可以看出，加强语言教师的语音培训，才能保证学生的语音水平提高。

9.2 国内外重要的语音教材

9.2.1 国外英语语音教材

国外英语语音教材在英国著名语音学家 Daniel Jones[1]（1909, 1918, 1950）和 Alfred Charles Gimson（1975, 1977）的引领下，得到了不断的发展与完善。语音教材从单一的知识类和研究类型延伸到教学方法类、练习类和其他相关的方面。

1. 语音知识类教材

1）*Gimson's Pronunciation of English*（第 8 版，2014）

这是一部经典英语语音著作，它从历时和共时角度介绍了英语语音的变化，并详述了英语语音语调的相关知识，讨论了语音在构成过程和连贯言语中的表现，并有专门章节论述英语语音教学。该书由外语教学与研究出版社引进，以供中国英语教师及学习者学习使用，附有导读。

该书作者由 A. C. Gimson 的学生 Alan Cruttenden（2014）依据 Gimson（1962）的 *An Introduction to the Pronunciation of English* 一书不断增补、修订、完善。自出版以来，《吉姆森英语语音学教程》被公认为是标准英语发音教程，内容全面且通俗易懂，是任何学习和研究英语语音语调的人，或向非母语者教授英语发音和语调的人的必备书籍，一直保留着该领域标准参考书的地位。

本书为外国学习者提供了宝贵的英语语音教学指导，包括音位、音节组合、词重音、句重音、节奏、连贯语流、语调，以及声学信息的语谱图等详细研究。与以前所有的版本一样，作者非常谨慎地保留了原版的精神。目前已更新至第 8 版，该版将通用英式发音（General British，简称 GB）而非标准英式发音（Received Pronunciation，简称 RP）作为主要口音，其中的标音也与最近的发音变化相一致。最新版本还包括重写的关于语言历史和标准的章节，以及从 RP 到 GB 的变更理由。

这本教科书的另一个优势是其广泛而有吸引力的新的配套网站，包括对所有 GB 辅音和元音在口语短语中的发音视频的即时评论，以及本书和这些视频之间的交叉引用。该配套网站还包括新录制的古英语、中

---

[1] Daniel Jones 三本著作的首次印刷时间分别为 1909 年、1918 年和 1950 年，请参阅参考文献中的 Jones（1956, 1975, 1976）。

第 9 章　21 世纪语音教学领域重要成果

世纪英语和早期现代英语的录音，并提供最近和当前 GB 的录音链接，以及评论和语音标注。本书对英语语音学感兴趣的人来说，仍然是不可或缺的最佳参考书。

2）*English Phonetics and Phonology: A Practical Course*（第 4 版，2009）

Peter Roach 的《英语语音学和音系学：实用教程》（第 4 版）自 1983 年第一次出版以来，就被外语教学与研究出版社引进。该书是专为英语专业学生编写的，侧重英语语音学及音系学知识，是英语专业学习者的必读教程。

该教材以 20 个单元的课程形式，介绍了英语语音学、音系学和发音所需掌握的基本理论。每个单元都有听辨、口头练习和书面练习，章节的最后还提供了进一步研究的问题说明和进一步阅读的建议。附带的两张光盘为教程每一章节的音频练习。新版本还增加了一个网站。

额外的书面和口头练习，以及其他练习材料，为学习者提供了一个更广泛的主题视角。其特色还包括以下几个方面：理论问题的研究与大量的实践材料相结合；单元课程既适合自学，也适合小组合作学习；提供教师使用的课堂笔记和书后的练习答案；适合各类学习者，让他们对英语语音和音系有全面的了解。

3）*American English Phonetics & Pronunciation Practice*（2020）

《美式英语语音与发音练习》为练习美式英语发音的学生提供了一个简单易懂的基本语音学介绍。作者 Paul Carley 和 Inger M. Mees 围绕大量的练习材料，向全世界的中级和高级学习者传授现代标准美式英语发音。

其主要内容包括：（1）提供现代美式英语发音的最新描述；（2）通过精选的高频词汇，演示每个英语音素的使用场景，包括单独使用和在上下文语境中使用，在句子、习语和对话中使用；（3）提供常见易混淆音的例子和练习材料，并附带发音图；（4）由一个配套的网站支持，提供完整的录音练习材料，以方便学习者检查自己的发音；（5）不仅可用于课堂上的发音学习，也可用于自主练习。

4）*The American Accent Guide: A Comprehensive Course on the Sound System of American English*（第 2 版，2008）

《美式口音指南》第 2 版是一套完整的美式英语语音教程，作者 Beverly A. Luian 全面指导美式英语的语调、重音、节奏以及语音的发音。互动式的教学方式使教学引人入胜。

该教程可供个人作为自学课程使用，也可供语言病理学家和英语作为外语的教师作为主要教学资源使用，还被成功地用于个人或具有相同或混合语言背景的群体。

5）*Practical Phonetics & Phonology: A Resource Book for Students*（第3版，2013）

该教材作者是 Beverley Collins 和 Inger M. Mees，他们提供了英语语音学和音系学的概述，并安排了课堂活动、学习问题、示例分析、评论和关键阅读。该书第3版对所有内容进行了修订和更新，内容包括：（1）涵盖了语音科学的所有核心概念，如语音的产生、喉舌状态、元音和辅音、音节结构、重音、节奏、语调和连贯语流等；（2）以易于理解的方式介绍了该主题要点及其日常口语应用；（3）节选了语音学科关键人物的经典读物，如 David Abercrombie、David Crystal、Dennis Fry、Daniel Jones、Peter Ladefoged、Peter Trudgill 和 John Wells；（4）音频光盘收集了来自英国、爱尔兰、美国、加拿大、澳大利亚、新西兰、南非、印度、新加坡和西非的25种口音的真实发音人提供的样本；（5）概述了世界上6种主要语言的语音系统；（6）包含一百多个练习活动，许多练习都配有音频材料；（7）全新的配套网站，提供音频文件、书中活动的答案、进一步的练习，以及额外的音位标注练习。

第3版还增加了关于英语语音教学的读物，3种语言（日语、波兰语和意大利语）的语音描述，掌握外语发音的信息，以及进一步阅读的建议和许多新的图解材料。

6）*The Pronunciation of English: A Course Book*（第2版，2004）

作者 Charles W. Kreidler 专门为想全面了解英语语音和音系系统的教师及未来的英语教师和语言学的学生编写的。该书包含了英语语音研究的所有重点问题，其完整的练习引导学生发现事实，并将基本概念应用到实践中去。

该教材先后论述了英语的辅音、元音、音节结构，音位变体，音位组合制约，语句的节奏、语调和移动重音，重音在单词中的位置，快速、随意的话语对发音的影响，以及历史语音过程中产生的语素变异。"元音"一章提出了"一般清单"和"特别清单"，作为处理元音系统中方言差异这一棘手的问题。"音位组合"一章是迄今出版的最详尽的一章，并作为解释某些其他事实的基础，例如常规名词复数结尾的不同形式。

该书不仅介绍了美式英语和英式英语的变体，还介绍了其他广泛存在的变体，是当今最全面的英语发音入门指南。

7）*English Phonetics and Phonology*（第 2 版，2013）

该书专为那些将继续进入更高级水平的学生而设计。作者 Philip Carr 对英语语音学和音系学作了基本介绍，从发音语音学入手，继而向学生简要讲解了当今英语语音结构的一些主要知识。

教材作者曾教授过许多不同母语背景的英语学习者，包括阿拉伯语、法语、西班牙语、德语、希腊语、日语、韩语、汉语普通话或粤语及泰语为母语的英语学习者，非常富有外语教学经验。他发现许多非母语人士都学过 RP；其他人则是学过普通美式英语。在以英语为母语的学生中，只有极少数学生会讲 RP，因此，非母语者比母语者更有可能讲 RP。

8）*Pronunciation for English as an International Language: From Research to Practice*（2015）

Low 编写的《英语作为国际语言的发音：从研究到实践》填补了语音学、语用学和发音之间的空白，为读者提供了基于研究的英语教学指南。本书通俗易懂，确保读者在章节结束时能全面掌握每一个主题。探讨的主要观点包括：（1）英语发音和基本标注；（2）连贯语流的过程；（3）当前英语语音教学中存在的问题；（4）多媒体在英语语音教学中的应用；（5）利用语音分析研究发音特征。运用最新的研究成果，该书将成为英语作为第二语言、外语或国际语言教学的好助手。

9）*Speechcraft: Discourse Pronunciation for Advanced Learners*（2002）

《演讲技巧：高级学习者的语篇发音》作者为 Laura D. Hahn 和 Wayne B. Dickerson。这是一本专为高级非英语母语人士，即那些希望在学术和专业领域与母语者进行交流的高级学习者，编写的发音教材。该书提供了英语单词和语篇的重音、节奏、韵律等方面的规则、策略和语篇练习，这些都是影响英语发音的可理解度的重要因素。该教材包括一本核心教材和针对特定听众的练习手册，在核心教材内容基础上进行了扩展，提供了配套的录音带，主要从四方面满足学习者的需求：（1）强调重音、节奏和韵律，为学习者提供了发音方面的信息和练习，这些信息和练习与他们清楚地表达意义的任务密切相关；（2）除了系统地处理单词层面和短语层面的话题外，该书还能处理扩展的语篇;(3)提供了丰富多样的练习,反映了适合学习者需求的语言和文化背景,让他们有意义地使用自己的语言;(4)为学习者提供了自我监控和自我纠正的工具,即关于重音、节奏和韵律的系统性规则,以及将这些规则运用到自己的言语中的大量练习,从而使学习者能够控制自己的进步。

10) *English Intonation: An Introduction*(2006)

与英语语音密不可分的一部经典语调教程当数 J. C. Wells 的《英语语调概论》。该书介绍了英语语调的三个系统性特征:调群(tonality)、调核(tonicity)和调型(tone),由于它们都以字母 t 开始,故称为 3T 理论。调群是指把一连串的话语(即语块)分成语调短语;调核指信息焦点的核心位置;调型是对语调短语的核心信息进行升降调的选择。从逻辑上讲,说话时首先要划分调群,然后确立调核位置,最后选择调型。

这本书通俗易懂地介绍了如何识别和再现英语的语调模式,清楚地解释了它们的含义和使用方法,特别关注语调的三个关键功能——表达我们的态度、组织我们彼此之间的信息、将注意力集中在我们所说的特定部分。该书还配有大量鲜活的口语实例、句型操练和练习材料,帮助学生理解语调模式,随附的光盘包含了丰富的口语例子,展示了英语语调在上下文中的实际应用。这本教材从语言教学和语言学的角度出发,受到英语学习者和语言学本科生的欢迎。

11) *English Transcription Course*(第 2 版,2003)

《英语标音教程》是练习标注技能的理想工作手册,作者 M. Luisa Garcia Lecumberri 和 John A. Maidment 提供了九个课程,每节课都涉及发音的一个特定方面,介绍和解释了现代英式英语中最重要的连贯语流的语音特征(如同化、省音和弱读形式),专注于实现一种轻松、非正式的语音风格。每节课后都有一套练习,供学习者练习当前和前几章所学的标音技能。学生可以通过附录中提供的答案检查自己的进展。技术性术语在文本中有清楚的解释,也在术语表中列出。

该教程对攻读语言学和语音学学位的学生,以及言语和语言治疗领域的学生和从业人员都非常有用。此外,《英语标音教程》还为欧洲大学英语语言学和语音学的学位课程提供了不可或缺的实践材料,适合英语作为外语的高级学生和教师使用。

2. 语音研究类教材

1）*Phonetic Data Analysis*（2003）

《语音数据分析》是近25年来撰写的最有用的语音田野调查及数据分析书籍之一，该书以清晰的思路和表达方式著称。作者Peter Ladefoged是世界公认的顶尖语音学家。对于对语音田野调查或实验语音学感兴趣的教师、学生及专业人士来说，这是一本独特且卓越的必备书，它具有很强的实用性，非常容易理解。同时，该书还提供了作者毕生调查各大洲数百种语言的启发性的个人经验，为广大田野工作者提供便利。

该书可以让学习者在教室里与被试对象一起进行实验，也可以让调研者到野外去发现一种语言的声音是如何产生的。该书介绍了描述任何语言的主要语音特征的实验性语音技术。在书中，还以一种较为轶事的方式写了自己田野调查的评论。

2）*Acoustic and Auditory Phonetics*（2012）

该书是一个简短的、非技术性的教学和研究参考书，可作为一般语音学或言语学教材的补充。作者Keith Johnson介绍了声学语音学的四个重要研究方向：（1）主要类别的语音声学特性；（2）语音产生的声学理论；（3）语音的听觉表征；（4）语音感知。这本书专门为从事语言学、语音学、言语和听觉科学的学者，以及电子工程和认知心理学中那些涉及语音入门课程的学生编写。

3）*A Course in Phonetics*（第7版，2015）

《语音学教程》的作者为Peter Ladefoged，该书专为语言学专业和语音学专业的学习者编写，并为想要了解语音的语言病理学和交际学学者提供帮助。

该书分为三个部分：第一部分介绍概念，包括两章：第一章是发音语音学的概述和语音学技术术语；第二章提供了语音标注的基本概念和一套英语标音符号。学习者须先掌握这两章的术语和符号，再进一步学习该书。

第二部分聚焦英语语音学，为学习英语语音模式提供了坚实的基础。该部分共三章：第三章涉及英语的辅音；第四章论述英语的元音；第五章为词重音与句重音。

第三部分描述普通语音学和其他语言的语音结构，同时也包括大量的语音素材。第六章和第七章对学习外语和普通语言学的学生来说是最重要的，也是从事语音病理学和关注英语发音异常的研究者值得仔细学习的章节。第八章对所有研究语音学的学生都很重要，它概述了声学语音学的一些主要概念，并描述了英语语音的声学结构和特征。这一章是讨论第九章元音的先决条件，阐明了不同口音的英语和其他语言的元音。第十章讨论了音节的性质以及重音、音长、声调和语调的使用，对了解声学语音学也大有裨益。最后一章讨论了一些普通语言学概念，同时也回顾了该书前半部分的许多内容，考虑了最新版本的国际音标，并提出了一组语言学的语音学特征。

4）*A Practical Introduction to Phonetics*（第 2 版，2001）

J. C. Catford 的《普通语音学导论》第 2 版，让读者清楚地了解到语音的机制，语言的声音是如何产生的，以及如何对它们进行分析和分类。该书系统地探讨了人类声音的全部范围，涵盖了所有启动语音气流的方法（肺音、声门音和软腭音），所有类型的发声方法（呼吸音，嗓音、耳语音、吱嘎音等）、发音方法（气流最终被调制以产生特定类型的声音的方式）和韵律特征（音节、重音、声调、语调等）。

语音系统章节专门解释了特定语言如何利用并系统化人类产生声音的普遍潜力。读者可以在自己的声道中进行的 120 多个实验，展示了语音分析和分类的原理，充满了实用的例子和数字。修订版扩大和更新了拓展阅读部分，更新了国际音标表，以及易于读阅的格式和文字设计。

3. 语音教学方法类教材

1）*English Pronunciation Teaching and Research: Contemporary Perspectives*（2019）

《英语发音教学与研究：当代观点》由 Palgrave Macmillan 出版社于 2019 年出版。该书由国际著名应用语言学专家 Martha C. Pennington 与 Pamela Rogerson-Revell 合作出版。作者不仅系统全面地介绍了发音教学与研究的各个方面，而且还指出了该领域目前所面临的挑战以及未来发展的方向。

全书共分八个章节：第一章是"发音的本质"；第二章是"音系学习"；第三章是"发音教学体系"；第四章是"课堂发音：教师与教学方法"；第五章是"科技在发音教学、学习与评估中的运用"；第六章是"发音评估"；第七章是"语言课堂之外：发音研究与实践的更大范围的

第9章 21世纪语音教学领域重要成果

应用";第八章是"发音研究与实践的联系"。

该书结构清晰,内容丰富,几乎涵盖了英语发音教学与研究领域的各个方面。在分析具体问题时,两位作者旁征博引,客观公正,向读者全面展现了问题的来龙去脉,以国际化的视角重新审视了英语发音的教学模式、目标与方法,关注发音教学与研究的结合问题,并展现了科技在发音教学、学习与评估中的运用。

2)*Teaching Pronunciation: A Course Book and Reference Guide*(第2版,2010)

《发音教学:教科书和参考指南》第2版更新和扩充了理论和实践的进展,是一本全面论述英语语音教学法的参考书,由Celce-Murcia、Brinton、Goodwin和Griner合著,并在剑桥大学出版社出版。修订版反映了北美英语音系的最新研究,并阐述了发音教学法的创新实践。全书共分十二章,四个部分:语音教学透视;北美英语的语音系统概述;教学实施过程中的问题;语音系统与语言其他领域的交叉。具体特点为:(1)录音真实,包括来自剑桥北美英语口语语料库的例子,以及有真实语言发音特征的例子;(2)两张音频光盘提供了母语者和非母语者的话语样本,供分析与研究;(3)教材中的大量实例突出了语音教学原则;(4)修订版凸显了基于话语的语音和语调,反映了当前的研究结果;(5)许多技术的应用展示了语音教学的最新发展。

3)*English Pronunciation in L2 Instruction: The Case of Secondary School Learners*(2019)

《二语教学中的英语发音》是Anna Jarosz出版的新书,是"第二语言学习和教学"系列丛书之一。这套丛书反映了第二语言教学领域的最新发展。该书的读者对象是所有对自然主义和第二语言习得课堂感兴趣的人,包括研究人员、方法论学家、课程和教材设计者、教师以及对第二语言学习和教学进行实证调查的本科生和研究生。

全书共分五个章节:第一章是"语音教学在英语教学中的地位";第二章是"语音教学技巧和教材";第三章是"对语音教学的态度和影响其成功的因素";第四章是"中学生纵向行动研究的方法";第五章是"研究结果、分析和讨论"。

4)*How to Teach Pronunciation*(2000)

《如何进行发音教学》是Gerald Kelly对语音教学理论和实践技能的指导,由朗文公司出版。该书适用于初入职场的英语教师,内容包括以下几个方面：（1）对发音的主要特点的概括；（2）语音教学的方法和技巧概述；（3）元音、辅音、重音、语调等关键主题分析，并为每个主题提供各种范例课程；（4）每个章节都有一个可复印的复习任务列单，并提供答案；（5）详细的附录，包括学习者英语发音参考表、常见发音错误分类、发音和拼写表等；（6）单词和话语的口头例子的音频光盘。

5）*Pronunciation Is in the Brain, Not in the Mouth: A Cognitive Approach to Teaching It*（2014）

在 Edward Y. Odisho（2014）撰写的《发音在脑，不在口：从认知角度教发音》一书中，作者介绍了语言是一种专属于人类的无限交流密码。具体地说，它研究了儿童和成人发音的认知根源，以及成人学习第二语言时口音的出现。因此，成人二语发音教学应该以多感官、多认知的方法为前提，涵盖多种符合认知根源的教学战略选择。从教学角度出发，书中介绍了音系口音与语音口音之间的区别，即音系口音是一种导致目标意义改变的错误发音，而语音口音是一种不改变意义的错误发音。在现实生活中，尤其是在课堂上，我们的目标应该是先消除或减少音系口音，再解决语音口音。该书结合视觉、听觉、触觉、动觉以及认知策略，将上述所有概念广泛应用于各种语言。

6）*Sound Foundations: Learning and Teaching Pronunciation*（2005）

该书作者为 Adrian Underhill。《语音基础：学习和教授发音》旨在帮助大家了解发音的相关知识，从而愉快而自信地进行教学。书中介绍的学习方法有：（1）体验式——通过亲身体验某一主题来学习；（2）体力活——发音是一种体力活动；（3）洞察力——关键是意识而不是重复；（4）快速性——你会因为在短时间内能学到的东西而感到高兴；（5）人文性——它能激发你的好奇心和乐趣感；（6）实用性——当学生需要时，你会帮助他们获得他们需要的东西；（7）持久性——在自我发现的指导下，你不会忘记它！

在这本书中，学习者会发现 88 个探索活动，直接体验语音是如何产生的；清晰的文字描述图表，加上 CD 上的示例；74 项课堂活动，为学生提供基于洞察力的方法，将发音与所有其他课堂活动相结合的方法。

7）*Tips for Teaching Pronunciation: A Practical Approach*（2010）

这本书是由 H. Douglas Brown 主编的 "The Tips for Teaching" 系列丛书中的一本，本册作者为 Linda Lane。《发音教学技巧》向英语教师展示了如何教授北美语音。这本参考书提供了实用的技巧、清晰的解释、图表和课堂活动范例。每一章都涵盖了语音的五大领域（元音、辅音、重音、节奏和语调）。课文中的配套音频光盘提供了精选活动的听力材料。该书具备以下特点：（1）让教师明白所教授的部分以教学研究为背景；（2）为元音、辅音、重音、节奏和语调的教学提供了实用的课堂建议；（3）每一章的"具体特征"部分涵盖了教师认为具有挑战性的常见发音问题；（4）针对具体特征的示例活动，举例说明如何实施这些技巧；（5）实用建议说明了如何将发音与其他技能相结合；（6）图表展示了如何清晰地发元音和辅音；（7）广泛的描述帮助教师为特定语言群体中常见的发音问题做准备；（8）可复印的诊断测试和讲义可在课堂上使用，以减少准备工作；（9）音频光盘提供部分选择活动的听力材料。

8）*Teaching Pronunciation Using the Prosody Pyramid*（2008）

作者 Judy B. Gilbert 在《韵律金字塔的发音教学法》里，介绍了一种发音方法，强调了英语语音各方面的相互联系。这种方法涉及发音的各个要素，但始终是在一个更大的系统框架内进行的，这个系统利用所有这些单独的要素，使说话者的想法对听众来说清晰易懂。该书内容包括：（1）韵律的功能；（2）韵律金字塔；（3）韵律金字塔与个别发音；（4）实施韵律金字塔的 31 个想法。

4. 语音练习类教材

1）*English Phonetics and Pronunciation Practice*（2018）

Paul Carley、Inger M. Mees 和 Beverley Collins 为英语专业学生提供了独特的基础发音语音知识介绍。该书围绕大量的练习材料，向全世界的中级和高级学习者讲授现代标准的英式英语发音。内容及特点包括：（1）最新的现代英式英语发音描述；（2）展示每个英语音素的用法，高频词汇单独使用以及在句子、习惯用语和对话中的应用；（3）提供常见易混淆音的例子和练习材料；（4）有配套的网站支持，提供语音标注和超过 30 小时的活动音频材料，以检查学习者的短语发音；（5）不仅可用于课堂上的发音学习，也可用于学生自主练习。

2）*Pronunciation Practice Activities*（2004）

这本《语音练习活动》是"剑桥语言教师手册"系列丛书之一，英语原名为 *Pronunciation Practice Activities—A Resource Book for Teaching English Pronunciation*，作者是 Martin Hewings。书中包含各种精心设计

的语音练习，部分内容配有高质量录音。该书是为教授英语语音的教师设计的，但也适合学生自学。

该书分为两部分，第一部分介绍了语音学和音系学知识，作为教学活动的背景知识，还着重介绍了当前英语语音教学中的一些争论和焦点问题。第二部分包含了近百个语音活动，分为八个部分：语音意识、音素发音、连贯语流、音节与重音、语调、发音与拼写、语法与词汇、测试与语音教学资源。该书鼓励教师使用多种演示教具，使语音课充满乐趣。

3）*The Pronunciation of English: A Workbook*（2000）

Joanne Kenworthy 通过《英语发音手册》一书介绍了与英语发音有关的基本原理，随书附带核心单元录音。提供完整的录音标音，以指导学生听辨，每个练习都是针对特定的发音领域而设计的。

每一章节末尾都提供了建议性答案和评论，可以自我监测进度。该书还包括进一步学习和讨论部分，以及易于参考的术语表。

该书与《吉姆森英语语音教程》密切相关，可作为这本著名理论著作的配套教材。同样，无论是在课堂上还是在自学中，本手册都是一种宝贵的资源，对语言学和语音学的学生都有很大的帮助。此外，手册的形式非常适合英语语言教师使用。

4）*Get Rid of Your Accent: Part One, Part Two, Part Three*（2007, 2011, 2014）

这是一部系列教材，适合初、中、高级学习者，由 Linda James 和 Olga Smith 专门为有志练就一口标准发音的人编写。该系列为学习者提供了有效的语音调式的练习，是伦敦戏剧学院使用的纠音专用教材。这些练习有助于帮助学习者提高语音的清晰度，注重流畅、自然，使发音人说英语时更像一个以英语为母语的人的口音。对于每一个需要练就标准发音、提升公共演讲技巧的人来说，这套教材无疑是无价之宝。

5）*Ship or Sheep? Tree or Three? & Pronunciation Pairs*（2009）

由北京语言大学引进并出版的 Baker（2009c）编写的《剑桥国际英语语音入门》（*Tree or Three? An Elementary Pronunciation Course*）、《剑桥国际英语语音教程》（*Ship or Sheep? An Intermediate Pronunciation Course*）和《剑桥国际英语语音教程》（美音版）（*Pronunciation Pair: An Introduction to the Sounds of English*）为同一系列，是由剑桥大学出版社出版的经典的英语语音教材。该系列教材最新版具有如下特点：（1）适合英语专业初、中、高级的学生在语音或听说课堂使用；（2）最小对立体（minimal

第 9 章 21 世纪语音教学领域重要成果

pairs）的对比发音训练，特别适合中国学习者在语音学习中比较和掌握容易混淆的音素的发音，更快更好地掌握英语发音的规律；（3）科学、系统的语音练习及答案，逼真的发音口型图，详细的发音指导，互动的语音、音节、连读、重读与弱读、句子重音、语调、句子节奏等语音练习，增加课堂和自学时更多的听说机会；（4）每个单元对一个英语发音集中强化练习，帮助学习者高效掌握纯正的英语语音及语调；（5）互动软件图、文、音结合，与学习者互动学习。

6） *English Pronunciation in Use: Elementary, Intermediate & Advanced*

《英语语音在用》由剑桥大学出版社出版、北京语言大学引进，分为初级版（Jonathan Marks，2012）、中级版（Mark Hancock，2012）和高级版（Martin Hewings，2007），以英式发音为主，兼顾其他口音。其特点为：（1）在主要选用 BBC 英语作为口语模仿标准的同时，兼顾各种各样的口音，使学习者习惯多种口音，听懂别人不再困难。（2）内容编排注重科学性和趣味性，通过各种口型图、发音对比、发音实例等手段科学地讲解各个语音点。书中配有百余幅插图和漫画，而且还运用各种符号形象地展示发音要领，提高学习的趣味性。（3）兼顾语音、口语和听力练习，除了大量的发音练习外，书中还提供听辨单音、重音与节奏模式，各类调型与音调模式。（4）配套资源含有大量课内外练习和语音游戏。互动学习，其乐无穷。（5）突出语境学习，学以致用。新颖的语料均取自当今学习、生活、工作中的真实场景，可模仿性和实用性强。（6）练习题丰富多样，非常注重技巧训练。每一单元双页设计：左页讲解，右页有大量练习。学习者通过各种语音技巧的练习，随时检测学习成果并感受到不断的进步。

7） *Clear Speech Pronunciation and Listening Comprehension in North American English*（2005）

Judy B. Gilbert（2005）编写的本教材适用于英语中、高级学生。全书分 15 个单元，内容涵盖元音、辅音、音节、词重音、句重音、语调。该书有学生用书和教师用书。学生用书中，有更多听力活动；增补了元音的覆盖面；以音乐式教授英语节奏和音调模式；附带额外的辅音练习和高级活动；音频光盘包含 80 多个听力和口语练习。教师用书包含以下几个方面：详细的教学提示；理论支持；课堂创意思路展示；习题答案、听写、测验和音频脚本。

音频中的内容包括：广泛的活动选择；各种自然发音人的演讲；充

满关键发音特征的对话和听写例子；清晰的语音听辨测试。

8）*English Pronunciation Made Simple*（2005）

Paulette Dale 和 Lillian Poms 合作撰写的《简单学英语发音》为中、高级学生提供了一个清晰、准确的发音方法。该书的插图和各种活动成为语音课程的理想选择，内容包括元音、辅音、重音、节奏和语调等独立的部分，分解了类似母语的发音成分，帮助学生掌握每一个音及音系模式。

9）*Spelling and Pronunciation for English Language Learners*（2012）

Susan Boyer 在《英语学习者的拼写和发音》一书中，采用"多感官"的方法来教授英语拼写和发音模式，所使用的方法鼓励采用以下技能和感官：（1）视觉：看出英语拼写和发音之间的模式与关系；（2）听觉：通过朗读句中押韵的词，听感同音韵词的发音；（3）体验：利用多样的书写活动，巩固含有规律的字词的拼读；（4）逻辑：了解英语拼写的模式，比如哪些字母组合在英语中是可能的，哪些字母组合在英语中从未出现过。

绪论部分提供了有效使用字典的信息和练习，鼓励学生查阅自己的字典，看看新词汇的发音和拼写之间的关系。该书考虑到当学习者享受学习的过程时，学习效果才会最好。因此，该书的目标是提供多样化、趣味化、信息化的练习活动。

5. 其他相关教材

1）*English After RP — Standard British Pronunciation Today*（2019）

这本书的编写者 Geoff Lindsey 针对当今很多人认为 RP 口音过于老套的情况，简明扼要地描述了当今标准的英式口音与 20 世纪上流社会口音 Received Pronunciation 之间的不同之处。由于世界上学英语的人仍然需要通过 RP 了解英式英语语音系统变化中的发展，因此该书为现有的、基于 RP 的描述提供了一个亟需更新的思路。

全书由六个部分 31 个章节组成，第一部分为英式语音的总体演变；第二部分为英语元音，第三部分为英语辅音，第四部分为重音，第五部分为连贯语流，第六部分为语调。作者首先介绍了 RP 的兴衰，然后系统地分析了 RP 与当代标准南方英语（Standard Southern British）在元音、辅音、重音、连贯语流和语调方面的发展变化。所涵盖的主题包括逆时针方向的元音移位、喉塞音、插音 /r/、气泡音和升调话语。书后附有一本包含 100 多个单词的迷你词典，说明了全书所描述的发音变化,并提供了更新的 IPA 元音符号表。

这本书是任何对英式发音和音变感兴趣的人的基本资源,包括语音学、音韵学、应用语言学和英语语言学的学者,英语教师培训者,英语教师本人,教授语音和口音练习的教师,以及研究这些领域的学者。

2)*English with an Accent: Language, Ideology, and Discrimination in the United States*(第 2 版,2012)

在这本畅销书中,Rosina Lippi-Green 分析了美国人对待语言的态度。她列举了各种背景下的例子,如课堂、法庭、媒体和企业文化等,揭示了口音歧视是如何支持和延续社会结构和不平等的权力关系的。

《带口音的英语》关注与地理和社会身份有关的语言变异,探讨了媒体和娱乐业如何促进语言定势,研究雇主如何根据口音进行歧视,揭示司法系统如何保护现状和加强语言从属地位。其引人入胜且极具可读性的内容促使我们认同作者所说的语言被用作一种歧视的方式。对于对语言态度和语音口音歧视现象感兴趣的研究者来说,该书是必不可少的读物。

3)*The Handbook of World Englishes*(第 2 版,2020)

2020 年新版《世界英语手册》着重论述了与英语在世界各地使用的相关理论、意识形态、应用层面和教学问题的案例研究,作者为 Nelson, C. L.、Proshina, Z. G. 和 Davis, D. R.。该书代表了英语语言的跨文化和国际化背景的主流意识形态;阐述了来自非洲、亚洲、欧洲、北美和南美等世界主要英语国家学者的观点;讨论的专题包括:各种英语在其使用者的圈内、圈外的社会语言背景,使用的功能领域范围,英语在语言政策和语言规划中的地位,以及关于英语作为语言死亡、谋杀和自杀原因的辩论。

这本书提供了丰富的材料,为世界英语领域的广泛研究建立了理论基础。该书是一部了不起的学术著作,提供了大量宝贵的数据和观点。

同类书籍还有 Kirkpatrick(2010)撰写的 *The Routledge Handbook of World Englishes*,以及 Melchers & Shaw(2003)的 *World Englishes: An Introduction*。

9.2.2 国内英语语音教材

21 世纪以来,在语言交际能力培养前提下,学生和教师重新意识到了语音教学的重要性。随着英语教学理念的转变,中国语音教学从以往单一的音段层面朝着超音段层面的方向平衡发展，以满足各类学习群体的需求。英语语音教材建设呈现出一些新的特点：（1）音调并举：不仅重视元音、辅音音素的讲解，而且重视重音、节奏、语调和连贯语流等特征的讲解；（2）图文并茂：大多数教材在元音、辅音部分都有详细的发音过程图解和重音及语调的音高曲线图解；（3）音频与视频：所有的教材都附带配套的音频资料（光盘或 MP3），以及 APP 视频同步讲解；（4）英音与美音：在关注英式发音的同时，也介绍美式发音，两种主流语音体系共存。

1. 知识与方法类教材

在语音知识体系方面，学者们通过系统梳理英语语音学理论，挖掘语音知识的内在联系，对比英汉语音体系的差异，发现中国英语学习者在元音、辅音、词重音、句重音、连贯语流及语调方面存在一定的偏误。因此，建议英语语音教师们在系统讲授英语语音学知识的同时，也应该传授语音学习的方法。国内涌现的相关教材能够做到讲练结合，章节的编排设计与知识点的先后顺序与逻辑关系联系也较紧密，环环相扣、体系完整、脉络清晰。例如，《英语语调的结构、功能及应用》（卜友红，2003）外语教学与研究出版社；《英语语音教程（第 2 版）》（王桂珍，2005），高等教育出版社；《英语语音学纲要》（周卫京，2009），安徽大学出版社；《英国英语语音学和音系学（第 3 版）》（张凤桐，2011），四川大学出版社；《英语语音教程》（罗敏、刘万宇，2011），外语教学与研究出版社；《语音教程（修订版）》（刘森，2013），上海外语教育出版社；《英语语音语调教程（第 2 版）》（王桂珍，2011），高等教育出版社；《现代英语标准发音（第 2 版）》（张凤桐，2014），四川大学出版社；《英语语音教程》（刘宇、倪贤祥，2016），西南交通大学出版社；《英语语音学教程》（卜友红，2020），外语教学与研究出版社；《大学英语语音教程》（陈竞春、田娟，2020），西南交通大学出版社。

2. 实用类教材

在语音教学的实用性方面，特别是在大学一年级基础语音教学阶段，出现了不少教材，这些教材深入浅出地讲解了英语 44 个音素的发音；采用了英语发音词典中的最新国际音标标注；并提供了由音标、单词、短语、句子及日常生活会话所组成的一系列语音练习材料。例如，《英语语音》（屠蓓，2000），外语教学与研究出版社；《实用英语语音调》(张冠林、孙静渊, 2001), 外语教学与研究出版社;《简明当代英语语音》(朱鑫茂, 2003), 外语教学与研究出版社;《实用英语语音教程》(董爱国, 2008), 西安交通大学出版社;《实用英语语音学教程》(云虹, 2010), 西南交通大学出版社;《英语语音实用教程》(刘小芬, 2012), 广东高等教育出版社;《新世纪师范英语系列教材: 英语语音实用教程》(张维友, 2013), 上海外语教育出版社;《英语语音与听说词汇》(梁波, 2014), 北京大学出版社;《新编大学英语语音教程》(李晓霞, 2015), 苏州大学出版社;《英语教师正音手册》(张晴, 2016), 华东师范大学出版社;《大学英语语音教程 (第3版)》(赵贵旺、王素青, 2019), 北京大学出版社;《实用英语语音教程》(曲家丹, 2019), 清华大学出版社。在大学英语语音教材中, 还有专门为应用型高校及成人高校学习者编著的教材, 例如,《现代英语教程——英语语音 (第2版)》(楼光庆, 2009), 外语教学与研究出版社;《英语语音教程》(杜思民、张素云, 2009), 大连理工大学出版社。

3. 技能类教材

还有一些教材重在语音技能、实践与训练, 既适合英语专业的学生, 又符合应用型和职业高校学生的需求。例如,《英语发音与纠音》(张冠林、孙静渊, 2003), 北京大学出版社;《国际音标与语音》(新版)(汪福祥, 2006), 外文出版社;《大学一年级英语语音练习手册》(张冠林, 2006), 外语教学与研究出版社;《英语读音心法》(甄沛之, 2007), 商务印书馆 (香港);《挑战舌尖练语音: 英语绕口操100节》(密智瑢, 2009), 西安交通大学出版社;《动感英语国际音标与语音语调 (第2版)》, (张卓宏、王文广, 2014), 清华大学出版社;《英语语音技能教程 (第3版)》(秦小怡、杨蕾达、杨健, 2015), 北京语言大学出版社;《英语语音训练教程》(梁鲜、郭锦萍、郝文凤、潘海岸、邱新慧, 2016), 清华大学出版社;《英语语音语调实训教程》(袁利, 2019), 西南交通大学出版社。

4. 美式发音教材

为迎合美式发音人群的需求, 美式发音教材应运而生。这些教材的编者简明扼要、深入浅出地讲解了美语音素的发音, 指出了学习美语语音语调必须注意的一些问题。同时其内容紧凑, 知识体系全面, 练习内容精练。书中还提供了美式音标和英式音标元音对照表, 附录中的诗歌、歌词和电影对白寓意深刻，皆选自经典之作，非常适合自主学习。例如，《美音纠音、透析与突破》（邱政政、郑咏滟，2005），世界图书出版公司；《爱语音·美语发音精讲精练》（李莘、赵东坡，2010），中国人民大学出版社。

5. 自然拼读法教材

对零基础或初级水平的英语学习者来说，自然拼读法教材也是非常好的发音与拼读学习教材，教学内容与语音同步，学生可边听边跟读，练习部分有语音答案提示，方便快速自查。纯正的语音示范拼读，语音标准清晰，便于模仿和跟读，适合自学。例如，《自然拼读法实用英语语音教程（第2版）》（潘清，2012），合肥工业大学出版社；《英语自然拼读法教程》（共3册）（赖世雄，2017），外文出版社；《英语自然拼读教程》（范文芳等，2018），清华大学出版社。

上述教材在吸收以往教材编写经验的基础上，综合运用英语教学法、语音学研究、语音技术及教育技术等领域的新成果。其中不少著者是我国英语语音教育界的知名学者，所授课程曾获得国家级和省级精品课程、国际级一流本科课程，所著教材被列为国家级规划教材，并获省级教学成果奖等。他们不仅有着深厚的英语语音学功底，且自身发音标准、优美，在语音教学中做到了躬亲示范。他们编写的英语语音教材专为中国英语学习者量身定制，不仅适用于高校英语专业学生，同时也适用于研究生、中小学生及英语教师和广大的英语学习爱好者。

在21世纪英语语音教材蓬勃发展之际，我们必须缅怀20世纪为中国英语语音教学与研究做出卓越贡献的前辈们，他们是当今语音教材的奠基人，他们的经典著作与教材影响了几代人，在我们学习现代语音教材的同时，我们也应该查阅这些经典之作。例如，张冠林、孙静渊的《实用美语语音语调》（外语教学与研究出版社，1996）；许天福的《现代英语语音学》（陕西人民出版社，1985）；桂灿昆的《美国英语应用语音学》（上海外语教育出版社，1985）；何善芬的《实用英语语音学》（北京师范大学出版社，1985，1992）；周考成的《英语语音学引论》（上海外语教育出版社，1984）；劳允栋的《英语语音学纲要》（商务印书馆，1983）；和葆青的《英语语音简明教程》（商务印书馆，1973）。

第五部分 结　　语

第 10 章
语音学与音系学研究的综合评价与预测

国际语音学与音系学的研究长达一个多世纪，进入 21 世纪后又有了长足的进步。前面几章的回顾涉及这一领域的方方面面，非常细致。本章对这些详细回顾进行综合评述，并根据 21 世纪新生事物涌现所带来的的挑战及引发的研究趋势，对语音学与音系学研究的未来作一点预测。

10.1 结论

本节分语音学研究的历史沿革、音系学研究的历史沿革、语音学与音系学的关系进行总结。

10.1.1 语音学研究的历史沿革

西方人对于语音的研究，可以追溯到公元前 20 年前后的古希腊时期（Robins，1997；王理嘉，1991）。phonetic(s) 一词从希腊语进入拉丁语，但到 19 世纪初才在英语中出现。我国早期的语音著作是韵书，记载中最早的韵书《声类》（三国时期李登编著）和《韵集》（晋代吕静编著）已不存在，除一些零星的提及外，具体内容已无从深考（曹述敬，1988）。后来的《切韵》《唐韵》等书也只有残篇，现存的完整韵书是《广韵》，成书于 1008 年，也是现行汉语音韵学的基础，后有《集韵》《中原音韵》《诗韵》等韵书。这些韵书在当时主要是为了文学创作，但也为我们研究和构拟古音提供了重要工具。

现代语音学于19世纪出现在欧洲，时间上并不遥远。1886年国际语音学会在法国成立，最初叫作"语音教师学会"，当时是出于对外国人进行法语教学的目的；1888年8月该学会发布第一套国际音标符号，至今也只有100多年的时间。后来国际语音学会把总部转到英国伦敦大学学院，在Daniel Jones等人的努力下逐渐使语音研究成为一个独立的学科。在相当长的一段时间里，语音学的基础研究需要借助昂贵的录音播音设备和语音分析设备，这使语音学一方面成为极少数人能够从事的研究，另一方面则带有了物理学的性质，离语言学渐行渐远。直到近些年可以借助计算机软件进行小型的控制性研究，语音学才逐渐走下神坛，但专业的研究设备仍然令许多人望而兴叹。

国际音标的出现和不断改进，使语音描述和语音研究更为便捷。在国际音标出现之前也有其他的语音转写符号，其中影响比较大的出自 A. M. Bell（1867）的《看得见的发音》(*Visible Speech*)，但其符号本身具有较大的局限，难以推广。国际音标从一开始就定下原则：每一个独立的音都有一个独立的符号与之相对，相同的符号在任何语言中都表示同一个发音，符号尽可能采用拉丁字母，只有在特殊情况下才使用其他字母（如希腊字母和斯拉夫字母）及变音符（*IPA Handbook*，1999）。这些原则使国际音标最终成为普遍使用的语音转写符号，特别是用于给学习外语使用的词典和教材，也是语音学和音系学研究中用来记录各种语言发音的工具。

在20世纪，对于具体语言的描述以及实验语音学方面的进展很大。通过语音实验，语音的本质问题越来越清晰，语音的描述也越来越全面、准确，语音的应用研究方兴未艾。语音研究不但广泛应用于语文教学、二语和外语教学、语言习得、方言学，而且随着计算机技术和人工智能的发展扩展到语音识别和语音合成领域，使语音指路、口语测试成为可能，电子口译软件也已开始出现。

近年来，在大型的语音研究方面，我们建立了多种语言的口语语料库和语音语料库，其中包括方言、第二语言和外语学习、失语症的语料库，这无疑为语音和音系研究提供了更为广泛的研究资料。此外，对于语言感知的研究也从早期比较单纯的声学语音学和听觉语音学描述推广到对大脑、神经、病理、手语、习得、学习、音系、心理、母语和二语，甚至参与辅助听力技术（如人工耳蜗）等多方位、多视角的综合性研究。

我国的语音学研究，有相当长一段时间在语音描写和语音实验方面具有很强的优势，这可以从中国社会科学院语言研究所语音研究室以及许多大学中文系的众多成果中看出。20世纪50年代的突出成就是《汉

第 10 章　语音学与音系学研究的综合评价与预测

语拼音方案》的制订，而这看似简单的《汉语拼音方案》里面包含了当时大量语音研究的成果和学者们对普通话语音问题的激烈讨论，使其经受住了历史的检验。改革开放以后，随着技术的进步和经济的好转，以及外语教师的加入，现在的语音研究在许多方面已经摆脱了落后于国际发展的局面，甚至在有些方面处于学科前沿。

10.1.2　音系学研究的历史沿革

相比语音学，音系学出现更晚，并且是在语言学内部出现的，是纯属于语言学的一个分支学科。完整的音系学理论是以 The Sound Pattern of English（简称 SPE）（Chomsky & Halle，1968）为标志的，但它有 3 个主要的理论基础："音位理论""区别特征理论"和"转换生成语法"。"音位"的概念早已有之，但到 19 世纪才出现 phoneme 这一术语，而音位的性质和相关理论在 20 世纪初就有了很细致的讨论。"区别特征理论"主要是 Roman Jacobson 在 20 世纪 40—50 年代提出的，主要源自对元音和辅音的语音学分类的不满，侧重于语音的多重分类。"转换生成语法"（在不同时期亦称"转换语法"或"生成语法"）是 Chomsky 本人于 20 世纪 50 年代中期提出并在之后的几十年中不断修正的语言理论，在其初期主要是转换规则的研究。于是，SPE 的音系学理论重点讨论的是英文中音位变体的规则问题，而其中的难点是英语的词重音规则，这一理论被称为"生成音系学"。后来虽然经过许多学者持续不断的研究，对生成音系学做出了许多修改，并提出了许多不同视角的音系学理论（如自然音系学、自然生成音系学、词汇音系学、韵律音系学、自主音段音系学、特征几何、不充分赋值、依存音系学、管辖音系学、优选论等），但生成音系学的核心和引领地位是很难动摇的。

生成音系学在 20 世纪 90 年代初开始演变为"优选论"，优选论不再是一个转换规则体系，而是一个制约条件体系。优选论由 Alan Prince 和 Paul Smolensky 两人共同提出，1991—1992 年间在多个音系学会议和工作坊中进行宣讲，而后建立了网站，将书稿在网站上公开下载，发表相关研究论文。迄今该网站已有 1 300 多篇研究文章可供下载，而他们的专著直到 2004 年才正式出版（Prince & Smolensky，2004），至今仍是音系学的主流理论。

优选论的出现，在很大程度上是受到 1980 年前后 Chomsky 提出的"管约论"（GB Theory）的启示。Chomsky 基于多年来人们对转换规则的研究，发现从人类语言的普遍规律来看，转换规则实在是多如牛毛，多到可以用一个"移动α，α是一个语类，到任何地方"来概括。于是他提出反向思维，把研究转换规则改为研究制约条件，如同在法律上规定哪些行为不可以，而不是规定哪些行为可以（因为可以实施的行为亦是太多）。正如 SPE 的出版比 Chomsky 最早的句法理论著作晚了约十年一样，"优选论"的出现也比"管约论"晚了约十年。这也许是个巧合，但也说明音系学理论的建立在很大程度上依赖于语言理论的整体框架，是语言学理论的一个组成部分。其他音系学理论也都有不同的语言理论作背景，如词汇音系学主要是基于形态学和构词法的框架；韵律音系学有文体学中诗歌节律的影子；管辖音系学是基于管约论中的"管辖"概念（虽然后来这一概念被"成分统领"代替）；依存音系学更是有依存语法（Dependency Grammar）作为理论基础（依存关系实际上是所有非转换语法的理论基础）。

10.1.3 语音学与音系学的关系

音系学与语音学研究的不同之处在于：语音学重实验、轻阐释，而音系学在一开始并不使用实验的方法，而是以阐释语音实验结果中的潜在规则为目标，这使得无缘接触语音实验设备的语言学研究者有了用武之地。例如，SPE 中对英语词重音规则的讨论基于 Gimson《英语语音教程》（1962）中对英语词重音的描述：Gimson 在书中对词重音做了分类罗列后，无奈地表示其没有规律性，只能"一个一个地记"（Cruttenden, 2014: 255）。SPE 在经过近 200 页的讨论后，得出一套极为复杂的词重音规则（Chomsky & Halle, 1968）。这种阐释后来在"非线性音系学"和"优选论"中都有类似的讨论，最终的阐释结果则更加令人望而生畏（Roca & Johnson, 1999; Hammond, 1999）。

20 世纪 90 年代以后，音系学的另一趋势是走向实验音系学，这一方面是出于 John J. Ohala 在国际语音学大会上的发言（Ohala, 1991）中提出语音学和音系学的融合；另一方面也是语音学和音系学渐行渐远导致音系学家不能再依靠语音学家的成果来进行研究，而需要自己做必要的实验来进行更多的阐释。同时，技术进步也是不能忽略的因素，计算机的逐渐普及和运算能力的提高也使得通过制作计算机程序来进行语音分析成为可能。特别是开源共享软件 Praat 的推出，使许多无缘接触复杂实验设备的研究者通过一台电脑就可以进行小型的语音实验和语音分析。

第 10 章　语音学与音系学研究的综合评价与预测

如前面几章所述，国际语音学会的出现在一开始是定位于外语教学的，现在虽然在本体研究方面还有许多问题需要解决，但语音学和音系学的理论知识在语言教学，特别是在外语教育中一直是重要的应用范畴。在外语教育的研究中，关于语音的研究也从未停止过，这方面既包括母语干扰研究（母语习惯对外语学习的影响和干扰），也包括语言磨蚀的研究（外语学习对母语的反作用或标准语学习对母语方言的反作用等）。在每个人都要掌握普通话和至少一门外语的今天，语音学和音系学的普及与应用也有着广阔的前景。

10.2　挑战

我国几代学者经过不懈的努力，在语音学、音系学以及汉语、方言和少数民族语音的研究方面取得了很大的成就。在新时期，我们还面临着许多方面的挑战，应付出更多、更大的努力。

10.2.1　理论层面

我国在语音学与音系学方面的理论建设薄弱，研究人员严重不足。中国学者就应该立足汉语深入挖掘，以构建有中国特色的、基于汉语的语音学和音系学理论体系。现代语音学和音系学的理论、方法均来自西方学者的著述，我国学者在这方面并不擅长，这在音系学理论建设方面尤为如此，特别是基于汉语的语音、音韵、音系研究有待突破。很多新理论、新方法、新视角等都是华裔学者偶尔提出，如旅居境外的音系学者端木三（Duanmu，2000，2007，2016）、冯胜利（2013）等做过一些有益的尝试。但不论在国内还是国外，中国或华裔学者从事语音和音系研究的队伍比起语言学研究的其他方面（词汇、句法、社会语言学、认知语言学等）均显薄弱，研究者的人数有很大的缺口，形不成规模，难有重大突破。

10.2.2　人才培养

国内在语音学和音系学的人才培养方面问题较大。由于思路不够开阔，目前还是"近亲繁殖"为主，往往因循守旧，抱残守缺，在许多方面跟不上学科前沿。其结果是，学生都在走年迈老师的旧路，应用老师多年前学习的外国理论，产生了大量的快餐式文章或毕业论文，创新性、深度、广度都有所欠缺。许多研究生在读书期间即使取得了一些初步研究的成果，也因毕业后的工作与研究无关而放弃了进一步的研究，外语界尤其如此。

即使在有正规语音和口语课教学的地区，许多外语教师（特别是语音教师，包括正规学校和民办补校）普遍缺乏必要的语音学和音系学基础知识，在教学中不能熟练运用，甚至自身发音不过关，导致语音教学费时低效，学生口头表达不过关。仅仅简单照搬、囫囵吞枣西方母语教学条件下语音教学的一些做法和理论，如自然拼读等，没有冷静客观地分析我们具备的教与学的环境及条件，缺乏针对性实验、筛选和调整，甚至成为商业培训的手段和噱头。

10.2.3 研究手段

目前，语音学和音系学教学研究与现代技术结合不够。大学里的语言专业（不论是汉语还是外语）学生都是以文科生为主，培养目标也偏重专业的人文性，外语专业还要耗费很多时间提高语言能力。因此，教师、研究者、学生普遍对技术进步不敏感，甚至有畏惧心理，使得在语音识别和语音合成技术、语料库的建设和应用等研究方面受到很大制约。而在国外，语音学家如 Mark Tatham 等在语音合成方面早已声名赫赫。语料库音系学近年来也已成为显学（Durand et al., 2014），而我国语音学界显然还没有从事这些方面研究的人才。

与现代技术结合的成果还有待加强。目前语言合成的水平较高，甚至能够模仿某一具体人物的连贯口语表达，但涉及语音识别的技术还很受限，主要还是与方言和口音众多有关。这也就说明口译软件质量还远远达不到使用者的期待。基于语音识别技术的语音评测软件也有不少，已有一些大学和中学将其用于学生的口语测评，但这方面的研究和报告还不多，测评效果如何有待查证。此外，我国的口语语料库建设也比较落后，北京语言大学曾建有一个"北京口语语料查询系统"，现已找不到能打开的网址。从外语的教学与研究角度看，中国英语口语/语音语料库也仅有杨惠中等人的 COLSEC（基于四、六级口语）、文秋芳等人的 SWECCL（基于四、八级口语）、陈桦等人的 ESCCL（语音数据库）。

这些语料库的语料类型尚较单一，且都是中国英语学习者语料库，未见其他语种学习者语料库。因此，呼唤多话语类型、多语种、多角度的外语学习者口语类语料库，方能借助语料库手段开展大规模语料的语音习得及音系特征研究。

10.2.4 研究视角

首先，方言和少数民族语言研究是与语音学和音系学相关的重要方向。我国地域辽阔、民族众多，方言和少数民族语言数不胜数。数十年来，这方面的研究成果不胜枚举，许多基础工作也相当扎实，但多数囿于语音描述，在音系方面的阐释和讨论方面仍然有不少空白点需要弥补和加强。对方言和少数民族语言研究的加强，特别是对音系规律的阐释和比较研究，可以对音系理论的建设大有裨益。毕竟，现代音系学的建立和发展就是基于对多种语言音系的不断阐释和比较研究。

其次，我国实验语音学家的研究视野和研究视角需要拓宽，面向应用开展语音学内部以及与周边相关学科的交叉跨领域研究。现在心理语言学家、神经语言学家都在做语音或二语语音习得研究，而语音学家们还抱着传统的方法和视角，缺少危机感。

再次，要考虑语言政策和教育政策的导向问题。在外语教学方面，政策和考试的"指挥棒"作用尤为突出，如课标中没有对国际音标的要求导致中小学不教国际音标，高考没有口试要求的地区不做语音和口语训练等。这种情况使得中小学英语教改几十年，学生学习十年，仍然无法杜绝"哑巴英语"的现象。

最后，在二语语音习得领域，母语干扰及语言磨蚀研究亟待深化。语言磨蚀是指学习普通话或外语对于母语方言的消磨作用，即操方言的人会因为学习普通话而改变方言发音的纯度，或由于学习外语而改变母语发音的纯度。这方面的研究已有不少，但多数为研究生的毕业论文，这些论文通常是研究一个小话题，结论也比较简单，缺乏系统性的重大成果。母语干扰是对外语学习中出现语音错误的一种研究，但似乎有一种错觉，就是说方言的人学外语时发音容易出现错误，说普通话的人较少产生这类错误。其实这是一个误解，母语干扰是不分普通话还是方言的，而学生语音出现不准确的问题，也许更多原因在于老师的发音有问题。但在研究过程中，研究者很少考虑老师的影响，只是一味地强调方言和外语的对比分析和语音差异，因为语音差异容易控制，老师的发音则是一个不易捕捉的因素。

综上，语音学和音系学研究有着广阔的应用前景。我们要不断加强面向应用的语音学和音系学研究，不能实践的、陌生化的研究无法解决实际问题，必然导致创新性弱，社会效益更弱。

10.3 预测

针对以上挑战，笔者认为可在以下方面作出预测：

首先，目前国外的实验语音研究偏向于应用层面，重点在于解决基于人工智能的语音识别、语音合成等问题，并取得了较大进展。在口语语料库的建设和利用语料库进行语音、音系研究方面也取得了一定进展，甚至在人文学研究方面提出了数字人文的相关理论和方法（Schreibman et al., 2004, 2016; Adolphs & Knight, 2020）。利用语料库进行人文学科的研究已成新的显学，大规模汉语口语语料库的建设势在必行。虽然口译软件目前只能翻译简单的口语对话，尚未达到较高的质量要求，但随着机器翻译和语音识别技术的不断提高，其应用前景也会逐渐显露出来。

其次，历史音系学的研究也是英语音系学研究的一个热点。古英语语音的构拟以及英语发展史上各个阶段的语音变化，从19世纪开始即成为英语史研究的一个重要组成部分，而20世纪后期以来对于历史语言学研究的重新审视也引入了新的音系学理论和方法，最近在历史音系学的研究方面也有新的进展（如 Minkova, 2014; Honeybone & Salmons, 2015），Baxter & Sagart（2014）还提出了对古汉语音系构拟的一套新理论。2020年，剑桥大学出版社出版了旅美学者沈钟伟的《汉语音韵史》（Shen, 2020），这是一部向外国学者全面介绍我国从古至今对汉语音韵研究的力作。

再次，随着我国国际地位的提升和经济社会的不断发展，会有更多的学者回国从事高等教育工作，他们会带来更多更新的理论方法，使我国在语音学和音系学研究方面的进展更为迅速。由于2020年新冠疫情的出现，网络会议的使用在国际国内得到普及，我国与国外学者和旅居海外的华裔学者之间的学术交流更为便捷。跨学科研究的不断发展，与心理语言学、神经语言学结合的母语和二语习得研究以及语言磨蚀研究也会出现新的成果。

最后，要加强语音学及音系学人才的培养，强调传承性；同时需加

第 10 章　语音学与音系学研究的综合评价与预测

强对于外语教师的语音知识和英语语音培训，使他们能够掌握基本的语音知识、准确的英语发音和语流音变，能够更加重视语音教学、口语教学，使我国学生能够更好地掌握英语口语表达，更为准确地讲好中国故事，传播中国优秀文化。

参考文献

艾则孜，孔江平. 2019. 维吾尔语十二木卡姆的语音和嗓音声学初探. 信息通讯，（8）：1–4.
安德森. 2015. 二十世纪音系学. 曲长亮译. 北京：商务印书馆.
安琳. 2012. 基础阶段英语教学改革中的校本教材开发实践探索. 外语与外语教学，（5）：10–14.
敖敏，熊子瑜，白音门德. 2014. 蒙古语韵律短语的分类研究. 民族语文，（1）：76–81.
白佳芳，陈桦. 2018. 非本族语英语口音程度与熟悉度对英汉交替传译质量的影响——以东南亚英语口音为例. 外语界，（6）：87–94.
白丽茹. 2014. 英语专业学习者英语语音意识量表编制. 外语界，（3）：79–87.
鲍怀翘. 1983. 发音时喉内肌肌电（EMG）研究. 全国第一届艺术嗓音医学学术讨论会论文汇编.
鲍怀翘. 2010. 语音学的研究现状和展望. 汉字文化，（2）：9–14.
鲍怀翘，林茂灿. 2014. 实验语音学概要（增订版）. 北京：北京大学出版社.
鲍怀翘，徐昂，陈嘉猷. 1992. 藏语拉萨话语音声学参数数据库. 民族语文，（5）：9–20.
鲍怀翘，杨力立. 1982. 元音连续发音的X光电影研究——兼论元音分类的标准. 北京市语言学会通讯，（7）：4–5.
鲍怀翘，杨力立. 1985. 普通话发音器官动作特性（X光录像带）. 北京：北京语言学院出版社.
鲍怀翘，郑玉玲. 2011. 普通话动态腭位研究. 南京师范大学文学院学报，（3）：1–11.
葆青. 1973. 英语语音简明教程. 北京：商务印书馆.
包智明，侍建国，许德宝. 1997. 生成音系理论及其应用. 北京：中国社会科学出版社.
贝先明，石锋. 2008. 方言的接触影响在元音格局中的表现——以长沙、萍乡、浏阳方言为例. 南开语言学刊，（1）：32–38.
毕冉. 2018. 视听输入对二语学习者英汉韵律边界的感知效应研究. 外语教学与研究，（5）：715–726.
毕冉，陈桦. 2013. 中国英语学习者音调模式的纵深研究. 外语与外语教学，（1）：50–54.
毕争. 2019. "产出导向法"教学材料使用的辩证研究. 现代外语，（3）：397–406.
卜友红. 2003. 利用教学媒体促进英语语音教学. 外语电化教学，（91）：52–55.
卜友红. 2003. 英语语调的结构、功能及应用. 北京：外语教学与研究出版社.
卜友红. 2016. 中国英语学习者语调习得问题研究. 外语教学与研究，48（4）：569–582.
卜友红. 2020. 英语语音学教程. 北京：外语教学与研究出版社.
蔡晨. 2018. 教学模式和频率对中国学生习得语音准确性的影响. 现代外语，（4）：

517–528.

蔡莲红, 赵世霞. 2013. 汉语语音合成语料库的研究与建立. 语言文字应用, (S1): 175–180.

蔡明琦, 凌震华, 戴礼荣. 2014. 基于隐马尔科夫模型的中文发音动作参数预测方法. 数据采集与处理, (2): 204–210.

蔡全胜. 2009. 中国人日语声调倾向新变化. 日语学习与研究, (6): 34–39.

曹洪林, 孔江平. 2013. 长时共振峰分布特征在声纹鉴定中的应用. 中国司法鉴定, (1): 62–67.

曹洪林, 李敬阳, 王英利, 孔江平. 2013. 论声纹鉴定意见的表述形式. 证据科学, (5): 605–624.

曹剑芬. 2002. 汉语声调与语调的关系. 中国语文, (3): 195–202, 286.

曹剑芬. 2003. 基于语法信息的汉语韵律结构预测. 中文信息学报, 17(3): 42–47.

曹剑芬. 2005. 音段延长的不同类型及其韵律价值. 南京师范大学文学院学报, (4): 160–167.

曹剑芬. 2007. 现代语音研究与探索. 北京: 商务印书馆.

曹剑芬. 2011. 韵律结构与语音的变化. 南京师范大学文学院学报, (3): 12–22.

曹剑芬. 2016. 语言的韵律与语音的变化. 北京: 中国社会科学出版社.

曹剑芬. 2018. 谈谈言语链的语言学平面——言语信息编码的语言学原理及音—义关联的神经认知机制. 中国语音学报, (2): 22–33.

曹剑芬, 李爱军, 胡方, 张利刚. 2008. 语音学知识在语音识别中的应用: 案例分析. 清华大学学报(自然科学版), (S1): 748–753.

曹剑芬, 杨顺安. 1984. 北京话复合元音的实验研究. 中国语文, (6): 426–433.

曹瑞澜. 2010. 英语音节首辅音丛 sC/sCC 习得的优选论分析. 安徽师范大学学报(人文社会科学版), (4): 91–96.

曹瑞澜. 2015. 基于标记区分假设的中国 EFL 学习者英语音节首辅音丛产出研究. 外语与外语教学, (3): 8–12.

曹述敬. 1988. 韵书. 中国大百科全书·语言文字. 北京: 中国大百科全书出版社.

曹文. 2010. 声调感知对比研究——关于平调的报告. 世界汉语教学, (2): 255–262.

曹文, 张劲松. 2009. 面向计算机辅助正音的汉语中介语语音语料库的创制与标注. 语言文字应用, (4): 122–131.

曹艳春, 徐世昌. 2018. L3 学习者一级元音 [a], [i], [u] 迁移特征的实验研究. 外语电化教学, (4): 50–56.

常俊跃, 赵永青. 2020. 内容语言融合教育理念(CLI)的提出、内涵及意义——从内容依托教学到内容语言融合教育. 外语教学, (5): 49–54.

常俊跃. 2020. 基于内容语言融合教育理念的英语专业课程体系及教学改革探索. 北京: 北京大学出版社.

常晓玲. 2017. "产出导向法"的教材编写研究. 现代外语, (3): 359–368.

陈晨, 李秋杨, 王仲黎. 2009. 泰国学生汉语元音习得中迁移现象的声学实验研究. 民族教育研究, 20(1): 108–114.

陈飞, 张昊, 王士元, 彭刚. 2019. 内部因素与元音范畴化感知. 语言科学, 18(4): 339–414.

陈虎. 2008. 语调音系学与 AM 理论综论. 当代语言学, (4): 63–70, 96.

陈虎. 2009. 英语语调研究百年综论. 解放军外国语学院学报, 32（3）: 13–20.
陈桦. 2006a. 中国学生朗读口语中的调群切分模式. 外语教学与研究, 38（5）: 272–277, 319–320.
陈桦. 2006b. 英语学习者朗读口语中的调核位置. 解放军外国语学院学报, 29（6）: 32–38.
陈桦. 2006c. 中国学生朗读口语中的英语调型特点研究. 现代外语, 29（4）: 418–425.
陈桦. 2006d. 英语语调模式及其声学实现. 外语研究,（5）: 9–18.
陈桦. 2008. 中国学生英语语调模式研究. 上海: 上海外语教育出版社.
陈桦. 2008a. 学习者英语朗读中重音复现的节奏归类研究. 外语与外语教学,（3）: 35–37.
陈桦. 2011. 二语语音习得研究的理论、方法与方向. 外语与外语教学,（6）: 12–15.
陈桦, 毕冉. 2008. 英语专业学生朗读任务中语音能力的发展模式研究. 解放军外国语学院学报,（4）: 43–49.
陈桦, 李爱军. 2008a. 创建中国英语学习者英语语音库的必要性及构想. 外语研究,（5）: 50–54.
陈桦, 李景娜. 2017. 英语语音评测的现状与思考——一项对标准化口试评分员的调查. 外语与外语教学,（5）: 81–87, 131, 149.
陈桦, 孙欣平. 2010. 输入、输出频次对英语韵律特征习得的作用. 外语研究,（4）: 1–8, 112.
陈桦, 王馨敏. 2015. 中国学生英语短语重音特点研究. 外语与外语教学,（3）: 13–18, 40.
陈桦, 文秋芳, 李爱军. 2010. 语音研究的新平台: 中国英语学习者语音数据库. 外语学刊,（1）: 95–99.
陈桦, 吴奎, 李景娜. 2019. 英语口语自动评测新方法——中国学生英语朗读自动评测系统. 外语电化教学,（1）: 72–77.
陈竞春, 田娟. 2020. 大学英语语音教程. 成都: 西南交通大学出版社.
陈默. 2013. 美国留学生汉语口语产出的韵律边界特征研究. 世界汉语教学,（1）: 95–104.
陈晓湘, 郭兴荣. 2017. L2 水平对中国学习者英语词重音产出的影响. 湖南大学学报（社会科学版）,（5）: 76–83.
陈怡, 石锋. 2011. 普通话强调焦点句句调的音高表现. 南开语言学刊,（1）: 9–19.
陈莹. 2013. 第二语言语音感知研究的理论基础和教学意义. 外国语, 36（3）: 68–76.
陈彧. 2017. 普通话基本元音的发音生理分布格局. 南开语言学刊,（1）: 11–20.
陈忠敏. 2015a. 论 160 年前上海话声母 [dz]/[z] 变异——兼论北部吴语从邪澄崇船禅等母读音变异现象. 方言,（4）: 340–345.
陈忠敏. 2015b. 肌动理论和语言认知. 外国语, 38（2）: 15–24.
陈忠敏. 2019. 论言语发音与感知的互动机制. 外国语,（6）: 2–17.
陈忠敏. 2020. 再论吴语从邪澄崇船禅母今读塞擦音/擦音现象. 中国语文,（2）: 149–157, 254.
程冰, 张旸, 张小娟. 2017. 语音学习的神经机制研究及其在纠正外语口音中的应用. 外语教学, 38（4）: 62–66.

程欣, 陈桦. 2020. 二语朗读中不当停顿的感知研究. 外语与外语教学, (1): 81–90, 148–149.
崔四行. 2018. 汉语三音节韵律问题研究. 北京: 北京语言大学出版社.
崔晓红. 2010. 重构英语语音教学、测试体系的设想. 山东外语教学, (3): 64–68.
邓丹. 2018. 轻声的韵律与句法. 北京: 北京语言大学出版社.
邓丹, 朱琳. 2019. 二语学习者汉语普通话轻声的感知与产出. 语言教学与研究, (5): 13–24.
邓斯, 平森. 1983. 言语链——说和听的科学. 曹剑芬、任宏谟译. 北京: 中国社会科学出版社.
地里木拉提·吐尔逊, 艾斯卡尔·艾木都拉. 2010. 维吾尔语中清化元音的实验语音学研究. 中文信息学报, (5): 117–123.
丁声树. 1958. 古今字音对照手册. 北京: 科学出版社.
董爱国. 2008. 实用英语语音教程. 西安: 西安交通大学出版社.
董滨, 赵庆卫, 颜永红. 2007. 基于共振峰模式的汉语普通话中韵母发音水平客观测试方法的研究. 声学学报, (2): 122–128.
董宏辉, 陶建华, 徐波. 2007. 基于约束模型的韵律短语预测. 中文信息学报, (1): 54–59.
董理, 孔江平. 2017. 昆曲闺门旦颤音的嗓音特征. 清华大学学报（自然科学版）, 57 (6): 625–630.
董希骁. 2019. "产出导向法" 在大学罗马尼亚语教学中的应用. 外语与外语教学, (1): 1–8, 144.
董秀芳. 2013. 词汇化: 汉语双音词的衍生和发展. 北京: 商务印书馆.
端木三. 2000. 汉语的节奏. 当代语言学, (4): 203–209, 278.
端木三. 2016. 音步和重音. 北京: 北京语言大学出版社.
杜思民, 张素云. 2009. 英语语音教程. 大连: 大连理工大学出版社.
范佳露, 顾文涛, 华建英. 2018. 视障学生语调情绪识别特征的研究. 中国特殊教育, (3): 31–36.
范若琳, 莫雷, 徐贵平, 钟伟芳, 周莹, 杨力. 2014. 二语语音辨别能力个体差异来源: 来自 ERP 研究的证据. 心理学报, (5): 569–580.
方媛, 杨鉴, 陈志琼, 王昱. 2016. 基于 HMM 的傣语语音合成系统设计与实现. 中国语音学报, (6), 112–118.
冯胜利. 2013. 汉语韵律句法学（增订版）. 北京: 商务印书馆.
冯胜利. 2015. 汉语韵律诗体学论稿. 北京: 商务印书馆.
冯胜利. 2016a. 汉语历时句法学论稿. 上海: 上海教育出版社.
冯胜利. 2016b. 汉语韵律语法问答. 北京: 北京语言大学出版社.
冯胜利, 王丽娟. 2018. 汉语韵律句法教程. 北京: 北京大学出版社.
傅懋勣. 1956. 北京话的音位和拼音字母. 中国语文, (5): 3–12.
高琳, 邓耀臣. 2009. 中国大学生英语单词重音位移现象研究——一项基于语料库的研究. 外语界, (3): 10–16, 44.
高薇. 2013. 中国英语学习者朗读口语中基于音高和音强的突显实现特点研究. 外语与外语教学, (1): 55–59.
高薇, 许毅, 穆凤英. 2015. 中国英语学习者韵律焦点教学的实验研究. 外语教学与研究，47（6）：861–873，960.

高莹莹，朱维彬. 2017. 面向情感语音合成的言语情感描述与预测. 清华大学学报（自然科学版），（2）：202–207.

高玉娟，石锋. 2006a. 中国学生法语元音学习中母语迁移的实验研究. 外语与外语教学，（4）：18–20.

高玉娟，石锋. 2006b. 德国学生汉语元音学习中母语迁移的实验研究. 教育科学，（2）：80–82.

高玉娟，石锋. 2006c. 法国学生汉语元音学习中母语迁移的实验研究. 云南师范大学学报，（4）：33–36.

高玉娟，张萌萌. 2018. 汉语母语者英语塞音习得的实验研究. 东北师大学报（哲学社会科学版），（6）：70–76.

葛淳宇，李爱军. 2018. 语调类型学研究综述. 中国语音学报，（2）：57–71.

根本晃，石锋. 2010. 日语声调核在陈述句语调中的表现. 南开语言学刊，（1）：45–51.

耿菲. 2012. 中学英语课堂中学习者学习自主性培养的实证研究. 外语与外语教学，（5）：6–9.

顾文涛. 2013. 语音韵律的实验分析与建模. 北京：世界图书出版公司.

顾文涛. 2016. 母语为粤语和英语的普通话学习者的话语基频偏误特征. 清华大学学报（自然科学版），（11）：1166–1172.

桂灿昆. 1985. 美国英语应用语音学. 上海：上海外语教育出版社.

桂诗春. 2000. 新编心理语言学. 上海：上海外语教育出版社.

郭嘉，石锋. 2011. 英汉陈述句和疑问句语调实验对比研究. 当代外语研究，（9）：5–11.

郭志强，凌震华，李云霞. 2018. 基于言语分析建模的阿尔兹海默症自动检测方法. 中国语音学报，（2）：111–117.

韩宝成. 2018a. 整体外语教育及其核心理念. 外语教学，（2）：52–56.

韩宝成. 2018b. 整体外语教学的理念. 外语教学与研究，（4）：584–595，641.

何家勇，周阳，刘伊梅. 2019. 音段与韵律对中国学习者英语可理解度的贡献——基于噪音条件下合成语音的可理解度实验. 外语学刊，（6）：71–78.

何江，梁洁，刘韶华. 2011. 维吾尔、汉族学生对普通话三声声调的范畴感知差异及其对汉语教学的启示. 民族教育研究，（4）：94–99.

贺俊杰. 2020. 管辖音系学声调理论研究——模型建构及应用. 北京：中国社会科学出版社.

何善芬. 1985. 实用英语语音学. 北京：北京师范大学出版社.

何善芬. 1992. 实用英语语音学（第2版）. 北京：北京师范大学出版社.

亨宁·雷茨，阿拉德·琼曼. 2018. 语音学：标音、产生、声学和感知. 曹梦雪，李爱军译. 北京：中国社会科学出版社.

洪爽. 2015. 汉语的最小词. 北京：北京语言大学出版社.

洪炜，何文华，黄亿雯. 2019. 手势对初级汉语二语者声调感知与产出的影响. 汉语学习，（6）：86–93.

侯超，陈忠敏. 2019. 宣州吴语浊音声母的声学实验研究——以苏皖交界地区方言为例. 中国语文，（6）：723–735，767–768.

侯精一. 1994. 现代汉语方言音库. 上海：上海教育出版社.
侯靖勇，谢磊，杨鹏，肖雄，梁祥智，徐海华，王磊，吕航，马斌，CHNGEngSiong，李海洲. 2017. 基于 DTW 的语音关键词检出. 清华大学学报（自然科学版），（1）：18–23.
呼和，确精扎布. 1999. 蒙古语语音声学分析. 呼和浩特：内蒙古大学出版社.
胡方. 2005a. 论厦门话 [mb ŋ gnd] 声母的声学特性及其他. 方言，（1）：9–19.
胡方. 2005b. 论宁波方言和苏州方言前高元音的区别特征——兼谈高元音继续高化现象. 中国语文，（2）：269–278.
胡方. 2007. 论宁波方言和苏州方言前高元音的区别特征——兼谈高元音继续高化现象. 中国语文，（5）：455–465，480.
胡方. 2018. 汉语方言的实验语音学研究旨趣. 方言，（4）：385–400.
胡伟湘，董宏辉，陶建华，黄泰翼. 2005. 汉语朗读话语重音自动分类研究. 中文信息学报，（6）：80–85.
胡郁，凌震华，王仁华，戴礼荣. 2011. 基于声学统计建模的语音合成技术研究. 中文信息学报，（6）：127–136.
黄梅，2015. 汉语嵌偶单音词. 北京：北京语言大学出版社.
黄梅，冯胜利. 2009. 嵌偶单音词句法分布刍析——嵌偶单音词最常见于状语探因. 中国语文，（1）：32–44.
户田贵子，刘佳琦. 2016. 成年人日语发音习得的可能性——学习成功者和语言习得临界期假说. 日语教学研究，（1）：79–85.
吉永郁代，孔江平. 2011. 藏传佛教诵经的一些发声特性. 音声研究，15（2）：83–90.
Jakboson, R., Fant, G., & Halle, M. 1981a. 语音分析初探——区别性特征及其相互关系（上）. 王力译. 国外语言学，（3）：1–11.
Jakboson, R., Fant, G., & Halle, M. 1981b. 语音分析初探——区别性特征及其相互关系（上）. 王力译. 国外语言学，（4）：1–22.
姜帆. 2016. 母语语音迁移对外语词语听辨和口语产出的影响. 外语教学，（5）：106–112.
姜涛、彭聃龄. 1996. 关于语音意识的理论观点和研究概况. 心理科学进展，（3）：1–6.
贾媛. 2009. 现代语音学发展的前沿和方向——第八届中国语音学学术会议暨庆贺吴宗济先生百岁华诞国际研讨会纪要. 当代语言学，11（2）：186–187.
贾媛. 2011. 普通话同音异构两音组重音类型辨析. 清华大学学报（自然科学版），（9）：1307–1312.
贾媛，李爱军，陈轶亚. 2008. 普通话五字组焦点成分音高和时长模式研究. 语言文字应用，（4）：53–61.
贾媛，李爱军，郑秋豫. 2013. 中国方言区英语学习者语音库构建. 中国语音学报，（1）：38–45.
姜琳，陈燕，詹剑灵. 2019. 读后续写中的母语思维研究. 外语与外语教学，（3）：8–16，143.
姜涛、彭聃龄. 1996. 关于语音意识的理论观点和研究概况. 心理科学进展，（3）：1–6.
姜薇，张林军，舒华. 2015. 汉语语音范畴性知觉在儿童早期阅读中的作用. 心理发展与教育，（3）：271–278.
江文瑜. 1995. 泰雅族母语教学的标音符号与语调表示之研究. 国科会专题计划成果

报告.

江文瑜. 1997. 赛德克语、排湾语、阿美语、泰雅语疑问句语调与音韵结构交流之跨语言分析. 国科会专题计划成果报告.

江潇潇. 2019. 基于"产出导向法"的僧伽罗语教材改编: 产出任务设计的递进性. 外语与外语教学, (1): 17–24, 144–145.

姜玉宇. 2010a. 基于语音库的英语学习者元音声学特征研究. 北京第二外国语学院学报, (4): 22–27.

姜玉宇. 2010b. 闽、吴方言区英语学习者元音声学实验研究. 外语研究, (4): 36–40.

焦立为. 2001. 现代语音学的方向——访林焘教授. 语言教学与研究, (2): 43–48.

焦立伟, 冉启斌, 石锋. 2004. 二十世纪的中国语音学. 太原: 书海出版社.

康永国, 双志伟, 陶建华, 张维. 2006. 基于混合映射模型的语音转换算法研究. 声学学报, (6): 555–562.

柯航. 2012. 现代汉语单双音节搭配研究. 北京: 商务印书馆.

孔江平. 2013. 语言文化数字化传承的理论与方法. 北京大学学报（哲学社会科学版）, 50（3）: 89–97.

孔江平. 2015. 实验语音学基础教程. 北京: 北京大学出版社.

孔江平, 李永宏. 2017. 语言音位结构负担量计量研究与"音位负担量Tibetan tones". 汪锋, 林幼菁主编. 语言与人类复杂系统. 昆明: 云南大学出版社, 186–228.

孔江平, 林悠然. 2016. "发嗲"的情感语音基频特征分析. 清华大学学报（自然科学版）, 56（11）: 1149–1153.

孔江平, 于洪志, 李永宏, 达哇彭措, 华侃. 2011. 藏语方言调查表. 北京: 商务印书馆.

Ladefoged, P., 吴伯译. 1980a. 声学语音学纲要（1）. 方言, (3): 179–203.

Ladefoged, P., 吴伯译. 1980b. 声学语音学纲要（2）. 方言, (4): 267–281.

Ladefoged, P., 吴伯译. 1981. 声学语音学纲要（3）. 方言, (1): 51–65.

赖世雄. 2017. 英语自然拼读法教程. 北京: 外文出版社.

劳允栋. 1983. 英语语音学纲要. 北京: 商务印书馆.

雷湘林. 2015. 概念型教学法在高中英语语法教学中的应用研究. 长沙: 湖南师范大学博士论文.

雷震春, 万艳红, 罗剑, 朱明华. 2016. 基于Mahalanobis距离的说话人识别模型研究. 中国语音学报, (6): 119–124.

李爱军. 2002. 普通话对话中韵律特征的声学表现. 中国语文, (6): 525–535, 57.

李爱军. 2005. 友好语音的声学分析. 中国语文, (5): 418–431, 479–480.

李爱军. 2008. 汉语的韵律研究——吴宗济先生的韵律思想及其深远影响. 中国语音学报, (15): 1–19.

李爱军. 2017. 普通话不同信息结构中轻声的语音特性. 当代语言学, (3): 348–378.

李爱军, 蔡德和, 华武, 陈肖霞. 1995. 基于语音规则的普通话半编辑式语音合成系统的研制报告.

李爱军, 殷治纲, 王茂林, 徐波, 宗成庆. 2001. 口语对话语音语料库CADCC和其语音研究. 第五届中国现代语音学学术会议论文集——新世纪的现代语音学. 北京: 清华大学出版社, 317–322.

李兵. 1998. 优选论的产生、基本原理与应用. 现代外语,（3）: 71–91.
李晨光. 2012. 语音教学边缘化原因及后果分析. 教学与管理,（13）: 57–58.
李果. 2018. 上古汉语疑问句韵律句法研究. 北京: 北京语言大学出版社.
李洪彦, 蓝庆元, 孔江平. 2006. 壮语龙州话声调的声学分析. 民族语文,（6）: 39–46.
李红印. 1995. 泰国学生汉语学习的语音偏误. 世界汉语教学, 32（2）: 66–71.
李静. 2019. 基于概念型教学法的高中生英语语用能力的培养. 济南: 山东师范大学博士学位论文.
李晶, 石锋. 2008. 二语习得汉法中介语元音系统建构次序的实验研究. 暨南学报（哲学社会科学版）,（3）: 110–114.
李景娜, 陈桦. 2019. 英语教师语调知识储备情况调查——以国内大型口试评分员为例. 外语教学理论与实践,（3）: 83–89.
李景娜, 王遥. 2015. 语言经验在听者感知英语外国口音程度中的效应研究. 外语界,（1）: 80–87, 95.
李景娜, 王遥. 2017. 母语和接触量对外国口音加工难度的影响. 现代外语,（5）: 674–683.
李景娜, 王遥. 2019. 语音要素对二语语音离变程度的影响研究. 外语与外语教学,（2）: 111–118.
李敬阳, 胡国平, 王莉. 2012. 声纹自动识别技术与声纹库建设应用. 警察技术,（4）: 66–69.
李琳. 2016. 二语习得概念型教学法的中介探究——活动理论视角. 现代外语,（1）: 86–96, 146–147.
李荣. 1955. 语音常识. 北京: 文化教育出版社.
李荣. 1957. 汉语方言调查手册. 北京: 科学出版社.
李莘, 赵东坡. 2010. 爱语音·美语发音精讲精练. 北京: 中国人民大学出版社.
李卫君, 杨玉芳. 2016. 绝句中的韵律层级边界及其知觉研究. 中国语音学报,（7）: 9–17.
李晓霞. 2015. 新编大学英语语音教程. 苏州: 苏州大学出版社.
李燕芳, 董奇. 2011. 不同语音知觉训练方式对汉语儿童和成人英语语音产出的作用. 应用心理学, 4（17）: 325–330.
李英浩, 孔江平. 2011. 普通话双音节V1#C2V2音节间的逆向协同发音. 清华大学学报（自然科学版）,（9）: 1220–1225.
李英浩, 孔江平. 2013. 普通话双音节V1n#C2V2音节间逆向协同发音. 清华大学学报（自然科学版）,（6）: 818–822.
李英浩, 孔江平. 2016. 焦点重音对普通话音段产出和声学特征的影响. 清华大学学报（自然科学版）,（11）: 1196–1201.
李永宏, 孔江平, 于洪志. 2008. 藏语文—音自动规则转换及其实现. 清华大学学报（自然科学版）,（S1）: 621–626.
李永宏, 孔江平, 于洪志. 2010. 藏语连续语音语料库设计与实现. 计算机工程与应用,（13）: 233–235, 248.
李永勤, 陶仁霞, 赵伟时, 卫仁涛, 张昊, 丁红卫. 2020. "多人言语声"语音训练对人工耳蜗植入儿童声调感知能力干预效果研究. 听力学及言语疾病杂志,

（3）：316–320.
李智强. 2018. 汉语语音习得与教学研究. 北京：北京语言大学出版社.
李智强，林茂灿. 2018. 对外汉语声调和语调教学中的语音学问题. 国际汉语教学研究，（3）：26–36.
梁波. 2014. 英语语音与听说词汇. 北京：北京大学出版社.
梁鲜，郭锦萍，郝文凤，潘海岸，邱新慧. 2016. 英语语音训练教程. 北京：清华大学出版社.
林茂灿. 1995. 北京话声调分布区的知觉研究. 声学学报，（6）：437–445.
林茂灿. 2002. 普通话语句的韵律结构和基频（F0）高低线构建. 当代语言学，4（4）：254–265.
林茂灿. 2004. 汉语语调与声调. 语言文字应用，（3）：57–67.
林茂灿. 2005. 语调理论与汉语语调——兼谈汉英语调对比. 中国语音学报，1–4.
林茂灿. 2006. 疑问和陈述语气与边界调. 中国语文，（4）：364–376，384.
林茂灿. 2012. 汉语语调实验研究. 北京：中国社会科学出版社.
林茂灿. 2015. 汉英语调的异同和对外汉语语调教学——避免"洋腔洋调"之我见. 国际汉语教学研究，（3）：39–46.
林茂灿，李爱军. 2016. 英汉语调的相似性与对外汉语语调教学. 中国语音学报，（7）：1–8.
林秋茗. 2011. 中国学生英语韵律习得与性别的关联研究. 现代外语，（2）：195–201，220.
林韶蓉. 2011. 影响英语语音感知与产出的年龄因素. 西藏大学学报（社会科学版），（3）：175–178.
林焘. 1957. 现代汉语补语轻音现象反映的语法和语义问题. 北京大学学报（人文科学），（2）：63–76.
林焘. 1962. 现代汉语轻音和句法结构的关系. 中国语文，（7）：301–311.
林焘. 1989. 汉语的韵律特征和语音教学. 林焘主编. 林焘语言学论文集. 北京：商务印书馆，208–218.
林焘. 1990. 汉语的韵律特征和语音教学. 林焘主编. 语音探索集稿. 北京：北京语言大学出版社，158–168.
林焘. 2010. 中国语音学史. 北京：语文出版社.
林焘，王理嘉. 2013. 语音学教程（增订版）. 北京：北京大学出版社.
凌蓉. 2018. 翻转课堂模式下的日语语音教学设计研究. 日语学习与研究，（4）：68–75.
凌蓉. 2019. 基于OJAD的日语声调自主学习研究. 日语学习与研究，（2）：76–85.
凌震华，高丽，戴礼荣. 2015. 基于目标逼近特征和双向联想贮存器的情感语音基频转换. 天津大学学报（自然科学与工程技术版），（8）：670–674.
刘琛琛，冯亚静. 2019. 基于"产出导向法"的"日语口译"课程教学实践. 外语教育研究前沿，（4）：63–69，93.
刘凤鸣，陈默. 2016. 汉语作为第二语言的韵律边界声学特征的研究. 华文教学与研究，（3）：1–16.
刘复. 1924. 四声实验录. 上海：群益书社.
刘海清，2017. 网络微课程的教学组织与设计. 信息记录材料，18（8）：163–164.
刘浩，张文忠. 2018. 赋权增能型"个性化英语学习"的课程效益评价：基于学生视角. 外语教育研究前沿，（1）：18–25，90–91.
刘坚. 1998. 二十世纪的中国语言学. 北京：北京大学出版社.
刘磊，顾文涛. 2018. 香港粤语人群普通话轻声偏误的实验分析. 南京师范大学文学院学报，（4）：116–123.
刘俐李. 2002a. 20 世纪汉语轻声研究综述. 语文研究，（3）：43–47.
刘俐李. 2002b. 20 世纪汉语连读变调研究回望. 南京师范大学文学院学报，（2）：176–182.
刘俐李. 2003. 20 世纪汉语声调演变研究综述. 南京师大学报（社会科学版），（3）：147–154.
刘俐李. 2004. 二十世纪汉语声调理论的研究综述. 当代语言学，（1）：45–56，94.
刘俐李. 2007. 近八十年汉语韵律研究回望. 语文研究，（2）：5–12.
刘敏，张劲松，李雅，陶建华，段日成. 2013. 斜率相关参数对双音节阳平词的重音感知的影响. 清华大学学报（自然科学版），（6）：843–847.
刘森. 2013. 语音教程（修订版）. 上海：上海外语教育出版社.
刘森，郝原悦. 2019. 微观生态人文视域下基于朋辈辅导的英语语音习得研究. 外语界，（6）：81–87.
刘森，牛子杰. 2018. 优化英语语音教学多元评价模式的实证研究. 外语教学理论与实践，（4）：62–68.
刘文，孔江平. 2019. 北五里桥白语声调发声及变异研究. 当代语言学，21（1）：123–142.
刘文，杨正辉，孔江平. 2017. 新寨苗语单字调及双字调声学实验研究. 民族语文，（2）：12–24.
刘文理，伊廷伟，杨玉芳. 2010. 汉语语音型阅读障碍儿童的范畴知觉技能. 心理发展与教育，（6）：569–576.
刘小芬. 2012. 英语语音实用教程. 广州：广东高等教育出版社.
刘晓斌，林文衡，张维，洪晓丽. 2013. 基于语音可视化的英语模仿朗读教学实验研究. 电化教育研究，（4）：81–86.
刘亚斌，李爱军. 2002. 朗读语料与自然口语的差异分析. 中文信息学报，16（1）：14–19，53.
刘艺. 2014. 汉语学习者陈述句语调音高的声学实验分析. 汉语学习，（1）：91–99.
刘艺. 2015. 汉语学习者"了₂"陈述句语调音高的习得分析. 汉语学习，（4）：76–84.
刘艺，石锋，荣蓉，孙雪. 2011. 香港粤语声调的分组分析. 语言研究，（4）：98–106.
刘宇，倪贤祥. 2016. 英语语音教程. 成都：西南交通大学出版社.
刘掌才，秦鹏，石锋. 2016. 汉语普通话基础元音的听感格局初探. 南开语言学刊，（1）：1–13.
刘掌才，张倩雅. 2020. 汉语普通话基础元音的听感格局再探. 杭州电子科技大学学报（社会科学版），（2）：47–52.
隆丽红，张亚能. 2007. 合作学习理论在英语专业语音教学中的实践. 中国成人教育，（9）：184–185.
楼光庆. 2009. 现代英语教程——英语语音（第2版）. 北京：外语教学与研究出版社.
卢婷. 2020. 概念型教学法对英语专业学生隐喻能力发展的影响. 现代外语，（1）：

106–118.

陆俭明. 1999. 新中国语言学 50 年. 当代语言学,（4）：1–13.

陆尧, 孔江平. 2019. 载瓦语声调的声学及感知研究. 民族语文,（1）：55–65.

陆尧, 李英浩, 孔江平. 2019. 延边朝鲜族学生普通话声调感知研究. 山东师范大学学报（人文社会科学版）,（2）：147–156.

罗常培, 王均. 1957. 普通语音学纲要. 北京：科学出版社.

罗敏, 刘万宇. 2011. 英语语音教程. 北京：外语教学与研究出版社.

吕士楠. 2020. 序. 沈炯著. 现代汉语语音语调研究：沈炯学术文集. 北京：北京大学出版社, 1–3.

马冬梅. 2013. 中国二语学习者口语非流利停顿心理机制探讨. 东南大学学报（哲学社会科学版）,（6）：127–133, 136.

马秋武. 2001. 后 SPE 音系学理论的发展取向. 外国语,（3）：15–22.

马秋武. 2009. 南京方言两字组连读变调的优选论分析. 语言研究,（1）：27–32.

马秋武, 贾媛. 2009. 语调音系学综览. 南开语言学刊,（1）：85–92, 182–183.

马照谦. 2007. 中国 EFL 学习者语音感知的功能音系学分析. 现代外语,（1）：79–86, 110.

孟凡博, 吴志勇, 贾珈, 蔡莲红. 2015. 汉语重音的凸显度分析与合成. 声学学报,（1）：1–11.

孟小佳, 王红梅. 2009. 中国英语学习者朗读口语的边界调模式研究. 外语教学与研究,（6）：447–451, 960.

密智璆. 2009. 挑战舌尖练语音：英语绕口操 100 节. 西安：西安交通大学出版社.

倪传斌, 卢光明, 张志强, 王中秋, 徐晓东, 张智义. 2010. 二语语音的识别方式与激活脑区. 心理学报,（12）：1156–1165.

潘清. 2012. 自然拼读法实用英语语音教程（第 2 版）. 合肥：合肥工业大学出版社.

潘晓声, 孔江平. 2011. 武鸣壮语双音节声调空间分布研究. 民族语文,（2）：10–16.

潘颖, 盖笑松. 2013. 汉语母语与英语母语学生英语语音意识发展趋势的比较研究. 心理与行为研究,（1）：73–77.

裴雨来. 2016. 汉语的韵律词. 北京：北京语言大学出版社.

裴正薇. 2014. 英语语音教学模式：理论、选择与思考. 外语界,（3）：88–95.

裴正薇, 丁言仁. 2013. 音乐能力影响中国大学生英语语音能力的实证研究. 外语界,（1）：36–44.

钱军. 1998. 结构功能语言学：布拉格学派. 长春：吉林教育出版社.

钱昱夫. 2019. 基于启动和脑电波实验研究普通话和闽南语连读变调词的储存模式. 上海：复旦大学出版社.

秦鹏, 石锋. 2016. 汉语普通话阴平—上声感知实验的对比研究. 南开语言学刊,（1）：14–23.

秦小怡, 杨蕾达, 杨健. 2015. 英语语音技能教程（第 3 版）. 北京：北京语言大学出版社.

邱金萍. 2018. 汉语的弹性词. 北京：北京语言大学出版社.

邱琳. 2017. "产出导向法"语言促成环节过程化设计研究. 现代外语,（3）：386–396.

邱琳. 2019. "产出导向法"促成环节的辩证研究. 现代外语,（3）：407–418.

邱政政, 郑咏滟. 2005. 美音纠音、透析与突破. 北京：世界图书出版公司.

曲长亮. 2014. 功能对立与雅克布森的音位——雅克布森音系学初探. 北京：世界

图书出版公司.
曲长亮. 2015. 雅各布森音系学理论研究——对立、区别特征与音形. 北京：世界图书出版公司.
曲长亮. 2016. 音系单位的共现性与顺次性. 语言学研究,（20）：95–107.
曲长亮. 2019a. 从百年纪念版选集看叶斯柏森的语言学思想. 北京：清华大学出版社.
曲长亮. 2019b. 语际文本差异与时代误植风险——雅各布森早期区别特征思想新探. 外语与外语教学,（3）：67–76.
曲家丹. 2019. 实用英语语音教程. 北京：清华大学出版社.
冉启斌. 2005. 汉语鼻音韵尾的实验研究. 南开语言学刊,（2）：37–44, 155.
冉启斌. 2017a. 北京话塞擦音的声学格局分析. 中国语文,（4）：459–467.
冉启斌. 2017b. 变异与分化——较大样本视角下的北京话塞音格局. 语言文字应用,（4）：29–38.
冉启斌, 石锋. 2012. 北京话擦音格局分析. 华文教学与研究,（1）：67–72.
任宏昊. 2017. 关于中国日语学习者日语促音的听辨研究——以闭锁持阻时长为变量. 日语学习与研究,（1）：55–63.
任宏昊. 2019. 实验语音学观点下的感知同化模型再考——以普通话和闽南方言日语学习者促音感知为例. 解放军外国语学院学报,（4）：121–130.
荣蓉. 2013. 汉语普通话声调的听感格局. 天津：南开大学博士学位论文.
荣蓉, 王萍, 梁磊, 石锋. 2015. 汉语普通话声调的听觉感知格局. 南开语言学刊,（1）：11–24.
邵颖. 2019. 基于"产出导向法"的马来语教材改编：驱动环节设计. 外语与外语教学,（1）：25–32, 145.
沈炯. 1985. 北京话声调的音域和语调. 林焘, 王理嘉编著. 北京语音实验录. 北京：北京大学出版社, 1–52.
沈晓楠. 1989. 关于美国人学习汉语声调. 世界汉语教学,（3）：158–166.
石锋. 1986. 天津方言双字组声调分析. 语言研究,（1）：77–90.
石锋. 1990a. 再论天津话声调及其变化——现代语音学笔记. 语言研究,（2）：15–24.
石锋. 1990b. 论五度值记调法. 天津师范大学学报（社会科学版）,（3）：67–72.
石锋. 1992. 吴江方言声调格局的分析. 方言,（3）：189–194.
石锋. 1996. 高坝侗语的声调格局. 语言研究增刊（中国音韵学研究会第九次学术讨论会暨汉语音韵学第四次国际学术研讨会论文集）, 461–465.
石锋. 1997. 秀洞和启蒙的侗语声调分析. 语言研究论丛,（7）：66–77.
石锋. 1998. 中和水语的声调分析. 民族语文,（2）：38–43.
石锋. 2002a. 北京话的元音格局. 南开语言学刊,（1）：30–36.
石锋. 2002b. 普通话元音的再分析. 世界汉语教学,（4）：5–9.
石锋. 2003. 苏州话的元音格局. 上海市语文学会编. 第二届国际吴方言学术研讨会论文集. 上海：上海教育出版社, 111–116.
石锋. 2008a. 语音格局：语音学与音系学的交汇点. 北京：商务印书馆.
石锋. 2008b. 高坝侗语的声调格局. 石锋著. 语音格局——语音学与音系学的交汇点. 北京：商务印书馆, 125–133.
石锋. 2013. 语调格局：实验语言学的奠基石. 北京：商务印书馆.
石锋. 2019. 听感格局：汉语语音感知特征初探. 北京：商务印书馆.

石锋，黄彩玉. 2007. 哈尔滨话单字音声调的统计分析. 汉语学习，（1）：41-51.
石锋，焦雪芬. 2016. 普通话命令句语调的时长和音量分析. 汉语学习，（1）：65-73.
石锋，刘劲荣. 2006. 拉祜语的元音格局. 云南民族大学学报（哲学社会科学版），（2）：148-151.
石锋，刘艺. 2005. 广州话元音的再分析. 方言，（1）：1-8.
石锋，冉启斌. 2009. 塞音的声学格局分析. G. Fant，H. Fujisaki，沈家煊编著. 现代语音学前沿文集. 北京：商务印书馆，63-72.
石锋，冉启斌. 2011. 普通话上声的本质是低平调——对《汉语平调的声调感知研究》的再分析. 中国语文，（6）：550-555，576.
石锋，石林，廖荣蓉. 1988. 高坝侗语五个平调的实验分析. 民族语文，（5）：14-23.
石锋，王萍. 2006a. 北京话单字音声调的分组统计分析. 当代语言学，（4）：324-333.
石锋，王萍. 2006b. 北京话单字音声调的统计分析. 中国语文，（1）：33-40.
石锋，王萍，梁磊. 2009. 汉语普通话陈述句语调的起伏度. 南开语言学刊，（2）：4-13.
石锋，温宝莹. 2007. 汉语普通话儿童的元音发展. 中国语文，（5）：444-454.
石锋，温宝莹. 2009. 中美学生元音发音中的母语迁移现象研究. JCLTA，（42）：2.
史宝辉. 1996. 我国语音学与音系学研究现状和发展方向. 外语教学与研究，（2）：20-28.
时秀娟，冉启斌，石锋. 2010. 北京话响音鼻化度的初步分析. 当代语言学，（4）：348-355，380.
时秀娟，张婧祎，石锋. 2019. 影响普通话鼻音韵尾的几种因素——语音实验的证据. 中国语文，（5）：578-589.
束定芳. 2012. 中国特色外语教学模式的探索——基础阶段外语教学改革实验的一次尝试. 外语与外语教学，（5）：1-5.
束定芳，华维芬. 2009. 中国外语教学理论研究六十年：回顾与展望. 外语教学，（6）：37-44.
宋阳，凌震华，戴礼荣. 2015. 基于受限玻尔兹曼机的频谱建模与单元挑选语音合成方法. 模式识别与人工智能，（8）：673-679.
孙曙光. 2017. "师生合作评价"课堂反思性实践研究. 现代外语，（3）：397-406.
孙曙光. 2019. "师生合作评价"的辩证研究. 现代外语，（3）：419-430.
孙有中. 2017. 人文英语教育论. 外语教学与研究，（6）：859-870.
孙悦，张劲松，解焱陆，曹文. 2013. 日本学生汉语阳平和上声的知觉训练效果的初步分析. 清华大学学报（自然科学版），（6）：921-924.
唐珊，伍新春. 2009. 汉语儿童早期语音意识的发展. 心理科学，（2）：312-315.
唐轶雯，陈晓湘，张瀚丹. 2018. 重铸与元语言提示对英语附加问句语调习得的影响. 湖南大学学报（社会科学版），（4）：101-106.
唐智芳，祁辉. 2012. 外国学生汉语静态声调习得偏误分析——基于对巴基斯坦学生单字调的调查研究. 汉语学习，（1）：89-96.
田方. 2018. 二语模仿朗读中重音输入对重音输出的影响研究. 外语与外语教学，（3）：55-64.
田华. 2006. 建构主义理论要素与大学英语语音教学. 中国成人教育，（6）：182-183.
田静，刘艺. 2015. 韩国学生汉语陈述语调的习得分析. 对外汉语研究，（2）：130-142.
田朝霞，金檀. 2015. 英语语音评估与测试实证研究——世界发展趋势及对中国教学的启示. 中国外语，（3）：80-86.

屠蓓. 2000. 英语语音. 北京：外语教学与研究出版社.
屠友祥. 2007. 索绪尔与喀山学派：音位的符号学价值——索绪尔手稿初检. 外语学刊，(3)：76–101.
汪波. 2019. "产出导向法"在大学朝鲜语专业低年级语法教学中的应用. 外语与外语教学，(1)：9–16，144.
王蓓，吐尔逊·卡德，许毅. 2013. 维吾尔语焦点的韵律实现及感知. 声学学报，38（1）：92–98.
王蓓，邱新仪，张夏夏，刘广盈. 2020. 二语焦点语调产出——跟读和同声模仿比较. 中国语音学报，(1)：24–37.
王蓓，杨玉芳，吕士楠. 2002. 汉语语句中重读音节音高变化模式研究. 声学学报，27（3）：234–240.
王蓓，杨玉芳，吕士楠. 2004. 汉语韵律层级结构边界的声学分析. 声学学报，29（1）：29–36.
王蓓蕾. 2012. 基于学习档案的基础阶段英语学习评估机制探索. 外语与外语教学，(5)：15–19.
王初明. 2016. 以"续"促学. 现代外语，(6)：784–793，873.
王初明. 2017. 从"以写促学"到"以续促学". 外语教学与研究，(4)：547–556，639–640.
王春雨，2011. 高等学校质量工程中教学团队建设的研究. 教学艺术，(4)：149.
王聪，王珏，阿错，冯胜利. 2018. 声调、语调与句末语气词研究. 北京：北京语言大学出版社.
王丹丹. 2019. 基于"产出导向法"的大学印度尼西亚语视听说课教学研究. 外语教学，(2)：55–62，92.
王冬焱，张文忠. 2018. 依托项目的英语超音段学习实验研究. 南开语言学刊，(2)：44–52.
汪锋，孔江平. 2011. 水语（三洞）声调的声学研究. 民族语文，(5)：37–44.
王福堂. 1998. 二十世纪的汉语方言学. 刘坚主编. 二十世纪的中国语言学. 北京：北京大学出版社，507–536.
汪福祥. 2006. 国际音标与语音（新版）. 北京：外文出版社.
王功平. 2011. 印尼留学生普通话舌尖前/后辅音发音偏误实验. 华文教学与研究，(2)：46–55，86.
王功平. 2018. 韩语母语者普通话陈述句焦点重音产出纵向发展模式. 语言教学与研究，(2)：21–31.
王功平，周小兵，李爱军. 2009. 留学生普通话双音节轻声音高偏误实验. 语言文字应用，(4)：113–121.
王桂珍. 2005. 英语语音教程（第2版）. 北京：高等教育出版社.
王桂珍. 2011. 英语语音语调教程（第2版）. 北京：高等教育出版社.
王洪君. 1999. 汉语非线性音系学：汉语的音系格局与单字音. 北京：北京大学出版社.
王洪. 2000. 汉语的韵律词与韵律短语. 中国语文，(6)：525–536，575.
王洪. 2001. 音节单双、音域展敛（重音）与语法结构类型和成分次序. 当代语言学，(4)：241–252，316.
王洪. 2008. 汉语非线性音系学——汉字的音系格局与单字音. 北京：北京大学

出版社.
王嘉龄. 1998. 生成音系学的历程和特点. 语言文字应用,（1）: 88–92.
王嘉龄. 2000. 音系学百年回顾. 外语教学与研究, 32（1）: 8–14.
王建勤, 胡伟杰, 张葛杨. 2016. 英语背景汉语学习者策略研究. 华文教学与研究,（4）: 15–23.
王建荣, 张句, 路文焕, 魏建国, 党建武. 2017a. 机器人自身噪声环境下的自动语音识别. 清华大学学报（自然科学版）,（2）: 153–157.
王建荣, 高永春, 张句, 魏建国, 党建武. 2017b. 基于Kinect辅助的机器人带噪语音识别. 清华大学学报（自然科学版）,（9）: 921–925.
王昆仑, 樊志锦, 吐尔洪江, 方晓华, 徐绍琼, 吾买尔. 1998. 维吾尔语综合语音数据库系统. 王承发, 张凯编著. 第五届全国人机语音通讯学术会议论文集, 373–375.
王力. 1927/1932. 博白方言实验录. 北京: 中华书局.
王理嘉. 1991. 音系学基础. 北京: 语文出版社.
王理嘉. 1998. 二十世纪的中国语音学和语音研究. 北京: 北京大学出版社.
王理嘉, 贺宁基. 1985. 北京话儿化韵的听辨实验和声学分析. 林焘, 王理嘉编著. 北京: 北京大学出版社, 27–72.
王丽娟. 2015. 汉语的韵律形态. 北京: 北京语言大学出版社.
王茂林. 2005. 声调和语调研究的新成果——PENTA模型. 暨南大学华文学院学报,（4）: 67–74.
王茂林. 2009. 中国学习者英语词中塞音发音分析. 现代外语,（2）: 186–194, 220.
王茂林. 2011. 印尼、韩国留学生汉语单元音韵母发音分析. 华文教学与研究,（4）: 16–25.
王茂林, 李金穗, 林茂灿, 熊子瑜. 2012. 汉语口语与朗读话语陈述句音高比较. 声学学报, 37（4）: 457–464.
王茂林, 林茂灿, 李爱军. 2008. 汉语自然对话音高研究. 声学学报, 33（2）: 97–101.
王茂林, 严唯娜, 熊子瑜. 2011. 汉语双音节词VCV序列协同发音. 清华大学学报（自然科学版）,（9）: 1244–1248.
王茂林, 李金穗, 林茂灿, 熊子瑜. 2012. 汉语口语与朗读话语陈述句音高比较. 声学学报,（4）: 457–464.
王萍, 石锋. 2011a. 汉语语调的基本模式. 南开语言学刊,（2）: 1–13.
王萍, 石锋. 2011b. 试论语调格局的研究方法. 当代外语研究,（5）: 10–17.
王萍, 邓芳, 石锋. 2017. 较大样本普通话陈述句和疑问句的音高分析. 语言文字应用,（4）: 61–70.
王琪. 2017. 日语语音翻转课堂教学模式及虚拟学习空间支持系统研究. 黑龙江高教研究,（1）: 159–161.
王启. 2019. 读后续写协同效应对汉语二语学习的影响. 外语与外语教学,（3）: 38–46, 144.
王士元, 彭刚. 2007. 语言, 语音与技术. 上海: 上海教育出版社.
王玮, 张劲松. 2019. 汉语中介语语音库的文本设计. 世界汉语教学,（1）: 104–116.
王歆捷, 于晋, 李辉, 张珊珊, 杨亦鸣. 2015. 普通话儿童变调习得的实验研究. 语言文字应用,（4）: 121–131.

王轶之，陈忠敏. 2016. 吴语全浊塞音声母的感知研究——以上海话为例. 语言研究，（2）：44–50.
王英利，李敬阳，曹洪林. 2012. 声纹鉴定技术综述. 警察技术，（4）：54–56.
王英利，潘自勤，蓝常山. 2011. 声纹鉴定中的音强特征研究. 中国司法鉴定，（5）：19–22.
王永娜. 2015. 汉语合偶双音词. 北京：北京语言大学出版社.
王韫佳. 1997. 美国人学习汉语声调的错误分析及教学对策. 赵金铭，孟子敏主编. 语音研究与对外汉语教学. 北京：北京语言文化大学出版社，379–394.
王韫佳. 2001. 韩国、日本学生感知汉语普通话高元音的初步考察. 语言教学与研究，（6）：8–17.
王韫佳. 2004. 音高和时长在普通话轻声知觉中的作用. 声学学报，（5）：453–461.
王韫佳，初敏，贺琳. 2004. 普通话语句重音在双音节韵律词中的分布. 语言科学，（5）：38–48.
王韫佳，上官雪娜. 2004. 日本学习者对汉语普通话不送气/送气辅音的加工. 世界汉语教学，（3）：3, 54–66.
韦晓保，王文斌. 2018. 不同语言经验对儿童语音意识发展的影响：维吾尔族与汉族儿童的对比研究. 外语教育研究前沿，（2）：41–47, 92.
韦晓保，王文斌. 2019. 维汉双语语音经验对维吾尔族儿童英语语音意识发展的预测作用. 外语教育研究前沿，（3）：73–79, 93.
温宝莹，冉启斌，石锋. 2009. 德国学生习得汉语塞音声母的初步分析. 云南师范大学学报，（4）：60–67.
温宝莹，王云丽，东囍妍，张娴，杨杨. 2018. 韩国学习者普通话疑问句语调的韵律特征分析. 中国语音学报，（1）：79–89.
文秋芳. 2013. 评析"概念型教学法"的理论与实践. 外语教学理论与实践，（2）：1–6, 11.
文秋芳. 2015. 构建"产出导向法"理论体系. 外语教学与研究，（4）：547–558, 640.
文秋芳. 2016. "师生合作评价"："产出导向法"创设的新评价形式. 外语界，（5）：37–43.
文秋芳，胡健. 2010. 中国大学生英语口语能力发展的规律与特点. 北京：外语教学与研究出版社.
吴力菡，宋亚菲，蓝丹娥. 2010. 英语语调凸显和调核教学的实证研究及优选论分析. 外语研究，（4）：17–21.
吴美萱. 2018. 南开大学张文忠教授学术讲座顺利举行. 西安交通大学外国语学院翻译系. 9月11日. 来自西安交通大学外国语学院翻译系网站.
吴民华，陈旸，王芷琪. 2016. 电磁构音图谱仪对神经控制异常性构音障碍粤语患者说话时舌头运动的研究. 康复学报，（5）：8–16, 24.
吴民华，熊明月. 2015. 汉语无喉复声的四种常见方法简介及嗓音特征对比. 康复学报，（2）：44–49.
巫玮. 2014. 多元互动立体化英语语音教学模式的探索. 当代教育科学，（17）：56–57.
巫玮，肖德法. 2011. 基于语料库的中国英语学习者加音现象研究. 外语学刊，（2）：80–83.
吴盈，郭小涛，陈香，王正雪，高雅，王晓冬. 2019. /n/-/l/音位合并现象的神经机制：来自 MMN 的证据. 心理科学，（2）：273–279.

吴允刚，徐文，韩德民，胡方，庞太忠. 2009. 电子腭位仪的发展及其在食管语研究中的应用. 国际耳鼻咽喉头颈外科杂志，33（5）：289–291.

吴宗济. 1961a. 谈谈现代语音实验方法（上）. 中国语文，（10–11）：80–88.

吴宗济. 1961b. 谈谈现代语音实验方法（下）. 中国语文，（12）：30.

吴宗济. 1981/2004. 普通话语句中的声调变化. 吴宗济编著. 吴宗济语言学论文集. 北京：商务印书馆，141–161.

吴宗济. 1986. 汉语普通话单音节语图册. 北京：中国社会科学出版社.

吴宗济. 2004. 汉语普通话语调的基本调型. 吴宗济编著. 吴宗济语言学论文集. 北京：商务印书馆，281–300.

吴宗济，林茂灿. 1989. 实验语音学概要. 北京：高等教育出版社.

夏俐萍，胡方，李爱军. 2016. 湘西泸溪乡话浊音声母的发音特点. 中国语音学报，（6）：23–31.

夏赛辉，汪朋. 2018. 二语多音节词重音协同研究. 现代外语，（6）：805–816.

夏新蓉. 2010. 优选方案下中国学生英语音节结构习得的实证研究. 黑龙江高教研究，（7）：180–182.

肖建芳，刘芳彤，2015. 语言与内容融合学习在欧洲的实践与研究. 世界教育信息，（10）：11–17.

解焱陆，张蓓，张劲松. 2017. 基于音高映射合成语音的汉语双字调声调训练. 清华大学学报（自然科学版），（2）：170–175.

熊子瑜，林茂灿. 2004. "啊"的韵律特征及其话语交际功能. 当代语言学，（2）：116–127，189.

熊子瑜，林茂灿. 2005. 自然语句边界的韵律特征及其交际功能. 语言文字应用，（2）：144.

徐灿，杨小虎，汪玉霞，张辉，丁红卫，刘畅. 2018. 语音型噪音对二语者汉语元音声调感知的影响. 心理与行为研究，（1）：22–30.

许俊，刘正光，任鞲. 2013. 二语学习者英语韵律习得探究. 外语界，（3）：31–38.

徐烈炯. 1988. 生成语法理论. 上海：上海外语教育出版社.

许天福. 1985. 现代英语语音学. 西安：陕西人民出版社.

许曦明. 2008. 英语重音动态研究. 上海：上海交通大学出版社.

许曦明. 2019. 英汉语音对比研究. 北京：外语教学与研究出版社.

徐鹰，曾用强. 2015. 针对学生英语语音错误的对策研究——以广东省高考英语听说考试语料为例. 课程·教材·教法，（9）：90–96.

徐云扬. 1990. 上海话元音清化的研究. 国外语言学，（3）：19–34.

薛锦，胡梦赟，胡小兰，聂亚丽，陈曦. 2019. 汉语母语儿童英语韵律模式和习得年龄效应：基于声学分析的证据. 外语界，（3）：49–56.

薛小姣. 2016. 中国英语学习者和母语者评判英语外国口音的比较研究. 现代外语，（5）：647–657.

雪艳，文化，那顺乌日图. 2004. 蒙古语语料库综述. 蒙古学集刊，（4）：24–42.

徐云扬. 1990. 上海话元音清化的研究. 国外语言学，（3）：19–34.

雅各布森. 2012. 雅各布森文集. 钱军译. 北京：商务印书馆.

杨彩梅. 2008. Hayes 的重音理论与汉语词重音系统. 现代外语，（1）：37–48.

杨锋，孔江平. 2017. 汉语普通话不同文体朗读时的胸腹呼吸特性. 清华大学学报（自然科学版），57（2）：176–181.

杨军. 2009. 中介语音系的羡余性：中国学生英语语调切分的优选论分析. 外语教学与研究，（2）：105–112.

杨琳，张建平，颜永红. 2010. 单通道语音增强算法对汉语语音可懂度影响的研究. 声学学报，（2）：248–253.

杨明浩，陶建华，李昊，巢林林. 2014. 面向自然交互的多通道人机对话系统. 计算机科学，（10）：12–18，35.

杨姝怡，山田玲子. 2017. 以日语母语者为对象的汉语四声知觉训练和词汇训练的效果. 中国语音学报，（1）：67–73.

杨顺安. 1992. 关于普通话声调知觉中心的初步研究. 心理学报，24（3）：25–31.

杨衍春. 2014. 现代语言学视角下的博杜恩·德·库尔德内语言学思想. 桂林：广西师范大学出版社.

杨玉芳，黄贤军，高路. 2006. 韵律特征研究. 心理科学进展，（4）：546–550.

杨诎人. 2010. 高学历日语学习者的否定句语调实验研究. 解放军外国语学院学报，（5）：72–76.

姚小平. 2011. 西方语言学史. 北京：外语教学与研究出版社.

易斌. 2011. 维吾尔族学习者习得汉语单字调的感知实验研究. 语言教学与研究，（1）：26–33.

易斌，吴永明，阿丽达. 2012. 泰国学习者汉语单字调习得过程及特点的实验研究. 语言教学与研究，（6）：21–29.

尹玉霞. 2018. 生成音系学框架下的汉语方言连读变调研究. 天津：天津大学出版社.

于珏，李爱军. 2015. 上海话对上海普通话二合元音的影响——一项基于方言语料库的语音学研究. 当代语言学，（2）：146–158.

于珏，李爱军，王霞. 2004. 上海普通话与普通话元音系统的声学特征对比研究. 中文信息学报，（6）：66–72.

原梦，王洪翠，王龙标，党建武. 2016. 构音障碍话者与正常话者发音的比较分析. 中国语音学报，（2）：57–61.

袁家骅. 1960. 汉语方言概要. 北京：文字改革出版社.

袁利. 2019. 英语语音语调实训教程. 成都：西南交通大学出版社.

袁燕华. 2012. 校际合作、准确定位——我国外语教师培训的有效途径. 外语与外语教学，（5）：20–23.

云虹. 2010. 实用英语语音学教程. 成都：西南交通大学出版社.

曾绛. 2014. 基于师范能力培养的"综合英语"认知与教学. 外语学刊，（1）：112–116.

翟红华，赵吉玲. 2015. 汉语方言对英语语音习得影响研究述评. 外语界，（1）：88–95.

詹霞. 2019. 基于"产出导向法"的德语教材改编：促成活动过程化设计. 外语与外语教学，（1）：33–42，145.

张翠玲. 2018. 法庭语音证据评价的新范式. 中国人民公安大学学报（自然科学版），（1）：25–30.

张翠玲，Morrison, G. S., Enzinger, E. 2018. 法庭说话人识别新范式实证研究. 中国人民公安大学学报（自然科学版），（3）：30–37.

张凤桐. 2011. 英国英语语音学和音系学（第3版）. 成都：四川大学出版社.
张凤桐，林必果，高红，蒋红柳. 2014. 现代英语标准发音（第2版）. 成都：四川大学出版社.
张高燕，党建武. 2018. 言语信息处理的脑神经机制研究进展. 中国语音学报，（2）：13–21.
张冠林. 2006. 大学一年级英语语音练习手册. 北京：外语教学与研究出版社.
张冠林，孙静渊. 1996. 实用美语语音语调. 北京：外语教学与研究出版社.
张冠林，孙静渊. 2001. 实用英语语音语调. 北京：外语教学与研究出版社.
张冠林，孙静渊. 2003. 英语发音与纠音. 北京：北京大学出版社.
张洪明. 2014. 韵律音系学与汉语韵律研究中的若干问题. 当代语言学，（16）：303–327.
张建强. 2014. 泰国中高年级学生汉语语音偏误分析及教学对策. 对外汉语研究，（1）：121–125.
张金磊，王颖，张宝辉. 2012. 翻转课堂教学模式研究. 远程教育杂志，（4）：46–47.
张利鹏，曹翚，徐明星，郑方. 2008. 防止假冒者闯入说话人识别系统. 清华大学学报（自然科学版），（S1）：699–703.
张林军. 2011. 美国留学生汉语声调的音位和声学信息加工. 世界汉语教学，（2）：268–275.
张林军. 2015. 音段和韵律信息对汉语外语口音感知及言语可懂度的影响. 世界汉语教学，（2）：242–249.
张林姝，林良子，山田玲子. 2018. 中国学习者的日语长音、拨音、促音之间的知觉混同. 中国语音学报，（1）：99–106.
张伶俐. 2017. "产出导向法"的教学有效性研究. 现代外语，（3）：369–376，438.
张璐，祖漪清，闫润强. 2012. 焦点、词重音与边界调对语调短语末词基频模式的影响. 声学学报，（4）：448–456.
张晴. 2016. 英语教师正音手册. 上海：华东师范大学出版社.
张晴晴，刘勇，潘接林，颜永红. 2015. 基于卷积神经网络的连续语音识别. 工程科学学报，（9）：1212–1217.
张锐锋，孔江平. 2014. 河南禹州方言声调的声学及感知研究. 方言，（3）：206–214.
张维友. 2013. 英语语音实用教程. 上海：上海外语教育出版社.
张文娟. 2017. "产出导向法"对大学英语写作影响的实验研究. 现代外语，（3）：377–385，438–439.
张文忠，刘佳. 2019. "学术英语"课程的赋权增能设计. 第二语言学习研究，（2）：1–12，104.
张文忠，王冬焱. 2018. 利用Wikipedia创新设计赋权增能型英语教学任务. 未来与发展，（3）：93–97.
张晓鹏. 2016. 读后续写对二语写作过程影响的多维分析. 外语界，（6）：86–94.
张秀芹，张倩. 2017. 不同体裁读后续写对协同的影响差异研究. 外语界，（3）：90–96.
张燕. 2015. 韵律对礼貌交际的影响——以中国学生致谢表达为例. 外语与外语教学，（3）：19–24.
张燕. 2019. 西班牙语语音习得与汉语负迁移. 外语学刊，（6）：87–92.
张燕，陈桦. 2018. 韵律对于互动交际的贡献——以二语会话列举句式为例. 外语电化教学, (2): 62–67.
张妍, 石锋. 2016. 普通话单字音声调的统计分析. 中国语音学报, (1): 38–45.
张琰龙. 2020. 面向二语语音习得的日语促音感知难度预测——以响度为变量. 解放军外国语学院学报, (3): 127–135, 159.
张元平, 凌震华, 戴礼荣, 刘庆峰. 2012. 一种改进的基于决策树的英文韵律短语边界预测方法. 计算机应用研究, (8): 2921–2925.
张月琴. 1987. 梭磨河流域嘉绒语东部方言元音和谐现象. 国科会专题计划成果报告.
张月琴. 2001. 塞音、鼻元音和元音鼻化的跨语言研究. 国科会专题计划成果报告.
张卓宏, 王文广. 2014. 动感英语国际音标与语音语调（第 2 版）. 北京：清华大学出版社.
赵贵旺, 王素青. 2019. 大学英语语音教程（第 3 版）. 北京：北京大学出版社.
赵金铭. 1997. 从一些声调语言的声调说到汉语声调. 赵金铭主编. 语音研究与对外汉语教学. 北京：北京语言文化大学出版社, 360–378.
赵宁宁, 吴瑞云. 2016. 学龄前儿童声母偏误类型与影响因素. 学前教育研究, (5): 54–60.
赵璞嵩. 2018. 上古汉语韵素研究——以"吾""我"为例. 北京：北京语言大学出版社.
赵世开. 1989. 美国语言学简史. 上海：上海外语教育出版社.
赵元任. 1922. 中国言字调底实验研究法. 吴宗济、赵新那编. 赵元任语言学论文集. 北京：商务印书馆, 27–36.
赵元任. 1928. 现代吴语的研究. 北京：商务印书馆.
赵元任, 丁声树, 杨时逢, 吴宗济, 董同龢. 1948. 湖北方言调查报告. 北京：商务印书馆.
赵忠德. 2006. 音系学. 上海：上海外语教育出版社.
赵忠德, 马秋武. 2011. 西方音系学理论与流派. 北京：商务印书馆.
甄沛之. 2007. 英语读音心法. 香港：商务印书馆.
郑秋豫. 1994. 汉语失语症病变语音中嗓音起始时间与字调的问题. 中央研究院历史语言研究所集刊, (1): 37–79.
郑秋豫. 2000. 汉语神经语言学的新方向：以巴金森症病患的语音现象为例. 汉学研究, 18 (36): 443–472.
郑秋豫. 2008. 语篇韵律与上层讯息——兼论语音学研究方法与发现. 语言与语言学, 9 (3): 659–719.
郑秋豫. 2010. 语篇的基频构组与语流韵律体现. 语言与语言学, 11 (2): 183–218.
郑小蓓, 王正科, 刘冬梅, 许婕, 李文玲, 孟祥芝. 2009. 语音训练对幼儿英语语音意识和字母知识的促进. 心理发展与教育, (1): 66–71.
郑晓杰, 郑鲜日. 2012. 中国大学生英语双元音时长特征分析. 外语与外语教学, (4): 40–42, 59.
郑占国. 2015. 类型标记理论视角下大学生英语音节尾元音 + 辅音 /n/ 结构习得研究. 学术论坛, (11): 157–161.
智娜, 李爱军. 2020. 基于可视化发音模型的语音训练研究. 外国语, 43 (1): 59–74.
仲伟峰, 方祥, 范存航, 温正棋, 陶建华. 2018. 深浅层特征及模型融合的说话人识别. 声学学报,（2）: 263-272.
仲晓波, 王蓓, 杨玉芳, 吕士楠. 2001. 普通话韵律词重音知觉. 心理学报,（6）: 481-488.
周殿福, 吴宗济. 1963. 普通话发音图谱. 北京: 商务印书馆.
周考成. 1984. 英语语音学引论. 上海: 上海外语教育出版社.
周韧. 2011. 现代汉语韵律与语法的互动关系研究. 北京: 商务印书馆.
周卫京. 2009. 英语语音学纲要. 合肥: 安徽大学出版社.
周卫京, 邵鹏飞, 陈红. 2010. 英语专业大学生对 RP 英语元音感知的实证研究. 解放军外国语学院学报,（6）: 45-49.
朱磊. 2016. 赣语余干方言入声的性质. 中国语音学报,（6）: 46-52.
朱赛萍. 2015. 汉语的四字格. 北京: 北京语言大学出版社.
朱维彬. 2007. 支持重音合成的汉语语音合成系统. 中文信息学报,（3）: 122-128.
朱雯静, 魏岩军, 吴柳, 王建勤. 2016. 调域时长对二语学习者汉语声调感知的影响. 汉语学习,（2）: 83-92.
朱晓农. 2003. 从群母论浊声和摩擦——实验音韵学在汉语音韵学中的实验. 语言研究,（2）: 5-18.
朱晓农. 2005. 元音大转移和元音高化链移. 民族语文,（1）: 1-6.
朱晓农. 2008. 说元音. 语言科学,（5）: 459-482.
朱晓农. 2010. 语音学. 北京: 商务印书馆.
朱晓农, 焦磊, 严至诚, 洪英. 2008. 入声演化三途. 中国语文,（4）: 324-338, 383-384.
庄会彬. 2015. 汉语的句法论. 北京: 北京语言大学出版社.
庄会彬, 赵璞嵩, 冯胜利. 2018. 汉语的双音化. 北京: 北京语言大学出版社.
庄木齐, 卜友红. 2011a. Better Accent Tutor 与超音段音位可视化教学研究. 外语电化教学,（183）: 31-38.
庄木齐, 卜友红. 2011b. 语音教学可视化研究. 电化教育研究,（2）: 92-98.
朱鑫茂. 2003. 简明当代英语语音. 北京: 外语教学与研究出版社.
祖丽皮亚·阿曼, 艾斯卡尔·艾木都拉. 2009. 维吾尔语双音节词韵律特征声学分析. 中文信息学报,（5）: 104-107.
祖漪清. 2020. 探索语调本质——《汉语语调实验研究》书评. 林茂灿, 李爱军, 李智主编. 汉语语调与对外汉语教学研究. 北京: 中国社会科学出版社, 60-70.
左红珊, 张文忠. 2019. 个性化英语学习任务中学习者个体实践网络的构建. 外语界,（5）: 72-79.
Abel, J., Bliss, H., Gick, B., Noguchi, M., Schellenberg, M., & Yamane, N. 2016. Comparing Instructional Reinforcements in Phonetics Pedagogy. *Proceedings of the ISAPh* 2016, 52-55.
Abramson, A. S. 1979. The Noncategorical Perception of Tone Categories in Thai. In B. Lindblom, & S. Ohman. (eds.) *Frontiers of Speech Communication*. London: Academic Press, 127-134.
Abur, D., Lester-Smith, R. A., Daliri, A., Lupiani, A. A., Guenther, F. H., & Stepp, C. E. 2018. Sensorimotor Adaptation of Voice Fundamental Frequency in Parkinson's Disease. *PLoS ONE*, *13*(1): 1-21.

Adler-Bock, M., Bernhardt, B. M., Gick, B., & Bacsfalvi, P. 2007. The Use of Ultrasound in Remediation of North American English /r/ in 2 Adolescents. *American Journal of Speech-language Pathology, 16*(2): 128–139.

Adolphs, S., & Knight, D. (eds.) 2020. *The Routledge Handbook of English Language and Digital Humanities*. London: Routledge.

Aichert, I., & Ziegler, W. 2013. Segments and Syllables in the Treatment of Apraxia of Speech: An Investigation of Learning and Transfer Effects. *Aphasiology, 27*(10): 1180–1199.

Alderete, J., Tupper, P., & Frisch, S. A. 2013. Phonological Constraint Induction in a Connectionist Network: Learning OCP-place Constraints from Data. *Language Sciences*, (37): 52–69.

Alho, J., Sato, M., Sams, M., Schwartz, J. L., Tiitinen, H., & Jääskeläinen, I. P. 2012. Enhanced Early-latency Electromagnetic Activity in the Left Premotor Cortex Is Associated with Successful Phonetic Categorization. *NeuroImage, 60*(4): 1937–1946.

Allison, K. M., & Hustad, K. C. 2014. Impact of Sentence Length and Phonetic Complexity on Intelligibility of 5-year-old Children with Cerebral Palsy. *International Journal of Speech-language Pathology, 16*(4): 396–407.

Altmann, H. 2006. *The Perception and Production of Second Language Stress: A Crosslinguistic Experimental Study*. Newark: University of Delaware.

Altvater-Mackensen, N., & Grossmann, T. 2015. Learning to Match Auditory and Visual Speech Cues: Social Influences on Acquisition of Phonological Categories. *Child Development, 86*(2): 362–378.

Alzaidi, M. S., Xu, Y., & Xu, A. 2019. Prosodic Encoding of Focus in Hijazi Arabic. *Speech Communication, 106*: 127–149.

Amano, S., Kondo, T., Kato, K., & Nakatani, T. 2009. Development of Japanese Infant Speech Database from Longitudinal Recordings. *Speech Communication, 51*(6): 510–520.

Amaro, J. C. 2017. Testing the Phonological Permeability Hypothesis: L3 Phonological Effects on L1 Versus L2 Systems. *International Journal of Bilingualism, 21*(6): 1–20.

Anderson, J. M. 2011. *The Substance of Language* (Vol. III): *Phonology-syntax Analogies*. Oxford: Oxford University Press.

Anderson, J. M. 2014. Graphonology and Anachronic Phonology: Notes on Episodes in the History of Pseudo-phonology. *Folia Linguistica Historica*, (35): 1–53.

Anderson, J. M., & Ewen, C. 1987. *Principles of Dependency Phonology*. Cambridge: Cambridge University Press.

Anderson, J. M., & Jones, C. 1974. Three Theses Concerning Phonological Representations. *Journal of Linguistics*, (10): 1–26.

Antoniou, M., Best, C. T., Tyler, M. D., & Kroos, C. 2010. Language Context Elicits Native-like Stop Voicing in Early Bilinguals' Productions in Both L1 and L2. *Journal of Phonetics, 38*(4): 640–653.

Antoniou, M., & Chin, J. L. L. 2018. What Can Lexical Tone Training Studies in Adults Tell Us About Tone Processing in Children? *Frontiers in Psychology*, (9): 1–12.

Anttila, A. 1997. Deriving Variation from Grammar. In H. F. R. van Hout, & W. L. Wetzels. (eds.) *Variation, Change and Phonological Theory*. Amsterdam & Philadelphia: John Benjamins, 35–68.

Anttila, A. 2004. Variation and Phonological Theory. In J. K. Cambers, P. Trudgill, & N. Schilling-Estes. (eds.) *The Handbook of Language Variation and Change*. Oxford: Wiley-Blackwell, 206–243.

Anttila, A. 2007. Variation and Optionality. In P. de Lacy. (ed.) *The Cambridge Handbook of Phonology*. Cambridge: Cambridge University Press, 519–536.

Aoyama, K., Flege, J. E., Guion, S. G., Akahane-Yamada, R., & Yamada, T. 2004. Perceived Phonetic Dissimilarity and L2 Speech Learning: The Case of Japanese /r/ and English /l/ and /r/. *Journal of Phonetics, 32*(2): 233–250.

Aoyama, K., & Guion, S. G. 2007. Prosody in Second Language Acquisition: Acoustic Analyses of Duration and F0 Range. In O. S. Bohn, & M. Munro. (eds.) *Language Experience in Second Language Speech Learning*. Amsterdam: John Benjamins, 281–297.

Archangeli, D., Baker, A., & Mielke, J. 2011. Categorization and Features: Evidence from American English /r/. In R. Ridouane, & G. N. Clements. (eds.) *Where Do Phonological Contrasts Come from?* Amsterdam: John Benjamins, 173–196.

Archangeli, D., & Pulleyblank, D. 2015a. Phonology Without Universal Grammar. *Frontiers in Psychology*, (6): 1–12.

Archangeli, D., & Pulleyblank, D. 2015b. Vowel Harmony in Emergent Grammar: The Case of Yoruba. In Ọ. O. Orie, J. F. Ilọri, & L. C. Yuka. (eds.) *Current Research in African Linguistics: Papers in Honor of Oladele Awobuluyi*. Newcastle upon Tyne: Cambridge Scholars Publishing, 140–177.

Archangeli, D., & Pulleyblank, D. 2018. Phonology as an Emergent System. In S. J. Hannahs, & A. R. K. Bosch. (eds.) *The Routledge Handbook of Phonological Theory*. London & New York: Routledge, 476–503.

Archer, S., Ference, J., & Curtin, S. 2016. Now You Hear It: Fourteen-month-olds Succeed at Learning Minimal Pairs in Stressed Syllables. *Journal of Cognition and Development, 15*(1): 110–122.

Archila-Suerte, P., Zevin, J., & Hernandez, A. E. D. 2015. The Effect of Age of Acquisition, Socioeducational Status, and Proficiency on the Neural Processing of Second Language Speech Sounds. *Brain and Language, 141*: 35–49.

Arias, J. P., Yoma, N. B., & Vivanco, H. 2010. Automatic Intonation Assessment for Computer Aided Language Learning. *Speech Communication, 52*(3): 254–267.

Árnason, K. 2011. *The Phonology of Icelandic and Faroese*. Oxford: Oxford University

Press.

Arvaniti, A. 2016. Analytical Decisions in Intonation Research and the Role of Representations: Lessons from Romani. *Laboratory Phonology*, 7(1): 1–43.

Arzounian, D., de Kerangal, M., & de Cheveigné, A. 2017. A Sliding Two-alternative Forced-choice Paradigm for Pitch Discrimination. *The Journal of the Acoustical Society of America*, 142(1): 167–172.

Asano, Y. 2018. Discriminating Non-native Segmental Length Contrasts Under Increased Task Demands. *Language and Speech*, 61(3): 1–21.

Asher, J. J. 1977. *Learning Another Language Through Actions: The Complete Teachers' Guidebook*. Los Gatos: Sky Oaks Productions.

Backley, P. 2011. *An Introduction to Element Theory*. Edinburgh: Edinburgh University Press.

Bacsfalvi, P., & Bernhardt, B. M. 2011. Long-term Outcomes of Speech Therapy for Seven Adolescents with Visual Feedback Technologies: Ultrasound and Electropalatography. *Clinical Linguistics and Phonetics*, 25(11–12): 1034–1043.

Bacsfalvi, P., Bernhardt, B. M., & Gick, B. 2007. Electropalatography and Ultrasound in Vowel Remediation for Adolescents with Hearing Impairment. *International Journal of Speech-language Pathology*, 9(1): 36–45.

Baertsch, K. 2012. Sonority and Sonority-based Relationships Within American English Monosyllabic Words. In S. Parker. (ed.) *The Sonority Controversy*. Berlin & Boston: Mouton de Gruyter, 3–38.

Bai, B., & Yuan, R. 2019. EFL Teachers' Beliefs and Practices About Pronunciation Teaching. *ELT Journal*, 73(2): 134–143.

Baills, F., Suarez-Gonzalez, N., Gonzalez-Fuente, S., & Prieto, P. 2019. Observing and Producing Pitch Gestures Facilitates the Learning of Mandarin Chinese Tones and Words. *Studies in Second Language Acquisition*, 41(1): 33–58.

Baker, A. 2009a. *Pronunciation Pair: An Introduction to the Sounds of English*. Beijing: Beijing Language and Culture University Press.

Baker, A. 2009b. *Ship or Sheep? An Intermediate Pronunciation Course* (3rd ed.). Beijing: Beijing Language and Culture University Press.

Baker, A. 2009c. *Tree or Three? An Elementary Pronunciation Course* (2nd ed.). Beijing: Beijing Language and Culture University Press.

Baković, E. 2007. A Revised Typology of Opaque Generalizations. *Phonology*, 24(2): 217–259.

Baković, E. 2011. Opacity and Ordering. In J. Goldsmith, J. Riggle, & A. Yu. (eds.) *The Handbook of Phonological Theory* (2nd ed.). Malden: Wiley-Blackwell, 40–67.

Baković, E. 2013. *Blocking and Complementarity in Phonological Theory*. Sheffield & Bristol: Equinox.

Bale, A., Papillon, M., & Reiss, C. 2014. Targeting Underspecified Segments: A Formal Analysis of Feature Changing and Feature Filling Rules. *Lingua*, (148): 240–253.

Bale, A., & Reiss, C. 2018. *Phonology: A Formal Introduction.* Cambridge: MIT Press.

Bale, A., Reiss, C., & Shen, D. T. -C. 2016. Sets, Rules and Natural Classes: {} vs. []. From Academia website.

Ballard, K. J., Halaki, M., Sowman, P., Kha, A., Daliri, A., Robin, D. A., Tourville, J. A., & Guenther, F. H. 2018. An Investigation of Compensation and Adaptation to Auditory Perturbations in Individuals with Acquired Apraxia of Speech. *Frontiers in Human Neuroscience,* (12): 1–14.

Bane, M., & Riggle, J. 2012. Consequences of Candidate Omission. *Linguistic Inquiry,* (43): 695–706.

Barnaud, M., L., Schwartz, J. L., Bessière, P., & Diard, J. 2019. Computer Simulations of Coupled Idiosyncrasies in Speech Perception and Speech Production with COSMO, a Perceptuo-motor Bayesian Model of Speech Communication. *PLoS ONE, 14*(1). From PLoS ONE website.

Basirat, A., Schwartz, J. L., & Sato, M. 2012. Perceptuo-motor Interactions in the Perceptual Organization of Speech: Evidence from the Verbal Transformation Effect. *Philosophical Transactions of the Royal Society B: Biological Sciences, 367*(1591): 965–976.

Bat-El, O. 2012. The Sonority Dispersion Principle in the Acquisition of Hebrew Word Final Codas. In S. Parker. (ed.) *The Sonority Controversy.* Berlin & Boston: Mouton de Gruyter, 319–344.

Baudouin de Courtenay, J. 1963. Некоторые общие замечания о языковедении и языке. In В. П., Григорьев, & А. А. Леонтьев. (eds.) И. А. Бодуэн де Куртенэ. Избранные труды по общему языкознанию. Moscow: Издательство академии наук СССР, 47–77.

Baudouin de Courtenay, J. 1972. Some General Remarks on Linguistics and Language. In E. Stankiewicz. (ed.) *A Baudouin de Courtenay Anthology: The Beginnings of Structure Linguistics.* Bloomington: Indiana University Press, 49–80.

Bauer, R. S. 1985. The Expanding Syllabary of Hong Kong Cantonese. *Cahiers de Linguistique Asie Orientale, 14*(1): 99–111.

Bauer, R. S. 1986. The Microhistory of a Sound Change in Progress in Hong Kong Cantonese *Journal of Chinese Linguistics, 14*(1): 1–42.

Baumann, A., & Ritt, N. 2017. On the Replicator Dynamics of Lexical Stress: Accounting for Stress-pattern Diversity in Terms of Evolutionary Game Theory. *Phonology,* (34): 439–471.

Bauman-Waengler, J., & Camarillo, C. A. 2016. *Articulation and Phonology in Speech Sound Disorders: A Clinical Focus.* London: Pearson Education.

Baxter, W. H., & Sagart, L. 2014. *Old Chinese: A New Reconstruction.* Oxford: Oxford University Press.

Bayard, C. Colin, C., & Leybaert, J. 2014. How Is the McGurk Effect Modulated by Cued Speech in Deaf and Hearing Adults? *Frontiers in Psychology, 5*(416): 1–10.

Bayley, R., Lucas, C., & Rose, M. 2002. Phonological Variation in American Sign Language: The Case of 1 Handshape. *Language Variation and Change*, (14): 19–53.
Beal, D. S. 2011. The Advancement of Neuroimaging Research Investigating Developmental Stuttering. *Perspectives on Fluency and Fluency Disorders*, 21(3): 88–95.
Beckman, M. E., & Ayers Elam, G. 1994. Guide to ToBI Labelling—Version 3.0. Electronic Text and Accompanying Audio Example Files. From Ohio State University website.
Beckman, M. E., & Hirschberg, J. 1994. *The ToBI Annotation Conventions*. Columbus: Ohio State University.
Beckman, M. E., Hirschberg, J., & Shattuck-Hufnagel, S. 2005. The Original ToBI System and the Evolution of the ToBI Framework. In S. Jun. (ed) *Prosodic Typology—The Phonology of Intonation and Phrasing*. Oxford: Oxford University Press, 9–54.
Ben, P., & Mcleod, S. 2019. Vietnamese-speaking Children's Acquisition of Consonants, Semivowels, Vowels, and Tones in Northern Vietnam. *Journal of Speech Language and Hearing Research*, 62(8): 2645–2670.
Benesty, J., Sondhi, M. M., & Huang, Y. 2007. *Springer Handbook of Speech Processing*. Berlin: Springer.
Benjamin, R. G., & Schwanenflugel, P. J. 2010. Text Complexity and Oral Reading Prosody in Young Readers. *Reading Research Quarterly*, 45(4): 388–404.
Bennett, W. G. 2015. *The Phonology of Consonants: Harmony, Dissimilation, and Correspondence*. Cambridge: Cambridge University Press.
Berent, I. 2013a. *The Phonological Mind*. Cambridge: Cambridge University Press.
Berent, I. 2013b. The Phonological Mind. *Trends in Cognitive Sciences*, (17): 319–327.
Bergmann, J., & Sams, A. 2012. *Flipping the Classroom*. San Bruno: Tech & Learning.
Berinstein, A. E. 1979. A Cross-linguistic Study on the Perception and Production of Stress. *UCLA Working Papers in Phonetics*, (47): 1–59.
Berkson, K. 2013. Optionality and Locality: Evidence from Navajo Sibilant Harmony. *Laboratory Phonology*, 4(2): 287–337.
Bermúdez-Otero, R. 2010. Stratal Optimality Theory: An Overview. From Bermúdez-Otero's website.
Bermúdez-Otero, R. 2011. Cyclicity. In M. van Oostendorp, C. Ewen, E. Hume, & K. Rice. (eds.) *The Blackwell Companion to Phonology* (Vol. 4). Malden: Wiley-Blackwell, 2019–2048.
Bermúdez-Otero, R. 2012. The Architecture of Grammar and the Division of Labour in Exponence. In J. Trommer. (ed.) *The Morphology and Phonology of Exponence*. Oxford: Oxford University Press, 8–83.
Bermúdez-Otero, R. 2013. The Spanish Lexicon Stores Stems with Theme Vowels, Not Roots with Inflectional Class Features. *Probus*, 25(1): 3–103.
Bermúdez-Otero, R. 2018. Stratal Phonology. In S. J. Hannahs, & A. R. K. Bosch.

(eds.) *The Routledge Handbook of Phonological Theory*. London & New York: Routledge, 100–134.

Bernhardt, B., Bacsfalvi, P., Gick, B., Radanov, B., & Williams, R. 2005. Exploring the Use of Electropalatography and Ultrasound in Speech Habilitation. *Journal of Speech-language Pathology and Audiology*, 29(4): 169–182.

Bernhardt, B., Gick, B., Bacsfalvi, P., & Ashdown, J. 2003. Speech Habilitation of Hard of Hearing Adolescents Using Electropalatography and Ultrasound as Evaluated by Trained Listeners. *Clinical Linguistics and Phonetics*, 17(3): 199–216.

Bernhardt, B., & Wilson, I. 2008. Ultrasound Imaging Applications in Second Language Acquisition. In J. G. H. Edwards, & M. L. Zampini. (eds.) *Phonology and Second Language Acquisition*. Amsterdam & Philadelphia: John Benjamins.

Bernhardt, M. B., Bacsfalvi, P., Adler-Bock, M., Shimizu, R., Cheney, A., Giesbrecht, N., O'connell, M., Sirianni, J., & Radanov, B. 2008. Ultrasound as Visual Feedback in Speech Habilitation: Exploring Consultative Use in Rural British Columbia, Canada. *Clinical Linguistics & Phonetics*, 22(2): 149–162.

Berns, M. 1984. Functional Approaches to Language and Language Teaching: Another Look. In S. Savignon, & M. Berns. (eds) *Initiatives in Communicative Language Teaching II*. Boston: Addison-Wesley, 3–22.

Bernstein, J. 2009. Proficiency Instrumentation for Cross Language Perception Studies. *Journal of the Acoustical Society of America*, 125: 2753.

Best, C. C. & McRoberts, G. W. 2003. Infant Perception of Non-native Consonant Contrasts that Adults Assimilate in Different Ways. *Language and Speech*, 46(2–3): 183–216.

Best, C. T. 1995. A Direct Realist Perspective on Cross-language Speech Perception. In W. Strange. (ed.) *Speech Perception and Linguistic Experience: Theoretical and Methodological Issues in Cross-language Speech Research*, 167–200.

Best, C. T. 2019. The Diversity of Tone Languages and the Roles of Pitch Variation in Non-tone Languages: Considerations for Tone Perception Research. *Frontiers in Psychology*, (10): 364.

Best, C. T., Gerald, W. M., & Goodell, E. 2001. Discrimination of Non-native Consonant Contrasts Varying in Perceptual Assimilation to the Listener's Native Phonological System. *Journal of Acoustic Society of America*, 109(2): 775–794.

Best, C. T., Goldstein, L., Tyler, M. D., & Nam, H. 2009. Articulating the Perceptual Assimilation Model (PAM): Perceptual Assimilation in Relation to Articulatory Organs and Their Constriction Gestures. *The Journal of the Acoustical Society of America*, 125(4): 2758.

Best, C. T., McRoberts, G. W., & Goodell, E. 2001. Discrimination of Non-native Consonant Contrasts Varying in Perceptual Assimilation to the Listener's Native Phonological System. *The Journal of the Acoustical Society of America*, 109(2): 775–794.

Best, C. T., & Strange, W. 1992. Effects of Phonological and Phonetic Factors on Cross-language Perception of Approximants. *Journal of Phonetics*, (20): 305–330.

Best, C. T., & Tyler, M. D. 2007. Nonnative and Second Language Speech Perception: Commonalities and Complementarities. In O. Bohn, & M. Munro. (eds.) *Language Experience in Second Language Speech Learning: In Honor of James Emil Flege*. Amsterdam & Philadelphia: John Benjamins, 13–34.

Bicevskis, K., Derrick, D., & Gick, B. 2016. Visual-tactile Integration in Speech Perception: Evidence for Modality Neutral Speech Primitives. *The Journal of the Acoustical Society of America*, 140(5): 3531–3539.

Bijeljac-Babic, R., Hoehle, B., & Nazzi, T. 2016. Early Prosodic Acquisition in Bilingual Infants: The Case of the Perceptual Trochaic Bias. *Frontiers in Psychology*, (7). From Frontiers in Psychology website.

Bird, S., & Gick, B. 2018. Ultrasound Biofeedback in Pronunciation Teaching and Learning. *Proceedings of the ISAPh* 2018, 5–11.

Birdsong, D. 2007. Nativelike Pronunciation among Late Learners of French as a Second Language. In O. S. Bohn, & M. Munro. (eds.) *Language Experience in Second Language Speech Learning: In Honor of James Emil Flege*. Amsterdam: John Benjamins, 99–116.

Bliss, H., Abel, J., & Gick, B. 2018. Computer-assisted Visual Articulation Feedback in L2 Pronunciation Instruction: A Review. *Journal of Second Language Pronunciation*, 4(1): 129–153.

Bliss, H., Bird, S., Cooper, P. A., Burton, S., & Gick, B. 2018. Seeing Speech: Ultrasound-based Multimedia Resources for Pronunciation Learning in Indigenous Languages. *Language Documentation & Conservation*, 12: 315–338.

Bliss, H., Burton, S., & Gick, B. 2016. Ultrasound Overlay Videos and Their Application in Indigenous Language Learning and Revitalization. *Canadian Acoustics*, 44(3): 136–137.

Bliss, H., Johnson, K., Burton, S., Yamane, N., & Gick, B. 2017. Using Multimedia Resources to Integrate Ultrasound Visualization for Pronunciation Instruction into Postsecondary Language Classes. *J. Linguist. Lang. Teach*, 8(2): 173–188.

Bloch, B. 1941. Phonemic Overlapping. In M. Joos. (ed.) *Readings in Linguistics: The Development of Descriptive Linguistics in America Since* 1925. New York: American Council of Learned Societies, 93–96.

Bloomfield, L. 1914. *An Introduction to the Study of Language*. New York: Holt.

Bloomfield, L. 1926. A Set of Postulates for the Science of Language. *Language*, (2): 153–164.

Bloomfield, L. 1933. *Language*. New York: Holt.

Blust, R. 2012. One Mark per Word? Some Patterns of Dissimilation in Austronesian and Australian Languages. *Phonology*, (29): 355–381.

Boas, F. 1889. On Alternating Sounds. *American Anthropologist*, (1): 47–54.

Boas, F. 1911. *Handbook of American Indian Languages*. Washington, D.C.: Government Printing Office.

Bodner, G. M. 1986. Constructivism: A Theory of Knowledge. *Journal of Chemical Education*, 63(10): 873–878.

Boë, L. -J. 2006. Tendances Majeures Du Développement Des Sciences Phonétiques Au Xxe Siècle: Filiations, Émergences et Réarticulations. In K. Sylvain, E. F. K. Koener, H. -J. Niederehe, & K. Versteegh. (eds.) *History of the Language Sciences*. Boston: Walter de Gruyter, 2729–2751.

Boersma, P. 1998. *Functional Phonology—Formalizing the Interactions Between Articulatory and Perceptual Drives*. Amsterdam: University of Amsterdam.

Boersma, P., & van Heuven, V. 2001. Speak and Unspeak with Praat. *Glot International*, 5(9–10): 341–347.

Boersma, P., & van Leussen, J. -W. 2017. Efficient Evaluation and Learning in Multi-level Parallel Constraint Grammars. *Linguistic Inquiry*, 48(3): 349–388.

Boersma, P., & Weenink, D. 1992/2020. *Praat: Doing Phonetics by Computer*. (Version 6.6.31)

Boersma, P., & Weenink, D. 1996. *Praat, a System for Doing Phonetics by Computer* (Version 3.4). Institute of Phonetic Sciences of the University of Amsterdam.

Bögels, S., Schriefers, H., Vonk, W., Chwilla, D. J., & Kerkhofs, R. 2010. The Interplay Between Prosody and Syntax in Sentence Processing: The Case of Subject- and Object-control Verbs. *Journal of Cognitive Neuroscience*, 22(5): 1036–1053.

Bohland, J. W., Bullock, D., & Guenther, F. H. 2010. Neural Representations and Mechanisms for the Performance of Simple Speech Sequences. *Journal of Cognitive Neuroscience*, 22(7): 1504–1529.

Bohn, O. S., & Best, C. 2012. Native-language Phonetic and Phonological Influences on Perception of American English Approximants by Danish and German Listeners. *Journal of Phonetics*, (40): 109–128.

Bøhn, H., & Hansen, T. 2017. Assessing Pronunciation in an EFL Context: Teachers' Orientations Towards Nativeness and Intelligibility. *Language Assessment Quarterly*, 14(1): 1–15.

Bolton, K., & Kwok, H. 1990. The Dynamics of the Hong Kong Accent: Social Identity and Sociolinguistic Description. *Journal of Asian Pacific Communication*, 1(1): 147–172.

Borràs-Comes, J., Kaland, C. C. L., Prieto, P., & Swerts, M. G. J. 2014. Audiovisual Correlates of Interrogativity: A Comparative Analysis of Catalan and Dutch. *Journal of Nonverbal Behavior*, 38(1): 53–66.

Bowen, J. D. 1972. Contextualizing Pronunciation Practice in the ESOL Classroom. *TESOL Quarterly*, 6(1), 83–94.

Bowen, J. D. 1975. *Patterns of English Pronunciation*. Rowley: Newbury House.

Boyer, S. 2012. *Spelling and Pronunciation for English Language Learners*. Glenbrook: Boyer Educational Resources.

Brandmeyer, A., Desain, P., & McQueen, J. 2012. Effects of Native Language on Perceptual Sensitivity to Phonetic Cues. *Neuroreport*, 23(11): 653–657.

Brentari, D. 1998. *A Prosodic Model of Sign Language Phonology*. Cambridge: MIT Press.

Brentari, D., Coppola, M., Mazzoni, L., & Goldin-Meadow, S. 2012. When Does a System Become Phonological? Handshape Production in Gesturers, Signers, and Homesigners. *Natural Language and Linguistic Theory*, (30): 1–31.

Brentari, D., Di Renzo, A., Keane, J., & Volterra, V. 2015. Cognitive, Cultural, and Linguistic Sources of a Handshape Distinction Expressing Agentivity. *Topics*, (7): 1–29.

Briere, E. J. 1966. An Investigation of Phonological Interference. *Language*, 42(4): 768–796.

Broersma, M. 2005. Perception of Familiar Contrasts in Unfamiliar Positions. *The Journal of the Acoustical Society of America*, 117(6): 3890–3901.

Broersma, M. 2010. Perception of Final Fricative Voicing: Native and Nonnative Listeners' Use of Vowel Duration. *The Journal of the Acoustical Society of America*, 127(3): 1436–1644.

Browman, C. P., & Goldstein, L. 1986. Towards an Articulatory Phonology. *Phonology*, (3): 219–252.

Browman, C. P., & Goldstein, L. 1988. Some Notes on Syllable Structure in Articulatory Phonology. *Phonetica*, 45(2–4): 140–155.

Browman, C. P., & Goldstein, L. 1991. Gestural Structures: Distinctiveness, Phonological Processes, and Historical Change. In I. Mattingly, & M. Studdert-Kennedy. (eds.) *Modularity and the Motor Theory of Speech Perception*. Hillsdale: Lawrence Erlbaum Associates, 313–338.

Browman, C. P., & Goldstein, L. 1992. Articulatory Phonology: An Overview. *Haskins Laboratories Status Report on Speech Research*, (111–112): 23–42.

Brown, C. A. 2000. The Interrelation Between Speech Perception and Phonological Acquisition from Infant to Adult. *Second Language Acquisition and Linguistic Theory*, (1): 4–63.

Brown, C. A., & Matthews, J. 1997. The Role of Feature Geometry in the Development of Phonemic Contrasts. *Generative Studies in the Acquisition of Phonology*, (16): 67–112.

Brumberg, J. S., Nieto-Castanon, A., Kennedy, P. R., & Guenther, F. H. 2010. Brain-computer Interfaces for Speech Communication. *Speech Communication*, 52(4): 367–379.

Budd, A., Schellenberg, M., & Gick, B. 2017. Effects of Cosmetic Tongue Bifurcation on English Fricative Production. *Clinical Linguistics and Phonetics*, 31(4): 283–292.

Bullock, D., & Grossberg, S. 1988. Neural Dynamics of Planned Arm Movements: Emergent Invariants and Speed-accuracy Properties During Trajectory Formation. *Psychological Review*, 95(1): 49–90.

Burfin, S., Pascalis, O., Tada, E. R., Costa, A., Savariaux, C., & Kandel, S. 2014. Bilingualism Affects Audiovisual Phoneme Identification. *Frontiers in*

Psychology, (5). From Frontiers in Psychology website.
Burgos, P., Cucchiarini, C., Hout, R. V., & Strik, H. 2014. Phonology Acquisition in Spanish Learners of Dutch: Error Patterns in Pronunciation. *Language Sciences, 41*: 129–142.
Bybee, J. L. 2001. *Phonology and Language Use*. Cambridge: Cambridge University Press.
Bybee, J. L. 2010. *Language, Usage and Cognition*. Cambridge: Cambridge University Press.
Byers, E., & Yavas, M. 2017. Vowel Reduction in Word-final Position by Early and Late Spanish-English Bilinguals. *PLoS ONE, 12*(4). From PLoS ONE website.
Byun, T. M., Inkelas, S., & Rose, Y. 2016. The A-map Model: Articulatory Reliability in Child-specific Phonology. *Language, 92*(1): 141–178.
Cai, S., Beal, D. S., Ghosh, S. S., Tiede, M. K., Guenther, F. H., & Perkell, J. S. 2012. Weak Responses to Auditory Feedback Perturbation During Articulation in Persons Who Stutter: Evidence for Abnormal Auditory-motor Transformation. *PLoS ONE, 7*(7): 1–13.
Cai, S., Tourville, J. A., Beal, D. S., Perkell, J. S., Guenther, F. H., & Ghosh, S. S. 2014. Diffusion Imaging of Cerebral White Matter in Persons Who Stutter: Evidence for Network-level Anomalies. *Frontiers in Human Neuroscience*, (8): 1–18.
Cabrelli, J., Luque, A., & Finestrat-Martínez, I. 2019. Influence of L2 English Phonotactics in L1 Brazilian Portuguese Illusory Vowel Perception. *Journal of Phonetics, 73*: 55–69.
Cangemi, F., & Grice, M. 2016. The Importance of a Distributional Approach to Categoriality in Autosegmental-metrical Accounts of Intonation. *Laboratory Phonology, 7*(1): 1–20.
Cardoso, K. 2011. The Development of Coda Perception in Second Language Phonology: A Variationist Perspective. *Second Language Research, 27*(4): 433–465.
Carey, M. D., Mannell, R. H., & Dunn, P. K. 2011. Does a Rater's Familiarity with a Candidate's Pronunciation Affect the Rating in Oral Proficiency Interviews? *Language Testing, 28*(2): 201–219.
Carley, P., & Mees, I. M. 2020. *American English Phonetics & Pronunciation Practice*. London & New York: Routledge.
Carley, P., Mees, I. M., & Collins, B. 2018. *English Phonetics and Pronunciation Practice*. London & New York: Routledge.
Carpenter, A. C. 2010. A Naturalness Bias in Learning Stress. *Phonology*, (27): 345–392.
Carr, P. 2013. *English Phonetics and Phonology* (2nd ed.). Oxford: Wiley-Blackwell.
Carson, K. L., Bayetto, A. E., & Roberts, A. F. B. 2019. Effectiveness of Preschool-wide Teacher-implemented Phoneme Awareness and Letter-sound Knowledge Instruction on Code-based School-entry Reading Readiness. *Communication Disorders Quarterly, 41*(1): 1–12.

Cataño, L., Barlow, J. A., & Moyna, M. I. 2009. A Retrospective Study of Phonetic Inventory Complexity in Acquisition of Spanish: Implications for Phonological Universals. *Clin Linguist Phon, 23*(6): 446–472.

Catford, J. C. 2001. *A Practical Introduction to Phonetics* (2nd ed.). Oxford: Oxford University Press.

Caudrelier, T., Ménard, L., Perrier, P., Schwartz, J. L., Gerber, S., Vidou, C., & Rochet-Capellan, A. 2019. Transfer of Sensorimotor Learning Reveals Phoneme Representations in Preliterate Children. *Cognition, 192*: 103973.

Cefidekhanie, A. H., Savariaux, C., Sato, M., & Schwartz, J. -L. 2014. Interaction Between Articulatory Gestures and Inner Speech in a Counting Task. *The Journal of the Acoustical Society of America, 136*(4): 1869–1879.

Celata, C., & Cancila, J. 2010. Phonological Attrition and the Perception of Geminate Consonants in the Lucchese Community of San Francisco (CA). *International Journal of Bilingualism, 14*(2): 185–209.

Celce-Murcia, M., Brinton, D. M., & Goodwin, J. M. 1996. *Teaching Pronunciation: A Reference for Teachers of English to Speakers of Other Languages.* Cambridge: Cambridge University Press.

Celce-Murcia, M., Brinton, D. M., Goodwin, J. M., & Griner, B. 2010. *Teaching Pronunciation: A Course Book and Reference Guide* (2nd ed.). Cambridge: Cambridge University Press.

Chakraborty, R., & Goffman, L. 2011. Production of Lexical Stress in Non-native Speakers of American English: Kinematic Correlates of Stress and Transfer. *Journal of Speech Language, & Hearing Research, 54*(3): 821–835.

Chan, A. Y. W. 2010. An Investigation into Cantonese ESL Learners' Acquisition of English Initial Consonant Clusters. *Linguistics, 48*(1): 99–141.

Chan, A. Y. W., & Li, D. C. S. 2000. English and Cantonese Phonology in Contrast: Explaining Cantonese ESL Learners' English Pronunciation Problems. *Language Culture and Curriculum, 13*(1): 67–85.

Chan, R. K., & Leung, J. H. 2014. Implicit Learning of L2 Word Stress Regularities. *Second Language Research, 30*(4): 463–484.

Chan, R. K. W. 2016. Speaker Variability in the Realization of Lexical Tones. *International Journal of Speech Language and the Law, 23*(2): 195–214.

Chandrasekaran, B., Yi, H. G., Smayda, K. E., & Maddox, W. T. 2016. Effect of Explicit Dimensional Instruction on Speech Category Learning. *The Psychonomic Society, 78*(2): 566–582.

Chang, C. B. 2019. Language Change and Linguistic Inquiry in a World of Multicompetence: Sustained Phonetic Drift and Its Implications for Behavioral Linguistic Research. *Journal of Phonetics, 74*: 96–113.

Chang, Y. -C. 1998. Taiwan Mandarin Vowels: An Acoustic Investigation. *Tsing Hua Journal of Chinese Studies, 28*(3): 255–274.

Channon, R., & van der Hulst, H. (eds.) 2011a. *Formational Units in Sign Languages.* Berlin: Mouton de Gruyter.

Channon, R., & van der Hulst, H. 2011b. Are Dynamic Features Required in Signs? In R. Channon, & H. van der Hulst. (eds.) *Formational Units in Sign Languages*. Berlin: Mouton de Gruyter, 229–269.

Chao, Y. R. 1929. Beiping Intonation [in Chinese]. In A. A. Milne. (ed.) *The Camberley Triangle* (Appendix). Shanghai: Zhonghua Bookstore.

Chao, Y. R. 1930. A System of Tone-letters. *Le Maître Phonétique*, (45): 24–27.

Chao, Y. R. 1932. A Preliminary Study of English Intonation (with American Variants) and Its Chinese Equivalents. *The Bulletin of the Institute of History and Philology*, (1): 105–156.

Chao, Y. R. 1933. Tone and Intonation in Chinese. *Bulletin of Institute of History and Philology*, (4): 121–134.

Charalabopoulou, F., Themos, S., & George, K. M. 2011. Developing a Scoring Algorithm for Automatic Pronunciation Assessment of Modern Greek. *Journal of Quantitative Lingus*, 18(1): 1–22.

Charpentier, F. 1988. *Traitement de la Parole par Analyse-synthèse de Fourier: Application à la Synthèse par Diphones"*. Thesis at: Ecole Nationale Supérieure des Télécommunications.

Chen, F., Peng, G., Yan, N., & Wang, L. 2017. The Development of Categorical Perception of Mandarin Tones in Four- to Seven-year-old Children. *Journal of Child Language*, (6): 1413–1434.

Chen, J., Best, C. T., Antoniou, M., & Kasisopa, B. 2019. Cognitive Factors in Perception of Thai Tones by Naïve Mandarin Listeners. In S. Calhoun, P. Escudero, M. Tabain, & P. Warren. (eds.) *Proceedings of the 19th International Congress of Phonetic Sciences*, 1684–1688.

Chen, J., Best, C. T., & Antoniou, M. 2020. Native Phonological and Phonetic Influences in Perceptual Assimilation of Monosyllabic Thai Lexical Tones by Mandarin and Vietnamese Listeners. *Journal of Phonetics*, 83.

Chen, M. Y. 1997. Acoustic Correlates of English and French Nasalized Vowels. *Journal of the Acoustical Society of America*, 102(4): 2360–2370.

Chen, M. Y. 2000. Acoustic Analysis of Simple Vowels Preceding a Nasal in Standard Chinese. *Journal of Phonetics*, 28(1): 43–67.

Chen, X., Li, A., Sun, G., Wu, H., & Yu, Z. 2000. An application of SAMPA-C for Standard Chinese. *Proceedings of the Sixth International Conference on Spoken Language Processing*, 3147–3150.

Chen, Y. 2015. Post-focus Compression in English by Mandarin Learners. *Proceedings of the 18th International Congress of Phonetic Sciences*, 287: 1–5.

Chen, Y. 2016. The Hierarchies of Phonetic Realization of Focus in Second Language Speech. *Journal of the Acoustical Society of America*, (4): 2160–2160.

Chen, Y., Robb, M., Gilbert, H., & Lerman, J. 2001. Vowel Production by Mandarin Speakers of English. *Clinical Linguistics & Phonetics*, 15(6): 427–440.

Chen, Y., Xu, Y., & Guion-Anderson, S. 2015. Prosodic Realization of Focus in Bilingual Production of Southern Min and Mandarin. *Phonetica*, 71(4): 249–270.

Chen, Y., Zhang, J., Sieg, J., & Chen, Y. 2019. Is [ɤ] in Mandarin a Transitional Vowel? —Evidence from Tongue Movement by Ultrasound Imaging. *Journal of Chinese Linguistics*, 47(2): 371–405.

Cheng, B., & Zhang, Y. 2013. Neural Plasticity in Phonetic Training of the /i-I/ Contrast for Adult Chinese Speakers. *The Journal of the Acoustical Society of America*, 134(5): 4245–4245.

Cheng, B., Zhang, X., Fan, S., & Zhang, Y. 2019. The Role of Temporal Acoustic Exaggeration in High Variability Phonetic Training: A Behavioral and ERP Study. *Frontiers in Psychology*. (10): 1–16.

Chien, Y. -F., Sereno, J. A., & Zhang, J. 2016. Priming the Representation of Mandarin Tone 3 Sandhi Words. *Language, Cognition and Neuroscience*, (31): 179–189.

Chintanpalli, A., Ahlstrom, J. B., & Dubno, J. R. 2016. Effects of Age and Hearing Loss on Concurrent Vowel Identification. *The Journal of the Acoustical Society of America*, 140(6): 4142–4153.

Chipere, N. 2014. Sex Differences in Phonological Awareness and Reading Ability. *Language Awareness*, 23(3): 275–289.

Chládková, K., Escudero, P., & Lipski, S. C. 2013. Pre-attentive Sensitivity to Vowel Duration Reveals Native Phonology and Predicts Learning of Second-language Sounds. *Brain & Language*, 126(3): 243–252.

Chládková, K., & Podlipský, V. J. 2011. Native Dialect Matters: Perceptual Assimilation of Dutch Vowels by Czech Listeners. *The Journal of the Acoustical Society of America*, 130(4): 186–192.

Cho, M. H., & Lee, S. 2016. The Impact of Different L1 and L2 Learning Experience in the Acquisition of L1 Phonological Processes. *Language Sciences*, 56: 30–44.

Chomsky, N. 1957. *Syntactic Structures*. The Hague: Mouton de Gruyter.

Chomsky, N. 1965. *Aspects of the Theory of Syntax*. Cambridge: MIT Press.

Chomsky, N. 1981. *Lectures on Government and Binding: The Pisa Lectures*. Dordrecht: Foris.

Chomsky, N., & Halle, M. 1968. *The Sound Pattern of English*. New York: Harper & Row.

Chomsky, N., Halle, M., & Lukoff, F. 1956. On Accent and Juncture in English. In M. Halle, H. Lunt, H. McLean, & C. van Schooneveld. (eds.) *For Roman Jakobson: Essays on the Occasion of His Sixtieth Birthday*. The Hague: Mouton de Gruyter, 65–80.

Chou, F. C., Tseng, C. Y., & Lee, L. S. 1996. Automatic Generation of Prosodic Structure for High Quality Mandarin Speech Synthesis. *Proceeding of Fourth International Conference on Spoken Language Processing (ICSLP)*, (3): 1624–1627.

Chuenwattanapranithi, S., Xu, Y., Thipakorn, B., & Maneewongvatana, S. 2009. Encoding Emotions in Speech with the Size Code: A Perceptual Investigation. *Phonetica*, 65(4): 210–230.

Chung, S. 1983. Transderivational Relationships in Chamorro Phonology. *Language, 59*(1): 35–66.

Civier, O., Bullock, D., Max, L., & Guenther, F. H. 2013. Computational Modeling of Stuttering Caused by Impairments in a Basal Ganglia Thalamo-cortical Circuit Involved in Syllable Selection and Initiation. *Brain and Language, 126*(3): 263–278.

Cleland, J., Gibbon, F. E., Peppé, S. J. E., O'Hare, A., & Rutherford, M. 2010. Phonetic and Phonological Errors in Children with High Functioning Autism and Asperger Syndrome. *International Journal of Speech-language Pathology, 12*(1): 69–76.

Clements, G. N. 2003. Feature Economy in Sound Systems. *Phonology, 20*(3): 287–333.

Cobb, P., & Bowers, J. 1999. Cognitive and Situated Learning Perspectives in Theory and Practice. *Educational Researcher, 28*(2): 4–15.

Coetzee, A. W., & Kawahara, S. 2013. Frequency Biases in Phonological Variation. *Natural Language and Linguistic Theory*, (31): 47–89.

Cohn, A. 1989. Stress in Indonesian and Bracketing Paradoxes. *Natural Language and Linguistic Theory, 7*(2): 167–216.

Cohn, A., Fougeron, C., & Huffman, M. 2012. *The Oxford Handbook of Laboratory Phonology*. Oxford: Oxford University Press.

Cole, J., & Shattuck-Hufnagel, S. 2016. New Methods for Prosodic Transcription: Capturing Variability as a Source of Information. *Laboratory Phonology, 7*(1): 1–29.

Collins, B., & Mees, I. M. 2013. *Practical Phonetics and Phonology: A Resource Book for Students* (3rd ed.). London & New York: Routledge.

Cormier, K., Quinto-Pozos, D., Sevcikova, Z., & Schembri, A. 2012. Lexicalization and De-lexicalization Processes in Sign Languages: Comparing Depicting Constructions and Viewpoint Gestures. *Language & Communication*, (32): 329–348.

Cortés, S., Lleó. C., & Benet, A. 2019. Weighing Factors Responsible for the Production of the Catalan Vowel /ɛ/ versus /e/ Contrast in Three Districts of Barcelona. *International Journal of Bilingualism, 23*(6): 1264–1277.

Couper, G. 2017. Teacher Cognition of Pronunciation Teaching: Teachers' Concerns and Issues. *TESOL Quarterly, 51*(4): 820–843.

Crothers, J. H. L. J. P., Sherman, D. A., & Vihman, M. 1979. *Handbook of Phonological Data from a Sample of the World's Languages: A Report of the Stanford Phonology Archive*. Stanford: Stanford University.

Cruttenden, A. 2014. *Gimson's Pronunciation of English* (8th ed.). London: Hodder Education.

Crystal, D. 1969. *Prosodic Systems and Intonation in English*. Cambridge: Cambridge University Press.

Cser, A. 2012. The Role of Sonority in the Phonology of Latin. In S. Parker. (ed.)

The Sonority Controversy. Berlin & Boston: Mouton de Gruyter, 39–64.

Culter, A., & Clifton, C. 2001. Comprehending Spoken Language: A Blueprint of the Listener. In C. M. Brown, & P. Hagoort. (eds.) *The Neurocognition of Language*. Oxford: Oxford University Press, 123–154.

Curran, C. A. 1976. *Counseling-learning in Second Language Learning*. East Dubuque : Counseling-learning Publications.

Cyran, E. 2010. *Complexity Scales and Licensing in Phonology*. Berlin & New York: Mouton de Gruyter.

Cyran, E. 2014. *Between Phonology* and *Phonetics: Polish Voicing*. Berlin: Mouton de Gruyter.

Czermak, J. 1860. *Der Kehlkopfspiegel und seine Zerwendung für Physiologie und Medizin*. Leipzig: W Engelmann.

Daland, R., Hayes, B., White, J., Garellek, M., Davis, A., & Norrmann, I. 2011. Explaining Sonority Projection Effects. *Phonology*, (28): 197–234.

Dale, P., & Poms, L. 2005. *English Pronunciation Made Simple*. New York: Pearson Education.

Dalebout, S. D., & Stack, J. W. 1999. Mismatch Negativity to Acoustic Differences Not Differentiated Behaviorally. *Journal of the American Academy of Audiology*, *10*(7): 388–399.

Daliri, A., Heller Murray, E. S., Blood, A. J., Burns, J., Noordzij, J. P., Nieto-Castanon, A., Tourville, J. A., & Guenther, F. H. 2020. Auditory Feedback Control Mechanisms Do Not Contribute to Cortical Hyperactivity Within the Voice Production Network in Adductor Spasmodic Dysphonia. *Journal of Speech, Language, and Hearing Research*, *63*(2): 421–432.

Daliri, A., Wieland, E. A., Cai, S., Guenther, F. H., & Chang, S. E. 2018. Auditory-motor Adaptation is Reduced in Adults Who Stutter but Not in Children Who Stutter. *Developmental Science*, *21*(2): 1–11.

Dalton-Puffer, C. 2007. *Discourse in Content and Language Integrated Learning (CLIL) Classrooms*. Amsterdam: John Benjamins.

Dang, J., & Honda, K. 1997. Acoustic Characteristics of the Piriform Fossa in Models and Humans. *The Journal of the Acoustical Society of America*, *101*(1): 456–465.

Dang, J., & Honda, K. 1998. Speech Production of Vowel Sequences Using a Physiological Articulatory Model. *Proceedings of the ICSLP1998*, 1767–1770.

Dang, J., & Honda, K. 2001. A Physiological Articulatory Model for Simulating Speech Production Process. *Acoustical Science and Technology*, *22*(6): 415–425.

Dang, J., & Honda, K. 2002. Estimation of Vocal Tract Shapes from Speech Sounds with a Physiological Articulatory Model. *Journal of Phonetics*, *30*(3): 511–532.

Dang, J., & Honda, K. 2004. Construction and Control of a Physiological Articulatory Model. *The Journal of the Acoustical Society of America*, *115*(2): 853–870.

Dang, J., Honda, K., & Perrier, P. 2004. Implement of Coarticulation in Physiological Articulatory Model. *Proceedings of the International Congress of Acoustics*, 1335–1336.

Dang, J., Honda, K., & Suzuki, H. 1994. Morphological and Acoustical Analysis of the Nasal and the Paranasal Cavities. *Journal of the Acoustical Society of America*, 96(4): 2088–2100.

Dang, J., Honda, M., & Honda, K. 2004. Investigation of Coarticulation in Continuous Speech of Japanese. *Acoustical Science and Technology*, 25(5): 318–329.

Dang, J., Li, A., Erickson, D., Suemitsu, A., Akagi, M., Sakuraba, K., Minematsu, N., & Hirose, K. 2010. Comparison of Emotion Perception Mmong Different Cultures. *Acoustical Science and Technology*, 31(6), 394–402.

Dang, J., Wei, J., Suzuki, T., & Perrier, P. 2005. Investigation and Modeling of Coarticulation During Speech. *Proceedings of the Ninth European Conference on Speech Communication and Technology*, 1025–1028.

Danis, N. 2019. Long-distance Major Place Harmony. *Phonology*, (36): 573–604.

Darwin, E. 1806. *The Temple of Nature*. London: J. Johnson.

Dawning, L. J., & Mtenje, A. 2018. *The Phonology of Chichewa*. Oxford: Oxford University Press.

de Jong, K., Hao, Y. C., & Park, H. 2009. Evidence for Featural Units in the Acquisition of Speech Production Skills: Linguistic Structure in Foreign Accent. *Journal of Phonetics*, 37(4): 357–373.

de Lacy, P. (ed.) 2007. *The Cambridge Handbook of Phonology*. Cambridge: Cambridge University Press.

de Leeuw, E., Scobbie, J., & Mennen, I. 2012. Singing a Different Tune in Your Native Language: First Language Attrition of Prosody. *International Journal of Bilingualism*, 16(1): 101–116.

de Leeuw, E., Tusha, A., & Schmid, M. S. 2018. Individual Phonological Attrition in Albanian-English Late Bilinguals. *Bilingualism: Language and Cognition*, 21(2): 278–295.

de Saussure, F. 1878. *Mémoire sur le système primitif des voyelles dans les langues indo-européennes*. Leipzig: Teubner.

de Saussure, F. 1916. *Cours de linguistique générale*. Lausanne & Paris: Payot.

de Saussure, F. 1959. *Course in General Linguistics*. New York: Philosophical Library.

de Saussure, F. 1983. *Course in General Linguistics*. Chicago: Open Court.

de Wet, F., Walt, C. V. D., & Niesler, T. R. 2009. Automatic Assessment of Oral Language Proficiency and Listening Comprehension. *Speech Communication*, 51(10): 864–874.

Deal, A. R., & Wolf, M. 2017. Outwards-sensitive Phonologically-conditioned Allomorphy in Nez Perce. In V. Gribanova, & S. S. Shih. (eds.) *The Morphosyntax-phonology Connection*. Oxford: Oxford University Press, 29–60.

Defior, S., Gutiérrez-Palma, N., & Cano-Marín, M. J. 2012. Prosodic Awareness Skills and Literacy Acquisition in Spanish. *Journal of Psycholinguistic Research*,

41(4): 285–294.

Deguchia, C., Chobertb, J., Brunellièrec, A., Nguyenc, N., Colomboa, L., & Bessonb, M. 2010. Pre-attentive and Attentive Processing of French Vowels. *Brain Research, 1366*: 149–161.

Delattre, P. 1951. The Physiological Interpretation of Sound Spectrograms. *Publications of the Modern Language Association of America*, 864–875.

Delattre, P. C., Liberman, A. M., & Cooper, F. S. 1955. Acoustic Loci and Transitional Cues for Consonants. *The Journal of Acoustical Society of America, 27*(4): 769–773.

Denes, P. B., Denes, P., & Pinson, E. 2007. *The Speech Chain.* New York: W. H. Freeman and Company.

Derrick, D., Bicevskis, K., & Gick, B. 2019. Visual-tactile Speech Perception and the Autism Quotient. *Frontiers in Communication*, (3): 1–11.

Derrick, D., & Gick, B. 2010. Full Body Aero-tactile Integration in Speech Perception. *INTERSPEECH 2010*, 122–125.

Derrick, D., & Gick, B. 2013. Aerotactile Integration from Distal Skin Stimuli. *Multisensory Research, 26*(5): 405–416.

Derrick, D., Heyne, M., O'Beirne, G., & Hay, J. 2019. Aero-tactile Integration in Mandarin. *Proceedings of the 19th International Congress of Phonetic Sciences*, 3508–3512.

Derrick, D., O'Beirne, G. A., Rybel, T. De, & Hay, J. 2014. Aero-tactile Integration in Fricatives: Converting Audio to Air Flow Information for Speech Perception Enhancement. *Fifteenth Annual Conference of the International Speech Communication Association*, 2580–2584.

Devlin, T., French, P., & Llamas, C. 2019. Vowel Change Across Time, Space, and Conversational Topic: The Use of Localized Features in Former Mining Communities. *Language Variation and Change, 31*(3): 303–328.

Díaz, B., Mitterer, H., Broersma, M., Escera, C., & Sebastlan-Galles, N. 2016. Variability in L2 Phonemic Learning Originates from Speech-specific Capabilities: An MMN Study on Late Bilinguals. *Bilingualism: Language and Cognition, 19*(5): 955–970.

Diehl, R. L., & Kluender, K. R. 1989. On the Objects of Speech Perception. *Ecological Psychology, 1*(2): 121–144.

Diehl, R. L., Lindblom, B., & Creeger, C. P. 2003. Increasing Realism of Auditory Representations Yields Further Insights into Vowel Phonetics. *Proceedings of the 15th International Congress of Phonetic Sciences*, 1381–1384.

Diehl, R. L., Lotto, A. J., & Holt, L. L. 2004. Speech Perception. *Annual Review of Psychology, 55*(1): 149–179.

Digeser, F. M., Wohlberedt, T., & Hoppe, U. 2009. Contribution of Spectrotemporal Features on Auditory Event-related Potentials Elicited by Consonant-vowel Syllables. *Ear and Hearing, 30*(6): 704–712.

Dong, L., & Kong, J. 2019. Voice Characteristics of Young Girl Role in Kunqu

Opera. *Journal of Voice: Official Journal of the Voice Foundation, 33*(6): 19–25.

Doty, A., Rogers, C., & Bryant, J. 2009. Spoken Word Recognition in Quiet and Noise by Native and Non-native Listeners: Effects of Age of Immersion and Vocabulary Size. *The Journal of the Acoustical Society of America, 125*: 2765.

Drager, K. 2011. Speaker Age and Vowel Perception. *Language and Speech*, (54): 99–121.

Du, Z. J., & Chen, B. Y. 2017. Markedness of Phonological Elements and Tone Match in Chinese-Uyghur Contact. *Language and Linguistics, 18*(3): 383–429.

Duanmu, S. 1997. Phonologically Motivated Word Order Movement: Evidence from Chinese Compounds. *Studies in Linguistic Sciences*, (1): 49–73.

Duanmu, S. 2000. *The Phonology of Standard Chinese*. Oxford: Oxford University Press.

Duanmu, S. 2007. *The Phonology of Standard Chinese* (2nd ed.). Oxford: Oxford University Press.

Duanmu, S. 2012. Word-length Preferences in Chinese: A Corpus Study. *Journal of East Asian Linguistics*, (21): 89–114.

Duanmu, S. 2016. *A Theory of Phonological Features*. Oxford: Oxford University Press.

Dudley, H. 1940. The Carrier Nature of Speech. *Bell System Technical Journal, 19*(4): 495–515.

Dudley-Evans, T., & St. John, M. J. 1998. *Developments in English for Specific Purposes: A Multi-disciplinary Approach*. Cambridge: Cambridge University Press.

Dufour, S. Nguyen, N., & Frauenfelder, U. H. 2007. The Perception of Phonemic Contrasts in a Non-native Dialect. *The Journal of the Acoustical Society of America, 121*(4): 131–136.

Durand, J., Gut, U., & Kristofferson G. 2014. *The Oxford Handbook of Corpus Phonology*. Oxford: Oxford University Press.

Eccarius, P. 2002. *Finding Common Ground: A Comparison of Handshape Across Multiple Sign Languages*. West Lafayette: Purdue University.

Eccarius, P. 2008. *A Constraint-based Account of Handshape Contrast in Sign Languages*. West Lafayette: Purdue University.

Eckman, F. R. 1977. Markedness and the Contrastive Analysis Hypothesis. *Language Learning, 27*(2): 315–330.

Eckman, F. R. 1991. The Structural Conformity Hypothesis and the Acquisition of Consonant Clusters in the Interlanguage of ESL Learners. *Studies in Second Language Acquisition, 13*(1): 23–41.

Eckman, F. R., Elreyes, A., & Iverson, G. K. 2003. Some Principles of Second Language Phonology. *Second Language Research, 19*(3): 169–208.

Eimas, P. D., Siqueland, E. R., Jusczyk, P., & Vigorito, J. 1971. Speech Perception in Infants. *Science, 171*(3968): 303–306.

Eisner, J. 1997. What Constraints Should OT Allow? Paper Presented at the Annual Meeting of the Linguistic Society of America, January 1997, Chicago.

Ellis, R. 2003. *Task-based Language Teaching and Learning*. Oxford: Oxford University Press.

Elordieta, G. 2015. Recursive Phonological Phrasing in Basque. *Phonology*, (32): 49–78.

Engwall, O. 2012. Analysis of and Feedback on Phonetic Features in Pronunciation Training with a Virtual Teacher. *Computer Assisted Language Learning*, 25(1): 37–64.

Ernestus, M. 2014. Acoustic Reduction and the Roles of Abstractions and Exemplars in Speech Processing. *Lingua*, (142): 27–41.

Escudero, P. 2005. *Linguistic Perception and Second Language Acquisition: Explaining the Attainment of Optimal Phonological Categorization.* Utrecht: Utrecht University.

Escudero, P. 2009. Linguistic Perception of "Similar" L2 sounds. In P. Boersma, & S. Hamann. (eds.) *Phonology in Perception*, Berlin: Mouton de Gruyter, 151–190.

Escudero, P., & Boersma, P. 2004. Bridging the Gap Between L2 Speech Perception Research and Phonological Theory. *Studies in Second Language Acquisition*, 26(4): 551–585.

Esteve-Gibert, N., & Prieto, P. 2014. Prosody Signals the Emergence of Intentional Communication in the First Year of Life: Evidence from Catalan-babbling Infants. *Journal of Child Language*, 40(5): 919–944.

Evans, N. 2019. Australia and New Guinea: Sundered Hemi-continents of Sound. In S. Calhoun, P. Escudero, M. Tabain, & P. Warren. (eds.) *Proceedings of the 19th International Congress of Phonetic Sciences*, 16–19.

Evans, N. 2020. One Thousand and One Coconuts: Growing Memories in Southern New Guinea. *The Contemporary Pacific*, 32(1): 72–96.

Evans, N. & Levinson, S. C. 2009. The Myth of Language Universals: Language Diversity and Its Importance for Cognitive Science. *Behavioral and Brain Sciences*, (32): 429–448.

Ewen, C. J. 1986. Segmental and Suprasegmental Structure. In J. Durand. (ed.) *Dependency and Non-linear Phonology*. London: Croom Helm, 203–222.

Eysenck, M. W., & Keane, M. T. 2010. *Cognitive Psychology*. East Sussex: Psychology Press.

Fadiga, L., Craighero, L., Buccino, G., & Rizzolatti, G. 2002. Speech Listening Specifically Modulates the Excitability of Tongue Muscles: A TMS Study. *European journal of Neuroscience*, 15(2): 399–402.

Faes, J., Gillis, J., & Gillis, S. 2017. The Effect of Word Frequency on Phonemic Accuracy in Children with Cochlear Implants and Peers with Typical Levels of Hearing. *Journal of Deaf Studies and Deaf Education*, 22(3): 290–302.

Fagyal, Z., & Torgersen, E. 2018. Prosodic Rhythm, Cultural Background, and Interaction in Adolescent Urban Vernaculars in Paris: Case Studies and Comparisons. *Journal of French Language Studies*, 28(2): 165–179.

Fairfield, B., Di Domenico, A., Serricchio, S., Borella, E., & Mammarella, N. 2017. Emotional Prosody Effects on Verbal Memory in Older and Younger Adults.

Aging Neuropsychology and Cognition, 24(4): 408–417.

Fan, S., Li, A., & Chen, A. 2018. Perception of Lexical Neutral Tone Among Adults and Infants. *Frontiers in Psychology*, (9): 322.

Fang, Q., Fujita, S., Lu, X., & Dang, J. 2009. A Model-based Investigation of Activations of the Tongue Muscles in Vowel Production. *Acoustical Science and Technology*, 30(4): 277–287.

Fang, Q., Wei, J., & Hu, F. 2014. Reconstruction of Mistracked Articulatory Trajectories. *The Fifteenth Annual Conference of the International Speech Communication Association*, 2342–2345.

Fant, G. 1960. *Acoustic Theory of Speech Production: With Calculations Based on X-Ray Studies of Russian Articulations*. The Hague: Mouton de Gruyter.

Faris, M. M., Best, C. T., & Tyler, M. D. 2016. An Examination of the Different Ways that Non-native Phones May Be Perceptually Assimilated as Uncategorized. *The Journal of the Acoustical Society of America*, 139(1): 1–5.

Faris, M. M., Best, C. T., & Tyler, M. D. 2018. Discrimination of Uncategorised Non-native Vowel Contrasts is Modulated by Perceived Overlap with Native Phonological Categories. *Journal of Phonetics*, (70): 1–19.

Faust, N. 2014. Templatic Metathesis in Tigre Imperatives. *Phonology*, (31): 209–227.

Faust, N. 2015. Eroded Prefixes, Gemination and Guttural Effects in Tigre: An Account in Phonology. *Natural Language and Linguistic Theory*, (33): 1209–1234.

Feldman, N. H., Griffiths, T. L., Goldwater, S., & Morgan, J. L. 2013. A Role for the Developing Lexicon in Phonetic Category Acquisition. *Psychological Review*, 120(4): 751–778.

Fels, S. S., Vogt, F., Gick, B., Jaeger, C., & Wilson, I. 2003. User-centred Design for an Open-source 3-D Articulatory Synthesizer. *Proceeding of the ICPhs2003*, 179–183.

Feng, S. -L. 1995. *Prosodic Structure and Prosodically Constrained Syntax in Chinese*. Philadelphia: University of Pennsylvania.

Feng, S. -L. 2019a. *Prosodic Syntax in Chinese: Theory and Facts*. (Zhuang H. -B. Trans.) Abingdon & New York: Routledge.

Feng, S. -L. 2019b. *Prosodic Syntax in Chinese: History and Changes*. Abingdon & New York: Routledge.

Fenlon, J., Cormier, K., Rentelis, R., Schembri, A., Rowley, K., Adam, R., & Woll, B. 2014. *BSL Sign Bank: A Lexical Database of British Sign Language*. London: University College London.

Fenlon, J., Schembri, A., Rentelis, R., & Cormier, K. 2013. Variation in Handshape and Orientation in British Sign Language: The Case of the "1" Hand Configuration. *Language and Communication*, (33): 69–91.

Féry, C. 2017. *Intonation and Prosodic Structure*. Cambridge: Cambridge University Press.

Firestone, F. A. 1940. An Artificial Larynx for Speaking and Choral Singing by One Person. *The Journal of the Acoustical Society of America*, 11(3): 357–361.

Firth, J. R. 1934. The Principles of Phonetic Notation in Descriptive Grammar. *Congrès International des Sciences Anthropologiques et Ethnologiques*, 325–328.

Firth, J. R. 1948. Sounds and Prosodies. *Transactions of the Philological Society*, 47(1): 127–152.

Fischer, S., & Dong, Q. 2010. Variation in East Asian Sign Language Structures. In D. Brentari. (ed.) *Sign Languages*. Cambridge: Cambridge University Press, 499–518.

Flege, J. E. 1981. The Phonological Basis of Foreign Accent: A Hypothesis. *TESOL Quarterly*, 15(4): 443–455.

Flege, J. E. 1987. The Instrumental Study of L2 Speech Production: Some Methodological Considerations. *Language Learning*, 37(2): 285–296.

Flege, J. E. 1995. Second Language Speech Learning: Theory, Findings, and Problems. In W. Strange. (ed.) *Speech Perception and Linguistic Experience: Issues in Cross-Language Research*, (92): 233–277.

Flege, J. E. 2003. Assessing Constraints on Second-language Segmental Production and Perception. In N. O. Schiller, & A. S. Meyer. (eds.) *Phonetics and Phonology in Language Comprehension and Production: Differences and Similarities*. Berlin & New York: Mouton de Gruyter, 319–355.

Flege, J. E., & Liu, S. 2001. The Effect of Experience on Adults' Acquisition of a Second Language. *Studies in Second Language Acquisition*, 23(4): 527–552.

Flege, J. E., MacKay, I. R. A., & Piske, T. 2002. Assessing Bilingual Dominance. *Applied Psycholinguistics*, 23(4): 567–598.

Flege, J. E., & MacKay, I. R. A. 2004. Perceiving Vowels in a Second Language. *Studies in Second Language Acquisition*, 26(1): 1–34.

Flege, J. E., Schirru, C., & MacKay, I. 2003. Interaction Between the Native and Second Language Phonetic Subsystems. *Speech Communication*, 40: 467–491.

Flege, J., Takagi, N., & Mann, V. 1995. Japanese Adults Can Learn to Produce English /r/ and /l/ Accurately. *Language and Speech*, (38): 25–56.

Flemming, E., & Cho, H. 2017. The Phonetic Specification of Contour Tones: Evidence from the Mandarin Rising Tone. *Phonology*, (34): 1–40.

Fletcher, J. 2004. An EMA/EPG Study of Vowel-to-Vowel Articulation Across Velars in Southern British English. *Clinical Linguistics & Phonetics*, 18(6–8): 577–592.

Fortuna, M. 2015. *Double Licensing Phonology*. München: Lincom.

Fortuna, M. 2016. Icelandic Post-lexical Syllabification and Vowel Length in CVCV Phonology. *The Linguistic Review*, (33): 239–275.

Fouz-González, J. 2017. Pronunciation Instruction Through Twitter: The Case of Commonly Mispronounced Words. *Computer Assisted Language Learning*, 30(7): 631–663.

Fowler, C. A. 1981. Production and Perception of Co-articulation Among Stressed and Unstressed Vowels. *Journal of Speech, Language, and Hearing Research*, 24(1): 127–139.

Fowler, C. A. 1986. An Event Approach to the Study of Speech Perception from a Direct-realist Perspective. *Journal of Phonetics, 14*(1): 3–28.

Fowler, C. A. 1989. Real Objects of Speech Perception: A Commentary on Diehl and Kluender. *Ecological Psychology, 1*(2): 145–160.

Fowler, C. A., & Rosenblum, L. D. 1991. The Perception of Phonetic Gestures. In I. Mattingly, & K. Studdert-Kennedy. (eds.) *Modularity and the Motor Theory of Speech Perception*. Hillsdale: Lawrence Erlbaum Associates, 69–84.

Fowler, C. A., Shankweiler, D. P., & Studdert-Kennedy, M. 2016. Perception of the Speech Code Revisited: Speech Is Alphabetic After All. *Psychological Review, 123*(2): 125–150.

Freeman, Y. S., & Freeman, D. E. 1992. *Whole Language for Second Language Learners*. Portsmouth: Heinemann.

Friederici, A. D. 2011. The Brain Basis of Language Processing: from Structure to Function. *Physiology Review*, (91): 1357–1392.

Frisch, S. A., Large, N. R., & Pisoni, D. B. 2000. Perception of Wordlikeness: Effects of Segment Probability and Length on the Processing of Nonwords. *Journal of Memory and Language*, (42): 481–496.

Frota, S. 2016. Surface and Structure: Transcribing Intonation Within and Across Languages. *Laboratory Phonology, 7*(1): 1–19.

Fruehwald, J., & Gorman, K. 2011. Cross-derivational Feeding Is Epiphenomenal. Proceedings of the Second Meeting of the Illinois Language and Linguistics Society. *Studies in the Linguistic Sciences: Illinois Working Papers*, 36–50.

Fry, E. 1799. *Pantographia*. London: Cooper and Wilson.

Fry, D. B., Abramson, A. S., Eimas, P. D., & Liberman, A. M. 1962. The Identification and Discrimination of Synthetic Vowels. *Language and Speech, 5*(4): 171–189.

Fujisaki, H., & Hirose, K. 1984. Analysis of Voice Fundamental Frequency Contours for Declarative Sentences of Japanese. *The Journal of the Acoustical Society of Japan, 5*(4): 233–242.

Fujita, S., Dang, J., Suzuki, N., & Honda, K. 2007. A Computational Tongue Model and Its Clinical Application. *Oral Science International, 4*(2): 97–109.

Gafos, A. I. 2002. A Grammar of Gestural Coordination. *Natural Language & Linguistic Theory, 20*(2): 269–337.

Galante, A., & Thomson, R. I. 2017. The Effectiveness of Drama as an Instructional Approach for the Development of Second Language Oral Fluency, Comprehensibility, and Accentedness. *TESOL Quarterly, 51*(1): 115–142.

Galantucci, B., Fowler, C. A., & Turvey, M. T. 2006. The Motor Theory of Speech Perception Reviewed. *Psychonomic Bulletin & Review, 13*(3): 361–377.

Gallagher, J. 2013. Learning the Identity Effect as an Artificial Language: Bias and Generalization. *Phonology*, (30): 1–43.

Gallistel, C. R., & King, A. P. 2009. *Memory and the Computational Brain: Why Cognitive Science Will Transform Neuroscience*. Chichester: Wiley-Blackwell.

Gánem Gutiérrez, G. A., & Harun, H. 2011. Verbalisation as a Mediational Tool for Understanding Tense-aspect Marking in English: An Application of Concept-based Instruction. *Language Awareness*, 20(2): 99–119.

Gao, J., & Li, A. 2017. Production of Neutral Tone on Disyllabic Words by Two-year-old Mandarin-speaking Children. *International Seminar on Speech Production*, 89–98.

Gao, J., Li, A., & Xiong, Z. 2012. Mandarin Multimedia Child Speech Corpus: Cass_Child. *2012 International Conference on Speech Database and Assessments*, 7–12.

Gao, J., Li, A., Xiong, Z., Shen, J., & Pan, Y. 2013. Normative Database of Word Production of Putonghua-speaking Children—Beijing Articulahon Norms Project: CASS_CHILD_WORD. *2013 International Conference Oriental COCOSDA Held Jointly with 2013 Conference on Asian Spoken Language Research and Evaluation*, 1–6.

Gao, M. 2009. Gestural Coordination Among Vowel, Consonant and Tone Gestures in Mandarin Chinese. *Chinese Journal of Phonetics*, (2): 43–50.

Garcia, M. 2017. Weight Gradience and Stress in Portuguese. *Phonology*, 34: 41–79.

Garding, E., Zhang, J., & Svantesson, J. 1983. A Generative Model of Intonation. In A. Cutler, & D. R. Ladd. (eds.) *Prosody: Models and Measurements*. Berlin: Springer, 11–25.

Garellek, M., Keating, P., Esposito, C. M., & Kreiman, J. 2013. Voice Quality and Tone Identification in White Hmong. *The Journal of the Acoustical Society of America*, 133(2): 1078–1089.

Garnett, E. O., Chow, H. M., Nieto-Castanón, A., Tourville, J. A., Guenther, F. H., & Chang, S. E. 2018. Anomalous Morphology in Left Hemisphere Motor and Premotor Cortex of Children Who Stutter. *Brain*, 141(9): 2670–2684.

Gattegno, C. 1972. *Teaching Foreign Languages in Schools: The Silent Way*. New York: Educational Solutions.

Gattegno, C. 1976. *The Common Sense of Teaching Foreign Languages*. New York: Educational Solutions.

Gauthier, B., Shi, R., & Xu, Y. 2007a. Learning Phonetic Categories by Tracking Movements. *Cognition*, 103(1): 80–106.

Gauthier, B., Shi, R., & Xu, Y. 2007b. Simulating the Acquisition of Lexical Tones from Continuous Dynamic Input. *The Journal of the Acoustical Society of America*, 121(5): 190–195.

Geary, D. C. 1995. Reflections of Evolution and Culture in Children's Cognition: Implications for Mathematical Development and Instruction. *American Psychologist*, 50: 24–37.

Georgiou, G. P. 2018. Discrimination of L2 Greek Vowel Contrasts: Evidence from Learners with Arabic L1 Background. *Speech Communication*, 102: 68–77.

Giannakopoulou, A., Brown, H., Clayards, M., & Wonnacott, E. 2017. High or

Low? Comparing High and Low-variability Phonetic Training in Adult and Child Second Language Learners. *PeerJ*, (5). From PeerJ website.

Gibson, J. J. 1966. *The Senses Considered as Perceptual Systems*. Boston: Houghton Mifflin.

Gibson, J. J. 1979. *The Ecological Approach to Visual Perception*. Boston: Houghton Mifflin.

Gick, B. 2002. The Use of Ultrasound for Linguistic Phonetic Fieldwork. *Journal of the International Phonetic Association*, 32(2): 113–121.

Gick, B. 2016. Ecologizing Dimensionality: Prospects for a Modular Theory of Speech Production. *Ecological Psychology*, 28(3): 176–181.

Gick, B., Allen, B., Roewer-Despres, F., & Stavness, I. 2017. Speaking Tongues Are Actively Braced. *Journal of Speech, Language and Hearing Research*, 60(3): 1–13.

Gick, B., Bird, S., & Wilson, I. 2005. Techniques for Field Application of Lingual Ultrasound Imaging. *Clinical Linguistics & Phonetics*, 19(6–7): 503–514.

Gick, B., Bliss, H., Michelson, K., & Radanov, B. 2012. Articulation Without Acoustics: "Soundless" Vowels in Oneida and Blackfoot. *Journal of Phonetics*, 40(1): 46–53.

Gick, B., & Derrick, D. 2009. Aero-tactile Integration in Speech Perception. *Nature*, 462: 502–504.

Gick, B., Ikegami, Y., & Derrick, D. 2010. The Temporal Window of Audio-tactile Integration in Speech Perception. *Ournal of the Acoustical Society of America*, 128(5): 342-346.

Gick, B., Pulleyblank, D., Campbell, F., & Mutaka, N. 2006. Low Vowels and Transparency in Kinande Vowel Harmony. *Phonology*, 23(1): 1–20.

Gick, B., Wilson, I., Koch, K., & Cook, C. 2004. Language-specific Articulatory Settings: Evidence from Inter-utterance Rest Position. *Phonetica*, 61: 220–233.

Gilbert, J. B. 2005. *Clear Speech Pronunciation and Listening Comprehension in North American English* (3rd ed.). Cambridge: Cambridge University Press.

Gilbert, J. B. 2008. *Teaching Pronunciation Using the Prosody Pyramid*. Cambridge: Cambridge University Press.

Gildersleeve-Neumann, C., Davis, B., & Macneilage, P. F. 2013. Syllabic Patterns in the Early Vocalizations of Quichua Children. *Applied Psycholinguistics*, 34(1): 111–134.

Gildersleeve-Neumann, C. E., Pea, E. D., Davis, B. L., & Kester, E. S. 2009. Effects on L1 During Early Acquisition of L2: Speech Changes in Spanish at First English Contact. *Bilingualism*, 12: 259–272.

Gilichinskaya, Y. D., Law, F., & Strange, W. 2007. Speeded Discrimination of American Vowels by Experienced Russian Learners of English. *Journal of the Acoustical Society of America*, 122: 3028.

Gilliéron, J., & Edmont, E. 1902. *Atlas Linguistique de la France*. Paris: H. Champion.

Gimson, A. C. 1962. *An Introduction to the Pronunciation of English*. London: Edward

Arnold.
Gimson, A. C. 1975. *A Practical Course of English Pronunciation: A Perceptual Approach*. London: Edward Arnold.
Gimson, A. C. 1977. Daniel Jones and Standards of English Pronunciation. *English Studies*, 58: 151–158.
Goad, H., & White, L. 2004. Ultimate Attainment of L2 Inflection: Effects of L1 Prosodic Structure. *Eurosla Yearbook*, 4(1): 119–145.
Godfroid, A., Lin, C. H., & Ryu, C. 2017. Hearing and Seeing Tone Through Color: An Efficacy Study of Web-based, Multimodal Chinese Tone Perception Training. *Language Learning*, 67(4): 819–857.
Goedemans, R. W., Heinz, J., & van der Hulst, H. 2015. StressTyp2 (Version 1). From Stress Typ2 website.
Goldsmith, J. 1976. *Autosegmental Phonology*. Cambridge: MIT Press.
Goldsmith, J. 1985. Vowel Harmony in Khalkha Mongolian, Yaka, Finnish and Hungarian. *Phonology Yearbook*, (2): 253–275.
Goldsmith, J. (ed.) 1996. *The Handbook of Phonological Theory*. Malden: Wiley-Blackwell.
Goldsmith, J., Riggle, J., & Yu, A. C. L. (eds.) 2011. *The Handbook of Phonological Theory* (2nd ed.). Malden: Wiley-Blackwell.
Goldstein, B. A., & Bunta, F. 2012. Positive and Negative Transfer in the Phonological Systems of Bilingual Speakers. *International Journal of Bilingualism*, 16(4): 388–401.
Goldstein, L., & Fowler, C. A. 2003. Articulatory Phonology: A Phonology for Public Language Use. In N. O. Schiller, & A. S. Meyer. (eds.) *Phonetics and Phonology in Language Comprehension and Production*. Berlin: Mouton de Gruyter, 159–207.
Golfinopoulos, E., Tourville, J. A., & Guenther, F. H. 2010. The Integration of Large-scale Neural Network Modeling and Functional Brain Imaging in Speech Motor Control. *NeuroImage*, 52(3): 862–874.
Golfinopoulos, E., Tourville, J. A., Bohland, J. W., Ghosh, S. S., Nieto-Castanon, A., & Guenther, F. H. 2011. fMRI Investigation of Unexpected Somatosensory Feedback Perturbation During Speech. *NeuroImage*, 55(3): 1324–1338.
Gooch, R., Saito, K., & Lyster, R. 2016. Effects of Recasts and Prompts on L2 Pronunciation Development: Teaching English /ɹ/ to Korean Adult EFL Learners. *System*, 60: 117–127.
Gordon, M. 2002. A Factorial Typology of Quantity-Insensitive Stress. *Natural Language and Linguistic Theory*, 20: 491–552.
Gordon, M. 2008. Pitch Accent Timing and Scaling in Chickasaw. *Journal of Phonetics*, 36: 521–535.
Gordon, M. 2016. *Phonological Typology*. Oxford: Oxford University Press.
Goslin, J., Duffy, H., & Floccia, C. 2012. An ERP Investigation of Regional and Foreign Accent Processing. *Brain and Language*, 122(2): 92–102.

Goto, H. 1971. Auditory Perception by Normal Japanese Adults of the Sounds "L" and "R". *Neuropsychologia, 9*(3): 317–323.

Goudbeek, M., Cutler, A., & Smits, R. 2008. Supervised and Unsupervised Learning of Multidimensionally Varying Non-native Speech Categories. *Speech Communication, 50*(2): 109–125.

Gouskova, M. 2013. Review of Marc van Oostendorp, Colin J. Ewen, Elizabeth Hume and Keren Rice (eds.) (2011). The Blackwell Companion to Phonology. *Phonology, 30*(1): 173–179.

Grabe, E., & Low, E. L. 2002. Durational Variability in Speech and the Rhythm Class Hypothesis. In C. Gussenhoven, & N. Warner. (eds.) *Laboratory Phonology*. Berlin: Mouton de Gruyter, 515–546.

Graham, C. R., & Post, B. M. 2018. Second Language Acquisition of Intonation: Peak Alignment in American English. *Journal of Phonetics, 66*: 1–14.

Greenberg, J. H. (ed.). 1966. *Universals of Language*. Cambridge: MIT Press.

Greenberg, J. H., Ferguson, C. A., & Moravcsik, E. A. 1978. *Universals of Human Language: Phonology*. Stanford: Stanford University Press.

Gu, Z., Mori, H., & Kasuya, H. 2003. Analysis of Vowel Formant Frequency Variations Between Focus and Neutral Speech in Mandarin Chinese. *Acoustical Science and Technology, 24*(4): 192–193.

Guan, Y. 2015. The Creaky Voice and Its Tonal Description Method: Based on the Field Work on Dilu Dialect in Mengshan. *Journal of Chinese Linguistics, 43*(1): 473–498.

Guenther, F. H. 1992. *Neural Models of Adaptive Sensory—Motor Control for Flexible Reaching and Speaking*. Boston: Boston University.

Guenther, F. H. 1994. A Neural Network Model of Speech Acquisition and Motor Equivalent Speech Production. *Biological Cybernetics, 72*(1): 43–53.

Guenther, F. H. 1995. Speech Sound Acquisition, Coarticulation, and Rate Effects in a Neural Network Model of Speech Production. *Psychological Review, 102*(3): 594–621.

Guenther, F. H. 1995. A Modeling Framework for Speech Motor Development and Kinematic Articulator Control. *Proceedings of the 13th International Congress of Phonetic Sciences*, 92–99.

Guenther, F. H. 2006. Cortical Interactions Underlying the Production of Speech Sounds. *Journal of Communication Disorders, 39*(5): 350–365.

Guenther, F. H. 2014. Auditory Feedback Control Is Involved at Even Sub-phonemic Levels of Speech Production. *Language, Cognition and Neuroscience, 29*(1): 44–45.

Guenther, F. H. 2017. Neuroimaging of the Speech Network. *The Journal of the Acoustical Society of America, 141*(5):3559.

Guenther, F. H. 2016. *Neural Control of Speech*. Cambridge: MIT Press.

Guenther, F. H., Daliri, A., Nieto-Castanon, A., & Tourville, J. A. 2017. Quantitative Assessment of a Neurocomputational Model of Speech

Production with Neuroimaging Data. *Proceedings of the 7th International Conference on Speech Motor Control,* 37.

Guenther, F. H., Ghosh, S. S., & Tourville, J. A. 2006. Neural Modeling and Imaging of the Cortical Interactions Underlying Syllable Production. *Brain and Language, 96*(3): 280–301.

Guenther, F. H., Hampson, M., & Johnson, D. 1998. A Theoretical Investigation of Reference Frames for the Planning of Speech Movements. *Psychological Review, 105*(4): 611–633.

Guenther, F. H., & Hickok, G. 2016. Neural Models of Motor Speech Control. In G. Hickok, & S. L. Small. (eds.) *Neurobiology of Language.* London: Academic Press, 725–740.

Guenther, F. H., & Vladusich, T. 2012. A Neural Theory of Speech Acquisition and Production. *Journal of Neurolinguistics, 25*(5): 408–422.

Guion, S. G. 2003. The Vowel Systems of Quichua-Spanish Bilinguals: An Investigation into Age of Acquisition Effects on the Mutual Influence of the First and Second Languages. *Phonetica, 60*(2): 98–128.

Guion, S. G. 2005. Knowledge of English Word Stress Patterns in Early and Late Korean-English Bilinguals. *Studies in Second Language Acquisition,* (27): 503–533.

Guion, S. G., Clark, J. J., Harada, T., & Wayland, R. P. 2003. Factors Affecting Stress Placement for English Non-words Include Syllabic Structure, Lexical Class, and Stress Patterns of Phonologically Similar Words. *Language and Speech,* (46): 403–427.

Guion, S. G., Flege, J. E., Akahane-Yamada, R., & Pruitt, J. C. 2000. An Investigation of Current Models of Second Language Speech Perception: The Case of Japanese Adults' Perception of English Consonants. *The Journal of the Acoustical Society of America, 107*(5): 2711–2724.

Guion, S. G., Flege, J., Liu, S., & Yeni-Komshian, G. 2000. Age of Learning Effects on the Duration of Sentences Produced in a Second Language. *Applied Psycholinguistics, 21*(2): 205–228.

Guion, S. G., Flege, J. E., & Loftin, J. D. 2000. The Effect of L1 Use on Pronunciation in Quichua-Spanish Bilinguals. *Journal of Phonetics,* (28): 27–42.

Guion, S. G., Harada, T., & Clark, J. J. 2004. Early and Late Spanish-English Bilinguals' Acquisition of English Word Stress Patterns. *Bilingualism: Language and Cognition,* (7): 207–226.

Guo, L., Wang, L., Dang, J., Liu, Z., & Guan, H. 2019. Exploration of Complementary Features for Speech Emotion Recognition Based on Kernel Extreme Learning Machine. *IEEE Access, 7:* 75798–75809.

Guo, L., Wang, L., Dang, J., Zhang, L., & Guan, H. 2018. A Feature Fusion Method Based on Extreme Learning Machine for Speech Emotion Recognition. *2018 IEEE International Conference on Acoustics, Speech and Signal Processing,* 2666–2670.

Guo, L., Wang, L., Dang, J., Zhang, L., Guan, H., & Li, X. 2018. Speech Emotion Recognition by Combining Amplitude and Phase Information Using Convolutional Neural Network. *INTERSPEECH2018*, 1611–1615.

Gussenhoven, C. 2004. *The Phonology of Tone and Intonation*. Cambridge: Cambridge University Press.

Gussenhoven, C. 2016. Analysis of Intonation: The Case of MAE_ToBI. *Laboratory Phonology*, 7(1): 1–35.

Gussenhoven, C., & Peters, J. 2019. Franconian Tones Fare Better as Tones than as Feet: A Reply to Köhnlein. *Phonology*, (36): 497–530.

Ha, S., & Shin, I. 2017. Nasalance Variability in 3- to 5-year-old Children During Production of Speech Stimulus in Three Vowel Contexts. *Folia Phoniatrica et Logopaedica*, 69(3): 103–109.

Hahn, L. D., & Dickerson, W. B. 2002. *Speechcraft: Discourse Pronunciation for Advanced Learners*. Ann Arbor: The University of Michigan Press.

Hale, M., & Reiss, C. 2008. *The Phonological Enterprise*. Oxford: Oxford University Press.

Hall, N. 2018. Articulatory Phonology. In S. J. Hannahs, & A. R. K. Bosch. (eds.) *The Routledge Handbook of Phonological Theory*. London & New York: Routledge, 530–552.

Hallé, P. A., Best, C., T., & Levitt, A. 1999. Phonetic vs. Phonological Influences on French Listeners' Perception of American English Approximants. *Journal of Phonetics*, 27(3): 281–306.

Hallé, P. A., Chang, Y. C., & Best, C. T. 2004. Identification and Discrimination of Mandarin Chinese Tones by Mandarin Chinese vs. French Listeners. *Journal of Phonetics*, 32(3): 395–421.

Halliday, M. A. K. 1967. *Intonation and Grammar in British English*. The Hague: Mouton de Gruyter.

Hamlaoui, F., & Szendrői, K. 2015. A Flexible Approach to the Mapping of Intonational Phrases. *Phonology*, (32): 79–110.

Hammond, M. 1999. *The Phonology of English*. Oxford: Oxford University Press.

Hammond, M. 2018. Statistical Phonology. In S. J. Hannahs, & A. R. K. Bosch. (eds.) *The Routledge Handbook of Phonological Theory*. London & New York: Routledge, 589–616.

Hancock, M. 2012. *English Pronunciation in Use: Intermediate*. Beijing: Beijing Language and Culture University Press.

Hannah, B., Wang, Y., Jongman, A., Sereno, J. A., Cao, J., & Nie, Y. 2017. Cross-modal Association Between Auditory and Visuospatial Information in Mandarin Tone Perception in Noise by Native and Non-native Perceivers. *Frontiers in Psychology*, (8). From Frontiers in Psychology website.

Hannahs, S. J. 2013. *The Phonology of Welsh*. Oxford: Oxford University Press.

Hannahs, S. J., & Bosch, A. R. K. 2018. The Study of Phonology in the 21st Century. In S. J. Hannahs, & A. R. K. Bosch. (eds.) *The Routledge Handbook of*

Phonological Theory. London & New York: Routledge, 1–10.

Hansson, G. Ó. 2010. *Consonant Harmony: Long-distance Interaction in Phonology*. Berkeley: University of California Press.

Hanzawa, K. 2018. The Development of Voice Onset Time (VOT) in a Content-based Instruction University Program by Japanese Learners of English: A Longitudinal Study. *Canadian Modern Language Review*, 74(4): 501–522.

Hardcastle, W. J. 1972. The Use of Electropalatography in Phonetic Research. *Phonetica*, 25(4): 197–215.

Harding, L. 2012. Accent, Listening Assessment and the Potential for a Shared-L1 Advantage: A DIF Perspective. *Language Testing*, 29(2): 163–180.

Harley, T. A. 2008. *The Psychology of Language: From Data to Theory* (3rd ed.). East Sussex: Psychology Press.

Harnsberger, J. D. 2000. A Cross-language Study of the Identification of Non-native Nasal Consonants Varying in Place of Articulation. *The Journal of the Acoustical Society of America*, 108(2): 764–783.

Harris, J. 1990. Segmental Complexity and Phonological Government. *Phonology*, (7): 255–300.

Harris, Z. 1951. *Methods in Structural Linguistics*. Chicago: University of Chicago Press.

Harshman, R., Ladefoged, P., & Goldstein, L. 1977. Factor Analysis of Tongue Shapes. *Journal of the Acoustical Society of America*, 62(3): 693–707.

Hart, J. T., Collier, R., & Cohen, A. 1990. *A Perceptual Study of Intonation: An Experimental-phonetic Approach to Speech Melody*. Cambridge: Cambridge University Press.

Harvey, M., Carne, M., Chen, J., Luk, E., Strangways, S., Stockigt, C., & Mailhammer, R. 2019. Rhotic Contrasts in Arabana. *Proceedings of the 19th International Congress of Phonetic Sciences*, 1278–1282.

Harvey, M., Lin, S., Turpin, M., Davies, B., & Demuth, K. Contrastive and Non-contrastive Pre-stopping in Kaytetye. *Australian Journal of Linguistics*, (35): 232–250.

Harvey, M., San, N., Carew, M., Strangways, S., Simpson, J., & Stockigt, C. 2019. Pre-stopping in Arabana. *Australian Journal of Linguistics*, (39): 1–45.

Hattori, K., & Iverson, P. 2009. English /r/-/l/ Category Assimilation by Japanese Adults: Individual Differences and the Link to Identification Accuracy. *The Journal of the Acoustical Society of America*, 125(1): 469–479.

Hayes, B., & Wilson, C. 2008. A Maximum Entropy Model of Phonotactics and Phonotactic Learning. *Linguistic Inquiry*, (39): 379–440.

Hedberg, N., Sosa, J. M., & Görgülü, E. 2017. The Meaning of Intonation in Yes-no Questions in American English: A Corpus Study. *Corpus Linguistic and Linguistic Theory*, 13(2): 321–368.

Hedrick, M., & Sue Younger, M. 2001. Perceptual Weighting of Relative Amplitude and Formant Transition Cues in Aided CV Syllables. *Journal of

Speech, Language, and Hearing Research, 44: 964–974.

Hedrick, M. S., & Younger, M. S. 2007. Perceptual Weighting of Stop Consonant Cues by Normal and Impaired Listeners in Reverberation Versus Noise. *Journal of Speech, Language, and Hearing Research*, 50: 254–269.

Heinz, J. 2010. Learning Long-distance Phonotactics. *Linguistic Inquiry*, (41): 623–661.

Heinz, J., Goedemans, R., & van der Hulst, H. 2016. *Dimensions of Phonological Stress*. Cambridge: Cambridge University Press.

Heinz, J., & Idsardi, W. 2013. What Complexity Differences Reveal About Domains in Language. *Topics in Cognitive Science*, (5): 111–131.

Heinz, J., & Idsardi, W. 2017. Computational Phonology Today. *Phonology*, (34): 211–219.

Henke, E., Kaisse, E. M., & Wright, R. 2012. Is the Sonority Sequencing Principle an Epiphenomenon? In S. Parker. (ed.) *The Sonority Controversy*. Berlin & Boston: Mouton de Gruyter, 65–100.

Hermes, A., Mücke, D., & Grice, M. 2013. Gestural Coordination of Italian Word-initial Clusters: The Case of "Impure s". *Phonology*, 30(1): 1–25.

Hernandez, A. A. F., & Hernandez, E. R. 2016. Jakobson's Universalist Theory and Order of Acquisition of Consonants in Mexican Spanish: A Case Study. *ONOMÁZEIN*, 34: 1–7.

Hewings, M. 2004. *Pronunciation Practice Activities: A Resource Book for Teaching English Pronunciation*. Cambridge: Cambridge University Press.

Hewings, M. 2007. *English Pronunciation in Use: Advanced*. Cambridge: Cambridge University Press.

Higgins, D., Xi, X., Zechner, K., & Williamson, D. 2011. A Three-stage Approach to the Automated Scoring of Spontaneous Spoken Responses. *Computer Speech & Language*, 25(2): 282–306.

Hinofotis, F., & Bailey, K. M. 1980. American Undergraduates' Reactions to the Communication Skills of Foreign Teaching Assistants. In J. C. Fisher, M. A. Clarke, & J. Schachter. (eds.) *On TESOL' 80: Building Bridges: Research and Practice in Teaching English as a Second Language*. Alexandria: TESOL, 120–135.

Hirst, D. 2011. The Analysis by Synthesis of Speech Melody: From Data to Model. *Journal of Speech Sciences*, 1(1): 55–83.

Hirst, D., & Cristo, A. D. 1998. A Survey of Intonation Systems. In D. Hirst, & A. D. Cristo. (eds.) *Intonation Systems: A Survey of Twenty Languages*. Cambridge: Cambridge University Press, 1–44.

Hjelmslev, L. 1961. *Prolegomena to a Theory of Language*. Madison: University of Wisconsin Press.

Hockett, C. 1942. A System of Descriptive Phonology. *Language*, (18): 3–21.

Hockett, C. 1955. *A Manual of Phonology*. Baltimore: Waverly.

Hodge, R. 1990. Aboriginal Truth and White Media: Eric Michaels Meets the Spirit of Aboriginalism. *The Australian Journal of Media & Culture*, 3(3): 201–225.

Höhle, B., Pauen, S., Hesse, V., & Weissenborn, J. 2014. Discrimination of Rhythmic Pattern at 4 Months and Language Performance at 5 Years: A Longitudinal Analysis of Data from German-learning Children. *Language Learning*, 64(2): 141–164.

Højen, A., & Flege, J. E. 2006. Early Learners' Discrimination of Second Language Vowels. *The Journal of the Acoustical Society of America*, 119(5): 3072–3084.

Holt, R. F., & Bent, T. 2017. Children's Use of Semantic Context in Perception of Foreign-accented Speech. *Journal of Speech, Language, and Hearing Research*, 60(1): 223–230.

Holt, L. L., & Lotto, A. J. 2006. Cue Weighting in Auditory Categorization: Implications for First and Second Language Acquisition. *The Journal of the Acoustical Society of America*, 119(5): 3059–3071.

Honeybone, P., & Salmons, J. 2015. *The Oxford Handbook of Historical Phonology*. Oxford: Oxford University Press.

Hong, H., Kim, S., & Chung, M. 2014. A Corpus-based Analysis of English Segments Produced by Korean Learners. *Journal of Phonetics*, 46: 52–67.

Honikman, B. 1964. *Articulatory Settings*, In D. Abercrombie, D. B. Fry, P. A. D. MacCarthy, N. C. Scott, & J. L. M. Trim. (eds.) *In Honour of Daniel Jones*. London: Longman, 73–84.

Hooper, J. B. 1976. *An Introduction to Natural Generative Phonology*. New York: Academic Press.

Hopp, H., & Schmid, M. S. 2013. Perceived Foreign Accent in First Language Attrition and Second Language Acquisition: The Impact of Age of Acquisition and Bilingualism. *Applied Psycholinguistics*, 34(2): 361–394.

Howson, P., Komova, E., & Gick, B. 2014. Czech Trills Revisited: An Ultrasound EGG and Acoustic Study. *Journal of the International Phonetic Association*, 44(2): 115–132.

Hsu, C., & Xu, Y. 2014. Can Adolescents with Autism Perceive Emotional Prosody? *INTERSPEECH2014*, 1924–1928.

Hu, F. 2013. Falling Diphthongs Have a Dynamic Target While Rising Diphthongs Have Two Targets: Acoustics and Articulation of the Diphthong Production in Ningbo Chinese. *The Journal of the Acoustical Society of America*, 134(5): 4199.

Hua, Z. 2002. *Phonological Development in Specific Contexts: Studies of Chinese-speaking Children*. Bristol: Multilingual Matters.

Hua, Z., & Dodd, B. 2000. The Phonological Acquisition of Putonghua (Modern Standard Chinese). *Journal of Child Language*, 27(1): 3–42.

Hualde, J., & Prieto, P. 2016. Towards an International Prosodic Alphabet (IPrA). *Laboratory Phonology*, 7(1): 1–25.

Huang, B. H., & Jun, S. A. 2011. The Effect of Age on the Acquisition of Second Language Prosody. *Language and Speech*, 54(3): 387–414.

Huang, B. H., & Jun, S. A. 2015. Age Matters, and So May Raters: Rater Differences in the Assessment of Foreign Accents. *Studies in Second Language*

Acquisition, 37(4): 623–650.

Huang, Y., Newman, R., Catalano, A., & Goupell, M. 2017. Using Prosody to Infer Discourse Prominence in Cochlear-implant Users and Normal-hearing Listeners. *Cognition*, (166): 184–200.

Hung, T. T. N. 2000. Towards a Phonology of Hong Kong English. *World Englishes, 19*(3), 337–356.

Hyde, B. 2012. Alignment Constraints. *Natural Language and Linguistic Theory*, (30): 789–836.

Hyde, B. 2012. The Odd-parity Input Problem in Metrical Stress Theory. *Phonology*, (29): 383–431.

Hyde, B. 2016. *Layering and Directionality: Metrical Stress in Optimality Theory.* Sheffield & Bristol: Equinox.

Hyman, L. 1983. Are There Syllables in Gokana? In J. Kaye, H. Koopman, D. Sportiche, & A. Dugas. (eds.) *Current Approaches to African Linguistics*, (Vol. 2). Dordrecht: Foris, 171–179.

Hyman, L. 1985. *A Theory of Phonological Weight.* Dordrecht: Foris.

Hyman, L. 2011. Does Gokana Really Have No Syllables? Or: What's So Great About Being Universal? *Phonology*, (28): 55–85.

Hyman, L. 2015. Does Gokana Really Have Syllables? A Postscript. *Phonology*, (32): 303–306.

Hyman, L., & Plank, F. (eds.) 2018. *Phonological Typology.* Berlin & Boston: Mouton de Gruyter.

Imai, S., Walley, A. C., & Flege, J. E. 2005. Lexical Frequency and Neighborhood Density Effects on the Recognition of Native and Spanish-accented Words by Native English and Spanish Listeners. *The Journal of the Acoustical Society of America, 117*(2): 896–907.

Incera, S., Shah, A. P., Mclennan, C. T., & Wetzel, M. T. 2017. Sentence Context Influences the Subjective Perception of Foreign Accents. *Acta Psychologica, 172*: 71–76.

Ingram, J. 2005. Vietnamese Acquisition of English Word Stress. *TESOL Quarterly, 39*(2): 309–319.

Iosad, P. 2017. *A Substance-free Framework for Phonology: An Analysis of the Breton Dialect of Bothoa.* Edinburgh: Edinburgh University Press.

IPA (The International Phonetic Association). 1999. *Handbook of the International Phonetic Association: A Guide to the Use of the International Phonetic Alphabet.* Cambridge: Cambridge University Press.

Isaacs, T., & Harding, L. 2017. Pronunciation Assessment. *Language Teaching, 50*(3): 347–366.

Isaacs, T., & Thomson, R. I. 2013. Rater Experience, Rating Scale Length, and Judgments of L2 Pronunciation: Revisiting Research Conventions. *Language Assessment Quarterly, 10*(2): 135–159.

Iskarous, K. J., McDonough, J., & Whalen, D. H. 2012. A Gestural Account of the

Velar Fricative in Navajo. *Laboratory Phonology*, 3(1): 195–210.
Ito, K., Law, F. F., Sperbeck, M. N., Berkowitz, S., Gilichinskaya, Y. D., Monteleone, M., & Strange, W. 2007. Speech Discrimination of American Vowels by Experienced Japanese Late L2 Learners. *Journal of the Acoustical Society of America, 121*: 3073.
Ito, K., & Strange W. 2009. Perception of Word Boundaries in English Speech by Japanese Second Language Learners of English. *Journal of the Acoustical Society of America, 125*: 2348–2360.
Itzhak, I., Pauker, E., Drury, J. E., Baum, S. R., & Steinhauer, K. 2010. Event-related Potentials Show Online Influence of Lexical Biases on Prosodic Processing. *NeuroReport, 21*(1): 8–13.
Iverson, P., & Evans, B. G. 2009. Learning English Vowels with Different First-Language Vowel Systems II: Auditory Training for Native Spanish and German Speakers. *The Journal of the Acoustical Society of America, 126*(2): 866–877.
Iverson, P., & Kuhl, P. 1996. Influences of Phonetic Identification and Category Goodness on American Listeners' Perception of /R/ and /L/. *The Journal of the Acoustical Society of America, 99*(2): 1130–1140.
Iverson, P., Kuhl, P. K., Akahane-Yamada, R., Diesch, E., Tohkura, Y., Kettermann, A., & Siebert, C. 2003. A Perceptual Interference Account of Acquisition Difficulties for Non-native Phonemes. *Cognition, 87*(1): 47–57.
Jaberg, K., Jud, J., & Scheuermeier, P. 1928. *Sprach-und Sachatlas Italiens und der Südschweiz*. (1). Zofingen: Ringier.
Jacquot, A. R., Van Bulck, I. G., Hackett, P., Tucker, A. N., & Bryan, M. A. 1956. *Linguistic Survey of the Northern Bantu Borderland (I)*. London: Oxford University Press for International African Institute.
Jakobson, R. 1941. *Child Language, Aphasia and Phonological Universals*. The Hague & Paris: Mouton de Gruyter.
Jakobson, R. 1971. *Phonological Studies*. Berlin: Mouton de Gruyter.
Jakobson, R. 1971/2013. Projet de Terminologie Phonologique Standardisée. In J. Toman, & R. Jakobson. (eds.) *Selected Writings*. Berlin: Mouton de Gruyter, 9(1): 266–281.
Jakobson, R., & Cherry, C. 1953. Toward the Logical Description of Languages in Their Phonemic Aspect. In R. Jakobson. (ed.) *Phonological Studies*. Berlin: Mouton de Gruyter, 449–463.
Jakobson, R., Fant, G., & Halle, M. 1952. *Preliminaries to Speech Analysis: The Distinctive Features and Their Correlates*. Cambridge: MIT Press.
Jakobson, R., & Halle, M. 1956. *Fundamentals of Language*. The Hague: Mouton de Gruyter.
James, L., & Smith, O. 2007. *Get Rid of Your Accent: Part One*. (3rd ed.) London: Business & Technical Communication Services.
James, L., & Smith, O. 2011. *Get Rid of Your Accent: Part Two*. London: Business & Technical Communication Services.

James, L., & Smith, O. 2014. *Get Rid of Your Accent: Part Three*. London: Business & Technical Communication Services.

Jantunen, T. 2012. Acceleration Peaks and Sonority in Finnish Sign Language Syllables. In S. Parker. (ed.) *The Sonority Controversy*. Berlin & Boston: Mouton de Gruyter, 347–382.

Jäppinen, A. K. 2005. Thinking and Content Learning of Mathematics and Science as Cognitional Development in Content and Language Integrated Learning (CLIL): Teaching Through a Foreign Language in Finland. *Language and Education, 19*(2): 147–168.

Jardine, A. 2016. Computationally, Tone is Different. *Phonology*, (33): 247–283.

Jardine, A. 2019. Computation Also Matters: A Response to Pater (2018). *Phonology*, (36): 341–350.

Jarosz, A. 2019. *English Pronunciation in L2 Instruction: The Case of Secondary School Learners*. Cham: Springer.

Jenner, B. 2001. Articulatory Setting, Genealogies of an Idea. *Historiographia Linguistica, 28*: 121–141.

Jespersen, O. 1899. *Fonetik: En systematisk Fremstilling af Læren om Sproglyd*. Copenhagen: Schubothe.

Jespersen, O. 1904a. *Phonetische Grundfragen*. Leipzig: Teubner.

Jespersen, O. 1904b. *Lehrbuch der Phonetik*. Leipzig: Teubner.

Jespersen, O. 1912. *Elementarbuch Der Phonetik*. Leipzig: Teubner.

Ji, X., Wang, X., & Li, A. 2009. Intonation Patterns of Yes-no Questions for Chinese EFL learners. *COCOCOSDA 2009*, 88–93.

Jia, G., Strange, W., Wu, Y., Collado, J., & Guan, Q. 2006. Perception and Production of English Vowels by Mandarin Speakers: Age-related Differences Vary with Amount of L2 Exposure. *The Journal of the Acoustical Society of America, 119*(2): 1118.

Jia, Y., & Li, A. 2012. Phonetic Realization of Accent from Chinese English Learners in Various Dialectal Regions. *The 8th International Symposium on Chinese Spoken Language Processing*, 296–300.

Jia, Y., Wang, X., & Li, A. 2011. The Influence of Shandong Dialects on the Acquisition of English Plosives. *COCOCOSDA 2011*, 79–84.

Jia, Y., & Zhang, H. 2018. An Acoustic Study of English Monophthongs Acquisition by Chinese EFL Learners from Northeast Region. *ISCSLP 2018*, 96–100.

Jiang, J., Alwan, A., Keating, P., Auer, E., & Bernstein, L. 2007. Similarity Structure in Visual Speech Perception and Optical Phonetic Signals. *Perception and Psychophysics, 69*(7): 1070–1083.

Jin, S. H., & Liu, C. 2014. Intelligibility of American English Vowels and Consonants Spoken by International Students in the United States. *Journal of Speech, Language, and Hearing Research, 57*(2): 583–596.

Johnson, C., & Goswami, U. 2010. Phonological Awareness, Vocabulary, and

Reading in Deaf Children with Cochlear Implants. *Journal of Speech, Language and Hearing Research, 53*(2): 237–261.

Johnson, K. 1997. Speech Perception Without Speaker Normalization: An Exemplar Model. In K. Johnson, & J. Mullennix. (eds.) *Talker Variability in Speech Processing*. San Diego: Academic Press, 145–165.

Johnson, K. 2011. *Acoustic and Auditory Phonetics* (3rd ed.). Malden: Wiley-Blackwell.

Johnson, K. A., Mellesmoen, G. M., Lo, R. Y. -H., & Gick, B. 2018. Prior Pronunciation Knowledge Bootstraps Word Learning. *Frontiers in Communication, 3*: 1–9.

Johnson, K. L., Nicol, T., Zecker, S. G., Bradlow, A. R., Skoe, E., & Kraus, N. 2008. Brainstem Encoding of Voiced Consonant—Vowel Stop Syllables. Clinical Neurophysiology: Official Journal of the International Federation of Clinical Neurophysiology, *119*(11): 2623–2635.

Jones, D. 1922. *An Outline of English Phonetics*. New York: G. E. Stechert & Co.

Jones, D. 1938. The Aims of Phonetics. *Le Maître Phonétique, 16*(53): 1–7.

Jones, D. 1956. *The Pronunciation of English* (4th ed.). Cambridge: Cambridge University Press.

Jones, D. 1975. *An Outline of English Phonetics* (9th ed.). Cambridge: Cambridge University Press.

Jones, D. 1976. *The Phonemes: Its Nature and Use*. Cambridge: Cambridge University Press.

Jongman, A., Wayland, R., & Wong, S. 2000. Acoustic Characteristics of English Fricatives. *Journal of the Acoustical Society of America, 108*(3): 1252–1263.

Joos, M. 1948. Acoustic Phonetics. *Language, 24*(2): 5–131, 133–136.

Joos, M. 1958. *Readings in Linguistics: The Development of Descriptive Linguistics in America Since 1925*. New York: American Council of Learned Societies.

Joseph, J. E. 2012. *Saussure*. Oxford: Oxford University Press.

Joseph, L. M. 2018. Effects of Word Boxes on Phoneme Segmentation, Word Identification, and Spelling for a Sample of Children with Autism. *Child Language Teaching and Therapy, 34*(3): 303–317.

Jun, S. -A. 2005. *Prosodic Typology: The Phonology of Intonation and Phrasing*. Oxford: Oxford University Press.

Jun, S. -A. 2014. *Prosodic Typology II: The Phonology of Intonation and Phrasing*. Oxford: Oxford University Press.

Kaan, E., Barkley, C. M., Bao, M., & Wayland, R. 2008. Thai Lexical Tone Perception in Native Speakers of Thai, English and Mandarin Chinese: An Event-related Potentials Training Study. *BMC Neuroscience, 9*(53): 1–17.

Kaan, E., Wayland, R., Bao, M., & Barkley, C. M. 2007. Effects of Native Language and Training on Lexical Tone Perception: An Event-related Potential Study. *Brain Research, 1148*(1): 113–122.

Kager, R. 1999. *Optimality Theory*. Cambridge: Cambridge University Press.

Kainada, E., & Lengeris, A. 2015. Native Language Influences on the Production of Second Language Prosody. *Journal of the International Phonetic Association, 45*(3): 270–287.

Kallay, J. E., & Redford, M. A. 2020. Clause-initial and Usage in a Cross-sectional and Longitudinal Corpus of School-age Children's Narratives. *Journal of Child Language*, (22): 1–22.

Kanada, S., Wilson, I., Gick, B., & Erickson, D. 2013. Coarticulatory Effects of Lateral Tongue Bracing in First and Second Language English Speakers. *The Journal of the Acoustical Society of America, 134*(5): 4244.

Kang, K. -H., & Guion, S. G. 2006. Phonological Systems in Bilinguals: Age of Learning Effects on the Stop Consonant Systems of Korean-English Bilinguals. *Journal of the Acoustical Society of America*, (119): 1672–1683.

Kang, K. -H., & Guion, S. G. 2008. Clear speech production of Korean Stops: Changing Phonetic Targets and Enhancement Strategies. *Journal of the Acoustical Society of America*, (124): 3909–3917.

Kang, O., & Johnson, D. 2018. The Roles of Suprasegmental Features in Predicting English Oral Proficiency with an Automated System. *Language Assessment Quarterly, 5*(2): 150–168.

Kaplan, A. 2011. Harmonic Improvement Without Candidate Chains in Chamorro. *Linguistic Inquiry*, (42): 631–650.

Kasisopa, B., Antonios, L. E., Jongman, A., & Sereno, J. A. 2018. Training Children to Perceive Non-native Lexical Tones: Tone Language Background, Bilingualism, and Auditory-visual Information. *Frontiers in Psychology*, (9). From Frontiers in Psychology website.

Kawahara, S. 2016. Japanese Has Syllables: A Reply to Labrune. *Phonology*, (33): 169–194.

Kawase, S., Hannah, B., & Wang, Y. 2014. The Influence of Visual Speech Information on the Intelligibility of English Consonants Produced by Non-native Speakers. *The Journal of the Acoustical Society of America, 136*(3): 1352–1362.

Kaye, J., Lowenstamm, J., & Vergnaud, J. -R. 1985. The Internal Structure of Phonological Elements: A Theory of Charm and Government. *Phonology Yearbook*, (2): 305–328.

Kaye, J., Lowenstamm, J., & Vergnaud, J. -R. 1990. Constituent Structure and Government in Phonology. *Phonology*, (7): 193–231.

Kazutaka, K. 2012. Fell-swoop Onset Deletion. *Linguistic Inquiry*, (43): 309–321.

Kearney, E., & Guenther, F. H. 2019. Articulating: The Neural Mechanisms of Speech Production. *Language, Cognition and Neuroscience, 34*(9): 1214–1229.

Kedrova, G. E., & Borissoff, C. L. 2013. The Concept of "Basis of Articulation" in Russia in the First Half of the 20th Century. *Historiographia Linguistica, 40*(1–2): 151–197.

Keesey, S., Konrad, M., & Joseph, L. M. 2015. Word Boxes Improve Phonemic Awareness, Letter-sound Correspondences, and Spelling Skills of At-risk

Kindergartners. *Remedial and Special Education*, 36(3): 167–180.
Kelly, L. G. 1969. *25 Centuries of Language Teaching*. Rowley: Newbury House.
Kelly, L. G. 2000. *How to Teach Pronunciation*. New York: Pearson Education.
Kentner, G. 2017. Rhythmic Parsing. *The Linguistic Review*, 34(1): 123–155.
Kenworthy, J. 2000. *The Pronunciation of English: A Workbook*. London: Edward Arnold.
Keough, M., Kandhadai, P., Werker, J. F., & Gick, B. 2016. Audio-aerotactile Integration in Infant Speech Perception. *Canadian Acoustics*, 44(3): 202.
Keough, M., Taylor, R. C., Derrick, D., Schellenberg, M., & Gick, B. 2017. Sensory Integration from an Impossible Source: Perceiving Simulated Faces. *Canadian Acoustics*, 45(3): 176–177.
Kerkhofs, R., Vonk, W., Schriefers, H., & Chwilla, D. J. 2007. Discourse, Syntax, and Prosody: The Brain Reveals an Immediate Interaction. *Journal of Cognitive Neuroscience*, 19(9): 1421–1434.
Kerzel, D., & Bekkering, H. 2000. Motor Activation from Visible Speech: Evidence from Stimulus Response Compatibility. *Journal of Experimental Psychology: Human Perception and Performance*, 26(2): 634.
Kim, J. 2016. Perceptual Associations Between Words and Speaker Age. *Laboratory Phonology*, 7(1): 1–22.
Kim, M., & Stoel-Gammon, C. 2011. Phonological Development of Word-initial Korean Obstruents in Young Korean Children. *Journal of Child Language*, 38(2): 316–340.
Kimper, W. 2017. Not Crazy After All These Years? Perceptual Grounding for Long-distance Vowel Harmony. *Laboratory Phonology*, 8(1): 1–37.
Kiparsky, P. 1973. Phonological Representations. In O. Fujimura. (ed.) *Three Dimensions of Linguistic Theory*. Tokyo: TEC. 1–135.
Kiparsky, P. 2000. Opacity and Cyclicity. *The Linguistic Review*, 17(2–4): 351–365.
Kiparsky, P. 2005. Paradigm Uniformity Constraints. From Stanford University website.
Kiparsky, P. 2015. Stratal OT: A Synopsis and FAQs. In Y. E. Hsiao, & L. -H. Wee. (eds.) *Capturing Phonological Shades Within and Across Languages*. Newcastle upon Tyne: Cambridge Scholars Publishing, 2–44.
Kirkpatrick, A. 2010. *The Routledge Handbook of World Englishes*. New York: Routledge.
Kissling, E. M. 2013. Teaching Pronunciation: Is Explicit Phonetics Instruction Beneficial for FL Learners? The *Modern Language Journal*, 97(3): 720–744.
Kissling, E. M. 2015. Phonetics Instruction Improves Learners' Perception of L2 Sounds. *Language Teaching Research*, 19(3): 254–275.
Klatt, D. H. 1980. Software for a Cascade/Parallel Formant Synthesizer. *The Journal of the Acoustical Society of America*, 67(3): 971–995.
Klinto, K., Salameh, E., & Lohmander, A. 2016. Phonology in Swedish-speaking 5-year-olds Born with Unilateral Cleft Lip and Palate and the Relationship

with Consonant Production at 3 Years of Age. *International Journal of Speech-Language Pathology, 18*(2): 147–156.

Koenig, W., Dunn, H. K., & Lacy, L. Y. 1946. The Sound Spectrograph. *The Journal of the Acoustical Society of America, 18*(1): 19–49.

Kohler, K. J. 2000. The Future of Phonetics. *Journal of the International Phonetic Association, 30*(1–2): 1–24.

Köhnlein, B. 2016. Contrastive Foot Structure in Franconian Tone-accent Dialects. *Phonology*, (33): 87–123.

Köhnlein, B. 2019. Why Metrical Approaches to Tonal Accent Are Worth Pursuing. *Phonology*, (36): 531–535.

Kondaurova, M. V., & Francis, A. L. 2008. The Relationship Between Native Allophonic Experience with Vowel duration and Perception of the English Tense/Lax Vowel Contrast by Spanish and Russian Listeners. *The Journal of the Acoustical Society of America, 124*(6): 3959–3971.

Kondaurova, M. V., & Francis, A. L. 2010. The Role of Selective Attention in the Acquisition of English Tense and Lax Vowels by Native Spanish Listeners: Comparison of Three Training Methods. *Journal of Phonetics, 38*: 569–587.

Kong, J. 2015a. A Dynamic Glottal Model Through High-speed Imaging. *Journal of Chinese Linguistics, 43*(1): 311–336.

Kong, J. 2015b. The Physiological Aspects of Phonetics. *Journal of Chinese Linguistics, 43*(1): 265–267.

Kormos, J. 2006. *Speech Production and Second Language Acquisition*. New York: Routledge.

Kopečková, R. 2018. Exploring Metalinguistic Awareness in L3 Phonological Acquisition: The Case of Young Instructed Learners of Spanish in Germany. *Language Awareness, 27*(1–2): 153–166.

Krämer, M. 2012. *Underlying Representations*. Cambridge: Cambridge University Press.

Krämer, M. 2018. Current Issues and Directions in Optimality Theory: Constraints and Their Interaction. In S. J. Hannahs, & A. R. K. Bosch. (eds.) *The Routledge Handbook of Phonological Theory*. London & New York: Routledge, 37–67.

Krashen, S. D., 1982. *Principles and Practice in Second Language Acquisition*. Oxford: Pergamon.

Krashen, S. D., & Terrell, T. D. 1983. *The Natural Approach*. Hayward: Alemany Press.

Krashen, S. D., & Terrell, T. D. 1983. *The Natural Approach*. Hayward: Alemany Press.

Kreidler, C. W. 2004. *The Pronunciation of English: A Course Book* (2nd ed.). Oxford: Wiley-Blackwell.

Kubozono, H. 2017. *The Phonetics and Phonology of Geminate Consonants*. New York: Oxford University Press.

Kügler, J. 2015. Phonological Phrasing and ATR Vowel Harmony in Akan. *Phonology*, (32): 177–204.

Kuhl, P. K. 1991. Human Adults and Human Infants Show a "Perceptual Magnet Effect" for the Prototypes of Speech Categories, Monkeys Do Not. *Perception & Psychophysics*, 50(2): 93–107.

Kuhl, P. K. 1992. Psychoacoustics and Speech Perception: Internal Standards, Perceptual Anchors, and Prototypes. In L. A. Werner, & E. -W. Rubel.(eds.) *Developmental psychoacoustics*. Washington, D.C.: American Psychological Association, 293–332.

Kuhl, P. K. 1993. Early Linguistic Experience and Phonetic Perception: Implications for Theories of Developmental Speech Perception. *Journal of Phonetics*, 21(1–2): 125–139.

Kuhl, P. K. 1994. Learning and Representation in Speech and Language. *Current Opinion in Neurobiology*, 4(6): 812–822.

Kuhl, P. K. 2000. A New View of Language Acquisition. *Proceedings of the National Academy of Sciences*, 97(22): 11850–11857.

Kuhl, P. K. 2004. Early Language Acquisition: Cracking the Speech Code. *Nature Reviews Neuroscience*, 5(11): 831–843.

Kuhl, P. K. 2007. Is Speech Learning "Gated" by the Social Brain? *Developmental Science*, 10(1): 110–120.

Kuhl, P. K., Conboy, B. T., Coffey-Corina, S., Padden, D., Rivera-Gaxiola, M., & Nelson, T. 2008. Phonetic Learning as a Pathway to Language: New Data and Native Language Magnet Theory Expanded (NLM-e). *Philosophical Transactions of the Royal Society B: Biological Sciences*, 363(1493): 979–1000.

Kuhl, P. K., & Miller, J. D. 1975. Speech Perception by the Chinchilla: Voiced-voiceless Distinction in Alveolar Plosive Consonants. *Science*, 190(4209): 69–72.

Kuhl, P. K., Stevens, E., Hayashi, A., Deguchi, T., Kiritani, S., & Iverson, P. 2006. Infants Show a Facilitation Effect for Native Language Phonetic Perception Between 6 and 12 Months. *Developmental Science*, 9(2): 13–21.

Kula, N. C., & Bickmore, L. S. 2015. Phrasal Phonology in Copperbelt Bemba. *Phonology*, (32): 147–176.

Kuo, L. J., Uchikoshi, Y., Kim, T. J., & Yang, X. 2016. Bilingualism and Phonological Awareness: Re-Examining Theories of Cross-language Transfer and Structural Sensitivity. *Contemporary Educational Psychology*, 46: 1–9.

Kuppen, S. E. A., & Bourke, E. 2017. Rhythmic Rhymes for Boosting Phonological Awareness in Socially Disadvantaged Children. *Mind, Brain, and Education*, 11(4): 181–189.

Kurath, H. 1931. The Geography of Speech: Plans for a Linguistic Atlas of the United States and Canada. *Geographical Review*, 21(3): 483–486.

Kwan, S., Keough, M., Taylor, R., C., Chan, T., Schellenberg, M., & Gick, B. 2018. The Stability of Visual-aerotactile Effects across Multiple Presentations of a Single Token. *The Journal of the Acoustical Society of America*, 144(3): 1798.

Kwon, N. 2018. Iconicity Correlated with Vowel Harmony in Korean Ideophones. *Laboratory Phonology*, 9(1): 1–18.

Labov, W. 1969. Contraction, Deletion, and Inherent Variability of the English Copula. *Language*, (45): 715–762.

Labrune, L. 2012a. *The Phonology of Japanese*. Oxford: Oxford University Press.

Labrune, L. 2012b. Questioning the Universality of the Syllable: Evidence from Japanese. *Phonology*, (29): 113–152.

Ladd, D. 1996. *Intonational Phonology*. Cambridge: Cambridge University Press.

Ladd, D. 2008. *Intonational Phonology* (2nd ed.). Cambridge: Cambridge University Press.

Ladefoged, P. 1971. Preliminaries to Linguistic Phonetics. Chicago: University of Chicago Press.

Ladefoged, P. 2003. *Phonetic Data Analysis: An Introduction to Fieldwork and Instrumental Techniques*. Oxford: Wiley-Blackwell.

Ladefoged, P. 2015. *A Course in Phonetics* (7th ed.). Chicago: University of Chicago Press.

Ladefoged, P., & Johnson, K. 2014. *A Course in Phonetics*. Toronto: Nelson Education.

Lado, R. 1957. *Linguistics Across Cultures: Applied Linguistics for Language Teachers*. Ann Arbor: University of Michigan Press.

Lai, W. 2011. *"Concept-based Foreign Language Pedagogy: Teaching the Chinese Temporal System"*. State College: Pennsylvania State University.

Lamb, S. 1966. *Outline of Stratificational Grammar*. Washington, D. C.: Georgetown University Press.

Lane, L. 2010. *Tips for Teaching Pronunciation: A Practical Approach*. New York: Pearson Education.

Lang, H., Nyrke, M. E., Aaltonen, O., Raimo, I., & Näätänen, R. 1990. Pitch Discrimination Performance and Auditory Event-related Potentials. In C. H. M. Brunia, A. W. K. Gaillard, A. K. G. Mulder, & M. N. Verbaten. (eds.) *Psychophysiological Brain Research*. Tilburg: Tilburg University Press, 294–298.

Lantolf, J. P. 2011. The Sociocultural Approach to Second Language Acquisition: Sociocultural Theory, Second Language Acquisition, and Artificial L2 Development. In D. Atkinson. (ed.) *Alternative Approaches to Second Language Acquisition*. New York: Routledge, 24–47.

Larsen, D., & Heinz, J. 2012. Neutral Vowels in Sound-symbolic Vowel Harmony in Korean. *Phonology*, (29): 344–464.

Larsen-Freeman, D. 1986. *Techniques and Principles in Language Teaching*. Hong Kong: Oxford University Press.

Larson-Hall, J. 2004. Predicting Perceptual Success with Segments: A Test of Japanese Speakers of Russian. *Second Language Research*, 20(1): 33–76.

Lasagabaster, D. 2008. Foreign Language Competence in Content and Language Integrated Learning. *Open Applied Linguistics Journal*, (1): 31–42.

Lass, R. 1976. *English Phonology and Phonological Theory: Synchronic and Diachronic Studies*. Cambridge: Cambridge University Press.

Lass, R., & Anderson, J. M. 1975. *Old English Phonology*. Cambridge: Cambridge University Press.

Latham, R., G. 1841. *A Handbook of the English Language*. London: Taylor and Walton.

Laurent, R., Barnaud, M. L., Schwartz, J. L., Bessière, P., & Diard, J. 2017. The Complementary Roles of Auditory and Motor Information Evaluated in a Bayesian Perceptuo-motor model of Speech Perception. *Psychological Review*, 124(5): 572–602.

Laurent, R., Moulin-Frier, C., Bessière, P., Schwartz, J. L., & Diard, J. 2013. Integrate, Yes, but What and How? A Computational Approach of Sensorimotor Fusion in Speech. *Behavioral and Brain Sciences*, 36(4): 364–365.

Lauretta, C., Schellenberg, M., & Gick, B. 2017. Cross-linguistic Bracing: A Lingual Ultrasound Study of Six Languages. *Canadian Acoustics*, 45(3): 186–187.

Lecumberri, M. L. G., & Maidment, J. A. 2003. *English Transcription Course* (2nd ed.). London: Routledge.

Lee, A., Prom-On, S., & Xu, Y. 2017. Pre-low Raising in Japanese Pitch Accent. *Phonetica*, 74(4): 231–246.

Lee, A., & Xu, Y. 2015. Modelling Japanese Intonation Using PENTAtrainer2. *Proceedings of the 18th International Congress of Phonetic Sciences*, 7–11.

Lee, C. Y., Tao, L., & Bond, Z. S. 2010a. Identification of Multi-speaker Mandarin Tones in Noise by native and Non-native Listeners. *Speech Communication*, 52(11): 900–910.

Lee, C. Y., Tao, L., & Bond, Z. S. 2010b. Identification of Acoustically Modified Mandarin Tones by Non-native Listeners. *Language and Speech*, 53(2): 217–243.

Lee, H. 2012. *Concept-based Approach to Second Language Teaching and Learning: Cognitive Linguistics-inspired Instruction of English*. State College: Pennsylvania State University.

Lee, S. A. S., & Iverson, G. K. 2017. The Emergence of Phonetic Categories in Korean-English Bilingual Children. *Journal of Child Language*, 44(6): 1485–1515.

Lein, T., Kupisch, T., & van de Weijer, J. 2016. Voice Onset Time and Global Foreign Accent in German-French Simultaneous Bilinguals During Adulthood. *International Journal of Bilingualism*, 20(6): 732–749.

Lengeris, A. 2009. Perceptual Assimilation and L2 Learning: Evidence from the Perception of Southern British English Vowels by Native Speakers of Greek and Japanese. *Phonetica*, 66(3): 169–187.

Levelt, W. J. M. 1989. *Speaking: From Intention to Articulation*. Cambridge: MIT Press.

Levelt, C. C. 2012. Perception Mirrors Production in 14- and 18-month-olds: The Case of Coda Consonants. *Cognition*, 123(1): 174–179.

Levinson, S. 2005. *Mathematical Models for Speech Technology*. Chichester: John

Wiley & Sons.

Levy, E. S. 2009a. On the Assimilation Discrimination Relationship in American English Adults' French Vowel Learning. *The Journal of the Acoustical Society of America, 126*(5): 2670–2682.

Levy, E. S. 2009b. Language Experience and Consonantal Context Effects on Perceptual Assimilation of French Vowels by American-English Learners of French. *The Journal of the Acoustical Society of America, 125*(2): 1138–1152.

Levy, E. S., & Law, F. F. 2010. Production of French Vowels by American-English Learners of French: Language Experience, Consonantal Context, and the Perception-Production Relationship. *The Journal of the Acoustical Society of America, 128*(3): 1290–1305.

Levy, E. S., & Strange, W. 2008. Perception of French Vowels by American English Adults with and Without French Language Experience. *Journal of Phonetics, 36*(1): 141–157.

Li, A. 2002. Chinese Prosody and Prosodic Labeling of Spontaneous Speech. *Speech Prosody 2002*, 39–46.

Li, A., Chen, X., Sun, G., Wu, H., & Song, Z. 2000. The Phonetic Labeling on Read and Spontaneous Discourse Corpora. *ICSLP 2000*, 724–727.

Li, A., Fang, Q., & Dang, J. 2011. Emotional Intonation in a Tone Language: Experimental Evidence from Chinese. *Proceedings of the 17th International Congress of Phonetic Sciences*, 1198–1201.

Li, A., Fang, Q., Hu, F., Zheng, L., Wang, H., & Dang, J. 2010. Acoustic and Articulatory Analysis on Mandarin Chinese Vowels in Emotional Speech. *Proceedings of the 7th International Symposium on Chinese Spoken Language Processing*, 38–43.

Li, A., & Post, B. 2014. L2 Acquisition of Prosodic Properties of Speech Rhythm. *Studies in Second Language Acquisition, 36*(2): 223–255.

Li, A., Qu, C., & Zhi, N. 2020. Intonation Patterns of Wh-questions by EFL Learners from Jinan Dialectal Region. *Oriental COCOSDA 2020*, 111–116.

Li, A., Wan, X., Zhao, C., & Zhu, L. 2020. Phonological and Phonetic Realization of Narrow Focus in Declarative Sentences by Jinan L2 English Learners. *Proceedings of the 10th International Conference on Speech Prosody 2020*, 876–880.

Li, A., & Yin, Z. 2007. Standardization of Speech Corpus. *Data Science Journal, 6*: 806–812.

Li, A., Yin, Z., Wang, T., Fang, Q., & Hu, F. 2004. RASC863-A Chinese Speech corpus with four regional accents. *Proceedings of ICSLT-o-COCOSDA*, 81–86.

Li, A., Yin, Z., & Zu, Y. 2006. A Rhythmic Analysis on Chinese EFL Speech. *Proceedings of the 3rd International Conference on Speech Prosody*. From International Phonetic Association website.

Li, A., & Zu, Y. 2006. Corpus Design and Annotation for Speech Synthesis and Recognition. In C. -H. Lee, H. Li, L. -S. Lee, R. Wang, & H. Qiang. (eds) *Advances in Chinese Spoken Language Processing*. Singapore: World Scientific,

243–268.

Li, B., Guan, Y., & Chen, S. 2020. Carryover Effects on Tones in Hong Kong Cantonese. *Proceedings of Speech Prosody*, 489–493.

Li, F., Munson, B., Edwards, J., Yoneyama, K., & Hall, K. 2011. Language Specificity in the Perception of Voiceless Sibilant Fricatives in Japanese and English: Implications for Cross-language Differences in Speech-sound Development. *The Journal of the Acoustical Society of America*, 129(2): 999–1011.

Li, W., & Yang, Y. 2009. Perception of Prosodic Hierarchical Boundaries in Mandarin Chinese Sentences. *Neuroscience*, 158(4): 1416–1425.

Li, Y. 2015. Prosodic Boundaries Effect on Segment Articulation in Standard Chinese: An Articulatory and Acoustic Study. *Journal of Chinese Linguistics*, 43(1): 364–398.

Li, Y., Fang, H., Hu, A., & Lü, S. 2015. An Aerodynamic Study on Articulation of Mandarin Initials. *Journal of Chinese Linguistics*, 43(1): 411–433.

Lialikhova, D. 2018. The Impact of a Short-term CLIL Intervention Project on Norwegian Different Ability Ninth Graders' Oral Development. *International Journal of Bilingual Education and Bilingualism*, 24(5): 1–22.

Liberman, A. M., Cooper, F. S., Shankweiler, D. P., & Studdert-Kennedy, M. 1967. Perception of the Speech Code. *Psychological Review*, 74 (6): 431–439.

Liberman, A. M., Harris, K. S., Hoffman, H. S., & Griffith, B. C. 1957. The Discrimination of Speech Sounds Within and Across Phoneme Boundaries. *Journal of Experimental Psychology*, 54 (5): 358–368.

Liberman, A. M., & Mattingly, I. G. 1985. The Motor Theory of Speech Perception Revised. *Cognition*, 21(1): 1–36.

Liberman, A. M., & Mattingly, I. G. 1989. A Specialization for Speech Perception. *Science*, 243(4890): 489–494.

Liddell, S. K., & Johnson, R. E. 1989. American Sign Language: The Phonological Base. *Sign Language Studies*, (64): 195–278.

Liljencrants, J., & Lindblom, B. 1972. Numerical Simulation of Vowel Quality Systems: The Role of Perceptual Contrast. *Language*, (48): 839–862.

Lin, C. Y., Cheng, C., & Wang, M. 2018. The Contribution of Phonological and Morphological Awareness in Chinese-English Bilingual Reading Acquisition. *Reading and Writing*, 31(1): 99–132.

Lin, C. Y., Wang, M., Idsardi, W. J., & Xu, Y. 2014. Stress Processing in Mandarin and Korean Second Language Learners of English. *Bilingualism: Language and Cognition*, 17(2): 316–346.

Lindblom, B. 1986. Phonetic Universals in Vowel Systems. In J. J. Ohala, & J. J. Jaeger. (eds.) *Experimental Phonology*. Orlando: Academic Press, 13–44.

Lindblom, B. 1990. Explaining Phonetic Variation: A Sketch of the H & H Theory. In W. J. Hardcastle, & A. Marchal. (eds.) *Speech Production and Speech Modelling*. Netherlands: Springer, 403–439.

Lindblom, B., & Engstrand, O. 1989. In What Sense is Speech Quantal? *Journal of*

Phonetics, 17(1–2): 107–121.

Lindsey, G. 2019. *English After RP Standard British Pronunciation Today*. London: Palgrave Macmillan.

Lindström, R., Lepistö-Paisley, T., Makkonen, T., Reinvall, O., Wendt, T. N. V., Alén, R., & Kujala, T. 2018. Atypical Perceptual and Neural Processing of Emotional Prosodic Changes in Children with Autism Spectrum Disorders. *Clinical Neurophysiology, 129*(11): 2411–2420.

Linnavalli, T., Putkinen, V., Huotilainen, M., & Tervaniemi, M. 2017. Phoneme Processing Skills Are Reflected in Children's MMN Responses. *Neuropsychologia, 101*: 76–84.

Linzen, T. 2019. What can Linguistics and Deep Learning Contribute to Each Other? Response to Pater. *Language, 95*(1): 99–108.

Lionnet, F. 2017. A Theory of Subfeatural Representations: The Case of Rounding Harmony in Laal. *Phonology,* (34): 523–564.

Lippi-Green, R. 2012. *English with an Accent: Language, Ideology, and Discrimination in the United States* (2nd ed.). New York: Routledge.

Lipski, S. C., Escudero. P., & Benders, T. 2012. Language Experience Modulates Weighting of Acoustic Cues for Vowel Perception: An Event-related Potential Study. *Psychophysiology, 49*(5): 638–650.

Lisker, L., & Abramson, A. S. 1964. A Cross-language Study of Voicing in Initial Stops: Acoustical Measurements. *Word-journal of the International Linguistic Association, 20*(3): 384–422.

Lisker, L., & Abramson, A. S. 1967. Some Effects of Context on Voice Onset Time in English Stops. *Language and Speech, 10*(1): 1–28.

Liu, C., Jin, S. H., & Chen, C. T. 2014. Durations of American English Vowels by Native and Non-native Speakers: Acoustic Analyses and Perceptual Effects. *Language and Speech, 57*(2): 238–253.

Liu, L., Ong, J. H., Tuninetti, A., & Escudero, P. 2018. One Way or Another: Evidence for Perceptual Asymmetry in Pre-attentive Learning of Non-native Contrasts. *Frontier in Psychology, 5*: 162.

Liu, C., & Rodriguez, A. 2012. Categorical Perception of Intonation Contrasts: Effects of Listeners' Language Background. *The Journal of the Acoustical Society of America, 131*(6): 427–433.

Lively, S. E., Logan, J. S., & Pisoni, D. B. 1993. Training Japanese Listeners to Identify English /r/ and /l/: The Role of Phonetic Environment and Talker Variability in Learning New Perceptual Categories. *The Journal of the Acoustical Society of America, 94*(3): 1242–1255.

Lloyd, J. E., Stavness, I., & Fels, S. 2012. ArtiSynth: A Fast Interactive Biomechanical Modeling Toolkit Combining Multibody and Finite Element Simulation. In Y. Payan. (ed.) *Soft Tissue Biomechanical Modeling for Computer Assisted Surgery*. Heidelberg: Springer, 355–394.

Lo, Y. Y., & Murphy, V. A. 2010. Vocabulary Knowledge and Growth in Immersion and Regular Language-learning Programmes in Hong Kong. *Language and Education*, (24): 215–238.

Logan, J. S., Lively, S. E., & Pisoni, D. B. 1991. Training Japanese Listeners to Identify English /r/ and /l/: A First Report. *The Journal of the Acoustical Society of America*, 89(2): 874–886.

Long, M. 2015. *Second Language Acquisition and Task-based Language Teaching*. Malden & Oxford: Wiley-Blackwell.

Lord, G. 2010. The Combined Effects of Immersion and Instruction on Second Language Pronunciation. *Foreign Language Annals*, 43(3): 488–503.

Low, E. L. 2015. *Pronunciation for English as an International Language: From Research to Practice*. London & New York: Routledge.

Lowenstamm, J. 1996. CV as the Only Syllable Type. In J. Durand, & B. Laks. (eds.) *Current Trends in Phonology: Models and Methods* (Vol. 2). Salford, Manchester: ESRI, 419–442.

Lowenstamm, J. 1999. The Beginning of the Word. In J. Rennison, & K. Kühnhammer. (eds.) *Phonologica 1996*. La Hague: Holland Academic Graphics, 153–166.

Lowie, W. M. & Bultena, S. 2007. Articulatory Settings and the Dynamics of Second Language Speech Production. In J. Maidman. (ed.) *Proceedings of the PTLC 2007 Phonetics Teaching & Learning Conference*, UCL London, 24–26.

Lu, S., Wayland, R., & Kaan, E. 2015. Effects of Production Training and Perception Training on Lexical Tone Perception—A Behavioral and ERP Study. *Brain Research*, (1624): 28–44.

Łubowicz, A. 2002. Derived Environment Effects in Optimality Theory. *Lingua*, (112): 243–280.

Luian, B. A. 2008. *The American Accent Guide: A Comprehensive Course on the Sound System of American English* (2nd ed.). Salt Lake City: Lingual Arts.

Łukaszewicz, B. 2018. Phonetic Evidence for an Iterative Stress System: The Issue of Consonantal Rhythm. *Phonology*, (35): 115–150.

Lunden, A., Campbell, J., Hutchens, M., & Kalivoda, N. 2017. Vowel-length Contrasts and Phonetic Cues to Stress: An Investigation of Their Relation. *Phonology*, (34): 565–580.

Ma, L., Pascal, P., & Dang, J. 2009. A Study of Anticipatory Coarticulation for French Speakers and for Mandarin Chinese Speakers. *Chinese Journal of Phonetics*, (2): 82–89.

Maas, E., Mailend, M. L., & Guenther, F. H. 2015. Feedforward and Feedback Control in Apraxia of Speech: Effects of Noise Masking on Vowel Production. *Journal of Speech, Language, and Hearing Research*, 58(2): 185–200.

Maassen, B., Groenen, P., Crul, T., Assman-Hulsmans, C., & Gabreëls, F. 2001. Identification and Discrimination of Voicing and Place-of-Articulation in Developmental Dyslexia. *Clinical Linguistics & Phonetics*, 15(4): 319–339.

MacKain, K. S., Best, C. T., & Strange, W. 1981. Categorical Perception of English

/r/ and /l/ by Japanese Bilinguals. *Applied Psycholinguistics*, 2(4): 369–390.

MacKay, I. R. A., Flege, J. E., & Imai, S. 2006. Evaluating the Effects of Chronological Age and Sentence Duration on Degree of Perceived Foreign Accent. *Applied Psycholinguistics*, 27(2): 157–183.

MacKay, I. R. A., Flege, J. E., Piske, T., & Schirru, C. 2001. Category Restructuring During Second Language Speech Acquisition. *The Journal of the Acoustical Society of America*, 110(1): 516–528.

MacLeod, A. A. N. 2016. Phonetic and Phonological Perspectives on the Acquisition of Voice Onset Time by French-Speaking Children. *Clinical Linguistics & Phonetics*, 30(8): 584–598.

Macleod, A. A. N., & Stoel-Gammon, C. 2009. The Use of Voice Onset Time by Early Bilinguals to Distinguish Homorganic Stops in Canadian English and Canadian French. *Applied Psycholinguistics*, 30(1): 53–77.

Macmahon, M. K. C. 1986. The International Phonetic Association: The First 100 Years. *Journal of the International Phonetic Association*, 16(1): 30–38.

Macmillan, N. A., & Creelman, C. D. 2004. *Detection Theory: A User's Guide*. Mahwah: Psychology Press.

MacWhinney, B., & O'Grady, W. (eds.) 2015. *The Handbook of Language Emergence*. Chichester: John Wiley & Sons.

Maddieson, I. 1984. *Patterns of Sounds*. Cambridge: Cambridge University Press.

Magri, G. 2013. HG Has No Computational Advantages Over OT: Towards a New Toolkit for Computational OT. *Linguistic Inquiry*, (44): 569–609.

Mailhammer, R., & Harvey, M. 2018. A Reconstruction of the Proto-iwaidjan Phoneme System. *Australian Journal of Linguistics*, (38): 329–359.

Maionchi-Pino, N., de Cara, B., Ecalle, J., & Magnan, A. 2012. Are French Dyslexic Children Sensitive to Consonant Sonority in Segmentation Strategies? Preliminary Evidence from a Letter Detection Task. *Research in Developmental Disabilities*, 33(1): 12–23.

Major, R. C., & Kim, E. 1999. The Similarity Differential Rate Hypothesis. *Language Learning*, 49(1): 151–183.

Marin, S. 2013. The Temporal Organization of Complex Onsets and Codas in Romanian: A Gestural Approach. *Journal of Phonetics*, 41(3): 211–227.

Marks, J. 2012. *English Pronunciation in Use: Elementary*. Beijing: Beijing Language and Culture University Press.

Martínez-Adrián, M., del Puerto, F. G., & Mangado, J. G. 2013. Phonetic and Syntactic Transfer Effects in the English Interlanguage of Basque/Spanish Bilinguals. *Vial-Vigo International Journal of Applied Linguistics*, 10(1): 51–83.

Martínez-Paricio, V., & Kager, R. 2015. The Binary-to-Ternary Rhythmic Continuum in Stress Typology: Layered Feet and Non-intervention Constraints. *Phonology*, (32): 459–504.

Martins, P., Carbone, I., Pinto, A., Silva, A., & Teixeira, A. 2008. European Portuguese MRI Based Speech Production Studies. *Speech Communication, 50*

(11–12): 925–952.

Maskikit-Essed, R., & Gussenhoven, C. 2016. No Stress, No Pitch Accent, No Prosodic Focus: The Case of Ambonese Malay. *Phonology*, (33): 353–389.

Massaro, D. W. 2001. Speech Perception. In N. J. Smelser, & P. B. Baltes. (eds.) *International Encyclopedia of the Social & Behavioral Sciences*. Oxford: Elsevier, 14870–14875.

Massaro, D. W., Cohen, M. M., Gesi, A., Heredia, R., & Tsuzaki, M. 1993. Bimodal Speech Perception: An Examination Across Languages. *Journal of Phonetics*, 21(4): 445–478.

Mathesius, V. 1983. On the Potentiality of the Phenomena of Language. In J. Vachek. (ed.) *Praguiana: Some Basic and Less Known Aspects of the Prague Linguistic School*. Prague: Academia, 3–44.

Mattingly, I. G., & Liberman, A. M. 1988. Specialized Perceiving Systems for Speech and Other Biologically Significant Sounds. *Auditory Function*, 775–793.

Matsumoto-Shimamori, S., Ito, T., Fukuda, S. E., & Fukuda, S. 2011. The Transition from the Core Vowels to the Following Segments in Japanese Children Who Stutter: The Second, Third and Fourth Syllables. *Clinical Linguistics & Phonetics*, 25(9): 804–813.

Matsuura, T. 2008. Position Sensitivity in Nagasaki Japanese Prosody. *Journal of East Asian Linguistics*, 17: 381–397.

Mattys, S. L. 2004. Stress Versus Coarticulation: Toward an Integrated Approach to Explicit Speech Segmentation. *Journal of Experimental Psychology. Human Perception and Performance*, 30(2): 397–408.

Mattys, S. L., White, L., & Melhorn, J. F. 2005. Integration of Multiple Speech Segmentation Cues: A Hierarchical Framework. *Journal of Experimental Psychology: General*, 134(4): 477–500.

Matzenauer, C. L. B., & Bisol, L. 2016. The Inventory and the Underlying Distribution of Theme Vowels in the Portuguese Noun Class. *Alfa: Revista de Lingüística*, 60(2): 353–65.

Mauk, C. E., & Tyrone, M. E. 2012. Location in ASL: Insights from Phonetic Variation. *Sign Language & Linguistics*, (15): 128–146.

Maye, J., Werker, J. F., & Gerken, L. 2002. Infant Sensitivity to Distributional Information Can Affect Phonetic Discrimination. *Cognition*, 82(3): 101–111.

Mayer, C., Gick, B., Weigel, T., & Whalen, D. H. 2013. Perceptual Integration of Visual Evidence of the Airstream from Aspirated Stops. *Canadian Acoustics—Acoustique Canadienne*, 41(3): 23–27.

Mayo, C., Scobbie, J. M., Hewlett, N., & Waters, D. 2003. The Influence of Phonemic Awareness Development on Acoustic Cue Weighting Strategies in Children's Speech Perception. *Journal of Speech, Language, and Hearing Research*, 46: 1184–1196.

Mayo, C., & Turk, A. 2004. Adult-child Differences in Acoustic Cue Weighting Are Influenced by Segmental Context: Children Are Not Always Perceptually

Biased Toward Transitions. *The Journal of the Acoustical Society of America*, 115(6): 3184–3194.

Mayr, R., & Escudero, P. 2010. Explaining Individual Variation in L2 Perception: Rounded Vowels in English Learners of German. *Bilingualism: Language and Cognition*, 13(3): 279–297.

McAllister, R., Flege, J. E., & Piske, T. 2002. The Influence of L1 on the Acquisition of Swedish Quantity by Native Speakers of Spanish, English and Estonian. *Journal of Phonetics*, 30(2): 229–258.

McCarthy, J. J. 1999. Sympathy and Phonological Opacity. *Phonology*, (16): 331–399.

McCarthy, J. J. 2003. OT Constraints Are Categorical. *Phonology*, (20): 75–138.

McCarthy, J. J. 2007. *Hidden Generalizations: Phonological Opacity in Optimality Theory*. London: Equinox.

McCarthy, J. J. & Cohn, A. 1998. Alignment and Parallelism in Indonesian Phonology. *Working Papers of the Cornell Phonetics Laboratory*, (12): 53–137.

McCarthy, J. J., & Pater, J. (eds.) 2016. *Harmonic Grammar and Harmonic Serialism*. London: Equinox.

McCarthy, K. M., Skoruppa, K., & Iverson, P. 2019. Development of Neural Perceptual Vowel Spaces During the First Year of Life. *Scientific Reports*, 9(1):1–7.

McClelland, J. L., & Elman, J. L. 1986. The TRACE Model of Speech Perception. *Cognitive Psychology*, 18(1): 1–86.

McCollum, A. G. 2018. Vowel Dispersion and Kazakh Labial Harmony. *Phonology*, (35): 287–326.

McGowan, R. S. Nittrouer, S., & Chenausky, K. 2008. Speech Production in 12-month-old Children with and without Hearing Loss. *Journal of Speech, Language, and Hearing Research*. 51(4): 879–888.

McGurk, H., & MacDonald, J. 1976. Hearing Lips and Seeing Voices. *Nature*, 264(5588): 746–748.

McNerney, M., & Mendelsohn, D. 1992. Suprasegmentals in the Pronunciation Class: Setting Priorities. In P. Avery, & S. Ehrlich. (eds.) *Teaching American English Pronunciation*. Oxford: Oxford University Press, 185–196.

McPherson, L., & Hayes, B. 2016. Relating Application Frequency to Morphological Structure: The Case of Tommo so Vowel Harmony. *Phonology*, (33): 125–167.

Meier, R. P. 2012. Language and Modality. In R. Pfau, M. Steinbach, & B. Woll. (eds.) *Sign Language: An International Handbook*. Berlin: Mouton de Gruyter, 574–601.

Melchers, G., & Shaw, P. 2003. *World Englishes: An Introduction*. London: Edward Arnold.

Melguy, Y. V. 2018. Exploring the Bilingual Phonological Space: Early Bilinguals' Discrimination of Coronal Stop Contrasts. *Language and Speech*, 61(2): 173–198.

Ménard, L., & Schwartz, J. L. 2014. Perceptuo-motor Biases in the Perceptual

Organization of the Height Feature in French Vowels. *Acta Acustica United with Acustica*, 100(4): 676–689.

Ménard, L., Schwartz, J. L., & Aubin, J. 2008. Invariance and Variability in the Production of the Height Feature in French Vowels. *Speech Communication*, 50(1): 14–28.

Meng, R., Chen, Y., Zhou, Q., & Fu, K. 2020. Exploring Correlation Between Perception of Postvocalic Nasals and Production of Vowel Nasalization in English by Chinese Learners. *Proceedings of the 2020 International Conference on Asian Language Processing*, 125–129.

Mennen, I. 2004. Bi-directional Interference in the Intonation of Dutch Speakers of Greek. *Journal of Phonetics*, 32: 543–563.

Mennen, I. 2015. Beyond Segments: Towards an L2 Intonation Learning Theory (LILt). In E. Delais-Roussarie, M. Avanzi, & S. Herment. (eds.) *Prosody and Language in Contact: L2 Acquisition, Attrition and Languages in Multilingual Situations*. Berlin: Springer, 171–188.

Mi, L., Tao, S., Wang, W., Dong, Q., Guan, J., & Liu, C. 2016. English Vowel Identification and Vowel Formant Discrimination by Native Mandarin Chinese- and Native English-speaking Listeners: The Effect of Vowel Duration Dependence. *Hearing Research*, (333): 58–65.

Mielke, J. 2008. *The Emergence of Distinctive Features*. Oxford: Oxford University Press.

Mielke, J., Archangeli, D., & Baker, A. 2016. Individual-level Contact Reduces Phonological Complexity: Evidence from Bunched and Retroflex /ɹ/. *Language*, (92): 101–140.

Mielke, J., Baker, A., & Archangeli, D. 2010. Variability and Homogeneity in American English /ɹ/ Allophony and /s/ Retraction. In C. Fougeron, B. Kühnert, M. D'Imperio, & N. Vallée. (eds.) *Variation, Detail, and Representation: LabPhon 10*. Berlin: Mouton de Gruyter, 699–730.

Miller, J. L., & Peter, D. E. 1977. Studies on the Perception of Place and Manner of Articulation: A Comparison of the Labial-alveolar and Nasal-stop Distinctions. *The Journal of the Acoustical Society of America*, 61(3): 835–845.

Miller, J. L., Mondini, M., Grosjean, F., & Dommergues, J. Y. 2011. Dialect Effects in Speech Perception: The Role of Vowel Duration in Parisian French and Swiss French. *Language and Speech*, 54(4): 467–485.

Minkova, D. 2014. *A Historical Phonology of English*. Edinburgh: Edinburgh University Press.

Miyawaki, K., Jenkins, J. J., Strange, W., Liberman, A. M., Verbrugge, R., & Fujimura, O. 1975. An Effect of Linguistic Experience: The Discrimination of /r/ and /l/ by Native Speakers of Japanese and English. *Perception & Psychophysics*, 18(5): 331–340.

Mochizuki, M. 1981. The Identification of /r/ and /l/ in Natural and Synthesized Speech. *Journal of Phonetics*, 9(3), 283–303.

Mody, M., Manoach, D. S., Guenther, F. H., Kenet, T., Bruno, K. A., McDougle, C. J., & Stigler, K. A. 2013. Speech and Language in Autism Spectrum Disorder: A View Through the Lens of Behavior and Brain Imaging. *Neuropsychiatry, 3*(2): 223–232.

Mok, P. P. K., & Lee, A. 2018. The Acquisition of Lexical Tones by Cantonese-English Bilingual Children. *Journal of Child Language, 45*(6): 1357–1376.

Mokari, P. G., & Werner, S. 2018. Perceptual Training of Second-language Vowels: Does Musical Ability Play a Role? *Journal of Psycholinguistic Research, 47*(1): 95–112.

Mołczanow, J. 2015. The Interaction of Tone and Vowel Quality in Optimality Theory: A Study of Moscow Russian Vowel Reduction. *Lingua, 163*: 108–137.

Mołczanow, J., Iskra, E., Dragoy, O., Wiese, R., & Domahs, U. 2019. Default Stress Assignment in Russian: Evidence from Acquired Surface Dyslexia. *Phonology*, (36): 61–90.

Mompeán, G. 2003. Pedagogical Tools for Teaching Articulatory Setting. In M. J. Sole, D. Recasens, & J. Romero. (eds.) *Proceedings of the 15th International Congress of Phonetic Sciences: Barcelona 2003*. Adelaide: Causal Productions, 1603–1606.

Mooney, D. 2019. Phonetic Transfer in Language Contact: Evidence for Equivalence Classification in the Mid-vowels of Occitan-French Bilinguals. *Journal of the International Phonetic Association, 49*(1): 1–33.

Mora, J. C., & Levkina, M. 2017. TBLT and L2 Pronunciation: Do the Benefits of Tasks Extend Beyond Grammar and Lexis? *Studies in Second Language Acquisition, 39*(2): 381–399.

Moradi, S., Lidestam, B., Danielsson, H., Ng, E., & Rönnberg, J. 2017. Visual Cues Contribute Differentially to Audiovisual Perception of Consonants and Vowels in Improving Recognition and Reducing Cognitive Demands in Listeners with Hearing Impairment Using Hearing Aids. *Journal of Speech Language and Hearing Research, 60*(9): 2687–2703.

Morgan, H., & R. Mayberry. 2012. Complexity in Two-handed Signs in Kenyan Sign Language. *Sign Language & Linguistics*, (15): 147–174.

Morley, J. 1987. *Current Perspectives on Pronunciation: Practices Anchored in Theory*. Alexandria: TESOL, 83–100.

Morley, J. 1994. A Multidimensional Curriculum Design for Speech-pronunciation Instruction. In J. Morley. (ed.) *Pronunciation, Pedagogy and Theory: New Views, New Directions*. Alexandria: TESOL, 64–91.

Moskal, B. 2018. Labial Harmony in Turkic, Tungusic and Mongolic Languages: An Element Approach. *Phonology*, (35): 689–725.

Moulines, E., & Charpentier, F. 1990. Pitch-synchronous Waveform Processing Techniques for Text-to-Speech Synthesis Using Diphones. *Speech Communication, 9*(5–6): 453–467.

Moulin-Frier, C., Laurent, R., Bessière, P., Schwartz, J. L., & Diard, J. 2012.

Adverse Conditions Improve Distinguishability of Auditory, Motor, and Perceptuo-motor Theories of Speech Perception: An exploratory Bayesian Modelling Study. *Language and Cognitive Processes*, 27(7–8): 1240–1263.

Mücke, D., Nam, H., Hermes, A., & Goldstein, L. M. 2012. Coupling of Tone and Constriction Gestures in Pitch Accents. In P. Hoole, L. Bombien, M. Pouplier, C. Mooshammer, & B. Kühnert. (eds.) *Consonant Clusters and Structural Complexity*. Berlin: Mouton de Gruyter, 205–230.

Murphy, J. M. 2014. Intelligible, Comprehensible, Non-native Models in ESL/EFL Pronunciation Teaching. *System*, 42: 258–269.

Näätänen, R. 2001. The Perception of Speech Sounds by the Human Brain as Reflected by the Mismatch Negativity (MMN) and Its Magnetic Equivalent (MMNm). *Psychophysiology*, 38(1): 1–21.

Näätänen, R., Jacobsen, T., & Winkler, I. 2005. Memory-based or Afferent Processes in Mismatch Negativity (MMN): A Review of the Evidence. *Psychophysiology*, (42): 25–32.

Näätänen, R., Paavilainen, P., Rinne, T., & Alho, K. 2007. The Mismatch Negativity (MMN) in Basic Research of Central Auditory Processing: A Review. *Clinical Neurophysiology*, (118): 2544–2590.

Nagle, C. L. 2017. A Longitudinal Study of Voice Onset Time Development in L2 Spanish Stops. *Applied Linguistics*, 40(1): 86–107.

Nahorna, O., Berthommier, F., & Schwartz, J. L. 2012. Binding and Unbinding the Auditory and Visual Streams in the McGurk Effect. *The Journal of the Acoustical Society of America*, 132(2): 1061–1077.

Nair, A., Schellenberg, M., & Gick, B. 2015. A Case Study on the Efficacy of Ultrasound Biofeedback in Voice Pedagogy. *Proceedings of the 18th International Congress of Phonetic Sciences*. From Researchgate website.

Nam, H., Goldstein, L., & Saltzman, E. 2009. Self-organization of Syllable Structure: A Coupled Oscillator Model. In F. Pellegrino, E. Marsico, I. Chitoran, & C. Coupé. (eds.) *Approaches to Phonological Complexity*. Berlin: Mouton de Gruyter, 299–328.

Nam, H., Goldstein, L., Saltzman, E., & Byrd, D. 2004. TaDA: An Enhanced, Portable Task Dynamics Model in MATLAB. *The Journal of the Acoustical Society of America*, 115(5): 2430.

Nam, Y., & Polka, L. 2016. The Phonetic Landscape in Infant Consonant Perception Is an Uneven Terrain. *Cognition*, 155: 57–66.

Namdaran, N. 2006. *Retraction in St'át'imcets: An Ultrasonic Investigation*. Vancouver: University of British Columbia.

Nazarov, A., & Pater, J. 2017. Learning Opacity in Stratal Maximum Entropy Grammar. *Phonology*, (34): 299–324.

Nearey, T. M. 1997. Speech Perception as Pattern Recognition. *The Journal of the Acoustical Society of America*, 101(6): 3241–3254.

Negueruela, E. A. 2003. *Sociocultural Approach to the Teaching and Learning of Second*

Languages: Systemic-theoretical Instruction and L2 Development. State College: Pennsylvania State University.

Neisser, U. 1967. *Cognitive Psychology.* New York: Appleton-Century-Crofts.

Nelson, C. L., Proshina, Z. G., & Davis, D. R. 2020. *The Handbook of World Englishes* (2nd ed.). New York: Wiley-Blackwell.

Newlin-Łukowicz, L. 2012. Polish Stress: Looking for Phonetic Evidence of a Bidirectional System. *Phonology,* (29): 271–329.

Nguyen, T. A. T., Ingram, C. L. J., & Pensalfini, J. R. 2008. Prosodic Transfer in Vietnamese Acquisition of English Contrastive Stress Patterns. *Journal of Phonetics,* 36: 158–190.

Nicolaidis, K., & Mattheoudakis, M. 2012. The PRO-VOC Method: Combining Pronunciation and Vocabulary Teaching. *IRAL-International Review of Applied Linguistics in Language Teaching,* 50(4): 303–321.

Niemann, H., Mücke, D., Nam, H., Goldstein, L., & Grice, M. 2011. Tones as Gestures: The Case of Italian and German. *Proceedings of the 17th International Congress of Phonetic Sciences,* 1486–1489.

Nishi, K., Strange, W., Akahane-Yamada, R., Kubo, R., & Trent-Brown, S. A. 2008. Acoustic and Perceptual Similarity of Japanese and American English Vowels. *The Journal of the Acoustical Society of America,* 124(1): 576–588.

Nittrouer, S. 2005. Age-related Differences in Weighting and Masking of Two Cues to Word-final Stop Voicing in Noise. *The Journal of the Acoustical Society of America,* 118(2): 1072–1088.

Niziolek, C. A., & Guenther, F. H. 2013. Vowel Category Boundaries Enhance Cortical and Behavioral Responses to Speech Feedback Alterations. *Journal of Neuroscience,* 33(29): 12090–12098.

Noble, L., & Xu, Y. 2011. Friendly Speech and Happy Speech—Are They the Same? *Proceedings of the ICPhS2011,* 1502–1505.

Noreen, A. 1903. *Vårt språk.* Lund: Gleerups.

O'Connor, J. D., & Arnold, G. F. 1973. *Intonation of Colloquial English: A Practical Handbook* (2nd ed.). London: Longman.

O'Connor, K. M., & Patin, C. 2015. The Syntax and Prosody of Apposition in Shingazidja. *Phonology,* (32): 111–145.

Odden, D. 2017. Markedness in Substance-free and Substance-dependent Phonology. In B. D. Samuels. (ed.) *Arguments of Substance: Beyond Markedness.* Amsterdam & Philadelphia: John Benjamins, 1–22.

Odisho, E. Y. 2014. *Pronunciation is in the Brain, Not in the Mouth: A Cognitive Approach to Teaching It.* Piscataway: Gorgias Press.

Ogane, R., Schwartz, J. L., & Ito, T. 2020. Orofacial Somatosensory Inputs Modulate Word Segmentation in Lexical Decision. *Cognition,* 197: 104–163.

Oh, G. E., Guion-Anderson, S., Aoyama, K., Flege, J. E., Akahane-Yamada, R., & Yamada, T. 2011. A One-year Longitudinal Study of English and Japanese Vowel Production by Japanese Adults and Children in an English-speaking

Setting. *Journal of Phonetics*, 39(2): 156–167.

Ohala, J., & Jaeger, J. (eds.) 1986. *Experimental Phonology*. Orlando: Academic Press.

Ohala, J. J. 1990. There Is No Interface Between Phonology and Phonetics: A Personal View. *Journal of Phonetics*, (18): 153–171.

Ohala, J. J. 1991. The Integration of Phonetics and Phonology. *Proceedings of the 12th International Congress of Phonetic Sciences*, (1): 2–16.

Ohala, J. J. 1996. Speech Perception Is Hearing Sounds, Not Tongues. *The Journal of the Acoustical Society of America*, 99(3): 1718–1725.

Ohala, J. J. 2004. Phonetics and Phonology Then, and Then, and Now. In H. Quene, & V. van Heuven. (eds.) *On Speech and Language: Studies for Siebg. Nooteboom*. Amsterdam: Netherlands Gradnate School of Linguistics, 133–140.

Olmstead, A. J., Viswanathan, N., & Magnuson, J. S. 2016. Direct and Real: Carol A. Fowler's Theory and Approach to Science. *Ecological Psychology*, 28(3): 127–129.

Olson, D. J. 2019. Feature Acquisition in Second Language Phonetic Development: Evidence from Phonetic Training. *Language Learning*, 69(2): 366–404.

O'Neal, G. 2015. Consonant Clusters and Intelligibility in English as a Lingua Franca in Japan: Phonological Modifications to Restore Intelligibility in ELF. *Pragmatics and Society*, 6(4): 615–636.

Oohashi, H., Watanabe, H., & Taga, G. 2017. Acquisition of Vowel Articulation in Childhood Investigated by Acoustic-to-Articulatory Inversion. *Infant Behavior and Development*, (46): 178–193.

Ordin, M., & Polyanskaya, L. 2015. Acquisition of Speech Rhythm in a Second Language by Learners with Rhythmically Different Native Languages. *The Journal of the Acoustical Society of America*, 138(2): 533–544.

Orgun, O., & Sprouse, R. 2010. Hard Constraints in Optimality Theory. In C. Rice, & S. Blaho. (eds.) *Modelling Ungrammaticality in Optimality Theory*. London: Equinox, 97–114.

Ortega-Llebaria, M., Olson, D. J., & Tuninetti, A. 2019. Explaining Cross-language Asymmetries in Prosodic Processing: The Cue-driven Window Length Hypothesis. *Language and Speech*, 62(4): 701–736.

O'Seaghdha, P. G., Chen, J. Y., & Chen, T. M. 2010. Proximate Units in Word Production: Phonological Encoding Begins with Syllables in Mandarin Chinese but with Segments in English. *Cognition*, 115(2): 282–302.

Ott, D. 2017. Review of Contiguity Theory by N. Richards (2016). *Language*, 93(3): 720–723.

Ozburn, A., & Kochetov, A. 2018. Ejective Harmony in Lezgian. *Phonology*, (35): 407–440.

Pakarinen, S., Huotilainen, M., & Näätänen, R. 2010. The Mismatch Negativity (MMN) with No Standard Stimulus. *Clinical Neurophysiology*, (121): 1043–1050.

Palmer, F. R. (eds.) 1970. *Prosodic Analysis*. London: Oxford University Press.

Palmer, F. R. 1970. *Prosodic Analysis*. Oxford: Oxford University Press.

Palmer, H. E. 1922. *English Intonation with Systematic Exercises*. Cambridge: W. Heffer & Sons.
Pan, X. 2015. A Two-dimensional Lip Model for Mandarin Chinese. *Journal of Chinese Linguistics*, 43(1): 295–310.
Panconcelli-Calzia, G. 1940. *Quellenatlas zur Geschichte der Phonetik*. Hamburg: Hansischer Gildenverlag.
Pang, T. T. T. 2003. Hong Kong English: A Still Born Variety? *English Today*, 19(2): 12–18.
Pannekamp, A., Toepel, U., Alter, K., Hahne, A., & Friederici, A. D. 2005. Prosody-driven Sentence Processing: An Event-related Brain Potential Study. *Journal of Cognitive Neuroscience*, 17(3): 407–421.
Pardo, J. S. 2016. Catching the Drift: Carol A. Fowler on Phonetic Variation and Imitation. *Ecological Psychology*, 28(3): 171–175.
Park, H., & de Jong, K. J. 2008. Perceptual Category Mapping Between English and Korean Prevocalic Obstruents: Evidence from Mapping Effects in Second Language Identification Skills. *Journal of Phonetics*, 36(4): 704–723.
Parker, S. 2012. *The Sonority Controversy*. Berlin & Boston: Mouton de Gruyter.
Pastätter, M., & Pouplier, M. 2014. The Temporal Coordination of Polish Onset and Coda Clusters Containing Sibilants. *Proceedings of the 10th International Seminar on Speech Production*, 312–315.
Patel, R., Niziolek, C., Reilly, K., & Guenther, F. H. 2011. Prosodic Adaptations to Pitch Perturbation in Running Speech. *Journal of Speech, Language, and Hearing Research*, 54(4): 1051–1059.
Pater, J. 2009. Morpheme-specific Phonology as Constraint Indexation and Inconsistency Resolution. In S. Parker. (ed.) *Phonological Argumentation*. London: Equinox Publications, 123–154.
Pater, J. 2016. Universal Grammar with Weighted Constraints. In J. J. McCarthy, & J. Pater. (eds.) *Harmonic Grammar and Harmonic Serialism*. London: Equinox, 1–46.
Pater, J. 2018. Substance Matters: A Reply to Jardine. *Phonology*, (35): 151–156.
Pater, J. 2019. Generative Linguistics and Neural Networks at 60: Foundation, Friction, and Fusion. *Language*, 95(1): 41–74.
Patihis, L., Oh, J. S., & Mogilner, T. 2015. Phoneme Discrimination of an Unrelated Language: Evidence for a Narrow Transfer but Not a Broad-based Bilingual Advantage. *International Journal of Bilingualism*, 19(1): 3–16.
Peeva, M. G., Guenther, F. H., Tourville, J. A., Nieto-Castanon, A., Anton, J. -L., Nazarian, B., & Alario, F. X. 2010. Distinct Representations of Phonemes, Syllables, and Supra-syllabic Sequences in the Speech Production Network. *Neuroimage*, 50(2): 626–638.
Peeva, M. G., Tourville, J. A., Agam, Y., Holland, B., Manoach, D. S., & Guenther, F. H. 2013. White Matter Impairment in the Speech Network of Individuals with Autism Spectrum Disorder. *NeuroImage: Clinical*, 3: 234–241.

Peng, G., Zheng, H. Y., Gong, T., Yang, R. -X., Kong, J. P., & Wang, W. S. Y. 2010. The Influence of Language Experience on Categorical Perception of Pitch Contours. *Journal of Phonetics*, 38(4): 616–624.

Peng, L., & Setter, J. 2000. The Emergence of Systematicity in the English Pronunciations of Two Cantonese-speaking Adults in Hong Kong. *English World-Wide*, 21(1): 81–108.

Pennington, M. C., & Rogerson-Revell, P. 2019. *English Pronunciation Teaching and Research: Contemporary Perspectives*. London: Palgrave Macmillan.

Pérez-Cañado, M. L. 2012. CLIL Research in Europe: Past, Present, and Future. *International Journal of Bilingual Education and Bilingualism*, 15(3): 315–341.

Peterson, G. E. 1951. The Phonetic Value of Vowels. *Language*, 27(4): 541–553.

Peterson, G. E., & Barney, H. L. 1952. Control Methods Used in a Study of the Vowels. *Journal of the Acoustical Society of America*, 24(2): 175–184.

Phoon, H. S., Abdullah, A. C., & Maclagan, M. 2012. The Effect of Dialect on the Phonological Analysis of Chinese-influenced Malaysian English-speaking Children. *International Journal of Speech-Language Pathology*, 14(6): 487–498.

Phoon, H. S., Abdullah, A. C., Lee, L. W., & Murugaiah, P. 2014. Consonant Acquisition in the Malay Language: A Cross-sectional Study of Preschool Aged Malay Children. *Clinical Linguistics & Phonetics*, 28(5): 329–345.

Phoon, H. S., Maclagan, M., & Abdullah, A. C. 2015. Acquisition of Consonant Clusters and Acceptable Variants in Chinese-influenced Malaysian English-speaking Children. *American Journal of Speech-language Pathology*, 24(3): 517–532.

Pica, T. 1984. Pronunciation Activities with an Accent on Communication. *English Teaching Forum*. 22(3), 2–6.

Pickering, M. J., & Garrod, S. 2004. Toward a Mechanistic Psychology of Dialogue. *Behavioral and Brain Sciences*, (27): 169–226.

Pieretti, R. A., Kaul, S. D., Zarchy, R. M., & O'Hanlon, L. M. 2015. Using a Multimodal Approach to Facilitate Articulation, Phonemic Awareness, and Literacy in Young Children. *Communication Disorders Quarterly*, 36(3): 131–141.

Pierrehumbert, J. B. 1980. *The Phonology and Phonetics of English Intonation*. PhD dissertation. Cambridge: MIT Press.

Pierrehumbert, J. B. 2001. Exemplar Dynamics. In J. L. Bybee, & P. J. Hopper. (eds.) *Frequency and the Emergence of Linguistic Structure*, Amsterdam: John Benjamins, 137–158.

Pierrehumbert, J. B. 2016. Phonological Representation: Beyond Abstract Versus Episodic. *Annual Review of Linguistics*, (2): 33–52.

Pierrehumbert, J. B., & Beckman, M. 1988. *Japanese Tone Structure*. Linguistic Inquiry Monographs (No. 15). Cambridge: MIT Press.

Pike, K. 1947. *Phonemics: A Technique for Reducing Languages to Writing*. Ann Arbor: University of Michigan Publications.

Pinheiro, A. P., Vasconcelos, M., Dias, M., Arrais, N., & Gonçalves, O. F. 2015. The Music of Language: An ERP Investigation of the Effects of Musical

Training on Emotional Prosody Processing. *Brain and Language, 140*: 24–34.

Pinker, S., & Prince, A. 1988. On Language and Connectionism: Analysis of a Parallel Distributed Processing Model of Language Acquisition. *Cognition*, (28): 73–193.

Piske, T., MacKay, I. R. A., & Flege, J. E. 2001. Factors Affecting Degree of Foreign Accent in an L2: A Review. *Journal of Phonetics, 29*(2): 191–215.

Piske, T., Flege, J. E., MacKay, I. R., & Meador, D. 2002. The Production of English Vowels by Fluent Early and Late Italian-English Bilinguals. *Phonetica, 59*(1): 49–71.

Pisoni, D. B., Aslin, R. N., Perey, A. J., & Hennessy, B. L. 1982. Some Effects of Laboratory Training on Identification and Discrimination of Voicing Contrasts in Stop Consonants: Correction to Pisoni et al. *Journal of Experimental Psychology: Human Perception and Performance, 8*(3): 421–421.

Pöchtrager, M., & Kaye, J. 2013. GP 2.0. *SOAS Working Papers in Linguistics*, (16): 51–64.

Politzer-Ahles, S., Schluter, K., Wu, K., & Almeida, D. 2016. Asymmetries in the Perception of Mandarin Tones: Evidence from Mismatch Negativity. *Journal of Experimental Psychology: Human Perception and Performance, 42*: 1547–1570.

Polka, L., & Bohn, O. S. 2003. Asymmetries in Vowel Perception. *Speech Communication, 41*(1): 221–231.

Polka, L., Colantonio, C., & Sundara, M. 2001. A Cross-language Comparison of /d/-/ð/ Perception: Evidence for a New Developmental Pattern. *The Journal of the Acoustical Society of America, 109*(5): 2190–2201.

Porretta, V., Benjamin, V. T., & Juhani, J. 2016. The Influence of Gradient Foreign Accentedness and Listener Experience on Word Recognition. *Journal of Phonetics, 58*: 1–21.

Poon, F. K.-C. 2006. Hong Kong English, China English and World English. *English Today, 22*(2): 23–28.

Potter, R. K. 1945. Visible Patterns of Sound. *Science, 102*(2654): 463–470.

Potter, R. K., Kopp, G., & Green, H. 1966. *Visible Speech*. New York: New York Dover Publications.

Potts, C., Pater, J., Jesney, K., & Bhatt, R. 2010. Harmonic Grammar with Linear Programming: From Linear Systems to Linguistic Typology. *Phonology*, (27): 77–117.

Pouplier, M., & Beňuš, Š. 2011. On the Phonetic Status of Syllabic Consonants: Evidence from Slovak. *Laboratory Phonology, 2*(2): 243–273.

Prince A., & Smolensky, P. 1993/2004. *Optimality Theory: Constraint Interaction in Generative Grammar*. Maiden & Oxford: Wiley-Blackwell.

Prom-On, S., Xu, Y., & Thipakorn, B. 2009. Modeling Tone and Intonation in Mandarin and English as a Process of Target Approximation. *The Journal of the Acoustical Society of America, 125*(1): 405–424.

Purnell, T. 2018. Rule-based Phonology: Background, Principles and

Assumptions. In S. J. Hannahs, & A. R. K. Bosch. (eds.) *The Routledge Handbook of Phonological Theory*. London & New York: Routledge, 135–166.

Qin, Z., Chien, Y. F., & Tremblay, A. 2017. Processing of Word-level Stress by Mandarin-speaking Second Language Learners of English. *Applied Psycholinguistics*, 38(3): 541–570.

Raimy, E. 2019. Review of S. J. Hannahs and Anna R. K. Bosch (eds.) (2018). The Routledge Handbook of Phonological Theory. *Phonology*, 36(4): 736–743.

Raish, M. 2015. The Acquisition of an Egyptian Phonological Variant by U.S. Students in Cairo. *Foreign Language Annals*, 48(2): 267–283.

Rallo Fabra, L., & Juan-Garau, M. 2011. Assessing FL Pronunciation in a Semi-immersion Setting: The Effects of CLIL Instruction on Spanish-Catalan Learners' Perceived Comprehensibility and Accentedness. *Poznan Studies in Contemporary Linguistics*, 47(1): 96–108.

Raphael, L. J., Borden, G. J., & Harris, K. S. 2007. *Speech Science Primer: Physiology, Acoustics, and Perception of Speech*. Philadelphia: Lippincott Williams & Wilkins.

Ratner, N. B. 2000. Elicited Imitation and Other Methods for the Analysis of Trade-offs Between Speech and Language Skills in Children. In L. Menn, & N. B. Ratner. (eds.) *Methods for Studying Language Production*, Mahwah: Erlbaum Associates, 291–312.

Rau, D. V., Chang, H. A., & Tarone, E. E. 2009. Think or Sink: Chinese Learners' Acquisition of the English Voiceless Interdental Fricative. *Language Learning*, 59(3): 581–621.

Recasens, D. 2018. *The Production of Consonant Clusters: Implications for Phonology and Sound Change*. Berlin & Boston: Mouton de Gruyter.

Redford, M. A. 2013. A Comparative Analysis of Pausing in Child and Adult Storytelling. *Applied Psycholinguistics*, (34): 569–589.

Redford, M. A. 2014. The Perceived Clarity of Children's Speech Varies as a Function of Their Default Speech Rate. *Journal of the Acoustical Society of America*, (135): 2952–2963.

Redford, M. A. 2019. Speech Production from a Developmental Perspective. *Journal of Speech, Language, and Hearing Research*, (62): 2946–2962.

Redford, M. A., Davis, B. L., & Miikkulainen, R. 2004. Phonetic Variability and Prosodic Structure in Motherese. *Infant Behavior and Development*, 27(4): 477–498.

Redford, M. A., & Oh, G. 2017. The Representation and Execution of Articulatory Timing in First and Second Language Acquisition. *Journal of Phonetics*, (63): 127–138.

Reetz, H., & Jongman, A. 2009. *Phonetics: Transcription, Production, Acoustics and Perception*. Oxford: Wiley-Blackwell.

Reiss, C. 2012. Towards a Bottom-up Approach to Phonological Typology. In A. M. Di Sciullo. (ed.) *Towards a Biolinguistics Understanding of Grammar: Essays on Interfaces*. Amsterdam: John Benjamins, 169–191.

Reiss, C. 2017. Contrast is Irrelevant in Phonology: A Simple Account of Russian

/v/ as /V/. In B. D. Samuels. (ed.) *Arguments of Substance: Beyond Markedness*. Amsterdam & Philadelphia: John Benjamins, 23–46.

Reiss, C. 2018. Substance Free Phonology. In S. J. Hannahs, & A. R. K. Bosch. (eds.) *The Routledge Handbook of Phonological Theory*. London & New York: Routledge, 425–452.

Remez, R. E., & Rubin, P. E. 2016. Perceptual Organization and Lawful Specification. *Ecological Psychology*, 28(3): 160–165.

Riad, T. 2014. *The Phonology of Swedish*. Oxford: Oxford University Press.

Richardson, I. 1957. *Linguistic Survey of the Northern Bantu Borderland (2)*. London: Oxford University Press.

Richards, J. C., & Rodgers, T. S. 2006. *Approaches and Methods in Language Teaching* (2nd ed.). Cambridge: Cambridge University Press.

Richards, N. 2010. *Uttering Trees*. Cambridge: MIT Press.

Richards, N. 2016. *Contiguity Theory*. Cambridge: MIT Press.

Richards, N. 2017. Deriving Contiguity. From LingBuzz website.

Ridouane, R. 2014. Tashlhiyt Berber. *Journal of the International Phonetic Association*, 44(2): 207–221.

Ridouane, R., & Cooper-Leavitt, J. 2019. A Story of Two Schwas: A Production Study from Tashlhiyt. *Phonology*, (36): 433–456.

Ridouane, R., & Fougeron, C. 2011. Schwa Elements in Tashlhiyt Word-initial Clusters. *Laboratory Phonology*, (2): 275–300.

Riesz, R. R. 1930. Description and Demonstration of an Artificial Larynx. *The Journal of the Acoustical Society of America*, 1(1): 273–279.

Ritchart, A., & Rose, S. 2017. Moro Vowel Harmony: Implications for Transparency and Representations. *Phonology*, (34): 163–200.

Rivera-Gaxiola, M., Csibra, G., Johnson, M. H., & Karmiloff-Smith, A. 2000. Electrophysiological Correlates of Cross-linguistic Speech Perception in Native English Speakers. *Behavioural Brain Research*, 111(1): 13–23.

Rivera-Gaxiola, M., Silvia-Pereyra, J., & Kuhl, P. K. 2005. Brain Potentials to Native and Non-native Speech Contrasts in 7-and 11-month-old American Infants. *Developmental Science*, 8: 162–172.

Rizzolatti, G., & Arbib, M. A. 1998. Language Within Our Grasp. *Trends in Neurosciences*, 21(5): 188–194.

Roach, P. 2009. *English Phonetics and Phonology: A Practical Course* (4th ed.). Cambridge: Cambridge University Press.

Roach, P. 2012. *English Phonetics and Phonology: A Practical Course*. Cambridge: Cambridge University Press.

Robins, R. H. 1957. *Vowel Nasality in Sundanese: A Phonological and Grammatical Study*. Oxford: Wiley-Blackwell.

Robins, R. H. 1997. *A Short History of Linguistics* (4th ed.). Harlow: Longman.

Robles-Puente, S. 2019. Rhythmic Variability in Spanish/English Bilinguals in California. *Spanish in Context*, 16(3): 419–437.

Roca, I., & Johnson, W. 1999. *A Course in Phonology*. Oxford: Wiley-Blackwell.
Rogers, C. R. 1951. *Client-centered Therapy*. Boston: Houghton Mifflin.
Rogerson-Revell, P. 2010. "Can You Spell That for Us Nonnative Speakers?": Accommodation Strategies in International Business Meetings. *Journal of Business Communication*, 47(4): 432–454.
Romanelli, S., Menegotto, A., & Smyth, R. 2018. Stress-induced Acoustic Variation in L2 and L1 Spanish Vowels. *Phonetica*, 75(3): 190–218.
Romero-Rivas, C., Martin, C. D., & Costa, A. 2015. Processing Changes When Listening to Foreign-accented Speech. *Frontiers in Human Neuroscience*, (9): 1–15.
Rosas, J., Barias, A., Gilichinskaya, Y. D., & Strange W. 2009. Speeded Discrimination of American English Vowels Contrasts by Spanish-speaking Late Second Language Learners. *Journal of the Acoustical Society of America*, 125: 2764.
Rose, P. 2002. *Forensic Speaker Identification*. Florida: CRC Press.
Rousselot, P. 1897. *Principes de Phonétique Expérimentale*. Paris: Welter.
Ryan, K. 2017. The Stress-weight Interface in Metre. *Phonology*, (34): 581–613.
Saito, K., & Lyster, R. 2012. Investigating the Pedagogical Potential of Recasts for L2 Vowel Acquisition. *TESOL Quarterly*, 46(2): 387–398.
Saito, K., & Wu, X. 2014. Communicative Focus on Form and Second Language Suprasegmental Learning: Teaching Cantonese Learners to Perceive Mandarin Tones. *Studies in Second Language Acquisition*, 36(4): 647–680.
Saito, K. 2013. The Acquisitional Value of Recasts in Instructed Second Language Speech Learning: Teaching the Perception and Production of English /ɹ/ to Adult Japanese Learners. *Language Learning*, 63(3): 499–529.
Sanders, L. D., & Neville, H. J. 2003. An ERP Study of Continuous Speech Processing: II. Segmentation, Semantics, and Syntax in Non-native Speakers. *Cognitive Brain Research*, 15(3): 214–227.
Sallat, S., & Jentschke, S. 2015. Music Perception Influences Language Acquisition: Melodic and Rhythmic-Melodic Perception in Children with Specific Language Impairment. *Behavioural Neurology*, 1–10.
Samuels, B. D. 2011. *Phonological Architecture: A Biolinguistic Perspective*. Oxford: Oxford University Press.
Sanchez, K., Hay, J., & Nilson, E. 2015. Contextual Activation of Australia Can Affect New Zealanders' Vowel Productions. *Journal of Phonetics*, 48: 76–95.
Sanders, L. D., & Neville, H. J. 2003. An ERP Study of Continuous Speech Processing: I. Segmentation, Semantics, and Syntax in Native Speakers. *Cognitive Brain Research*, 15(3): 228–240.
Sapir, E. 1921. *An Introduction to the Study of Speech*. New York: Harcourt, Brace.
Sapir, E. 1925. Sound Patterns in Language. *Language*, (1): 37–51.
Sapir, E. 1933. The Psychological Reality of Phonemes. In D. Mandelbaum. (ed.) *Selected Writings of Edward Sapir*. Berkeley: University of California Press,

46–60.

Sasisekaran, J., & Weber-Fox, C. 2012. Cross-sectional Study of Phoneme and Rhyme Monitoring Abilities in Children Between 7 and 13 Years. *Applied Psycholinguistics, 33*(2): 253–279.

Sato, M., Schwartz, J. L., & Perrier, P. 2014. Phonemic Auditory and Somatosensory Goals in Speech Production. *Language, Cognition and Neuroscience, 29*(1): 41–43.

Sato, M., Vallée, N., Schwartz, J. L., & Rousset, I. 2007. A Perceptual Correlate of the Labial-coronal Effect. *Journal of Speech, Language, and Hearing Research, 50*(6): 1466–1480.

Saussure, F. D. 1916. *Cours de Linguistique Générale, Publié par Charles Bally et Albert Sechelaye avec la Collaboration de Albert Riedlinger*. Paris: Lausanne.

Sawamura, K., Dang, J., Akagi, M., Erickson, D., Li, A., Sakuraba, K., Minematsu, N., & Hirose, K. 2007. Common Factors in Emotion Perception Among Different Cultures. *Proceedings of the 16th International Congress of Phonetic Sciences*, 2113–2116.

Ščerba, L. V. 1955. *Fonetika francuzskogo jazyka*. Moscow: Izdatel'stvo Literatury na Inostrannych Jazykach.

Sereno, J., Lammers, L., & Jongman, A. 2016. The Relative Contribution of Segments and Intonation to the Perception of Foreign-accented Speech. *Applied Psycholinguistics, 37*(2): 303–322.

Scarbel, L., Beautemps, D., Schwartz, J. L., & Sato, M. 2018. Auditory and Audiovisual Close Shadowing in Post-lingually Deaf Cochlear-implanted Patients and Normal-hearing Elderly Adults. *Ear and Hearing, 39*(1): 139–149.

Schaefer, B., & Fox-Boyer, A. 2017. The Acquisition of Initial Consonant Clusters in German-speaking 2-year-olds. *International Journal of Speech-language Pathology, 19*(5): 476–489.

Scharinger, M., Idsardi, W., & Poe, S. 2011. Neuromagnetic Reflections of Harmony and Constraint Violations in Turkish. *Laboratory Phonology*, (2): 99–123.

Scheer, T. 2004. *A Lateral Theory of Phonology* (Vol.1): *What Is CVCV, and Why Should It Be?* Berlin: Mouton de Gruyter.

Scheer, T. 2011. *A Guide to Morphosyntax-phonology Interface Theories: How Extraphonological Information Is Treated in Phonology since Trubetzkoy's Grenzsignale*. Berlin: Mouton de Gruyter.

Scheer, T. 2012. *A Lateral Theory of Phonology* (Vol.2): *Direct Interface and One-channel Translation*. Berlin: Mouton de Gruyter.

Scheer, T., & Kula, N. C. 2018. Government Phonology: Element Theory, Conceptual Issues and Introduction. In S. J. Hannahs, & A. R. K. Bosch. (eds.) *The Routledge Handbook of Phonological Theory*. London & New York: Routledge, 226–261.

Scheer, T., & Ziková, M. 2010. The Coda Mirror V2. *Acta Linguistica Hungarica*,

57(4): 411–431.

Schoor, A., Aichert, I., & Ziegler, W. 2012. A Motor Learning Perspective on Phonetic Syllable Kinships: How Training Effects Transfer from Learned to New Syllables in Severe Apraxia of Speech. *Aphasiology*, 26(7): 880–894.

Schreibman, S., Siemens, R., & Unsworth, J. (eds.) 2004. *A Companion to Digital Humanities*. Oxford: Wiley-Blackwell.

Schreibman, S., Siemens, R., & Unsworth, J. (eds.) 2016. *A New Companion to Digital Humanities*. Oxford: Wiley-Blackwell.

Schunk, D. H. 2012. *Learning Theories: An Educational Perspective*. Boston: Pearson.

Schwartz, J. L., Abry, C., Boë, L. J., & Cathiard, M. A. 2002. Phonology in a Theory of Perception-for-Action-Control. In J. Durand, & B. Laks. (eds.) *Phonetics, Phonology, and Cognition*. Oxford: Oxford University Press 254–280.

Schwartz, J. L., Barnaud, M., Lou, Bessière, P., Diard, J., & Moulin-Frier, C. 2016. Phonology in the Mirror. Comment on "Towards a Computational Comparative Neuroprimatology: Framing the Language-ready Brain" by Michael A. Arbib. *Physics of Life Reviews*, 16: 93–95.

Schwartz, J. L., Basirat, A., Ménard, L., & Sato, M. 2012. The Perception-for-Action-Control Theory (PACT): A Perceptuo-motor Theory of Speech Perception. *Journal of Neurolinguistics*, 25(5): 336–354.

Schwartz, J. L., Boë, L. -J., & Abry, C. 2007. Linking the Dispersion-Focalization Theory (DFT) and the Maximum Utilization of the Available Distinctive Features (MUAF) Principle in a Perception-for-Action-Control Theory (PACT). In M. J. Solé, P. Beddor, & M. Ohala. (eds.) *Experimental Approaches to Phonology*. Oxford: Oxford University Press, 104–124.

Schwartz, J. L., Boë, L. J., Badin, P., & Sawallis, T. R. 2012. Grounding Stop Place Systems in the Perceptuo-motor Substance of Speech: On the Universality of the Labial-Coronal-Velar Stop Series. *Journal of Phonetics*, 40(1): 20–36.

Schwartz, J. L., Grimault, N., Hupé, J. M., Moore, B. C. J., & Pressnitzer, D. 2012. Multistability in Perception: Binding Sensory Modalities, An Overview. *Philosophical Transactions of the Royal Society B: Biological Sciences*, 367: 896–905.

Scovel, T. 1969. Foreign Accent: Language Acquisition and Cerebral Dominance. *Language Learning*, (19): 245–254.

Ségéral, P., & Scheer, T. 2001. La Coda-Mirroir. *Bulletin de la Société de Linguistique de Paris*, (96): 107–152.

Sehyr, Z., & Cormier, K. 2015. Perceptual Categorization of Handling Handshapes in British Sign Language. *Language and Cognition*, (8): 501–532.

Sereno, J., Lammers, L., & Jongman, A. 2016. The Relative Contribution of Segments and Intonation to the Perception of Foreign-accented Speech. *Applied Psycholinguistics*, 37(2): 303–322.

Sharan, S. 1980. Cooperative Learning in Small Groups: Recent Methods and Effects on Achievement, Attitudes, and Ethnic Relations. *Review of Educational Research*. (2): 241–271.

Shafiro, V., & Kharkhurin, A. V. 2008. The Role of Native-language Phonology in the Auditory Word Identification and Visual Word Recognition of Russian–English Bilinguals. *Journal of Psycholinguistic Research, 38*(2): 93–110.

Sharma, A., & Dorman, M. F. 1999. Cortical Auditory Evoked Potential Correlates of Categorical Perception of Voice-onset Time. *The Journal of the Acoustical Society of America, 106*(2): 1078–1083.

Shaw, J. A., Best, C. T., Docherty, G., Evans, B. G., Foulkes, P., Hay, J., & Mulak, K. E. 2018. Resilience of English Vowel Perception across Regional Accent Variation. *Laboratory Phonology: Journal of the Association for Laboratory Phonology, 9*(1): 1–36.

Shaw, J., Gafos, A. I., Hoole, P., & Zeroual, C. 2009. Syllabification in Moroccan Arabic: Evidence from Patterns of Temporal Stability in Articulation. *Phonology,* (26): 187–215.

Shaw, J., Gafos, A. I., Hoole, P., & Zeroual, C. 2011. Dynamic Invariance in the Phonetic Expression of Syllable Structure: A Case Study of Moroccan Arabic Consonant Clusters. *Phonology,* (28): 455–490.

Shen, G. N. 2015. *Perceptual Learning of Lexical Tone Categories: An ERP study* (Unpublished doctoral dissertation). New York: Columbia University.

Shen, G. N., & Froud, K. 2016. Categorical Perception of Lexical Tones by English Learners of Mandarin Chinese. *The Journal of the Acoustical Society of America, 140*(6): 4396–4403.

Shen, X. N. S. 1989. Toward a Register Approach in Teaching Mandarin Tones. *Journal of Chinese Language Teachers Association, 24*(3): 27–47.

Shen, Z. 2020. *A Phonological History of Chinese.* Cambridge: Cambridge University Press.

Shi, R., Gao, J., André, A., & Li, A. 2017. Perception and Representation of Lexical Tones in Native Mandarin-learning Infants and Toddlers. *Frontiers in Psychology,* (8): 1117.

Shih, S. H. 2018. On the Existence of Sonority-driven Stress in Gujarati. *Phonology,* (35): 327–364.

Shih, C., & Kochanski, G. P. 2000. Chinese Tone Modeling with Stem-ML. *Proceedings of 6th International Conference on Spoken Language Processing, ICSLP 2000.* From Researchgate website.

Shin, M., Choi, Y., & Mazuka, R. 2018. Development of Fricative Sound Perception in Korean Infants: The Role of Language Experience and Infants' Initial Sensitivity. *PLoS ONE, 12*(6): 1–12.

Sievers, E. 1876. *Grundzüge Der Lautphysiologie Zur Einführung in Das Studium Der Lautlehre Der Indogermanischen Sprachen.* Leipzig: Breitkopf und Härtel.

Simon, E., Debaene, M., & Herreweghe, M. V. 2015. The Effect of L1 Regional Variation on the Perception and Production of Standard L1 and L2 Vowels. *Folia Linguistica, 49*(2): 521–553.

Simpson, K. 2016. Pronunciation in EFL Instruction: A Research-based Approach.

ELT Journal, 70(3): 349–351.

Sirsa, H., & Redford, M. A. 2013. The Effects of Native Language on Indian English Sounds and Timing Patterns. *Journal of Phonetics*, (41): 393–406.

Sitek, K. R., Cai, S., Beal, D. S., Perkell, J. S., Guenther, F. H., & Ghosh, S. S. 2016. Decreased Cerebellar-orbitofrontal Connectivity Correlates with Stuttering Severity: Whole-brain Functional and Structural Connectivity Associations with Persistent Developmental Stuttering. *Frontiers in Human Neuroscience*, (10): 1–11.

Smith, N. A., & Trainor, L. J. 2008. Infant-directed Speech is Modulated by Infant Feedback. *Infancy*, 13(4): 410–420.

Smolensky, P., Goldrick, M., & Mathis, D. 2014. Optimization and Quantization in Gradient Symbol Systems: A Framework for Integrating the Continuous and the Discrete in Cognition. *Cognitive Science*, (38): 1102–1138.

Smolensky, P., & Legendre, G. 2006. *The Harmonic Mind: From Neural Computation to Optimality-theoretic Grammar*. Cambridge: MIT Press.

Snow, D. P., & Ertmer, D. J. 2012. Children's Development of Intonation During the First Year of Cochlear Implant Experience. *Clinical Linguistics & Phonetics*, 26(1): 51–70.

So, C. K., & Best, C. T. 2010. Cross-language Perception of Non-native Tonal Contrasts: Effects of Native Phonological and Phonetic Influences. *Language and Speech*, 53(2): 273–293.

So, C. K., & Best, C. T. 2011. Categorizing Mandarin Tones into Listeners' Native Prosodic Categories: The Role of Phonetic Properties. *Poznań Studies in Contemporary Linguistics*, 47(1): 133–145.

So, C. K., & Best, C. T. 2014. Phonetic Influences on English and French Listeners' Assimilation of Mandarin Tones to Native Prosodic Categories. *Studies in Second Language Acquisition*, 36(2): 195–221.

Solé, M. J., Beddor, P. S., & Ohala, M. 2007. *Experimental Approaches to Phonology*. Oxford: Oxford University Press.

Solon, M., Long, A. Y., & Gurzynski-Weiss, L. 2017. Task Complexity, Language-Related Episodes, and Production of L2 Spanish Vowels. *Studies in Second Language Acquisition*, 39(2): 347–380.

Spencer, L. J., & Guo, L. Y. 2013. Consonant Development in Pediatric Cochlear Implant Users Who Were Implanted Before 30 Months of Age. *Journal of Deaf Studies and Deaf Education*, 18(1): 93–109.

Stampe, D. 1973. *A Dissertation on Natural Phonology*. Chicago: University of Chicago.

Steien, G. B., & Lyche, C. 2016. Intonation in L3 French: Speakers of L1 Norwegian and L2 English. *Languages*, 202(2): 93–111.

Steien, G. B., & van Dommelen, W. A. 2018. The Production of Norwegian Tones by Multilingual Non-native Speakers. *International Journal of Bilingualism*, 22(3): 316–329.

Steinhauer, K., Alter, K., & Friederici, A. D. 1999. Brain Potentials Indicate Immediate Use of Prosodic Cues in Natural Speech Processing. *Nature Neuroscience*, 2(2): 191–196.

Stevens, K. N. 1972. The Quantal Nature of Speech: Evidence from Articulatory-acoustic Data. In E. E. David, & P. B. Denes. (eds.) *Human communication: A Unified View*. New York: McGraw-Hill, 51–66.

Stevens, K. N. 1989. On the Quantal Nature of Speech. *Journal of Phonetics*, 17(1): 3–45.

Stevens, K. N. 1998. *Acoustic Phonetics*. Cambridge: MIT Press.

Stevens, K. N., & Blumstein, S. E. 1978. Invariant Cues for Place of Articulation in Stop Consonants. *The Journal of the Acoustical Society of America*, 64(5): 1358–1368.

Stevens, K., & Halle, M. 1967. Remarks on Analysis by Synthesis and Distinctive Features. In W. Wathen-Dunn. (ed.) *Models for the Perception of Speech and Visual Form*. Cambridge: MIT Press, 88–102.

Stevens, K., & Keyser, S. 2010. Quantal Theory, Enhancement and Overlap. *Journal of Speech*, 38: 10–19.

Stanton, J. 2019. Constraints on Contrast Motivate Nasal Cluster Dissimilation. *Phonology*, (36): 655–694.

Steriade, D. 1999. Lexical Conservatism in French Adjectival Liaison. In J. M. Authier, B. E. Bullock, & L. Reid. (eds.) *Formal Perspectives on Romance Linguistics: Selected Papers from the 28th Linguistic Symposium on Romance Languages*.Amsterdam: John Benjamins, 243–270.

Stokoe, W. 1960. *Sign Language Structure: An Outline of the Visual Communication System of the American Deaf*. New York: University of Buffalo.

Stolar, S., & Gick, B. 2013. An Index for Quantifying Tongue Curvature. *Canadian Acoustics*, 41(1): 11–15.

Stolz, T., Nau, N., & Troh, C. (eds.) 2012. *Monosyllables: From Phonology to Typology*. Berlin: Akademie Verlag.

Strange, W. 2011. Automatic Selective Perception (ASP) of First and Second Language Speech: A Working Model. *Journal of Phonetics*, 39(4): 456–466.

Strange, W., Akahane-Yamada, R., Kubo, R., Trent, S. A., & Nishi, K. 2001. Effects of Consonantal Context on Perceptual Assimilation of American English Vowels by Japanese Listeners. *The Journal of the Acoustical Society of America*, 109(4): 1691–1704.

Strange, W., Bohn, O. S., Trent, S. A., & Nishi, K. 2004. Acoustic and Perceptual Similarity of North German and American English Vowels. *The Journal of the Acoustical Society of America*, 115(4): 1791–1807.

Strange, W., & Dittmann, S. 1984. Effects of Discrimination Training on the Perception of /R-L/ by Japanese Adults Learning English. *Perception & Psychophysics*, 36(2): 131–145.

Strange, W., Levy, E. S., & Law, F. F. 2009. Cross-language Categorization of

French and German Vowels by Naïve American Listeners. *Journal of the Acoustical Society of America, 126*: 1461–1476.

Strange, W., & Shafer, V. L. 2008. Speech Perception in Second Language Learners: The Re-education of Selective Perception. In E. J. G. Hansen, & M. L. Zampini. (eds.) *Phonology and Second Language Acquisition*. Amsterdam: John Benjamins, 153–191.

Strauß, A., & Schwartz, J. L. 2017. The Syllable in the Light of Motor Skills and Neural Oscillations. *Language, Cognition and Njkeuroscience, 32*(5): 562–569.

Studdert-Kennedy, M., & Goldstein, L. 2003. Launching Language: The Gestural Origin of Discrete Infinity. In M. Christiansen, & S. Kirby. (eds.) *Language Evolution: The States of the Art*. Oxford: Oxford University Press, 235–254.

Sturm, J. L. 2019. Current Approaches to Pronunciation Instruction: A Longitudinal Case Study in French. *Foreign Language Annals, 52*(1): 32–44.

Swadesh, M. 1934. The Phonemic Principle. *Language,* (10): 117–129.

Swadesh, M. 1938. Bibliography of American Indian Linguistics 1936–1937. *Language, 14*(4): 318–323.

Swain, M. 1985. Communicative Competence: Some Roles of Comprehensible Input and Comprehensible Output in Its Development. In S. Gass, & C. Madden. (eds.) *Input in Second Language Acquisition*. Rowley: Newbury House, 235–253.

Swain, M. 1995. Three Functions of Output in Second Language Learning. In G. Cook, & B. Seidlhofer. (eds.) *Principles and Practice in Applied Linguistics*. Oxford: Oxford University Press, 125–144.

Swaminathan, S., & Schellenberg, E. G. 2017. Musical Competence and Phoneme Perception in a Foreign Language. *Psychonomic Bulletin & Review, 24*(6): 1929–1934.

Sweet, H. 1890. *A Primer of Phonetics*. Oxford: Clarendon Press.

Sztahó, D., Kiss, G., & Vicsi, K. 2018. Computer Based Speech Prosody Teaching System. *Computer Speech & Language, 50*: 126–140.

Tamaoka, K., & Terao, Y. 2004. Mora or Syllable? Which Unit Do Japanese Use in Naming Visually Presented Stimuli? *Applied Psycholinguistics,* (25): 1–27.

Tampas, J. W., Harkrider, A. W., & Hedrick, M. S. 2005. Neurophysiological Indices of Speech and Nonspeech Stimulus Processing. *Journal of Speech, Language, and Hearing Research, 48*(5): 1147–1164.

Tang, C., Hamilton, L., & Chang, E. 2017. Intonational Speech Prosody Encoding in the Human Auditory Cortex. *Science,* (6353): 797.

Tang, P., Yuen, I., Rattanasone, N. X., Gao, L., & Demuth, K. 2019. The Acquisition of Phonological Alternations: The Case of the Mandarin Tone Sandhi Process. *Applied Psycholinguistics, 40*(6): 1495–1526.

Tatham, M., & K. Morton. 2006. *Speech Production and Perception*. Basingstoke: Palgrave Macmillan.

Tatham, M., & K. Morton. 2011. *A Guide to Speech Production and Perception*.

Edinburgh: Edinburgh University Press.
Ter Schure, S., Junge, C., & Boersma, P. 2016. Discriminating Non-native Vowels on the Basis of Multimodal, Auditory or Visual Information: Effects on Infants' Looking Patterns and Discrimination. *Frontiers in Psychology*, (7): 1–11.
The Principles of the International Phonetic Association. 1949. Hong Kong: International Phonetic Association.
Thomson, R. I., Nearey, T. M., & Derwing, T. M. 2009. A Modified Statistical Pattern Recognition Approach to Measuring the Crosslinguistic Similarity of Mandarin and English Vowels. *The Journal of the Acoustical Society of America*, *126*(3): 1447–1460.
Tilsen, S. 2014. Selection and Coordination of Articulatory Gestures in Temporally Constrained Production. *Journal of Phonetics*, *44*: 26–46.
Tilsen, S. 2016. Selection and Coordination: The Articulatory Basis for the Emergence of Phonological Structure. *Journal of Phonetics*, *55*: 53–77.
Tourville, J. A., & Guenther, F. H. 2011. The DIVA Model: A Neural Theory of Speech Acquisition and Production. *Language and Cognitive Processes*, *26*(7): 952–981.
Tourville, J. A., Nieto-Castanon, A., Heyne, M., & Guenther, F. H. 2019. Functional Parcellation of the Speech Production Cortex. *Journal of Speech, Language, and Hearing Research*, *62*(8): 3055–3070.
Trask, L. 1996. *A Dictionary of Phonetics and Phonology*. London: Routledge.
Tremblay, A. 2008. Is Second Language Lexical Access Prosodically Constrained? Processing of Word Stress by French Canadian Second Language Learners of English. *Applied Psycholinguistics*, *29*: 553–584.
Tremblay, A. 2009. Phonetic Variability and the Variable Perception of L2 Word Stress by French Canadian Listeners. *International Journal of Bilingualism*, *13*(1): 35–62.
Tremblay, M. C. 2010. *Comparing the Perceptual Abilities of Monolinguals, Bilinguals and Multilinguals: A Combined Behavioural and Event-related Potential Experiment*. Ottawa: University of Ottawa.
Treille, A., Vilain, C., Schwartz, J. L., Hueber, T., & Sato, M. 2018. Electrophysiological Evidence for Audio-Visuo-Lingual Speech Integration. *Neuropsychologia*, *109*: 126–133.
Trnka, B. 1982. General Laws of the Phonemic Combinations. In V. Fried. (ed.) *Selected Papers in Structural Linguistics*. Berlin: Mouton de Gruyter, 113–118.
Trofimovich, P., & Baker, W. 2006. Learning Second-language Suprasegmentals: Effect of L2 Experience on Prosody and Fluency Characteristics of L2 Speech. *Studies in Second Language Acquisition*, (28): 1–30.
Trommer, J., & Zimmermann, E. 2014. Generalised Mora Affixation and Quantity-manipulating Morphology. *Phonology*, *31*(3): 463–510.
Trubetzkoy, N. 1936. A Theory of Phonological Oppositions. In A. Liberman, &

N. S. Trubetzkoy. (eds.) *Studies in General Linguisticsand Language Structure*. Durham: Duke University Press, 14–21.

Trubetzkoy, N. 1939. *Grundzüge der Phonologie*. Prague: Travaux du cercle linguistique de Prague.

Truckenbrodt, H., & Féry, C. 2015. Hierarchical Organisation and Tonal Scaling. *Phonology*, (32): 19–47.

Tsay, J. 1996. Neutralization of Short Tones in Taiwanese. *Proceedings of the KSPS Conference*, 136–141.

Tse, W. T., & So, L. K. H. 2012. Phonological Awareness of Cantonese-speaking Pre-school Children with Cochlear Implants. *International Journal of Speech-language Pathology*, 14(1): 73–83.

Tseng, C. Y., & Chen, D. D. 2000. The Interplay and Interaction between Prosody and Syntax: Evidence from Mandarin Chinese. *Proceedings of the 6th International Conference on Spoken Language Processing*, 95–97.

Tseng, C. Y., Cheng, Y., Lee, W., & Huang, F. 2003. Collecting Mandarin Speech Databases for Prosody Investigations. *Journal of Chinese Language and Computing*, 14(4): 269–277.

Tseng, C. Y., & Chou, F. 1999. A Prosodic Labeling System for Mandarin Speech Database. *Proceedings of the XIV International Congress of Phonetic Science*, 1–9.

Tseng, C. Y., & Su, Z. Y. 2008. Mandarin Discourse Prosody Other Than Tones and Intonation Decomposing the F0 Constitution by Prosodic Hierarchy with the Fujisaki Model. *Proceedings of the 20th Conference on Computational Linguistics and Speech Processing*, 53–65.

Tseng, S. C., Kuei, K., & Tsou, P. C. 2011. Acoustic Characteristics of Vowels and Plosives/Affricates of Mandarin-speaking Hearing-impaired Children. *Clinical Linguistics & Phonetics*, 25(9): 784–803.

Tsushima, T., Takizawa, O., Sasaki, M., Shiraki, S., Nishi, K., Kohno, M., & Best, C. 1994. Discrimination of English/rl/ and /wy/ by Japanese Infants at 6–12 Months: Language-specific Developmental Changes in Speech Perception Abilities. *Proceedings of the 3rd International Conference on Spoken Language Processing*, 1595–1598.

Tuller, B., & Rączaszek-Leonardi, J. 2016. A Phase Transition in Theories of Speech: A Metalogue. *Ecological Psychology*, 28(3): 166–170.

Tupper, P., & Fry, M. 2012. Sonority and Syllabification in a Connectionist Network: An Analysis of BrbrNet. In S. Parker. (ed.) *The Sonority Controversy*. Berlin: Walter de Gruyter, 385–409.

Tupper, P., & Shahriari, B. 2016. Which Learning Algorithms can Generalize Identity-based Rules to Novel Inputs? *Proceedings of the 28th Annual Meeting of the Cognitive Science Society*. From arXiv preprint website.

Turvey, M. T. 2016. Carol A. Fowler: Direct Realist. *Ecological Psychology*, 28(3): 138–155.

Twaddell, W. F. 1935. *On Defining the Phoneme*. Baltimore: Waverley.

Tyler, M. D., Best, C. T., Faber, A., & Levitt, A. G. 2014. Perceptual Assimilation and Discrimination of Non-native Vowel Contrasts. *Phonetica*, 71(1): 4–21.

Underhill, A. 2005. *Sound Foundations: Learning and Teaching Pronunciation* (2nd ed.). London: Palgrave Macmillan.

Vachek, J. 1976. *Selected Writings in English and General Linguistics*. The Hague: Mouton de Gruyter.

Vale, A. P. 2011. Orthographic Context Sensitivity in Vowel Decoding by Portuguese Monolingual and Portuguese-English Bilingual Children. *Journal of Research in Reading*, 34(1): 43–58.

van de Vijver, R., & Baer-Henney, D. 2012. Sonority Intuitions Are Provided by the Lexicon. In S. Parker. (ed.) *The Sonority Controversy*. Berlin & Boston: Mouton de Gruyter, 195–216.

van de Weijer, J. 2012. *Grammar as Selection: Combining Optimality Theory and Exemplar Theory*. Nagoya: Kougaku.

van der Hulst, H. 1995. Radical CV Phonology: The Categorial Gesture. In J. Durand, & F. Katamba. (eds.) *Frontiers of Phonology: Atoms, Structures, Derivations*. London: Longman, 80–116.

van der Hulst, H. 1996. Radical CV phonology: The Segment-syllable Connection. In J. Durand, & B. Laks. (eds.) *Current Trends in Phonology: Models and Methods*. Paris: CNRS/ESRI, 333–363.

van der Hulst, H. 2000. Features, Segments and Syllables in Radical CV Phonology. In J. R. Rennison, & K. Kühnhammer. (eds.) *Phonologica*. The Hague: Thesus, 89–111.

van der Hulst, H. 2005. The Molecular Structure of Phonological Segments. In P. Carr, J. Durand, & C. J. Ewen. (eds.) *Headhood, Elements, Specification and Contrastivity*. Amsterdam & Philadelphia: John Benjamins, 193–234.

van der Hulst, H. 2014. *Word Stress: Theoretical and Typological Issues*. Cambridge: Cambridge University Press.

van der Hulst, H. 2015a. The Laryngeal Class in RcvP and Voice Phenomena in Dutch. In J. Caspers, Y. Chen, W. Heeren, J. Pacilly, N. Schiller, & E. van Zanten. (eds.) *Above and Beyond the Segments*. Amsterdam & Philadelphia: John Benjamins, 323–349.

van der Hulst, H. 2015b. The Opponent Principle in RcvP: Binarity in a Unary System. In E. Raimy, & C. Cairns. (eds.) *The Segment in Phonetics and Phonology*. London: Wiley-Blackwell, 149–179.

van der Hulst, H. 2016. Monovalent "Features" in Phonology. *Language and Linguistics Compass*, 10(2): 83–102.

van der Hulst, H. 2020. *Principles of Radical CV Phonology: A Theory of Segmental and Syllabic Structure*. Edinburgh: Edinburgh University Press.

van der Hulst, H., & van de Weijer, J. 2018. Dependency Phonology. In S. J. Hannahs, & A. R. K. Bosch. (eds.) *The Routledge Handbook of Phonological Theory*. London & New York: Routledge, 325–359.

van der Kooij, E. 2002. *Phonological Categories in Sign Language of the Netherlands: The Role of Phonetic Implementation and Iconicity*. Leiden: Leiden University.

van Doremalen, J., Cucchiarini, C., & Strik, H. 2013. Automatic Pronunciation Error Detection in Non-native Speech: The Case of Vowel Errors in Dutch. *The Journal of the Acoustical Society of America, 134*(2): 1336–1347.

van Ginneken, J. 1933. La Biologie De La Base D'articulation. In H. Delacroix. (ed.) *Psychologie du Langage*. Paris: Librairie Félix Alcan, 266–320.

van Maastricht, L. J. 2018. *Second Language Prosody: Intonation and Rhythm in Production and Perception*. 11–28. From Researchgate website.

van Maastricht, L., Krahmer, E., Swerts, S. M., & Prieto, P. 2019. Learning Direction Matters: A Study on L2 Rhythm Acquisition by Dutch Learners of Spanish and Spanish Learners of Dutch. *Studies in Second Language Acquisition, 41*(1): 87–121.

van Oostendorp, M. 2007. Derived Environment Effects and Consistency of Exponence. In S. Blaho, P. Bye, & M. Krämer. (eds.) *Freedom of Analysis?* Berlin: Walter de Gruyter, 123–148.

van Oostendorp, M. 2017. Faithfulness in Phonological Theory. London: Equinox.

van Oostendorp, M., Ewen, C., Hume, E., & Rice, K. (eds) 2011. *The Blackwell Companion to Phonology*. Malden: Wiley-Blackwell.

van Rijswijk, R., & Muntendam, A. 2014. The Prosody of Focus in the Spanish of Quechua-Spanish Bilinguals: A Case Study on Noun Phrases. *International Journal of Bilingualism, 18*(6): 614–632.

van Wijngaarden, S. J., Steeneken, H. J. M., & Houtgast, T. 2002. Quantifying the Intelligibility of Speech in Noise for Non-native Talkers. *The Journal of the Acoustical Society of America, 112*(6): 3004–3013.

Vandewalle, E., Boets, B., Ghesquiere, P., & Zink, I. 2012. Development of Phonological Processing Skills in Children with Specific Language Impairment with and Without Literacy Delay: A 3-year Longitudinal Study. *Journal of Speech Language and Hearing Research, 55*(4): 1053–1067.

Vassiliki, D., Angeliki, M., Asimina, R., Faye, A., Sofia, P., & Athanassios, P. 2017. Preschool Phonological and Morphological Awareness as Longitudinal Predictors of Early Reading and Spelling Development in Greek. *Frontiers in Psychology*, (8): 1–12.

Vaux, B. 2008. Why the Phonological Component Must Be Serial and Rule-based. In B. Vaux, & A. Nevins. (eds.) *Rules, Constraints, and Phonological Phenomena*. Oxford: Oxford University Press, 20–60.

Vaux, B., & Samuels, B. 2017. Consonant Epenthesis and Markedness. In B. D. Samuels. (ed.) *Beyond Markedness in Formal Phonology*. Amsterdam: John Benjamins, 69–100.

Vaux, B., & Myler, N. 2018. Issues and Prospects in Rule-based Phonology. In S. J. Hannahs, & A. R. K. Bosch. (eds.) *The Routledge Handbook of Phonological Theory*. London & New York: Routledge, 167–196.

Vennemann, T. 1971. *Natural Generative Phonology*. St. Louis: Linguistic Society of America.

Viëtor, W. 1887. *Elemente Der Phonetik Und Orthoepie: Des Deutschen, Englischen, Und Französischen Mit Rücksicht Auf Die Bedürfnisse Der Lehrpraxis*. Heilbronn Gebr: Henninger.

Viviani, P. 2002. Motor Competence in the Perception of Dynamic Events: a Tutorial. *Common mechanisms in perception and action*, (19): 406–442.

Voegelin, C. 1952. The Boas Plan for the Presentation of American Indian Languages. *Proceedings of the American Philosophical Society*, 96(4): 439–451.

Vogt, F., Guenther, O., Hannam, A., van den Doel, K., Lloyd, J., Vilhan, L., Chander, R., Lam, J., Wilson, C., & Tait, K. 2005. ArtiSynth Designing a Modular 3D Articulatory Speech Synthesizer. *The Journal of the Acoustical Society of America*, 117(4): 2542.

Wade, T., Dogil, G., Scütze, H., Walsh, M., & Möbius, B. 2010. Syllable Frequency Effects in a Context-sensitive Segment Production Model. *Journal of Phonetics*, 38(2): 227–239.

Walker, R. 2011. *Vowel Patterns in Language*. Cambridge: Cambridge University Press.

Walsh, B., Tian, F., Tourville, J. A., Yücel, M. A., Kuczek, T., & Bostian, A. J. 2017. Hemodynamics of Speech Production: An fNIRS Investigation of Children Who Stutter. *Scientific Reports*, 7(1): 1–13.

Wang, C., & Wang, M. 2014. Effect of Alignment on L2 Written Production. *Applied Linguistics*, 36(5): 503–526.

Wang, B., & Xu, Y. 2011. Differential Prosodic Encoding of Topic and Focus in Sentence-initial Position in Mandarin Chinese. *Journal of Phonetics*, 37: 502–520.

Wang, F. 2015. Variations of laryngeal features in Jianchuan Bai. *Journal of Chinese Linguistics*, 43(1): 434–452.

Wang, G., & Kong, J. 2015. An articulatory model of standard Chinese using MRI and X-ray movie. *Journal of Chinese Linguistics*, 43(1): 269–294.

Wang, J., & Smith, N. 1997. *Studies in Chinese Phonology*. Berlin: Mouton de Gruyter.

Wang, J., Wong, A. W. K., Wang, S. P., & Chen, H. C. 2017. Primary Phonological Planning Units in Spoken Word Production are Language-Specific: Evidence from an ERP Study. *Scientific Reports*, (7): 1–8.

Wang, W. S. Y. 1976. Language Change. *Annals of the New York Academy of Sciences*, 280(1): 61–72.

Wang, X. 2005. Training for Learning Mandarin Tones: A Comparison of Production and Perceptual Training. *The Journal of the Acoustical Society of America*, 117(4): 2425–2425.

Wang, X. 2013. Perception of Mandarin Tones: The Effect of L1 Background and Training. *The Modern Language Journal*, 97(1): 144–160.

Wang, X., Sun, J., & Li, A. 2009. A Comparative Study on Prosody of English

Negative Imperative for Chinese EFL Learners. *Proceedings of O-COCOSDA 2009*, 88–93.

Wang, Y., Jia, Y., Li, A., & Xu, L. 2016. Acquisition of English Monophthongs by EFL Learners from Chinese Dialectal Region—A Case Study of Ningbo. *2016 Conference of The Oriental Chapter of International Committee for Coordination and Standardization of Speech Databases and Assessment Technique (OCOCOSDA 2016)*, 210–214.

Wang, Y., Jongman, A., & Sereno, J. A. 2003. Acoustic and Perceptual Evaluation of Mandarin Tone Productions Before and After Perceptual Training. *The Journal of the Acoustical Society of America*, 113(2): 1033–1043.

Wang, Y., Yang, X., & Liu, C. 2017. Categorical Perception of Mandarin Chinese Tones 1–2 and Tones 1–4: Effects of Aging and Signal Duration. *Journal of Speech, Language, and Hearing Research*, 60(12): 3667–3677.

Wang, Y., Yang, X., Zhang, H., Xu, L., Xu, C., & Liu, C. 2017. Aging Effect on Categorical Perception of Mandarin Tones 2 and 3 and Thresholds of Pitch Contour Discrimination. *American Journal of Audiology*, 26(1): 18–26.

Wayland, R. P., & Guion, S. G. 2004. Training English and Chinese Listeners to Perceive Thai Tones: A Preliminary Report. *Language Learning*, 54(4): 681–712.

Wayland, R. P., Landfair, D., Li, B., & Guion, S. G. 2006. Native Thai Speakers' Acquisition of English Word Stress Patterns. *Journal of Psycholinguistic Research*, 35(3): 285–304.

Wayland, R. P., & Li, B. 2008. Effects of Two Training Procedures in Cross-Language Perception of Tones. *Journal of Phonetics*, 36(2): 250–267.

Weber, A., Betta, A. M. D., & McQueen, J. M. 2014. Treack or Trit: Adaptation to Genuine and Arbitrary Foreign Accents by Monolingual and Bilingual Listeners. *Journal of Phonetics*, (46): 34–51.

Wee, L. H. 2019. *Phonological Tone*. Cambridge: Cambridge University Press.

Wegel, R. L. 1930. Theory of Vibration of the Larynx. *Bell System Technical Journal*, 9(1): 207–227.

Wells, J. C. 2006. *English Intonation: An Introduction*. Cambridge: Cambridge University Press.

Wenker, G., & Wrede, F. 1927. *Deutscher Sprachatlas: auf Grund des Sprachatlas des Deutschen Reichs*. Marburg: Elwert.

Werker, J. F., & Logan, J. S. 1985. Cross-language Evidence for Three Factors in Speech Perception. *Perception & Psychophysics*, 37(1): 35–44.

Werker, J. F., & Tees, R. C. 1984. Cross-language Speech Perception: Evidence for Perceptual Reorganization during the First Year of Life. *Infant Behavior and Development*, 7(1): 49–63.

Werfel, K. L. 2017. Phonetic Transcription Training Improves Adults' Explicit Phonemic Awareness: Evidence from Undergraduate Students. *Communication Disorders Quarterly*, 39(1): 1–7.

Westermann, D., & Bryan, M. A. 1952. *Languages of West Africa*. London: Oxford

University Press.

Wewalaarachchi, T. D., Liang, H. W., & Leher, S. 2017. Vowels, Consonants, and Lexical Tones: Sensitivity to Phonological Variation in Monolingual Mandarin and Bilingual English-Mandarin Toddlers. *Journal of Experimental Child Psychology, 159*: 16–33.

Whalen, D. H., Oliveira, L., & Gick, B. 2005. Pharynx Depth and Tongue Height in Relationship to Intrinsic F0 of Vowels. *The Journal of the Acoustical Society of America, 117*(4): 2619.

Wharton, G. 2000. Language Learning Strategy Use of Bilingual Foreign Language Learners in Singapore. *Language Learning*, (50): 203–243.

White, E. J., Titone, D., Gensee, F., & Steinhauer, K. 2017. Phonological Processing in Late Second Language Learners: The Effects of Proficiency and Task. Bilingualism: *Language and Cognition, 20*(1): 162–183.

Whiteley, W. H. 1958. Linguistic Survey of the Northern Bantu Borderland. *Africa, 28*(1): 72–74.

Widdowson, H. G. 1972. The Teaching of English as Communication. *ELT Journal, 27*(1): 15–19.

Wilkins, D. 1972. *The Linguistics and Situational Content of the Common Core in a Unit/Credit System*. Strasbourg: Council of Europe.

Wilson, I. 2014. Using Ultrasound for Teaching and Researching Articulation. *Acoustical Science and Technology, 35*(6): 285–289.

Wilson, I. L., & Gick, B. 2006. Articulatory Settings of French & English monolinguals & bilinguals. *The Journal of the Acoustical Society of America, 120*(5): 3295–3296.

Wilson, S. M., Saygin, A. P., Sereno, M. I., & Iacoboni, M. 2004. Listening to Speech Activates Motor Areas Involved in Speech Production. *Nature neuroscience, 7*(7): 701–702.

Wode, H. 1978. The Beginnings of Non-school Room L2 Phonological Acquisition. *IRAL-international Review of Applied Linguistics in Language Teaching, 16*(1–4): 109–126.

Wode, H. 1992. Categorical Perception and Segmental Coding in the Ontogeny of Sound Systems: A Universal Approach. In A. F. Charles, L. Menn, & C. Stoel-Gammon. (eds.) *Phonological Development: Models, Research, Implications* Timonium: York Press, 605–631.

Wolff, S., Schlesewsky, M., Hirotani, M., & Bornkessel-Schlesewsky, I. 2008. The Neural Mechanisms of Word Order Processing Revisited: Electrophysiological Evidence from Japanese. *Brain & Language*, (107): 133–157.

Wong, P. 2012. Monosyllabic Mandarin Tone Productions by 3-year-olds Growing up in Taiwan and in the United States: Interjudge Reliability and Perceptual Results. *Journal of Speech, Language, and Hearing Research*, (55): 1423–1437.

Wong, P., & Leung, C. T. 2018. Suprasegmental Features Are Not Acquired Early: Perception and Production of Monosyllabic Cantonese Lexical Tones in 4- to

6-year-old Preschool Children. *Journal of Speech Language and Hearing Research*, 61(5): 1070–1085.

Wrembel, M. 2006. Pronunciation Teaching Methods and Techniques; the Past, the Present and the Future. In W. Sobkowiak, & E. Waniek-Klimczak. (eds.) *Dydaktyka fonetyki języka obcego w Polsce. Referaty z szóstej konferencji naukowej. Mikorzyn, 8–10 maja.* Konin: Wydawnictwo Paŷstwowej WyĬszej Szkoцy Zawodowej w Koninie, 251–261.

Wu, X. & Dang, J. 2015. Control strategy of physiological articulatory model for speech production. *Journal of Chinese Linguistics*, 43(1): 337–363.

Wu, X., Dang, J., & Stavness, I. 2014. Iterative Method to Estimate Muscle Activation with a Physiological Articulatory Model. *Acoustical Science and Technology*, 35(4): 201–212.

Xi, J., Zhang, L., Shu, H., Zhang, Y., & Li, P. 2010. Categorical Perception of Lexical Tones in Chinese Revealed by Mismatch Negativity. *Neuroscience*, 170(1): 223–231.

Xie, X., Theodore, R. M., & Myers, E. B. 2017. More than a Boundary Shift: Perceptual Adaptation to Foreign-accented Speech Reshapes the Internal Structure of Phonetic Categories. *Journal of Experimental Psychology: Human Perception and Performance*, 43(1): 206–217.

Xu, Y. 1993. *Contextual Tonal Variations in Mandarin.* Storrs: The University of Connecticut.

Xu, Y. 1994. Production and Perception of Coarticulated Tones. *Journal of the Acoustical Society of America*, 95(4): 2240–2253.

Xu, Y. 1998. Consistency of Tone-syllable Alignment across Different Syllable Structures and Speaking Rates. *Phonetica*, 55: 179–203.

Xu, Y. 1999. Effects of Tone and Focus on the Formation and Alignment of F0contours. *Journal of Phonetics*, 27(1): 55–105.

Xu, Y. 1993. *Contextual Tonal Variations in Mandarin.* Storrs: The University of Connecticut.

Xu, Y. 1994. Production and Perception of Coarticulated Tones. *Journal of the Acoustical Society of America*, 95(4): 2240–2253.

Xu, Y. 1998. Consistency of Tone-syllable Alignment Across Different Syllable Structures and Speaking Rates. Phonetica, 55: 179–203.

Xu, Y. 2001. Fundamental Frequency Peak Delay in Mandarin. *Phonetica*, 58: 26–52.

Xu, Y. 2004. Transmitting Tone and Intonation Simultaneously—The Parallel Encoding and Target Approximation (PENTA) Model. *Proceedings of International Symposium on Tonal Aspects of Languages: With Emphasis on Tone Languages,* 215–220.

Xu, Y. 2005. Speech Melody as Articulatorily Implemented Communicative Functions. *Speech Communication*, 46(3–4): 220–251.

Xu, Y. 2007. Speech as Articulatory Encoding of Communicative Functions.

Proceedings of the 16th International Congress of Phonetic Sciences, 25–30.

Xu, Y. 2009. Timing and Coordination in Tone and Intonation—An Articulatory-Functional Perspective. *Lingua*, 119(6): 906–927.

Xu, Y. 2011. Post-focus compression: Cross-linguistic Distribution and Historical Origin. *Proceedings of the 17th International Congress of Phonetic Sciences*, 152–155.

Xu, Y. 2013. ProsodyPro—A Tool for Large-scale Systematic Prosody Analysis. *Proceedings of Tools and Resources for the Analysis of Speech Prosody*, 7–10.

Xu, Y. 2015. Speech Prosody: Theories, Models and Analysis. In A. R. Meireles. (ed.) *Courses on Speech Prosody*. Newcastle upon Tyne: Cambridge Scholars Publishing, 146–177.

Xu, Y., Chen, S. W., & Wang, B. 2012. Prosodic Focus with and Without Post-Focus Compression: A Typological Divide Within the Same Language Family? *The Linguistic Review*, 29(1): 131–147.

Xu, Y., Gandour, J. T., & Francis, A. L. 2006. Effects of Language Experience and Stimulus Complexity on the Categorical Perception of Pitch Direction. *Journal of the Acoustical Society of America*, 120(2): 1063–1074.

Xu, Y., & Gao, H. 2018. FormantPro as a Tool for Speech Analysis and Segmentation. *Revista de Estudos da Linguagem*, (26): 1435–1454.

Xu, Y., Kelly, A., & Smillie, C. 2013. Emotional Expressions as Communicative Signals. In S. Hancil, & D. Hirst. (eds.) *Prosody and Iconicity*. Amsterdam & Philadelphia: John Benjamins 33–60.

Xu, Y., Lee, A., Prom-On, S., & Liu, F. 2016. Explaining the PENTA Model: A Reply to Arvaniti and Ladd. *Phonology*, 32(3): 505–535.

Xu, Y., Lee, A., Wu, W. L., Liu, X., & Birkholz, P. 2013. Human Vocal Attractiveness as Signaled by Body Size Projection. *PLoS ONE*, 8(4). From PloS ONE website.

Xu, Y., & Liu, F. 2006. Tonal Alignment, Syllable Structure and Coarticulation: Toward an Integrated Model. *Italian Journal of Linguistics*, 18(1): 125–159.

Xu, Y., & Prom-On, S. 2014. Toward Invariant Functional Representations of Variable Surface Fundamental Frequency Contours: Synthesizing Speech Melody via Model-based Stochastic Learning. *Speech Communication*, 57: 181–208.

Xu, Y., & Prom-On, S. 2019. Economy of Effort or Maximum Rate of Information? Exploring Basic Principles of Articulatory Dynamics. *Frontiers in Psychology*, 10: 1–22.

Xu, Y., & Wang, Q. E. 2001. Pitch Targets and Their Realization: Evidence from Mandarin Chinese. *Speech Communication*, 33(4): 319–337.

Xu, Y., & Xu, C. X. 2005. Phonetic Realization of Focus in English Declarative Intonation. *Journal of Phonetics*, 33(2): 159–197.

Yang, B. 2015. *Perception and Production of Mandarin Tones by Native Speakers and L2 Learners*. Berlin: Springer.

Yang, C. 2016. *The Acquisition of L2 Mandarin Prosody: From Experimental Studies to Pedagogical Practice*. Amsterdam: John Benjamins.

Yang, F. 2015. A Study on the Features of Chest and Abodominal Breathing Between Reciting and Chanting Chinese Poetry. *Journal of Chinese Linguistics*, 43(1): 399–410.

Yang, R. 2015. The Role of Phonation Cues in Mandarin Tonal Perception. *Journal of Chinese Linguistics*, 43(1): 453–472.

Yeni-Komshian, G. H., Flege, J. E., & Liu, S. 2000. Pronunciation Proficiency in the First and Second Languages of Korean-English Bilinguals. *Bilingualism: Language and Cognition*, 3(2): 131–149.

Yip, M. 2002. *Tone*. Cambridge: Cambridge University Press.

Yu, J., Li, A., Hu, F., Fang, Q., Jiang, C., Li, X., Yang, J., & Wang, Z. 2013. Data-driven 3D Visual Pronunciation of Chinese IPA for Language Learning. *2013 International Conference Oriental COCOSDA Held Jointly with 2013 Conference on Asian Spoken Language Research and Evaluation*, 93–98.

Yu, V. Y., de Nil, L. F., & Pang, E. W. 2015. Effects of Age, Sex and Syllable Number on Voice Onset Time: Evidence from Children's Voiceless Aspirated Stops. *Language and Speech*, 58(2): 152–167.

Yu, Y. H., Shafer, V. L., & Sussman, E. S. 2017. Neurophysiological and Behavioral Responses of Mandarin Lexical Tone Processing. *Frontiers in Neuroscience*, 17(7): 1168–1180.

Yuan, J. 2011. Perception of Intonation in Mandarin Chinese. *The Journal of the Acoustical Society of America*, 130(6): 4063–4069.

Zarei, A. A., & Alipour, H. 2020. Shadowing and Scaffolding Techniques Affecting L2 Reading Comprehension. *Applied Research on English Language*, 9(1): 53–74.

Zee, E. 1985. Sound Change in Syllable Final Nasal Consonants in Chinese. *Journal of Chinese Linguistics*, 13(2): 291–330.

Zee, E. 1988. A Comparison of the Tones in Two Yao Varieties. *Journal of Chinese Linguistics*, 16(1): 109–124.

Zee, E. 1990. Vowel Devoicing in Shanghai. *CUHK Papers in Linguistics*, (2): 69–104.

Zee, E. 1991. Chinese (Hong Kong Cantonese). *Journal of the International Phonetic Association*, 21(1): 46–48.

Zee, E. 1999a. Change and Variation in the Syllable-initial and Syllable-final Consonants in Hong Kong Cantonese. *Journal of Chinese Linguistics*, 120–167.

Zee, E. 1999b. An Acoustical Analysis of the Diphthongs in Cantonese. *Proceedings of the 14th International Congress of Phonetic Sciences*, (2): 1101–1104.

Zeng, B., & Mattys, S. L. 2017. Separability of Tones and Rhymes in Chinese Speech Perception: Evidence from Perceptual Migrations. *Language and Speech*, 60(4): 562–570.

Zhang, C. C., & Shao, J. 2018. Normal Pre-Attentive and Impaired Attentive Processing of Lexical Tones in Cantonese-Speaking Congenital Amusics. *Scientific Reports*, (8): 1–14.

Zhang, J., & Lai, Y. W. 2010. Testing the Role of Phonetic Knowledge in Mandarin

Tone Sandhi. *Phonology*, (27): 153–201.

Zhang, J., Li, A., & Zhi, N. 2019. An Experimental Study on English Majors Weak Form Productions of Prepositions. *APSIPA 2019*, 2054–2063.

Zhang, Q., & Hu, F. 2015. The Vowel Inventory in the Xinfeng (Tieshikou) Hakka Dialect. *ICPhS 2015*. From International Phonetic Association website.

Zhang, X., Chen, Y., Wang, J., & Chen, Y. 2020. Acoustic Analysis of Nasalization in Mandarin Prenasal Vowels Produced by Wenzhou and Rugao Speakers. *Proceedings of Asia-pacific Signal and Information Processing Association Annual Summit and Conference 2020*, 584–588.

Zhang, Y. J., Zhang, L. J., Shu, H., Xi, J., Wu, H., Zhang, Y., & Li, P. 2012. Universality of Categorical Perception Deficit in Developmental Dyslexia: An Investigation of Mandarin Chinese Tones. *Journal of Child Psychology and Psychiatry*, 53(8): 874–882.

Zhang, Y., Kuhl, P. K., Imada, T., Kotani, M., & Pruitt, J. 2001. Brain Plasticity in Behavioral and Neuromagnetic Measures: A Perceptual Training Study. *The Journal of the Acoustical Society of America*, 110(5): 2687–2687.

Zhang, Y., Kuhl, P. K., Imada, T., Kotani, M., & Tohkura, Y. 2005. Effects of Language Experience: Neural Commitment to Language-specific Auditory Patterns. *NeuroImage*, 26(3): 703–720.

Zhang, Y., Nissen, S. L., & Francis, A. L. 2008. Acoustic Characteristics of English Lexical Stress Produced by Native Mandarin Speakers. *The Journal of the Acoustical Society of America*, 123(6): 4498–4513.

Zhao, C., Li, A., Li, Z., & Tang, Y. 2019. An Acoustic Study of Affricates Produced by L2 English Learners in Harbin. *22nd Conference of the Oriental COCOSDA International Committee for the Co-ordination and Standardisation of Speech Databases and Assessment Techniques*, 1–6.

Zhao, C., Xiong, Z., & Li, A. 2020. Using Multimodal Methods in L2 Intonation Teaching for Chinese EFL Learners. *Oriental COCOSDA 2020*, 100–105.

Zhou, C. Y. 2018. Acoustic Analysis of Intensive Language Exposure on Second Language Learners' Cognitive Perception Pattern of American English Phonemes. *Neuroquantology*, 16(4): 69–79.

Zhou, K., Li, A., & Zong, C. 2010. Dialogue-act Analysis with a Conversational Telephone Speech Corpus Recorded in Real Scenarios. *OCOCOSDA 2010*. From Researchgate website.

Živanović, S., & Pöchtrager, M. A. 2010. GP 2, and Putonghua Too. *Acta Linguistica Hungarica*, 57(4): 357–380.

Zoubrinetzky, R., Collet, G., Serniclaes, W., Nguyen-Morel, M. A., & Valdois, S. 2016. Relationships Between Categorical Perception of Phonemes, Phoneme Awareness, and Visual Attention Span in Developmental Dyslexia. *PLoS ONE*, 11(3). From PLoS ONE website.